Der Prüfungs- und Entscheidungsmaßstab im Vergabenachprüfungsverfahren

Schriftenreihe des forum vergabe e.V.

Heinzke

Der Prüfungs- und Entscheidungsmaßstab im Vergabenachprüfungsverfahren

Dissertation
zur Erlangung des Doktorgrades

des Fachbereichs Rechtswissenschaften
der Universität Osnabrück

vorgelegt von
Gwendolyn Heinzke
aus Duisburg

Osnabrück, 2024

Band 72

Reguvis

Bibliografische Information der Deutschen Nationalbibliothek
Die Deutsche Nationalbibliothek verzeichnet diese Publikation in der Deutschen Nationalbibliografie; detaillierte bibliografische Daten sind im Internet über
http://dnb.d-nb.de abrufbar.

Zugl.: Dissertation, Universität Osnabrück, 2024
Berichterstatter: Prof. Dr. Oliver Dörr, LL.M.
Mitberichterstatterin: Prof. Dr. Johanna Wolff, LL.M.
Tag der mündlichen Prüfung: 22.08.2024

Herausgeber:
forum vergabe e. V.
Spichernstr. 15
10777 Berlin
Telefon (0 30) 23 60 80 60
Telefax (0 30) 23 60 80 621
E-Mail: info@forum-vergabe.de
www.forum-vergabe.de

Reguvis Fachmedien GmbH
Amsterdamer Str. 192
50735 Köln
E-Mail: service@reguvis.de
www.reguvis.de
Reguvis ist Kooperationspartner der Bundesanzeiger Verlag GmbH
Amsterdamer Straße 192
50735 Köln

ISBN (Print): 978-3-8462-1602-6
ISBN (E-Book): 978-3-8462-1603-3

Produktmanagement: Gabriele Heymann-Heß, Reguvis Fachmedien GmbH
Satz: Cicero Computer GmbH, Bonn
Druck und buchbinderische Verarbeitung: Appel & Klinger Druck und Medien GmbH, Schneckenlohe
Printed in Germany

Für meine Eltern

Vorwort

Diese Arbeit entstand parallel zu meiner Berufstätigkeit als Rechtsanwältin und wurde im Sommer 2024 von der rechtswissenschaftlichen Fakultät der Universität Osnabrück als Dissertation angenommen. Das praxisrelevante Thema habe ich mit großer Freude bearbeitet.

Ich danke ganz besonders meinem Doktorvater Prof. Dr. Oliver Dörr, LL.M. für seine großartige Betreuung. Ich danke ihm dafür, dass er es mir ermöglicht hat, diese Arbeit neben meiner Berufsausübung anzufertigen und dass er mir in jedem Austausch den richtigen Denkanstoß gegeben hat. Seine Worte, sein Lob und seine Kritik, haben mich ermutigt und nachhaltig gefördert. Darüber hinaus hatte er jederzeit ein offenes Ohr für mich, wofür ich mich ebenfalls aufrichtig bedanke.

Von ganzem Herzen danke ich meinem Ehemann, Philippe Heinzke, LL.M., der mich vor allem dann, wenn die Balance zwischen der Anfertigung dieser Arbeit, beruflichen Herausforderungen und privaten Ereignissen nicht einfach zu händeln war, immer und bedingungslos unterstützt hat. Sein Rückhalt und sein Zuspruch haben mir die nötige Kraft gegeben. Und nicht zuletzt hat er aufgrund seines klugen juristischen Verstands und der Reflexion meiner Gedanken einen unersetzlichen Beitrag geleistet und mir die richtigen Impulse zur Vollendung dieser Arbeit gegeben.

Mein weiterer großer Dank gilt meiner Mutter, Hella Wieczorek, die mit Herzblut das Lektorat dieser Arbeit übernommen hat. Ihr Engagement, sich mit den einzelnen Themen dieser Arbeit auseinanderzusetzen, ihre ehrlichen und konstruktiven Anmerkungen und nicht zuletzt ihr unermüdlicher Scharfsinn haben mir gerade in der Endphase dieser Arbeit die entscheidenden Hilfestellungen gegeben.

Und schließlich widme ich diese Arbeit meinen Eltern, Hella und Peter Wieczorek, die mich seit dem ersten Tag, an dem ich mich mit der Rechtswissenschaft auseinandergesetzt habe, unterstützt und begleitet haben. Sie haben meine ersten Gedanken hierzu aufgefangen, meine Themen wahrgenommen und mitgetragen. Sie haben nie daran gezweifelt, dass ich diese Arbeit vollenden werde und mir immer wieder vermittelt, dass sie stolz auf mich und diese Leistung sind. Jeder Jurist und jeder Wissenschaftler wird wissen, wie wertvoll diese Unterstützung ist.

Inhaltsverzeichnis

Abkürzungsverzeichnis

Es gelten die Abkürzungen aus Kirchner, Abkürzungsverzeichnis der Rechtssprache, 10. Auflage, Berlin 2021 mit folgenden Ergänzungen:

AEUV	Vertrag über die Arbeitsweise der Europäischen Union
BR-Drs.	Bundesrats-Drucksache
BT-Drs.	Bundestags-Drucksache
BuchPrG	Buchpreisbindungsgesetz
Einl.	Einleitung
EU-VOB/A	Vergabe- und Vertragsordnung für Bauleistungen – Teil A, Abschnitt 2 – Vergabebestimmungen im Anwendungsbereich der Richtlinie 2014/24/EU
GRCh	Charta der Grundrechte der Europäischen Union
KonzVgV	Verordnung über die Vergabe von Konzessionen – Konzessionsvergabeverordnung
NVwZ-Beil.	Neue Zeitschrift für Verwaltungsrecht – Beilage
o.g.	oben genannt
SektVO	Verordnung über die Vergabe von öffentlichen Aufträgen im Bereich des Verkehrs, der Trinkwasserversorgung und der Energieversorgung – Sektorenverordnung
u.a.	unter anderem
VK	Vergabekammer
VSVgV	Vergabeverordnung für die Bereiche Verteidigung und Sicherheit zur Umsetzung der Richtlinie 2009/81/EG des Europäischen Parlaments und des Rates vom 13. Juli 2009 über die Koordinierung der Verfahren zur Vergabe bestimmter Bau-, Liefer- und Dienstleistungsaufträge in den Bereichen Verteidigung und Sicherheit und zur Änderung der Richtlinien 2004/17/EG und 2004/18/EG – Vergabeverordnung Verteidigung und Sicherheit
WD	Wissenschaftliche Dienste
Ziff.	Ziffer

Einleitung

Wo Recht ist, da ist auch Abhilfe. Das Kartellvergaberecht[1] der Bundesrepublik Deutschland gewährt bei Vergabestreitigkeiten zwischen öffentlichen Auftraggebern und Unternehmen Rechtsschutz, indem es ein Vergabenachprüfungsverfahren vor Vergabekammern und Oberlandesgerichten vorsieht.[2] Das deutsche Vergabenachprüfungsverfahren geht auf die unionsrechtlichen Vorgaben aus Art. 1 Abs. 1, Art. 2 Abs. 8 der Richtlinie des Rates vom 21.12.1989 (89/665/EWG) zurück. In diesem Verfahren erlassen Vergabekammern Verwaltungsakte, die funktional gerichtlichen Entscheidungen gleichkommen und vor den Oberlandesgerichten angefochten werden können.[3] Den einschlägigen Entscheidungsnormen im Gesetz gegen Wettbewerbsbeschränkungen (GWB) ist auf den ersten Blick kein greifbarer Prüfungs- und Entscheidungsmaßstab zu entnehmen. Nach § 168 Abs. 1 S. 1 Hs. 1 GWB haben die Vergabekammern über Rechtsverletzungen zu entscheiden. Nach § 178 S. 1 GWB prüfen die Oberlandesgerichte, ob eine Beschwerde begründet ist. Der Wortlaut beider Normen ist unklar und klärungsbedürftig. Aus der Rechtsprechung folgt, dass zum einen die Einhaltung der Bestimmungen über das Vergabeverfahren von den Nachprüfungsinstanzen kontrolliert werden und dass zum anderen mitunter Rechtsfragen außerhalb des Vergaberechts in den Entscheidungen Einfluss gewinnen. Es bedarf daher einer dogmatischen Aufklärung, welche Rechtsverletzungen im Vergabenachprüfungsverfahren von den Nachprüfungsinstanzen überprüft werden.

Das Vergaberecht ist eine Rechtsmaterie, die viele Schnittstellen zu anderen Rechtsgebieten aufweist. Es dient insbesondere der Marktöffnung und der Schaffung von grenzüberschreitendem Wettbewerb.[4] Dabei hat der Staat als öffentlicher Auftraggeber ein außerordentliches Nachfragepotential.[5] Nicht selten stellen sich Rechtsfragen aus zahlreichen anderen Rechtsgebieten im Vergabenachprüfungsverfahren.[6] Zu denken ist etwa an Fragen zu Verstößen gegen das Verbot von Kartellabsprachen, gegen Vorschriften des kommunalen Wirtschaftsrechts[7] oder gegen Vorschriften des Patentrechts[8]. Zudem können Einzelfragen des Datenschutzrechts[9], Wettbewerbsrechts[10], Steuerrechts[11], Abfallwirt-

---

1 Zum Begriff *Dörr*, in: Burgi/Dreher, Beck'scher Vergaberechtskommentar, Einl. Rn. 60f.

2 BGH, Beschl. v. 15.07.2008, X ZB 17/08, NZBau 2008, 662-664 juris Rn. 12; *Neun*, in: Gabriel/Krohn/Neun, Handbuch des Vergaberechts, § 40 Zuständigkeiten, Rn. 1.

3 BGH, Beschl. v. 25.10.2011, X ZB 5/10, NZBau 2012, 186-188 juris Rn. 24.

4 *Dietlein/Fandrey*, in: Byok/Jäger, Vergaberecht, Einl. Rn. 6.

5 *Dietlein/Fandrey*, in: Byok/Jäger, Vergaberecht, Einl., Rn. 2.

6 *Dreher*, NZBau 2013, 665-674, 673.

7 *Burgi*, Vergaberecht, § 2 Rn. 16.

8 OLG Düsseldorf, Beschl. v. 23.03.2022, 15 W 14/21, GRUR 2022, 710-717; Beschl. v. 01.12.2015, VII-Verg 20/15; Beschl. v. 21.02.2005, VII-Verg 9/04, NJOZ 2005, 2672-2689.

9 VK Baden-Württemberg, Beschl. v. 13.07.2022, 1 VK 23/22; einschränkender in zweiter Instanz OLG Karlsruhe, Beschl. v. 07.09.2022, 15 Verg 8/22.

10 OLG Düsseldorf, Beschl. v. 09.11.2011, VII-Verg 35/11, NZBau 2012, 252-255.

11 VK Leipzig, Beschl. v. 01.08.2019, 1/SVK/021-19; VK Thüringen, Beschl. v. 15.01.2018, 250-4003-9213/2017-E-022-EF.

schaftsrechts[12], Beilhilferechts[13], Postrechts[14], Personenbeförderungsrechts[15], Urheberrechts oder auch Fragestellungen des Wasserrechts, und Energiewirtschaftsrechts erheblich sein.[16] Die Schnittstellen zu anderen Rechtgebieten entstehen durch die einzelnen Beschaffungsvorhaben der öffentlichen Auftraggeber sowie entsprechende Angebote der Bieter. Im Einzelfall drängen sich Rechtsfragen außerhalb des Vergaberechts auf, die im Zusammenhang mit einem Beschaffungsvorhaben oder einem konkreten Angebot eines Bieters stehen. Ausgehend von dem vergaberechtlichen Anspruch aus § 97 Abs. 6 GWB, wonach Unternehmen einen Anspruch auf Einhaltung der Bestimmungen über das Vergabeverfahren haben, stellt sich die Frage, welche Rechtsverstöße zum Prüfungs- und Entscheidungsmaßstab von § 168 Abs. 1 S. 1 Hs. 1, § 178 S. 1 GWB gehören.

Für die am Vergabeverfahren Beteiligten – die öffentlichen Auftraggeber und ihre Vergabestellen sowie die Bieter – ist es von großer Bedeutung, ob und welche vergaberechtlichen und außervergaberechtlichen Rechte Gegenstand einer Nachprüfung sind. Denn die Kontrolle möglicher Rechtsverletzungen kann sich auf die Entscheidung darüber auswirken, ob sich ein Unternehmen überhaupt oder weiter am Vergabeverfahren beteiligt. Des Weiteren kann es um die Frage gehen, ob und wie ein öffentlicher Auftraggeber eine Leistung rechtssicher ausschreibt. Öffentliche Auftraggeber können im Ausschreibungsverfahren Kriterien und Bedingungen aufstellen, die maßgeblich von Rechtsfragen außerhalb des Vergaberechts geprägt sind. Zum Beispiel beschafft ein öffentlicher Auftraggeber eine Leistung, die mit einem Patent belegt ist. Bieter ohne Benutzungsrecht können ein patentiertes Verfahren oder Erzeugnis nur unter Begehung einer Patentverletzung anbieten.[17] Öffentliche Auftraggeber stehen vor der Frage, eine verbotswidrig angebotene Leistung anzunehmen.

Nach der Formulierung der § 168 Abs. 1 S. 1 Hs. 1, § 178 S. 1 GWB ist unklar, ob die Nachprüfungsinstanzen über außervergaberechtliche Rechtsverstöße wie Patentverletzungen zu entscheiden haben. Lehnt eine Vergabekammer oder ein Oberlandesgericht die Nachprüfung ab, können betroffene Unternehmen Rechtsschutz nur im Eilverfahren vor den Land- und Verwaltungsgerichten suchen. Diese haben im Vergleich zu den Nachprüfungsinstanzen indes keine vergaberechtliche Expertise.[18] Um vollumfänglichen Vergaberechtsschutzes vor den Nachprüfungsinstanzen zu erreichen, stellt sich die Frage, ob und wenn ja, wie außervergaberechtliche Vorschriften in die Nachprüfung integriert werden können. Außervergaberechtliche Rechtsfragen stellen sich regelmäßig gerade und nur aufgrund der Durchführung eines konkreten Verfahrens zur Vergabe eines öffentlichen Auftrags, für das im unionsrechtlich determinierten Kartellvergaberecht ein spezielles Rechtsschutzverfahren vorgesehen ist.

12 OLG Düsseldorf, Beschl. v. 01.08.2012, Verg 105/11, ZfBR 2012, 826-830; Beschl. v. 09.11.2011, VII-Verg 35/11, NZBau 2012, 252-255.

13 VK Düsseldorf, Beschl. v. 18.04.2002, VK-5/2002.

14 VK Schleswig-Holstein, Beschl. v. 28.04.2006, VK-SH 5/06.

15 VK Köln, Beschl. v. 04.01.2019, VK K 34/18-L.

16 *Dreher*, NZBau 2013, 665-674.

17 OLG Düsseldorf, Beschl. v. 01.12.2015, VII-Verg 20/15 Rn. 23.

18 *Dreher*, NZBau 2013, 665-674, 671.

Der Prüfungs- und Entscheidungsmaßstab im Vergabenachprüfungsverfahren wird unter Berücksichtigung der verfassungs- und unionsrechtlichen Anforderungen an effektiven Rechtsschutz dogmatisch untersucht, um Rechtsklarheit für Vergabestellen, Bieter eines Vergabeverfahrens sowie Nachprüfungsinstanzen zu schaffen. Nach einer Darstellung der höherrangigen Anforderungen sowie wichtiger Verfahrensvorschriften, werden die für die vergaberechtliche Nachprüfung relevanten Prüfungs- und Entscheidungsnormen ausgelegt. Da nach der einfachgesetzlichen Auslegung keine außervergaberechtlichen Vorschriften zum Prüfprogramm der Nachprüfungsinstanzen gehören, werden schließlich auch Anknüpfungsnormen und zwingende Vorfragen genauer untersucht. Über diese können unter bestimmten Voraussetzungen außervergaberechtliche Vorschriften in die Nachprüfung integriert werden. Auf diese Weise findet eine umfassende Rechtskontrolle im Vergabenachprüfungsverfahren statt. Dies vorausgeschickt, bauen die einzelnen Kapitel dieser Arbeit aufeinander auf.

Erstes Kapitel: Verfassungs- und europarechtliche Anforderungen

Unsere Rechtordnung sieht Verfahren vor, in denen Rechtsschutz gesucht und gewährt werden kann. Rechtsschutzmöglichkeiten können ähnlich, aber auch sehr unterschiedlich ausgestaltet sein. Der gemeinsame Nenner besteht darin, Abhilfemöglichkeiten zu schaffen. Davon losgelöst ist der jeweilige Maßstab eines Rechtsschutzgesuchs zu beleuchten. Das Kartellvergaberecht sieht im vierten Teil des GWB Regelungen vor, die einem Rechtsschutzsuchenden Abhilfemöglichkeiten gewähren.[19] Dieser im nationalen Recht niedergelegte Vergaberechtsschutz zur Nachprüfung von Vergaben im Oberschwellenbereich ist als umgesetztes Richtlinienrecht nicht nur an verfassungsrechtlichen, sondern auch an europarechtlichen Vorgaben zu messen. Einfachgesetzliche Regelungen zur Abhilfe stehen im Zeichen höherrangiger Anforderungen. Ansatzpunkt für die Bestimmung des Prüfungs- und Entscheidungsmaßstabes der Nachprüfungsinstanzen sind deswegen dem GWB übergeordnete Anforderungen, im Speziellen sind es Vorgaben zum effektiven Rechtsschutz. Rechtssuchende sollen mit der Beschreitung des vergaberechtlichen Nachprüfungsverfahrens Rechtsschutz erhalten. Die Prüfung und Entscheidung der Nachprüfungsinstanzen auf Grundlage des nationalen Rechts soll den Anforderungen an effektiven Rechtsschutz gerecht werden. Zweifellos sind Inhalt und Umfang eines effektiven Rechtsschutzes keine unerforschten Rechtsmaterien, gleichwohl sollen die für die Prüfung und Entscheidung der Nachprüfungsinstanzen wesentlichen Aspekte dargestellt werden. Danach kann die konkrete Bestimmung des Prüfungs- und Entscheidungsmaßstabes gelingen.

A. Verfassungsrechtlich gebotene Effektivität des Rechtsschutzes

Die Gewähr von wirkungsvollem, effektivem Rechtsschutz ist zum einen grundrechtlich verankert in Art. 19 Abs. 4 GG sowie wesentlicher Bestandteil des Rechtsstaatsprinzips[20] und wird als „wesentlicher Baustein des gewaltengegliederten Staates"[21] bezeichnet. Zum anderen soll es der „Schlussstein der rechtsstaatlichen Ordnung" oder auch der „Motor des Ganzen" sein.[22] Die Gewähr von Rechtsschutz ist deswegen im modernen Rechtsstaat nicht wegzudenken. Die maßgebliche Prüfung und Entscheidung in einem Rechtsschutzverfahren müssen daher den verfassungsrechtlichen Vorgaben zur Gewähr von Rechtsschutz genügen. Dass Rechtsschutz in der Bundesrepublik Deutschland dabei effektiv ausgestaltet sein muss, kann auf verschiedene Ansatzpunkte der Verfassung gestützt werden.

---

19 Zur Begrifflichkeit siehe *Dietlein//Fandrey*, in: Byok/Jäger, Vergaberecht, Einl. Rn. 9, 36.

20 BVerfG, Beschl. v. 30.04.2003, 1 PBvU 1/02, BVerfGE 107, 395-418 juris Rn. 16; Beschl. v. 02.03.1993, 1 BvR 249/92, BVerfGE 88, 118-128 juris Rn. 32.

21 *Huber*, in: Huber/Voßkuhle, GG, Bd. 1, Art. 19 Rn. 386; *Huber/Guttner*, in: von Bogdandy/Huber/Marcusson, Ius Public Europaeum, Band VIII, Verwaltungsgerichtsbarkeit in Europa: Institutionen und Verfahren, § 127 Ziff. II, 1. Rn. 16.

22 Zusammenfassend Huber/Guttner in: von Bogdandy/Huber/Marcusson, Ius Publicum Europaeum, Band VIII, Verwaltungsgerichtsbarkeit in Europa: Institutionen und Verfahren, § 127 Ziff. II. 1. Rn. 15.

I. Herleitung

1. Rechtsweggarantie, Art. 19 Abs. 4 GG

Art. 19 Abs. 4 GG gewährleistet die Effektivität des gerichtlichen Rechtsschutzes.[23] Nach Art. 19 Abs. 4 S. 1 GG steht demjenigen, der durch die öffentliche Gewalt in seinen Rechten verletzt wird, der Rechtsweg offen. Gemeint ist der „Weg zum Richter".[24] Die Verletzung von Rechten soll gegenüber dem Staat als Individualanspruch geltend gemacht werden können.[25] Art. 19 Abs. 4 GG hat die Aufgabe dort Rechtsschutz zu gewährleisten, wo Einzelne sich zur Staatsgewalt in einer typischen Abhängigkeit und Unterordnung befinden.[26] Es wird damit Bezug auf öffentlich-rechtliche Streitigkeiten genommen. Diese Verankerung im Grundgesetz stellt sicher, dass jeder[27] Einzelne gegenüber dem Staat nicht wehrlos dasteht, vielmehr diesem bei der Geltendmachung von Rechten auf Augenhöhe begegnen kann.[28] Nach dem BVerfG soll Art. 19 Abs. 4 GG die von der vollziehenden Gewalt gegenüber dem Bürger entgegengebrachte „Selbstherrlichkeit" beseitigen.[29] Die ständige Rechtsprechung des BVerfG entnimmt dieser Verankerung im Grundgesetz, dass neben der theoretischen Möglichkeit zur Anrufung eines Gerichts auch „tatsächlich wirksame Kontrolle" garantiert wird[30] (dazu unter III.). Die Regelung begründet die Möglichkeit zur Abwehr von Rechtsverletzungen, wenn dies nicht von Anfang an ausgeschlossen ist.[31]

Art. 19 Abs. 4 GG wird teilweise als „Effektivitätsgebot" sowie als „Grundrecht" und damit verbunden als „subjektiv-öffentliches Recht" verstanden.[32] Teilweise wird der Regelung ein „grundrechtliche[r] Anspruch auf effektiven Rechtsschutz"[33] oder ein „Leistungsgrundrecht (positives Statusrecht)"[34] entnommen. Das BVerfG spricht unter anderem von einem „Grundrecht auf effektiven und möglichst lückenlosen richterlichen Rechtsschutz".[35] Wenig relevant ist die Frage, ob effektiver Rechtsschutz juristisch betrachtet jeweils ein verfassungsrechtliches Gebot, Anspruch, Grundrecht oder gar Gebot, Anspruch und Grundrecht in einem ist, denn die jeweiligen Einordnungen beruhen auf einem gemeinsamen Nenner: Der in Art. 19 Abs. 4 GG verankerte effektive Rechtsschutz sichert im Ergebnis eine verbindliche Entscheidung durch den Richter zu.[36]

---

23 *Huber*, in: Huber/Voßkuhle, GG, Bd. 1, Art. 19 Rn. 504.

24 *Schmidt-Aßmann*, in: Dürig/Herzog/Scholz, GG, Art. 19 Abs. 4 Rn. 173.

25 *Huber*, in: Huber/Voßkuhle, GG, Bd. 1, Art. 19 Rn. 367.

26 BVerfG, Beschl. v. 13.06.2006, 1 BvR 1160/03, BVerfGE 116, 135-163 juris Rn. 51.

27 Gemeint sind Personen jeder Geschlechtsidentität. Um der leichteren Lesbarkeit willen wird in diesem Werk die grammatikalisch männliche Form verwendet.

28 *Huber/Guttner*, in: von Bogdandy/Huber/Marcusson, Ius Public Europaeum, Band VIII, Verwaltungsgerichtsbarkeit in Europa: Institutionen und Verfahren, § 127 Ziff. II. 1 Rn. 16.

29 BVerfG, Beschl. v. 12.01.1960, 1 BvL 17/59, BVerfGE 10, 264-271 juris Rn. 13.

30 vgl. etwa BVerfG, Beschl. v. 18.01.2000, BvR 321/96, BVerfGE 101, 397-410 juris Rn. 37; BVerfG, Nichtannahmebeschluss v. 11.08.2020, BvR 437/20, ECLI:DE:BVerfG:2020:rk20200811.2bvr043720 Rn. 2.

31 *Sachs*, in: Sachs, GG, Art. 19, Rn. 143.

32 *Huber*, in: Huber/Voßkuhle, GG, Bd. 1, Art. 19, Rn. 432; *Sachs*, in: Sachs, GG, Art. 19, Rn. 390, 457.

33 *Hofmann*, in: Schmidt-Bleibtreu/Klein, GG, Art. 19 Rn. 30.

34 *Schenke*, in: Kahl/Waldhoff/Walter, GG, Art. 19 Rn. 159.

35 BVerfG, Beschl. v. 30.04.1997, 2 BvR 817/90, BVerfGE 96, 27-44 juris Rn. 47.

36 Vgl. etwa *Hofmann*, in: Schmidt-Bleibtreu/Klein, GG, Art. 19, Rn. 31; BVerfG, Beschl. v. 30.04.2003, 1 PBvU 1/02, BVerfGE 107, 395-418 juris Rn. 16.

2. Allgemeiner Justizgewährungsanspruch

Effektiver Rechtsschutz wird neben Art. 19 Abs. 4 GG auf den sog. „Allgemeinen Justizgewährungsanspruch"[37] gestützt.[38] Das BVerfG hat maßgeblich aus dem Rechtsstaatsprinzip das Erfordernis eines wirkungsvollen Rechtsschutzes für bürgerlich-rechtliche Streitigkeiten hergeleitet.[39] Es spricht auch in diesem Zusammenhang von einem „Grundrecht auf Gewährung wirkungsvollen Rechtsschutzes", das neben dem Rechtsstaatsprinzip aus Art. 20 Abs. 3 GG auf Art. 2 Abs. 1 GG gestützt werden kann und Effektivität des Rechtsschutzes garantiert.[40] Der Justizgewährungsanspruch sichert Rechtsschutz in den Fällen zu, in denen die Verletzung einer Rechtsposition behauptet wird, die Rechtsschutzgarantie aus Art. 19 Abs. 4 GG aber nicht einschlägig ist.[41] Er findet seine Bedeutung im Rahmen der Durchsetzung von zivilrechtlichen Ansprüchen.[42] Mit dem Justizgewährungsanspruch soll erreicht werden, dass Bürger nicht auf die Geltendmachung ihrer Rechte verzichten und sich einer Friedenspflicht unterwerfen.[43] Vielmehr soll erreicht werden, dass nach dem Gewaltmonopol des Staates nur diese l effektiven Rechtsschutz ermöglicht.[44] Genauso wie Art. 19 Abs. 4 GG zielt der Allgemeine Justizgewährungsanspruch für effektiven Rechtsschutz auf eine verbindliche Entscheidung durch den Richter ab.[45]

II. Effektiver Rechtsschutz im Nachprüfungsverfahren

Effektiver Rechtsschutz gewinnt immer dann Bedeutung, wenn ein Rechtsschutzgesuch im Raum steht. Da das vergaberechtliche Nachprüfungsverfahren zur effektiven Durchsetzung subjektiver Rechte geschaffen worden ist[46] und damit ein spezielles Rechtsschutzverfahren darstellt, erfährt der verfassungsrechtlich gebotene Rechtsschutz Bedeutung. Ob auf Art. 19 Abs. 4 GG oder den Allgemeinen Justizgewährungsanspruch zurückgegriffen wird, bestimmt sich anhand einer Einordnung der zugrundeliegenden Streitigkeit als privatrechtlich oder öffentlich-rechtlich.

Unter Bezugnahme auf das BVerwG könnten vergaberechtliche Streitigkeiten ausschließlich dem Privatrecht zugeordnet werden. Das BVerwG hat unter Bezugnahme auf den Gemeinsamen Senat der obersten Gerichtshöfe des Bundes im Bereich des Vergaberechts klargestellt, dass sich öffentliche Auftraggeber bei der Ausschreibung und Vergabe von Aufträgen vornehmlich „auf dem Boden des Privatrechts" bewegen.[47] Vergaberechtliche Streitigkeiten zwischen öffentlichen Auftraggebern und Privaten werden deswegen vor

37 Gleichbedeutend wird auch von der Justizgewährungspflicht gesprochen, vgl. *Huber*, in: Huber/Voßkuhle, GG, Bd. 1, Art. 19 Rn. 417.

38 BVerfG, Beschl. v. 30.04.2003, 1 PBvU 1/02, BVerfGE 107, 395-418 juris Rn. 16.

39 BVerfG, Beschl. v. 11.06.1980, 1 PBvU 1/79, BVerfGE 54, 277-300 juris Rn. 47; Beschl. v. 12.02.1992, 1 BvL 1/89, BVerfGE 85, 337-353 juris Rn. 28.

40 BVerfG, Beschl. v. 02.03.1993, 1 BvR 249/92, BVerfGE 88, 118-128 juris Rn. 20; Beschl. v. 06.05.1997, 1 BvR 711/96, NJW 1997, 2811f. juris Rn. 33; *Schenke*, in: Kahl/Waldhoff/Walter, GG, Art. 19 Rn. 182.

41 *Schmidt-Aßmann*, in: Dürig/Herzog/Scholz, GG, Art. 19 Abs. 4 Rn. 16.

42 *Voßkuhle/Kaiser*, JuS 2014, S. 312.

43 *Voßkuhle/Kaiser*, JuS 2014, S. 312.

44 *Voßkuhle/Kaiser*, JuS 2014, S. 312.

45 BVerfG, Beschl. v. 06.05.1997, 1 BvR 711/96, NJW 1997, 2811f. Rn. 34; *Schmidt-Aßmann*, in: Dürig/Herzog/Scholz, GG, Art. 19 Abs. 4 Rn. 16; *Schenke*, in: Kahl/Waldhoff/Walter, GG, Art. 19 Rn. 186.

46 *Dietlein/Fandrey*, in: Byok/Jäger, Vergaberecht, Einl. Rn. 32.

47 BVerwG, Beschl. v. 02.05.2007, 6 B 10/07, BVerwGE 129, 9-20 juris Rn. 4ff.

den ordentlichen Gerichten ausgetragen und der Verwaltungsrechtsweg ist nicht eröffnet.[48] Allein die Entscheidung darüber, welcher Rechtsweg im Vergaberecht eröffnet ist, sagt noch jedoch nichts darüber aus, ob bei der Beschreitung des Rechtswegs auf Art. 19 Abs. 4 GG oder den Allgemeinen Justizgewährungsanspruch zurückgegriffen wird. Denn selbst unter Zugrundelegung der leitenden Entscheidung des BVerwG, nach der kein Verwaltungsrechtsweg für Vergabestreitigkeiten eröffnet ist, bleibt es bei der Tatsache, dass sich im Rahmen von vergaberechtlichen Streitigkeiten der Staat als öffentlicher Auftraggeber und ein Marktteilnehmer gegenüberstehen. Sowohl öffentlich-rechtliche als auch privatrechtliche Belange stehen im Raum. Eine Antwort auf die Frage, ob Streitigkeiten im Vergaberecht einen maßgeblich öffentlich-rechtlichen oder privatrechtlichen Charakter haben und damit den Anforderungen des Art. 19 Abs. 4 GG oder dem Allgemeinen Justizgewährungsanspruch zugeordnet werden sollten, dürfte über die Rechtsprechung des BVerwG hinaus erst dann gelingen, wenn Art. 19 Abs. 4 S. 1 GG, insbesondere das Merkmal der dort genannten „öffentlichen Gewalt" genauer beleuchtet wird. Wenn unter Rechtsverletzungen durch die öffentliche Gewalt auch Belange zwischen öffentlichen Auftraggebern und Privaten zu verstehen sind, werden vergaberechtliche Streitigkeiten unter Art. 19 Abs. 4 GG gefasst.

1. Rechtsverletzung durch die „öffentliche" Gewalt

Nach Art. 19 Abs. 4 GG wird der Rechtsweg gegen Verletzungen durch die „öffentliche Gewalt" begründet. Unter öffentlicher Gewalt werden Akte des Staates erfasst.[49] Danach können vergaberechtliche Streitigkeiten von Art. 19 Abs. 4 GG erfasst sein, denn in einem vergaberechtlichen Nachprüfungsverfahren wendet sich ein Privater gegen den Staat bzw. eine staatliche Beschaffungsmaßnahme, also gegen eine Tätigkeit des Staates.

Es wird unterschiedlich beurteilt, ob effektiver Rechtsschutz nach Art. 19 Abs. 4 GG auch in den Fällen Anwendung findet, in denen die Tätigkeit des Staates privatrechtlich erfolgt. Insbesondere die sog. Beschaffungsverwaltung wird noch teilweise vom Anwendungsbereich des Art. 19 Abs. 4 GG ausgeschlossen.[50] Diese Auffassung ist maßgeblich geprägt durch das BVerfG, das für Vergabeverfahren im Unterschwellenbereich ausdrücklich betont hat, dass die Vergabeentscheidung eines öffentlichen Auftraggebers nicht unter Art. 19 Abs. 4 GG zu fassen sei, da es an einem Akt der öffentlichen Gewalt im Sinne dieser Norm fehle.[51] Das BVerfG ist der Ansicht, dass nicht für jede staatliche Tätigkeit die Rechtsschutzgarantie des Art. 19 Abs. 4 GG greife, da dieses Recht nur dann Rechtsschutz gewährleisten solle, wenn sich ein Einzelner gegenüber der staatlichen Gewalt in einem durch Unterordnung geprägten Abhängigkeitsverhältnis befinde.[52] Das treffe gerade nicht auf Vergabestellen zu, die zwar als öffentlicher Auftraggeber, wohl aber auch als Nachfrager am Markt tätig werden.[53] Der Staat unterscheide sich während eines Beschaffungsvorhabens nicht von anderen Marktteilnehmern und greife auch nicht auf eine übergeordnete

48 BVerwG, Beschl. v. 02.05.2007, 6 B 10/07, BVerwGE 129, 9-20 juris Rn. 4ff.
49 *Huber*, in: Huber/Voßkuhle, GG, Bd. 1, Art. 19, Rn. 420; Sachs, in: Sachs, GG, Art. 19 Rn. 117.
50 *Sachs*, in: Sachs, GG, Art. 19, Rn. 118; Jarass, in: Jarass/Pieroth, GG, Art. 19 Rn. 49.
51 BVerfG, Beschl. v. 13.06.2006, 1 BvR 1160/03, BVerfGE 116, 135-163 juris Rn. 51.
52 BVerfG, Beschl. v. 13.06.2006, 1 BvR 1160/03, BVerfGE 116, 135-163 juris Rn. 51.
53 BVerfG, Beschl. v. 13.06.2006, 1 BvR 1160/03, BVerfGE 116, 135-163 juris Rn. 52.

Position zurück.[54] Diese Entscheidung hat deutliche Kritik erfahren. Teilweise wird ausdrücklich betont, das Argument der fehlenden Unterordnung sei ein „befremdlicher Rückfall in vorkonstitutionelle Denkmuster".[55] Zudem lege die Entscheidung des BVerfG eine schwer nachweisbare Fiktion über den Ausschluss des Rechtsweges zugrunde.[56] Aus der Verfassung lasse sich kein derartiges Verbot entnehmen, insbesondere nicht aus Art. 19 Abs. 4 GG selbst, denn die Regelung differenziere nicht, ob nur öffentliches Recht die Grundlage für Rechtsschutz gewährleiste.[57] Der Staat könne sich auch nicht durch einen Wechsel der Handlungsform seiner grundrechtlichen Bindung entziehen.[58] Zum Teil wird dafür plädiert, die Entscheidung des BVerfG deswegen nicht auf Vergaben im Oberschwellenbereich anzuwenden. So sollen etwa öffentliche Auftragsvergaben oberhalb der Schwellenwerte als gewichtiger Teil der bedarfsdeckenden Tätigkeiten Art. 19 Abs. 4 GG zugeordnet werden.[59] Selbst Ansichten, die grundsätzlich dem BVerfG folgend Art. 19 Abs. 4 GG nicht im Rahmen der öffentlichen Auftragsvergabe anwenden, sprechen sich heute wegen zunehmender Regulierung der öffentlichen Auftragsvergabe für eine Anwendung von Art. 19 Abs. 4 GG bei vergaberechtlichen Rechtsschutzgesuchen aus.[60]

Die Kritik an der Entscheidung des BVerfG zur fehlenden Anwendung von Art. 19 Abs. 4 GG im Vergabenachprüfungsverfahren ist in großen Teilen nachvollziehbar. Die Anwendbarkeit des Art. 19 Abs. 4 GG von einem Unterordnungsverhältnis zwischen Bürger und Staat abhängig zu machen, findet im Wortlaut des Art. 19 Abs. 4 GG keinen Anhaltspunkt. Danach differenziert die Verfassung nicht, ob öffentliche Gewalt ein Abhängigkeitsverhältnis zwischen einer Person und dem Staat voraussetzt. Deswegen kann dem Wortlaut nach jede staatliche Tätigkeit der Rechtsschutzgarantie des Art. 19 Abs. 4 GG unterfallen. Daran anknüpfend überzeugt es nicht, das Kartellvergaberecht vom Anwendungsbereich des Art. 19 Abs. 4 GG auszuklammern. Dafür sprechen folgende Überlegungen:

Durch die Nachfrage am Markt können öffentliche Auftraggeber nicht rein privaten Wirtschaftsteilnehmern gleichgestellt werden. Öffentliche Auftraggeber wenden ein strukturiertes (Verwaltungs-)Verfahren zur Vertragsanbahnung an, in dem sie regelmäßig als Träger der öffentlichen Verwaltung gegenüber Privaten auftreten.[61] Sie bleiben auch bei privatrechtlichem Handeln „an verfassungsrechtliche und öffentlich-rechtliche Grundsätze gebunden (Art. 20 Abs. 3 GG)".[62] So hat der öffentliche Auftraggeber im Anwendungsbereich der §§ 97 ff. GWB wesentliche öffentlich-rechtlich geprägte Grundsätze zu beachten, die ihn von einem privat Handelnden unterscheiden. Das gilt insbesondere vor dem Hintergrund der vergaberechtlichen Grundsätze der Gleichbehandlung und nicht zuletzt auch der Verhältnismäßigkeit. Die Tatsache, dass der Staat als öffentlicher Auftraggeber und zugleich als Nachfrager am Markt tätig sein kann, führt also nicht automatisch dazu, dass er

54 BVerfG, Beschl. v. 13.06.2006, 1 BvR 1160/03, BVerfGE 116, 135-163 juris Rn. 52; dem zustimmend Burghart, in: Leibholz/Rinck, GG, Art. 19 Rn. 260.
55 *Huber*, in Huber/Voßkuhle, GG, Bd. 1, Art. 19 Rn. 473.
56 *Huber*, in Huber/Voßkuhle, GG, Bd. 1, Art. 19 Rn. 473.
57 *Schmidt/Aßmann*, in: Dürig/Herzog/Scholz, GG, Art. 19 Abs. 4 Rn. 60.
58 *Schenke*, in: Kahl/Waldhoff/Walter, Bonner Kommentar GG, Art. 19 Rn. 389.
59 *Schmidt/Aßmann*, in: Dürig/Herzog/Scholz, GG, Art. 19 Abs. 4 Rn. 65a.
60 So etwa *Jarass*, in: Jarass/Pieroth, GG, Art. 19 Rn. 49.
61 *Dörr*, in: Burgi/Dreher/Opitz, Beck'scher Vergaberechtskommentar, Bd. 1, Einl. Rn. 136.
62 OLG Düsseldorf, Beschl. v. 29.07.2015, VII-Verg 12/15 Rn. 34.

losgelöst von seinen staatlichen Verpflichtungen ausschließlich „bedarfsdeckend"[63] oder lediglich „erwerbswirtschaftlich"[64] tätig wird.

Das Vergaberecht ist zudem staatliches Haushaltsrecht und damit Sonderrecht der öffentlichen Verwaltung.[65] Öffentliche Auftraggeber unterliegen während ihrer Beschaffungsvorhaben also dem Regelungsregime des öffentlichen Rechts, was sie maßgeblich von in der freien Wirtschaft tätigen Unternehmen unterscheidet.

Des Weiteren gehen der öffentliche Charakter staatlicher Handlungen sowie die strenge Bindung an die Verfassung nicht durch nicht-hoheitliche Handlungen verloren.[66] Das gilt insbesondere für den Fall, in dem öffentliche Auftraggeber am Ende eines Verwaltungsverfahrens einen privatrechtlichen Vertrag mit einem Wirtschaftsteilnehmer schließen. Der privatrechtliche Vertrag als nicht-hoheitliche Handlung ist nämlich ein eigener Rechtsakt. Er nimmt zwar Bezug auf das Vergabeverfahren und macht Vergabeunterlagen zum Vertragsgegenstand. Dadurch wird aber kein Einfluss auf das bereits vor Vertragsschluss durchgeführte Vergabeverfahren genommen.

Schließlich kann auch das Bestehen eines Unterordnungsverhältnisses zwischen einem öffentlichen Auftraggeber und einem Teilnehmer in einem Vergabeverfahren nicht wegen der Handlung des öffentlichen Auftraggebers als Nachfrager am Markt ausgeschlossen werden. Der Umstand, dass ein öffentlicher Auftraggeber als Marktteilnehmer nicht auf eine übergeordnete Position zurückgreift, bedeutet nicht, dass diese Position entfällt oder gar nicht besteht. Der Staat bleibt auch als Nachfrager am Markt immer „Regelsetzer" oder „Rechtsgestalter".[67] Gerade im Vergabeverfahren liegt es im Verantwortungsbereich des öffentlichen Auftraggebers, die Verfahrensbedingungen und den Verfahrensablauf zu bestimmen. Von den Verfahrensentscheidungen des öffentlichen Auftraggebers hängt der gesamte Ablauf des Beschaffungsvorhabens und letztlich auch der Abschluss eines privatrechtlichen Vertrages am Ende des Verfahrens ab. Damit ist der öffentliche Auftraggeber gegenüber rein privat handelnden Wirtschaftsteilnehmern in einer überlegenden Position. Zutreffend wird deswegen heute hinsichtlich privatrechtlichen Verwaltungshandelns[68] auch auf die Anwendbarkeit des Art. 19 Abs. 4 GG verwiesen.

Art. 19 Abs. 4 GG findet mithin im Vergabenachprüfungsverfahren Anwendung.

2. Rechtsstreitigkeiten zwischen „Privaten"

Der allgemeine Justizgewährungsanspruch kann im vergaberechtlichen Nachprüfungsverfahren Bedeutung gewinnen, wenn Art. 19 Abs. 4 GG nach der – hier nicht vertretenen – Ansicht des BVerfG nicht zur Anwendung gelangt und gleichwohl effektiver Rechtsschutz garantiert werden soll. Grundsätzlich steht der Justizgewährungsanspruch für zivilrechtliche Rechtsstreitigkeiten zur Verfügung.[69] Dies impliziert seine Anwendbarkeit letztlich nur

63 Vgl. für diese Begrifflichkeit etwa *Schmidt/Aßmann*, in Dürig/Herzog/Scholz, GG, Art. 19 Abs. 4 Rn. 65

64 Vgl. für diese Begrifflichkeit etwa *Schmidt/Aßmann*, in: Dürig/Herzog/Scholz, GG, Art. 19 Abs. 4 Rn. 65.

65 *Dörr*, in: Burgi/Dreher/Opitz, Beck'scher Vergaberechtskommentar, Bd. 1, Einl. Rn. 136.

66 *Becker*, NVwZ 2019, S. 1385, 1387.

67 *Burgi*, Vergaberecht, § 4 Rn. 12f.

68 Gemeint ist das Verwaltungsprivatrecht. Zum Begriff *Kirchhof*, in: Dürig/Herzog/Scholz, GG, Art. 83 Rn. 138.

69 *Huster/Rux*, in: Epping/Hillgruber, BeckOK GG, Art. 20 Rn. 199.

bei Rechtsstreitigkeiten zwischen Privaten.[70] Er kann darüber hinaus aber auch dann einschlägig sein, wenn staatliches Handeln losgelöst von öffentlichen Zwecken, insbesondere als rein fiskalische Tätigkeit, erbracht wird.[71] In diesen Fällen besteht kein Anlass, Art. 19 Abs. 4 GG zur Gewährleistung von effektivem Rechtsschutz anzuwenden, da auf den Allgemeinen Justizgewährungsanspruch zurückgegriffen werden kann.[72] Der Allgemeine Justizgewährungsanspruch ist also nicht allein auf Rechtsstreitigkeiten zwischen zwei Privaten beschränkt, sondern kommt auch bei ausschließlich privatrechtlichem Handeln des Staates zur Anwendung. Wenn mit der Auffassung des BVerfG vertreten wird, Art. 19 Abs. 4 GG finde im Vergabeverfahren keine Anwendung, sind Rechtsschutzsuchende im Rahmen von Ausschreibungsverfahren nicht schutzlos gestellt. Sie können sich in jedem Fall auf den Justizgewährungsanspruch berufen.

Unterschiedlich beurteilt wird das Verhältnis von Art. 19 Abs. 4 GG und dem Allgemeinen Justizgewährungsanspruch. So wird teilweise vertreten, der Justizgewährungsanspruch sei eine „spezialgesetzliche Ausformung".[73] Teilweise wird aber auch Art. 19 Abs. 4 GG als die „spezielle Ausprägung" bezeichnet.[74] Das BVerfG formuliert, dass der Allgemeine Justizgewährungsanspruch „in den nicht von Art. 19 Abs. 4 GG erfassten Fällen Rechtsschutz" garantiere.[75] Das Verhältnis der beiden verfassungsrechtlichen Anforderungen an effektiven Rechtsschutz ist jedoch für deren Anwendung jeweils unbedeutend. Entscheidend ist allein die gegenseitige Ergänzung der Anwendungsbereiche von Art. 19 Abs. 4 GG und dem Allgemeinen Justizgewährungsanspruch, damit kein rechtsschutzloser Raum für Rechtssuchende entsteht.

III. Einzelne Anforderungen für die Nachprüfungsentscheidung

Die einzelnen verfassungsrechtlichen Anforderungen an effektiven Rechtsschutz sind unabhängig von ihrer Herleitung und ihrem Anwendungsbereich die gleichen, auch wenn zum Teil darauf verwiesen wird, dass u.a. die Dichte des Allgemeinen Justizgewährungsanspruchs nicht so exakt bestimmt sei wie bei Art. 19 Abs. 4 GG.[76] Hauptargument ist, dass bei privatrechtlichen Streitigkeiten die Ausgestaltung des Rechtsschutzes durch den Gesetzgeber sowohl „grundrechtliche Schutzaussagen zugunsten des Rechtssuchenden" als auch betroffene Dritte berücksichtigen müsse.[77] Dem Gesetzgeber komme deswegen ein weiterer Gestaltungsspielraum zu.[78] Unterschiedliche Anforderungen an den Gesetzgeber, der die Gewährleistung von effektivem Rechtsschutz normativ ausgestalten muss[79], dürften jedoch die grundlegenden Voraussetzungen für effektiven Rechtsschutz unverändert lassen. Nach dem BVerfG ergeben sich keine Unterschiede im rechtsstaatlichen Kerngehalt

70 *Huber*, in: Huber/Voßkuhle, GG, Bd. 1, Art. 19 Rn. 417.

71 *Schenke*, in: Kahl/Waldhoff/Walter, Bonner Kommentar GG, Art. 19 Rn. 390; *Schmidt/Aßmann*, in: Dürig/Herzog/Scholz, GG, Art. 19 Abs. 4 Rn. 65.

72 *Schenke*, in: Kahl/Waldhoff/Walter, Bonner Kommentar GG, Art. 19 Rn. 390.

73 *Huber*, in: Huber/Voßkuhle, GG, Bd. 1, Art. 19 Rn. 411.

74 *Schmidt/Aßmann*, in: Dürig/Herzog/Scholz, GG, Art. 19 Abs. 4 Rn. 17; *Schenke*, in: Kahl/Waldhoff/Walter, Bonner Kommentar GG, Art. 19 Rn. 185.

75 BVerfG, Beschl. v. 13.06.2006, 1 BvR 1160/03, BVerfGE 116, 135-163 juris Rn. 53.

76 *Schmidt/Aßmann*, in: Dürig/Herzog/Scholz, GG, Art. 19 Abs. 4 Rn. 17.

77 *Schmidt/Aßmann*, in: Dürig/Herzog/Scholz, GG, Art. 19 Abs. 4 Rn. 17.

78 *Huber*, in: Huber/Voßkuhle, GG, Bd. 1, Art. 19 Rn. 374.

79 *Burghart*, in: Leibholz/Rinck, GG, Art. 19 Rn. 366.

zwischen Art. 19 Abs. 4 GG und dem Allgemeinen Justizgewährungsanspruch.[80] Dem ist zuzustimmen, da kein Anlass besteht, Rechtsschutzgesuche gegenüber dem Staat oder Privaten an unterschiedlich intensive verfassungsrechtliche Anforderungen zu knüpfen. Der wesentliche Gehalt für die Gewähr effektiven Rechtsschutzes sollte zur Förderung der Rechtsklarheit unabhängig von der Art der Beschreitung des Rechtswegs gleich sein. Auf diese Weise ist es möglich, die jeweils einfachgesetzlichen Ausgestaltungen auf dem gleichen Niveau und anhand des gleichen Maßstabes zu messen und zu vergleichen.

1. Wirksame Überprüfung

Effektiver Rechtsschutz stellt in seiner Gänze zahlreiche Anforderungen auf.[81] Für die Beleuchtung des Prüfungs- und Entscheidungsmaßstabes im Nachprüfungsverfahren besitzen nicht alle Anforderungen entscheidende Relevanz. Die maßgebende verfassungsrechtliche Anforderung ist die wirksame Überprüfung in tatsächlicher (Ziff. 2 des Kapitels) und rechtlicher (Ziff. 3 des Kapitels) Hinsicht. Geprägt durch das BVerfG und bis heute zwingende Voraussetzung für effektiven Rechtsschutz ist eine „tatsächlich wirksame gerichtliche Kontrolle".[82] Gemeint ist eine umfassende Prüfung des Verfahrensgegenstandes.[83] In dieser Hinsicht verschafft effektiver Rechtsschutz einen Anspruch auf möglichst wirksame und lückenlose gerichtliche Kontrolle.[84] Die Intensität der Rechtskontrolle muss das Ziel der wirkungsvollen Durchsetzung des materiellen Rechts verfolgen, also zur Durchsetzung geeignet und angemessen sein.[85]

2. Vollständige Prüfung in tatsächlicher Hinsicht

In Verfahren, in denen ein Rechtssuchender Primärrechtsschutz zur Abwendung von Gefahren und möglicher Nachteile begehrt, besteht im Rahmen des Erfordernisses von effektivem Rechtsschutz das Gebot, durch gerichtlichen Rechtsschutz so weit wie möglich der Schaffung vollendeter Tatsachen entgegenzuwirken.[86] Praktische Schwierigkeiten sind allein kein ausreichender Grund, um eine vollständige Prüfung zu unterlassen und damit effektiven Rechtsschutz einzuschränken.[87] Dem dürfte ein Gericht nur dann gerecht werden, wenn es die Tatsachengrundlage überprüft, die eine Behörde bei einer Entscheidung zugrunde gelegt hat. Damit ein Gericht das Rechtsschutzgesuch einer Person in tatsächlicher Hinsicht prüfen kann, muss es die tatsächlichen Grundlagen selbst ermitteln.[88] Das

80 BVerfG, Urt. v. 08.11.2006, 2 BvR 578/02 und 2 BvR 796/02, BVerfGE 117, 71-126 juris Rn. 54.

81 Gefordert werden u.a. Zugang zum Gericht, Möglichkeit für vorläufigen Rechtsschutz, faires Verfahren, vgl. nur beispielhaft *Jarass*, in: Jarass/Pieroth, GG, Art. 19 Rn. 64, 69, 77.

82 Vgl. etwa BVerfG, Beschl. v. 17.04.1991, 1 BvR 419/81, BVerfGE 84, 34-58 juris Rn. 46; Beschl. v. 27.10.1999,1 BvR 385/90, BVerfGE 101, 106-132 juris Rn. 66; Beschl. v. 08.06.2021, 2 BvR 1306/20, ECLI:DE:BVerfG:2021:rk20210608.2bvr130620 Rn. 21.

83 BVerfG, Beschl. v. 23.01.2017, 2 BvR 2584/12, NJW 2017, 1731-1735 Rn. 18; Beschl. v. 20.04.2017, 2 BvR 1754/14, ECLI:DE:BVerfG:2017:rk20170420.2bvr175414 Rn. 44.

84 Beispielhaft für die h.Rspr.: BVerfG, Beschl. v. 04.12.2012, 2 BvR 2954/09, NVwZ 2013, 500-502 Rn, 27; Beschl. v. 20.02.2001, 2 BvR 1444/00, BVerfGE 103, 142-164 juris Rn. 49; *v. Hofmann*, in: Schmidt-Bleibtreu/Klein, GG, Art. 19 Rn. 30; *Sachs*, in: Sachs, GG, Art. 19 Rn. 143; *Huber*, in: Huber/Voßkuhle, GG, Bd. 1, Art. 19 Rn. 505, 513.

85 Vgl. etwa BVerfG, Beschl. v. 17.04.1991, 1 BvR 419/81, BVerfGE 84, 34-58 juris Rn. 47.

86 BVerfG, Beschl. v. 29.07.2004, 2 BvR 2248/03, NZBau 2004, 564-567 Rn. 22.

87 BVerfG, Beschl. v. 15.08.2002, 1 BvR 1790/00, NJW 2002, 3691f. Rn. 12.

88 BVerfG, Beschl. v. 27.10.1999, 1 BvR 385/90, BVerfGE 101, 106-132 juris Rn. 67.

Gericht hat zu überprüfen, auf welche tatsächlichen Grundlagen die Ausgangsentscheidung gestützt worden ist und ob diese geeignet sind, die Ausgangsentscheidung zu tragen.[89] Das BVerfG betont, dass sich das Maß der durchzuführenden Aufklärung anhand der Bedeutung des geltend gemachten Rechts bestimmt.[90] Wirkungsvoller Rechtsschutz werde deswegen individuell an dem sachlichen Grund der behaupteten Rechtsverletzung gemessen.[91] Der Rechtsprechung des BVerfG lässt sich entnehmen, dass die Sachverhaltsaufklärung durch das Gericht im Rahmen der Kontrolle umso umfassender erfolgen muss, je höher der Wert und damit einhergehend die Verletzung des geltend gemachten Rechts ist.[92] Das konkrete Maß für wirkungsvollen Rechtsschutz richtet sich entscheidend nach dem sachlichen Gehalt des gerügten Rechts.[93] Insofern ist für jede Gewähr effektiven Rechtsschutzes der Einzelfall maßgebend.

Unabhängig vom Einzelfall lassen sich spezielle Anforderungen für eine gerichtliche Prüfung und Entscheidung, die effektiven Rechtsschutz gewährt, feststellen.

a) Sachverhaltsermittlung

Im Rahmen der Überprüfung der Tatsachen sind die für die Kontrolle zuständigen Behörden[94], im Folgenden nur noch die Gerichte, zur Sachverhaltsermittlung und -aufklärung verpflichtet. Effektiver Rechtsschutz kann nur gewährleistet werden, wenn die gerichtliche Überprüfung auf einer zureichenden Aufklärung des im Einzelfall vorliegenden Sachverhalts beruht.[95] Die Bindung der Judikative an die von der Exekutiven einmal festgestellten Tatsachen ist dem Grundgesetz im Prinzip fremd.[96] Das BVerfG hat ausdrücklich betont, dass ein Gericht im Rahmen von Art. 19 Abs. 4 GG die tatsächliche Grundlage für seine Entscheidung selbst ermitteln muss und an Feststellungen einer Ausgangsbehörde nicht gebunden ist.[97]

(1) Umfang

Effektiver Rechtsschutz kann nur gewährleistet werden, wenn der Sachverhalt zureichend aufgeklärt worden ist.[98] Die Sachverhaltsaufklärung kann je nach Einzelfall voraussetzen, dass das Gericht tatsächliche Entwicklungen im Auge behält und ausschließlich aktuelle

89 BVerfG, Beschl. v. 27.10.1999, 1 BvR 385/90, BVerfGE 101, 106-132 juris Rn. 71.

90 BVerfG, Beschl. v. 04.12.2012, 2 BvR 2954/09, NVwZ 2013, 500-502 Rn. 27

91 BVerfG, Beschl. v. 04.12.2012, 2 BvR 2954/09, NVwZ 2013, 500-502 Rn. 27.

92 So soll beispielhaft nach BVerfG, Beschl. v. 20.04.1982, 2 BvL 26/81, BVerfGE 60, 253-305 juris Rn. 50 wirksamer gerichtlicher Rechtsschutz von besonderer Bedeutung sein, „wenn es um die Abwehr von Grundrechtsverletzungen oder die Durchsetzung von verfassungsrechtliche[n] Gewährleistungen" geht.

93 BVerfG, Beschluss v. 20.12.2006, 2 BvR 2063/06, NVwZ 2007, 1046f. Rn. 12.

94 In der Regel sind Gerichte i.S. von Art. 92 GG zuständig, im Vergabenachprüfungsverfahren hingegen zunächst Vergabekammern. Diese sind zwar dem Grunde nach Verwaltungsbehörden, in der Rechtsprechung hingegen als gerichtsähnlich anerkannt, EuGH, Urt. v. 18.09.2014, Rs. C-549/13, ECLI:EU:C:2014:2235 Rn. 22 – *Bundesdruckerei;* OLG Düsseldorf, Beschl. v. 05.09.2001, Verg 18/01, IBRRS 2003, 1489 Rn. 19.

95 BVerfG, Beschl. v. 24.10.2006, 2 BvR 30/06, BVerfGK 9, 390-399 juris Rn. 24; Beschl. v. 23.01.2017, 2 BvR 2584/12, NJW 2017, 1731-1735 Rn. 18; Beschl. v. 20.04.2017, 2 BvR 1754/14, ECLI:DE:BVerfG:2017:rk20170420.2bvr175414 Rn. 44.

96 BVerfG, Beschl. v. 20.02.2001, 2 BvR 1444/00, BVerfGE 103, 142-164 juris Rn. 50.

97 BVerfG, Beschl. v. 27.10.1999, 1 BvR 385/90, BVerfGE 101, 106-132 juris Rn. 67.

98 Vgl. etwa BVerfG, Nichtannahmebeschluss. v. 19.06.2019, 2 BvR 2299/15 Rn. 23.

Erkenntnisse zur Entscheidungsgrundlage heranzieht.[99] Daraus folgt hingegen nicht, dass die Nachprüfung jede mögliche Erkenntnisquelle heranziehen muss.[100] Der Sachverhaltsermittlung kann genügt werden, wenn das Gericht auf die relevanten und von einem im Verfahren Beteiligten vorgetragenen Aspekte eingeht.[101] Auf diese Weise kann die Überprüfung sinnvoll begrenzt werden. Zudem kann die Sachverhaltsermittlung dadurch eingegrenzt werden, dass nur entscheidungserheblicher Sachverhalt ermittelt wird. Darüber hinaus besteht regelmäßig kein Interesse an der Ermittlung von Tatsachen, die ohne Bedeutung für ein Verfahren sind.

(2) Untersuchungsgrundsatz

Gerichte können auf Grundlage des Untersuchungsgrundsatzes von sich aus die Aufklärung des Sachverhalts durchführen und in diesem Zusammenhang die notwendigen Maßnahmen treffen.[102] Der Untersuchungsgrundsatz gilt im Vergabenachprüfungsverfahren. Seine Geltung kann auch auf Art. 19 Abs. 4 GG gestützt werden, da effektiver Rechtsschutz eine vollumfängliche Überprüfung unter anderem auch in tatsächlicher Hinsicht erfordert.[103] Der Untersuchungsgrundsatz verstärkt effektiven Rechtsschutz zugunsten des Rechtssuchenden, insbesondere wenn das Machtverhältnis zwischen Staat und Bürger unausgeglichen ist.[104] Nach dem BVerfG leitet sich insofern aus dem Gebot effektiven Rechtsschutzes bei streitigen Sachverhaltsschilderungen eine Amtsaufklärungspflicht der Gerichte ab.[105] Die Annahme, der Untersuchungsgrundsatz sei als Teil von Art. 19 Abs. 4 GG zu verstehen, hat starke Kritik erfahren.[106] So solle Art. 19 Abs. 4 GG gerade nur Individualrechtsschutz und nicht als solcher auch die Kontrolle behördlicher Tätigkeiten gewährleisten.[107] Teilweise wird argumentiert, eine Garantie des Untersuchungsgrundsatzes lasse sich Art. 19 Abs. 4 GG gar nicht entnehmen.[108] Ferner könnten sich negative Auswirkungen auf das Rechtsschutzgesuch ergeben, wenn der Gesetzgeber bei der Ausgestaltung von Verfahrens- bzw. Prozessordnungen stets dem starren Prinzip folgen müsste, den Untersuchungsgrundsatz anzuwenden.[109] Wegen der Anwendung des Untersuchungsgrundsatzes über Art. 19 Abs. 4 GG wird auch darauf hingewiesen, dass effektiver Rechtsschutz wohl dazu einlade, „rechtspolitische Wunschvorstellungen zu Verfassungsgeboten zu erheben".[110]

Wenngleich die Überlegungen plausibel sind, dass Art. 19 Abs. 4 GG gerade dem Individualrechtsschutz diene und nicht die Kontrolle behördlicher Tätigkeiten ermöglichen solle, kann der Untersuchungsgrundsatz dennoch als Teil von Art. 19 Abs. 4 GG verstanden wer-

---

99 BVerfG, Beschl. v. 09.02.2021, 2 BvQ 8/21, BayVBl 2021, 340-341 Rn. 7.

100 BVerfG, Beschl. v. 27.03.2017, 2 BvR 681/17, NVwZ 2017, 1702 Rn. 12.

101 BVerfG, Beschl. v. 27.03.2017, 2 BvR 681/17, NVwZ 2017, 1702 Rn. 12.

102 Gleichbedeutend zur Amtsermittlungspflicht zuletzt BVerfG, Beschl. v. 18.08.2021, 2 BvR 27/21, ECLI:DE:BVerfG:2021:rk20210818.2bvr002721 Rn. 24.

103 Vgl. zusammenfassend *Schenke*, in: Kahl/Waldhoff/Walter, Bonner Kommentar GG, Art. 19 Rn. 264; *Ernst*, in: von Münch/Kunig, GG, Art. 19 Rn. 162.

104 *Schenke*, in: Kahl/Waldhoff/Walter, Bonner Kommentar GG, Art. 19 Rn. 264.

105 BVerfG, Beschl. v. 07.04.2020, 2 BvR 1935/19, ECLI:DE:BVerfG:2020:rk20200407.2bvr193519 Rn. 35.

106 Siehe z.B. *Funke*, in: Dreier, GG, Bd. 1, Art. 19 Abs. 4 Rn. 73.

107 *Bender*, NVwZ 1982, 25f.

108 *Kaufmann*, Untersuchungsgrundsatz und Verwaltungsgerichtsbarkeit, S. 445.

109 *Schmidt-Aßmann*, in: Dürig/Herzog/Scholz, GG, Art. 19 Abs. 4 Rn. 219.

110 *Kaufmann*, Untersuchungsgrundsatz und Verwaltungsgerichtsbarkeit, S. 244.

den. Dem Untersuchungsgrundsatz kommt im Rahmen der Gewähr effektiven Rechtsschutzes – gerade in Bezug auf den Individualrechtsschutz – eine unterstützende Funktion auf dem Weg zur Erlangung von Rechtsschutz zu. Die Verpflichtung zur Sachverhaltsermittlung von Amts wegen vereinfacht effektiven Rechtsschutz, da der Rechtssuchende von seinem Nachprüfungsbegehren möglicherweise weniger abgehalten wird, wenn er nicht selbst vollständig den Sachverhalt vortragen, sich vielmehr ergänzend auf Untersuchungen durch das Gericht berufen kann. Die Verankerung des Untersuchungsgrundsatzes in Art. 19 Abs. 4 GG hat deswegen auch nicht zur Folge, dass dem Gesetzgeber ein starres Prinzip bei der Ausgestaltung von Prozessordnungen vorgegeben wird. Zum einen ist der Gesetzgeber ohnehin an Grundrechte gebunden, Art. 1 Abs. 3 GG,[111] und hat damit während der Gesetzgebung keine vollkommen freie Hand. Zum anderen führt die Aufnahme des Untersuchungsgrundsatzes in Prozessordnungen allein nicht dazu, dass ausschließlich statische Verfahren geschaffen werden können. Andere in Art. 19 Abs. 4 enthaltene Garantien[112] hat der Gesetzgeber ebenfalls bei der Ausgestaltung von Prozessordnungen zu beachten. Zutreffend dürfte zwar sein, dass sich der Untersuchungsgrundsatz nicht dem Wortlaut des Art. 19 Abs. 4 GG entnehmen lässt. Dem Wortlaut der Regelung lässt sich aber auch keine andere Verfahrensmaxime wie etwa der Beibringungs- und Verhandlungsgrundsatz entnehmen. Der Untersuchungsgrundsatz als Teil von Art. 19 Abs. 4 GG beeinflusst daher den Umfang der Sachverhaltsermittlung.

b) Beschränkungen und Grenzen

Die Überprüfung in tatsächlicher Hinsicht durch eigene Sachverhaltsermittlung und -aufklärung findet ihr Ende, wenn ein Gericht an die Grenze des Erkenntnisstandes einer fachspezifischen Wissenschaft und Praxis stößt.[113] Art. 19 Abs. 4 GG steht dem in diesem Fall nicht entgegen, wenn das Gericht dem entscheidungserheblichen Sachverhalt eine behördliche Einschätzung zu fachlichen Fragen zugrunde legt, etwa weil dem Gericht selbst allgemein anerkannte Maßstäbe für eine eigene Beurteilung fehlen.[114] Das soll auch dann gelten, wenn ein Gericht tatsächlich eine eigenständige Bewertung vornehmen kann, denn effektiver Rechtsschutz gebietet im Rahmen der Überprüfung einer behördlichen Maßnahme über die bestehenden Erkenntnismöglichkeiten hinaus nicht eine weitere, eigenständige Einschätzung des Gerichts, die fachwissenschaftliche Erkenntnislücken schließen soll.[115] Das BVerfG hat erläutert, dass selbst bei einer selbstständigen Einschätzung des Gerichts in diesem Zusammenhang ohnehin unklar bleibe, ob diese Entscheidung richtig ist, da diese auf einer unzureichenden Erkenntnislage beruhe.[116] Sobald ein Gericht an eine derartige Grenze seiner Entscheidungskompetenzen stößt, hat es gleichwohl die Ausgangsentscheidung weitestmöglich zu kontrollieren, bevor es von weiteren Ermittlungen und der eigenen Überzeugungsbildung absieht.[117] Aus den Anforderungen an effektiven Rechtsschutz folgt demnach eine logische Begrenzung hinsichtlich des in der Praxis

111 *Höfling*, in: Sachs, GG, Art. 1 Rn. 95.
112 Wie etwa die angemessene Verfahrensdauer oder rechtliches Gehör, *Jarass*, in: Jarass/Pieroth, GG, Art. 19 Abs. 4 Rn. 77f.
113 BVerfG, Beschl. v. 23.10.2018, 1 BvR 2523/13, BVerfGE 149, 407-421 Rn. 18.
114 BVerfG, Beschl. v. 23.10.2018, 1 BvR 2523/13, BVerfGE 149, 407-421 Rn. 20.
115 BVerfG, Beschl. v. 23.10.2018, 1 BvR 2523/13, BVerfGE 149, 407-421 Rn. 20.
116 BVerfG, Beschl. v. 23.10.2018, 1 BvR 2523/13, BVerfGE 149, 407-421 Rn. 22.
117 BVerfG, Beschl. v. 23.10.2018, 1 BvR 2523/13, BVerfGE 149, 407-421 Rn. 25.

vernünftigerweise Möglichen. Gerichte haben rechtliche Streitigkeiten zu entscheiden und nicht fachliches Wissen zu allgemeinen Anforderungen zu formulieren, wenn diese in der jeweiligen Wissenschaft fehlen. Es ist auch aus prozessökonomischer Sicht zu beachten, dass von einem Gericht keine vollumfänglichen, den Stand der fachwissenschaftlichen Erkenntnisse übersteigenden Ermittlungen erwartet werden sollten, wenngleich die rechtliche Streitigkeit plausibel auf wenigstens behördliche Erkenntnisse gestützt werden kann. Es ist nicht Aufgabe des Gerichts, neue wissenschaftliche Erkenntnisquellen zu schaffen bzw. aufzuzeigen.

c) Beweiserhebung

Beweiserhebungen durch ein Gericht können Teil einer effektiven Nachprüfung sein. Einfachgesetzliche Regelungen zu Vorlage- und Auskunftspflichten von Behörden tragen den Anforderungen von Art. 19 Abs. 4 GG an eine umfassende gerichtliche Nachprüfbarkeit Rechnung, denn sie dienen der umfassenden Aufklärung des Sachverhalts durch ein Gericht.[118] Ohne Aktenvorlage kann ein Gericht an der Beurteilung gehindert sein, auf welchen tatsächlichen Grundlagen die angefochtene Entscheidung beruht und ob diese geeignet sind, die Entscheidung überhaupt zu tragen.[119] In der Folge würde die umfassende Kontrolle wesentlich erschwert werden, möglicherweise sogar unmöglich gemacht und wirksamer Rechtsschutz damit nicht gewährt werden.[120]

Die vollständige Überprüfung in tatsächlicher Hinsicht setzt nicht zwingend voraus, dass ein Gericht über streitige Tatsachen Beweis erheben muss. „Beweisrecht" ist im Wesentlichen einfaches Recht, für das die verfassungsrechtlichen Anforderungen an effektiven Rechtsschutz keine speziellen Vorgaben treffen.[121] Gleichwohl wird ein Gericht bei den Sachverhaltsermittlungen und -aufklärungen nicht auf Beweiserhebungen verzichten können, wenn die Nachprüfung auf streitigen Tatsachen beruht und der entscheidungserhebliche Sachverhalt deswegen nicht oder zumindest nicht ausreichend feststeht. Mit den Anforderungen an effektiven Rechtsschutz ist deswegen ein Verzicht auf die Ausschöpfung von Erkenntnismöglichkeiten durch ein Gericht erst dann gerechtfertigt, wenn ein Beweismittel unzulässig, untauglich, unerreichbar oder für die Entscheidung unerheblich ist.[122] Zudem darf das Gericht auf eine Beweisaufnahme nicht verzichten, weil diese etwa besonders arbeits- oder zeitaufwendig erscheint.[123] Gleichwohl ist Art. 19 Abs. 4 GG kein konkreter Maßstab für Fragen der Beweiserhebung und Beweislastverteilung zu entnehmen.

3. Vollständige Prüfung in rechtlicher Hinsicht

Der vom BVerfG geforderte möglichst lückenlose Rechtsschutz[124] gelingt erst dann, wenn sich der Sachverhaltsermittlung und -aufklärung eine rechtliche Prüfung des Gerichs anschließt. Neben der Überprüfung in tatsächlicher Hinsicht ist deswegen für die Gewähr ef-

118 BVerfG, Beschl. v. 27.10.1999, 1 BvR 385/90, BVerfGE 101, 106-132 juris Rn. 70.
119 BVerfG, Beschl. v. 27.10.1999, 1 BvR 385/90, BVerfGE 101, 106-132 juris Rn. 71.
120 BVerfG, Beschl. v. 27.10.1999, 1 BvR 385/90, BVerfGE 101, 106-132 juris Rn. 71.
121 *Schmidt/Aßmann*, in: Dürig/Herzog/Scholz, GG, Art. 19 Abs. 4 Rn. 222.
122 BVerfG, Nichtannahmebeschluss v. 19.06.2019, 2 BvR 2299/15 Rn. 23; *Schmidt/Aßmann*, in: Dürig/Herzog/Scholz, GG, Art. 19 Abs. 4 Rn. 222.
123 BVerfG, Nichtannahmebeschluss v. 19.06.2019, 2 BvR 2299/15 Rn. 23.
124 Vgl. etwa BVerfG, Beschl. v. 20.02.2001, 2 BvR 1444/00, BVerfGE 103, 142-164 juris Rn. 49.

fektiven Rechtsschutzes eine vollständige Kontrolle in rechtlicher Hinsicht durch ein Gericht entscheidend.[125] Nach der selbstständigen Ermittlung des Sachverhalts hat das nachprüfende Gericht seine rechtliche Auffassung unabhängig von der Ausgangsentscheidung zu gewinnen und zu begründen.[126] In einem Verfahren zwischen Bürger und Staat hat ein Gericht den festgestellten Sachverhalt rechtlich zu würdigen und daraus Folgerungen zu ziehen.[127] Auf diese Weise überprüft es, ob ein gerügter Verstoß, eine Verletzung in eigenen Rechten, ein Fehler oder eine sonstige Beanstandung, zutreffend ist oder nicht. Effektiver Rechtsschutz wird dann nicht erreicht, wenn ein Gericht im Rahmen seiner rechtlichen Prüfung eine Sachentscheidung mit unzureichender Begründung verweigert.[128]

Im Einzelnen ist eine Prüfung in rechtlicher Hinsicht vollständig, wenn die zur Nachprüfung berufenen Gerichte ein gewisses Prüfungsspektrum erfüllen.

a) Gültigkeit und Anwendbarkeit von Rechtsnormen

Eine den Anforderungen an effektiven Rechtsschutz entsprechende rechtliche Überprüfung setzt voraus, dass ein Gericht die Anwendbarkeit der jeweils im konkreten Fall einschlägigen Normen auch hinsichtlich ihrer Gültigkeit prüft.[129] Das Gericht hat vor der Rechtsanwendung im engeren Sinne festzustellen, ob das gerügte Recht überhaupt zur Anwendung kommen kann. Nationales Recht kann generell unanwendbar geworden sein oder bei einer Kollision mit vorrangigem Unionsrecht unangewendet bleiben[130] oder rechts- bzw. verfassungswidrig sein. Das Gericht hat deswegen bei Anlass eine inzidente Normenkontrolle durchzuführen. Zur rechtlichen Prüfung gehört also die Kontrolle der Verfassungs- und Rechtmäßigkeit.[131] Deswegen können insbesondere rechtswidrige Vorschriften im gerichtlichen Verfahren verworfen werden.[132]

Die Prüfung der Anwendbarkeit zielt darauf ab, auf welche rechtliche Grundlage eine gerügte Rechtsverletzung gestützt werden kann. Da ein Gericht nicht entgegen Art. 19 Abs. 4 GG eine Prüfung unterlassen darf, muss jedes Gericht stets jede Norm, auch solche mit „besonders vagen Rechtsbegriffen", vollumfänglich anwenden.[133] Gleichwohl schreiben die verfassungsrechtlich vorgegebenen Effektivitätsanforderungen nicht im Speziellen vor, auf welche Weise Gerichte die Anwendbarkeit von Rechtsnormen zu prüfen haben, insbesondere nicht, ob diese lediglich die Anwendbarkeit von Rechtsnormen eines Fachgebiets oder darüber hinaus sämtliche Rechtsnormen auf Anwendbarkeit zu prüfen haben.

---

125 BVerfG, Beschl. v. 13.11.2017, 2 BvR 1381/17, NJW 2018, 37-40 Rn. 24, 26; Beschl. v. 20.04.2017, 2 BvR 1754/14, ECLI:DE:BVerfG:2017:rk20170420.2bvr175414 Rn. 45; Beschl. v. 05.02.1963, 2 BvR 21/60, BVerfGE 15, 275-283 juris Rn. 18; Beschl. v. 10.11.1964, 2 BvL 14/61, BVerfGE 18, 203-215 juris Rn. 32; Beschl. v. 04.05.1971, 2 BvL 10/70, BVerfGE 31, 113-119 juris Rn. 24.

126 BVerfG, Beschl. v. 20.04.2017, 2 BvR 1754/14, ECLI:DE:BVerfG:2017:rk20170420.2bvr175414 Rn. 45; Beschl. v. 27.10.1999, 1 BvR 385/90, BVerfGE 101, 106-132 Rn. 67.

127 BVerfG, Beschl. v. 10.11.1964, 2 BvL 14/61, BVerfGE 18, 203-215 juris Rn. 44.

128 *Hofmann*, in: Schmidt-Bleibtreu/Klein, GG, Art. 19 Rn. 51.

129 *Huber*, in: Huber/Voßkuhle, GG, Bd.1, Art. 19 Rn. 551; *Sachs*, in: Sachs, GG, Art. 19 Rn, 146.

130 Zur Unanwendbarkeit von nationalem Recht bei kollidierendem Unionsrecht: EuGH, Urt. v. 09.03.1978, 106/77, NJW 1978, 1741f. Rn. 17f, 24 – *Simmenthal*.

131 BVerfG, Beschl. v. 10.12.2009, 1 BvR 3151/07, BVerfGK 16, 418-443 juris Rn. 68.

132 BVerfG, Beschl. v. 10.12.2009, 1 BvR 3151/07, BVerfGK 16, 418-443 juris Rn. 79.

133 *Schulze-Fielitz*, in: Dreier, GG, Bd. 1, Art. 19 Abs. 4 Rn. 117 (3. Auflage 2013).

In jedem Fall muss die Nachprüfung einer angefochtenen Maßnahme die Überprüfung der Beurteilungsgrundlage einschließen.[134]

b) Rechtswegfremde Vorfragen

Es ist unstreitig, dass Art. 19 Abs. 4 GG weder den sachlichen Bestand noch Inhalt eines Rechtsschutzgesuchs festlegt.[135] Die inhaltliche Ausgestaltung ist vielmehr Aufgabe des Gesetzgebers.[136] Welchen Inhalt ein Rechtsschutzgesuch also umfasst, ergibt sich aus einfachem Recht.[137] Gleichwohl kann die Frage aufgeworfen werden, welche Rechtsfragen – sämtliche Rechtsfragen, Haupt- und Nebenfragen oder nur speziell ein Begehren betreffende Rechtsfragen – ein Gericht zur Gewähr effektiven Rechtsschutzes zu prüfen hat.

Zu einer umfassenden Rechtskontrolle gehört eine Entscheidung über sich aufdrängende rechtswegfremde Vorfragen.[138] Insbesondere da effektiver Rechtsschutz lückenlos sein soll[139], ist von Gerichten eine Prüfung verlangt, die sich auf alle aufgeworfenen Rechtsfragen bezieht. Ein Gericht hat in rechtlicher Hinsicht „alle in Deutschland geltenden Rechtsnormen" zu beachten.[140] Nach dem BVerfG gehört zu einer umfassenden rechtlichen Nachprüfung auch eine inzidente Kontrolle, etwa wenn zwei Rechtswege gegeben sind und einem angerufenen Gericht neben dem Hauptbegehren des Rechtssuchenden eine Rechtsfrage vorliegt, die, wäre sie das Hauptbegehren, in den Zuständigkeitsbereich des anderen Gerichtszweigs fallen würde.[141] Eine Rechtswegspaltung soll nicht dazu führen, dass es einem Gericht verwehrt wird, Vorfragen zu prüfen, für die ein anderes Gericht zuständig ist.[142] Dabei geht es nicht um eine Erlaubnis des Gerichts, rechtswegfremde Vorfragen zu prüfen, sondern um eine Prüfungspflicht. Ein Gericht hat rechtswegfremde, entscheidungserhebliche Vorfragen zu prüfen und über sie zu entscheiden[143], auch wenn diese nicht zur Zuständigkeit seines Rechtswegs gehören.[144] Diese Annahme entspricht dem Grundsatz aus § 17 Abs. 2 S. 1 GVG.[145] Dadurch wird vermieden, dass mehrere Verfahren denselben Streitgegenstand betreffend vor verschiedenen Gerichten begründet werden, auch wenn das zur Entscheidung berufene Gericht dann über Sachverhalt und Rechtsfragen zu befinden hat, die nicht in seinen eigentlichen Zuständigkeitsbereich fallen und für die ein anderes Gericht möglicherweise größere Sachnähe hat.[146] Maßgebend ist ein größeres Interesse an einer möglichst schnellen und einfachen Beilegung des Rechts-

134 *Sachs*, in: Sachs, GG, Art. 19 Rn. 145.
135 *Hofmann*, in: Schmidt-Bleibtreu/Klein, GG, Art. 19 Rn. 64.
136 BVerfG, Beschl. v. 31.05.1988, 1 BvR 520/83, BVerfGE 78, 214-232 Rn. 34.
137 BVerfG, Beschl. v. 31.05.1988, 1 BvR 520/83, BVerfGE 78, 214-232 Rn. 34; *Huber*, in: Huber/Voßkuhle, GG, Bd. 1, Art. 19 Rn. 368; *Hofmann*, in: Schmidt-Bleibtreu/Klein, GG, Art. 19 Rn. 65.
138 Darauf hinweisend *Sachs*, in: Sachs, GG, Art. 19 Rn. 146.
139 BVerfG, Beschl. v. 30.04.1997, 2 BvR 817/90, BVerfGE 96, 27-44 Rn. 47.
140 *Brüning*, in: Stern/Becker, GG, Art. 19 Rn. 111.
141 BVerfG, Beschl. v. 29.07.2010, 1 BvR 1634/04, NVwZ 2010, 1482-1485 Rn. 50.
142 BVerfG, Beschl. v. 29.07.2010, 1 BvR 1634/04, NVwZ 2010, 1482-1485 Rn. 50; *Brüning*, in: Stern/Becker, GG, Art. 19 Rn. 110.
143 BVerfG, Beschl. v. 29.07.2010, 1 BvR 1634/04, NVwZ 2010, 1482-1485 Rn. 51.
144 BGH, Beschl. v. 10.12.2002, X ARZ 208/02, BGHZ 153, 173-181 juris Rn. 11.
145 BVerfG, Beschl. v. 29.07.2010, 1 BvR 1634/04, NVwZ 2010, 1482-1485 Rn. 51.
146 BGH, Beschl. v. 10.12.2002, X ARZ 208/02, BGHZ 153, 173-181 juris Rn. 11.

streits und nicht, das Rechtsgesuch stets von dem Gericht mit der engsten Beziehung zur jeweiligen Rechtsmaterie beantworten zu lassen.[147]

Die rechtswegfremde Vorfrage muss entscheidungserheblich sein, etwa weil sie der Auslegung oder Anwendung der das Hauptbegehren betreffenden Regelungen dient.[148] Gleichzeitig darf sie nicht in Wahrheit die eigentliche Hauptfrage der Streitigkeit bilden.[149] Nach dem BVerfG wird der Prüfungsmaßstab zum Beispiel verengt und es widerspricht der Gewährleistung effektiven Rechtsschutzes, wenn ein ordentliches Gericht über die Rechtmäßigkeit einer behördlichen Maßnahme[150] entscheidet, ohne die Art und Weise der Maßnahme zu prüfen.[151] Wenn ein Gericht der Ansicht ist, die Art und Weise einer Maßnahme könne aufgrund einer anderen Rechtswegzuweisung nicht geprüft werden, verkennt es die Möglichkeit, die Zuständigkeit kraft Sachzusammenhangs in Betracht zu ziehen.[152] Dieser Rechtsprechung kann entnommen werden, dass die Verweigerung eines Gerichts, eine Rechtsfrage wegen fehlender Zuständigkeit zu prüfen, die Gewährleistung effektiven Rechtsschutzes verletzen kann. Es kommt entscheidend darauf an, dass ein Gericht ein Rechtsschutzgesuch vollumfänglich rechtlich prüft, also auf alle Rechtsfragen, die entscheidungserheblich sind, eingeht. Es ist festzuhalten, dass sich Gerichte sowohl mit allen Fragen hinsichtlich des Tatbestands als auch der rechtlichen Würdigung zu befassen haben.

Ohne Bezugnahme im Speziellen auf rechtswegfremde Vorfragen wird insoweit auch betont, dass Gerichte im Rahmen einer vollständigen Nachprüfung „alle" einschlägigen Rechtsnormen heranzuziehen haben.[153] Danach wird auch eine rechtswegfremde Vorfrage als einschlägiger Prüfungspunkt von einem Gericht kontrolliert. Es findet insoweit keine Differenzierung zwischen Vorfragen und weiteren Rechtsfragen statt. Dies folgt dem Umstand, dass die Verfassung selbst nicht vorgibt, in welchem Umfang Fachgerichte jeweils rechtliche Vor- und Hauptfragen zu überprüfen haben. Dies ist vielmehr eine Frage der gesetzlichen Ausgestaltung. Die Verfassung verlangt insofern eine vollständige Prüfung[154], mit der ein Ausschluss der Prüfung von rechtswegfremden Vorfragen ohne hinreichende Begründung nicht vereinbar ist. Der Prüfungsmaßstab darf nicht zulasten des Rechtssuchenden verengt werden. Gerichte müssten unter Berücksichtigung des Sachzusammenhangs verschiedener rechtlicher Fragen, der Auswirkung einer rechtswegfremden Vorfrage auf die Hauptrechtsfragen sowie im Interesse einer zügigen und einfachen Beilegung des Rechtsstreits sämtliche Rechtsfragen prüfen. Alternativ müssten die Gerichte begründen, warum eine eigeschränkte Prüfung vorgenommen wird. Eine unzureichende

147 BGH, Beschl. v. 10.12.2002, X ARZ 208/02, BGHZ 153, 173-181 juris Rn. 15.

148 BVerfG, Beschl. v. 29.07.2010, 1 BvR 1634/04, NVwZ 2010, 1482-1485 Rn. 51.

149 So auch unter Bezugnahme auf einen allgemeinen Grundsatz des Prozessrechts, OVG Lüneburg, Beschl. v. 12.07.2005, 11 ME 390/04, NVwZ-RR 2006, 34-36 Rn. 6, 9; *von Nicolai*, in: Redeker/von Oertzen, VwGO, § 40 Rn. 36.

150 Hier eine Freiheitsentziehung, vgl. BVerfG, Beschl. v. 20.05.2015, 2 BvR 1834/12, NVwZ-RR 2015, 881f.

151 BVerfG, Beschl. v. 20.05.2015, 2 BvR 1834/12, NVwZ-RR 2015, 881f. Rn. 15-17.

152 BVerfG, Beschl. v. 20.05.2015, 2 BvR 1834/12, NVwZ-RR 2015, 881f. Rn. 16.

153 *Jarass*, in: Jarass/Pieroth, GG, Art. 19 Rn. 83.

154 Zur vollständigen Prüfung BVerfG, Beschl. v. 13.11.2017, 2 BvR 1381/17, NJW 2018, 37-40 Rn. 24, 26; Beschl. v. 20.04.2017, 2 BvR 1754/14, ECLI:DE:BVerfG:2017:rk20170420.2bvr175414 Rn. 45; Beschl. v. 05.02.1963, 2 BvR 21/60, BVerfGE 15, 275-283 juris Rn. 18; Beschl. v. 10.11.1964, 2 BvL 14/61, BVerfGE 18, 203-215 juris Rn. 32; Beschl. v. 04.05.1971, 2 BvL 10/70, BVerfGE 31, 113-119 juris Rn. 24.

Begründung liegt etwa vor, wenn eine Vergabekammer oder ein Oberlandesgericht von der Prüfung einer rechtswegfremden Vorfrage absieht, weil diese keine originäre Frage des Vergaberechts ist, es aber auf diese Frage für den Ausgang des Verfahrens entscheidend ankommt.[155]

Es ist daher festzuhalten, dass zu einer umfassenden Rechtskontrolle eine Prüfung und Entscheidung der sich aufdrängenden rechtswegfremden Vorfragen gehört, wenn diese dem Schutz des Rechtsssuchenden dienen, Rechtsverletzungen verhindern sollen und im jeweiligen Fall entscheidungserheblich sind.

c) Auslegung

Die vollständige Überprüfung in rechtlicher Hinsicht verlangt von den Gerichten die Auslegung der für jeden Einzelfall einschlägigen Regelungen, sei es eine gesetzliche oder vertragliche Bestimmung. Die Auslegung der Gerichte hat in jedem Fall zu erfolgen, insbesondere wenn eine Norm durch besonders vage Rechtsbegriffe gekennzeichnet ist.[156] Die Interpretation von generell-abstrakten Rechtnormen ist originäre Aufgabe der Gerichte.[157] Die Auslegung des einfachen Rechts sowie nachfolgend die Anwendung auf den Einzelfall sind Aufgaben des jeweils zuständigen Fachgerichts.[158] Diese haben dafür Sorge zu tragen, dass bei der Auslegung und Anwendung des Rechts wirkungsvoller Rechtsschutz gewährleistet wird, insbesondere ein Rechtsmittel nicht ineffektiv wird und im Ergebnis für den Rechtssuchenden leerläuft.[159] Effektiver Rechtsschutz soll beispielweise dann nicht mehr gegeben sein, wenn ein Gericht im Rahmen der Nachprüfung einer Entscheidung sowohl die Fortbildung des Rechts als auch die Sicherung einer einheitlichen Rechtsprechung ablehnt.[160] Bestehen mehrere Auslegungsmöglichkeiten, ist diejenige zu wählen, mit der das Gericht in die Lage versetzt wird, die Grundrechte der im Verfahren Beteiligten durchzusetzen und zu verwirklichen.[161] Effektiver Rechtsschutz soll gleichwohl nicht davor schützen, dass ein geltend gemachtes Recht von einem Gericht unzutreffend ausgelegt wird.[162] Das gilt selbst dann, wenn die Gefahr einer Rechtsschutzverkürzung durch die fehlerhafte Rechtsauslegung des Gerichts begründet wird.[163] Den Gerichten können im Rahmen der rechtlichen Prüfung Fehler bei der Anwendung und Auslegung des jeweils zugrundeliegenden Rechts unterlaufen, weswegen Rechtssuchende regelmäßig einem letzten Risiko der Fehleinschätzung bzw. Fehlbewertung ausgesetzt sind und dieses hinzunehmen haben.[164] Die Gewährung effektiven Rechtsschutzes reicht deswegen nicht bis hin zu einer fehlerfreien Entscheidung des Gerichts. Entscheidend ist die Kompetenz des Ge-

155 Vgl. VK Baden-Württemberg, Beschl. v. 25.01.2011, 1 VK 70/71/72/10, bestätigt durch OLG Karlsruhe, Beschl. v. 01.04.2011, 15 Verg 1/11.

156 *Schulze-Fielitz*, in: Dreier, GG, Bd. 1, Art. 19 Abs. 4 Rn. 117 (3. Auflage 2013).

157 BVerfG, Beschl. v. 10.12.2009, 1 BvR 3151/07, NVwZ 2010, 49-55 Rn. 57.

158 BVerfG, Nichtannahmebeschluss v. 19.08.2015, 1 BvR 2388/11, ECLI:DE:BVerfG:2015:rk20150819.1bvr238811 Rn. 13; Beschl. v. 26.07.1996, 2 BvR 521/96, NVwZ-Beil. 1996, 74 Rn. 11.

159 BVerfG, Beschl. v. 08.06.2021, 2 BvR 1306/20, NStZ-RR 2021, 324-326 Rn. 21; Beschl. v. 30.03.2021, 2 BvR 1344/20, ECLI:DE:BVerfG:2021:rk20210330.2bvr134420 Rn. 24.

160 BVerfG, Beschl. v. 08.06.2021, 2 BvR 1306/20, NStZ-RR 2021, 324-326 Rn. 26.

161 BVerfG, Beschl. v. 10.10.1978, 1 BvR 475/78, BVerfGE 49, 252-260 juris Rn. 18.

162 *Huber*, in: Huber/Voßkuhle, GG, Bd. 1, Art. 19 Rn. 551; grundlegend BVerfG, Beschl. v. 20.02.1998, 1 BvR 661/94, BVerfGE 97, 298-316 juris Rn. 74.

163 BVerfG, Beschl. v. 20.02.1998, 1 BvR 661/94, BVerfGE 97, 298-316 juris Rn. 74.

164 *Huber*, in: Huber/Voßkuhle, GG, Bd. 1, Art. 19 Rn. 551.

richts zu erkennen, wann eine Auslegung des Rechts angezeigt ist und dass in diesem Fall anhand der juristischen Auslegungsmethoden[165] eine in einer Entscheidung endende Prüfung vorgenommen wird. Effektiver Rechtsschutz wird erst dann nicht mehr gewährt, wenn ein Gericht willkürlich seiner Entscheidung gar keinen tragfähigen Prüfungsmaßstab zugrunde legt, die Entscheidung dadurch insgesamt nicht nachvollziehbar ist.[166] In diesem Fall kann nämlich nicht angenommen werden, dass ein Gericht sich mit der Auslegung sowie Anwendung des Rechts in einem dem Rechtsschutzgesuch entsprechende Umfang auseinandergesetzt hat.

d) Subsumtion

Die rechtliche Überprüfung durch das Gericht endet der Sache nach mit der Unterordnung des Sachverhalts unter den Tatbestand einer Rechtsnorm, mit der Subsumtion. Eine vollständige Rechtskontrolle muss sich neben der Bestimmung des Regelungsgehalts einer Norm sowie der Tatsachengrundlage auf deren Subsumtion erstrecken.[167]

e) Kontrollumfang

Gerichte sind im Rahmen der Prüfung eines Rechtsschutzbegehrens nicht an Wertungen der Ausgangsbehörde gebunden.[168] Der Umfang der gerichtlichen Kontrolle ist jedoch abhängig davon, welche gesetzlichen Direktiven einer staatlichen Stelle für ihre Entscheidung eingeräumt werden. Die gerichtliche Kontrolle kann nämlich nicht weiterreichen, als materiell-rechtliche Bindungen der Exekutive.[169] Durch normativ begründete Ermessens- und Beurteilungsspielräume wird der Umfang einer gerichtlichen Nachprüfung beeinflusst.

(1) Unbestimmte Rechtsbegriffe und Beurteilungsspielraum

„Unbestimmte Rechtsbegriffe"[170] unterliegen in vollem Umfang der gerichtlichen Kontrolle.[171] Sie lösen unter bestimmten Voraussetzungen einen gewissen Beurteilungsspielraum einer staatlichen Stelle aus.[172] Staatliche Stellen entscheiden im Rahmen der Ausführung des Rechts, welche Voraussetzungen für den unbestimmten Rechtsbegriff erfüllt werden müssen.[173] Sie sollen insoweit „im Interesse der Einzelfallgerechtigkeit genügend Elastizität" staatlichen Handelns ermöglichen.[174]

---

165 Zur kompakten Darstellung der Auslegungsmethoden: *Schäfers*, JuS 2015, 875.

166 BVerfG, Beschluss v. 20.12.2006, 2 BvR 2063/06, NVwZ 2007, 1046f. Rn. 13.

167 *Huber*, in: Huber/Voßkuhle, GG, Bd. 1, Art. 19 Rn. 551.

168 BVerfG, Beschl. v. 17.04.1991, 1 BvR 419/81, 1 BvR 213/83, BVerfGE 84, 34-58 juris Rn. 46; Beschl. v. 27.10.1999, 1 BvR 385/90, BVerfGE 101,106-132 juris Rn. 67; Beschl. v. 31.05.2011, 1 BvR 857/07, BVerfGE 129, 1-37 juris Rn. 68.

169 BVerfG, Urt. v. 20.02.2001, 2 BvR 1444/00, BVerfGE 103, 142-164 juris Rn. 51.

170 Unbestimmte Rechtsbegriffe sind z.B. Zuverlässigkeit, Eignung, Bedürfnis, öffentliches Interesse, vgl. *Schenke*, in: Kahl/Waldhoff/Walter, Bonner Kommentar GG, Art. 19 Rn. 579.

171 Vgl. beispielhaft nur BVerfG, Beschl. v. 07.04.1991, 1 BvR 419/81, BVerfGE 84, 34-58 juris Rn. 47.

172 *Decker*, in: Posser/Wolff, BeckOK VwGO, § 114 Rn. 32.

173 *Decker*, in: Posser/Wolff, BeckOK VwGO, § 114 Rn. 32.

174 *Schenke*, in: Kahl/Waldhoff/Walter, Bonner Kommentar GG, Art. 19 Rn. 579.

Nach dem BVerfG können normativ eröffnete Beurteilungsspielräume gerichtliche Kontrollen zwar einschränken[175], jedoch ohne dass Art. 19 Abs. 4 S. 1 GG ausgehebelt wird[176]. Die Nachprüfungen durch ein Gericht kann nämlich an die Funktionsgrenzen der Rechtsprechung stoßen, wenn unbestimmte Rechtsbegriffe wegen ihrer hohen Komplexität äußerst vage sind und ihre Konkretisierung[177] schwierig ist.[178] Da die Konkretisierung von Rechtsbegriffen Aufgabe der rechtsprechenden Gewalt ist[179], müssen sich die Gerichte mit unbestimmten Rechtsbegriffen auseinandersetzen. Ihre Konkretisierung fördert Rechtssicherheit, da richterliche Entscheidungen über den jeweiligen Einzelfall hinaus Bedeutung gewinnen. Die Konkretisierungen dienen auch als Orientierungshilfe für staatliches Handeln.[180] Dabei können die Gerichte unbestimmte Rechtsbegriffe allein durch die gesetzliche Verweisung auf bestimmte Verwaltungsvorschriften oder sonstige untergesetzliche Regelwerke konkretisieren.[181] Sie haben stets zu prüfen, ob die staatliche Stelle gültige Verfahrensbestimmungen eingehalten, das richtige Verständnis bei der Anwendung von Gesetzesbegriffen zugrunde gelegt, den relevanten Sachverhalt vollständig und zutreffend ermittelt sowie sich im Rahmen seiner Beurteilung an allgemeingültige Bewertungsmaßstäbe gehalten hat.[182] Vor diesem Hintergrund beschränken Beurteilungsspielräume die Kontrolldichte eines Gerichts.[183]

Rechtliche Kontrolle durch die Gerichte endet schließlich, wenn der Tatbestand einer Norm Bewertungen oder Prognosen vorsieht, die einer exakten Erkenntnis in tatsächlicher und rechtlicher Hinsicht nicht zugänglich sind.[184] Soweit Konkretisierungen durch die Gerichte also tatsächlich nicht möglich sind, kann gerichtliche Kontrolle nicht gelingen. Denn die Einschätzung, ob ein Tatbestand erfüllt ist oder nicht, kann ausschließlich durch die Ausgangsbehörde erfolgen.[185]

(2) Ermessen

Ermessensspielräume können den Umfang der gerichtlichen Kontrolle beeinflussen, wenn ein Gericht an die Ermessenserwägungen oder Ermessensentscheidungen der Ausgangsbehörde gebunden ist. Ermessensnormen begründen auf der Rechtsfolgenseite zugunsten der entscheidenden Behörde einen Spielraum. Nach dem BVerfG ist die Entscheidung einer Ausgangsbehörde nicht vollumfänglich zu überprüfen, wenn das materielle Recht der Verwaltung Entscheidungsbefugnisse einräumt, ohne ein konkretes Entscheidungsprogramm

175 BVerfG, Beschl. v. 31.05. 2011, 1 BvR 857/07, BVerfGE 129, 1-37 juris Rn. 73; Beschl. v. 08.07.1982, 2 BvR 1187/80, BVerfGE 61, 82-118 juris Rn. 79; Beschl. v. 16.12.1992, 1 BvR 167/87, BVerfGE 88, 40-63 juris Rn. 44.

176 BVerfG, Beschl. v. 31.05. 2011, 1 BvR 857/07, BVerfGE 129, 1-37 Rn. 75.

177 Die Konkretisierung der unbestimmten Rechtsbegriffe ist grundsätzlich Sache der Gerichte, BVerfG, Beschl. v. 31.05.2011, 1 BvR 857/07, BVerfGE 129, 1-37 juris Rn. 70.

178 BVerfG, Beschl. v. 17.04.1991, 1 BvR 419/81, BVerfGE 84, 34-58 juris Rn. 48.

179 So auch *Schenke*, in: Kahl/Waldhoff/Walter, Bonner Kommentar GG, Art. 19 Rn. 583.

180 *Schenke*, in: Kahl/Waldhoff/Walter, Bonner Kommentar GG, Art. 19 Rn. 585.

181 BVerfG, Beschl. v. 31.05.2011, 1 BvR 857/07, BVerfGE 129, 1-37 juris Rn. 72;

182 *Jacob/Lau*, NVwZ 2015, 241, 243.

183 *Huber*, in: Huber/Voßkuhle, GG, Bd. 1, Art. 19 Rn. 558.

184 So z. B. die Feststellung, dass sich ein Beamter auf Probe bewährt hat, BVerwG, Urt. v. 19.03.1998, 2 C 5/97, BVerwGE 106, 263-272, juris Rn. 21f, 24.

185 BVerwG, Urt. v. 19.03.1998, 2 C 5/97, BVerwGE 106, 263-272 juris Rn. 22, 24.

vorzugeben.[186] In diesem Fall haben Gerichte die Kompetenzverteilung zu respektieren.[187] Sie erkennen die Maßnahmen der Exekutiven an, die sich innerhalb des gesetzlichen Rahmens bewegen.[188] Dazu untersuchen die Gerichte die leitenden Gründe der Ausgangsentscheidung, wobei dadurch nicht der Maßstab der richterlichen Kontrolle bestimmt wird.[189] In der Folge kann es aber zu einer unterschiedlichen Kontrolldichte je nach Art der zu prüfenden Maßnahme kommen.[190] Insbesondere kann durch Ermessensspielräume die Kontrolldichte begrenzt werden.[191]

4. Einschränkungen

Das Recht auf effektiven Rechtsschutz wird prinzipiell vorbehaltslos gewährt. Art. 19 Abs. 4 GG enthält keinen Gesetzesvorbehalt, nachdem dieses Grundrecht eingeschränkt werden kann.[192] Beschränkungen sind nur durch kollidierende Rechte[193] sowie andere Verfassungsgüter möglich. In Betracht kommen verfassungsimmanente Grundrechtspositionen[194], kollidierende Verfassungsentscheidungen[195] bzw. kollidierendes Verfassungsrecht[196], insbesondere Beschränkungen, die im Interesse rechtsstaatlicher Sicherheit erforderlich werden.[197] Solche Beschränkungen erfahren besondere Bedeutung, weil die Besonderheit des Art. 19 Abs. 4 GG nicht in der Schaffung von Freiheitsrechten, vielmehr der Sicherstellung und Durchsetzung derartiger Rechte dient. Nach dem BVerfG müssen Einschränkungen aber dem Grundsatz der Verhältnismäßigkeit genügen und „[...] [dürfen insbesondere nicht] den Rechtsschutz [...] in unzumutbarer, durch Sachgründe nicht mehr zu rechtfertigender Weise erschweren".[198] Schließlich darf als Wesensgehalt wirkungsvoller Rechtsschutz nicht faktisch ausgeschlossen werden.[199]

186 BVerfG, Beschl. v. 16.12.1992, 1 BvR 167/87, BVerfGE 88, 40-63 juris Rn. 55; i. Ü. kann auch nach dem BVerwG eine Grenze der Überprüfung erreicht werden, wenn Erkenntnisse einer rechtlichen Bewertung dem Gericht im Rahmen der Nachprüfung nicht zugänglich sind, etwa weil eine Normierung einer staatlichen Stelle eine eigene Einschätzungsprärogative überlässt, vgl. BVerwG, Urt. v. 19.03.1998, 2 C 5/97, BVerwGE 106, 263-272 juris Rn. 22.

187 BVerfG, Beschl. v. 16.12.1992, 1 BvR 167/87, BVerfGE 88, 40-63 juris Rn. 55.

188 *Schenke*, in: Kahl/Waldhoff/Walter, Bonner Kommentar GG, Art. 19 Rn. 575.

189 BVerfG, Beschl. v. 31.05.2011, BvR 857/07, BVerfGE 129, 1-37 juris Rn. 71.

190 BVerfG, Beschl. v. 03.08.2004, 1 BvR 135/00, MDR 2004, 1446-1447 juris Rn. 20; Beschl. v. 18.07.2005, 2 BvR 2236/04, BVerfGE 113, 273-348 juris Rn. 104; Beschl. v. 28.10.2009, 2 BvR 2236/09, BVerfGK 16, 328-339 juris Rn. 26.

191 So auch *Sachs*, in: Sachs, GG, Art. 19 Rn. 146; *Huber*, in: Huber/Voßkuhle, GG, Bd. 1, Art. 19 Rn. 558; BVerfG, Beschl. v. 16.12.1992, 1 BvR 167/87, BVerfGE 88, 40-63 juris Rn. 44.

192 *Funke*, in: Dreier, GG, Bd 1, Art. 19 Abs. 4, Rn. 22; *Hofmann*, in: Schmidt-Bleibtreu/Klein, GG, Art. 19 Rn. 100, *Huber*, in: Huber/Voßkuhle, GG, Bd. 1, Art. 19 Rn. 381.

193 *Funke*, in: Dreier, GG, Bd. 1, Art. 19 Abs. 4 Rn. 22; *Huber*, in: Huber/Voßkuhle, GG, Bd. 1, Art. 19 Rn. 381.

194 *Hofmann*, in: Schmidt-Bleibtreu/Klein, GG, Art. 19 Rn. 100.

195 *Huber*, in: Huber/Voßkuhle, GG, Bd. 1, Art. 19 Rn. 381.

196 *Jarass*, in: Jarass/Pieroth, GG, Art. 19 Rn. 63.

197 *Brüning*, in: Stern/Becker, GG, Art. 19 Rn. 118.

198 BVerfG, Beschl. v. 27.10.1999, 1 BvR 385/90, BVerfGE 101, 106-132 juris Rn. 73.

199 *Huber*, in: Huber/Voßkuhle, GG, Bd. 1, Art. 19 Rn. 376; zum „änderungsfesten Kerngehalt" siehe *Schulze-Fielitz*, in: Dreier, GG, Bd 1., Art. 19 Rn. 146 (3. Auflage 2013).

B. Unionsrechtliche Garantie der Effektivität des Rechtsschutzes

Neben den verfassungsrechtlich geprägten Anforderungen an effektiven Rechtsschutz sind Vorgaben aus dem Unionsrecht entscheidend für die Bestimmung des Prüfungs- und Entscheidungsmaßstabs der vergaberechtlichen Nachprüfungsbehörden. Das deutsche Vergaberecht ist zum Großteil richtlinienumsetzendes Recht, also nationales Recht, das auf Richtlinien der Europäischen Union beruht. Nach Art. 288 Abs. 3 AEUV ist eine Richtlinie für jeden Mitgliedstaat, an den sie gerichtet wird, hinsichtlich des zu erreichenden Ziels verbindlich, überlässt jedoch den innerstaatlichen Stellen die Ausgestaltung. Gerade die von der Europäischen Union – im Folgenden nur noch Union – erlassenen Vergaberichtlinien haben eine immer größere Regelungsdichte erreicht, die bei der Umsetzung durch die Mitgliedstaaten in nationales Recht vollumfänglich zu beachten ist.[200] Vergaberechtlicher Rechtsschutz kann deswegen nicht ohne die Beleuchtung europarechtlicher – im Folgenden nur noch unionsrechtlicher – Anforderungen gelingen.

I. Historische Entwicklung

Die unionsrechtlichen Anforderungen an effektiven Rechtsschutz gehen auf zahlreiche Entwicklung innerhalb der Union zurück, die prägend für die Fortentwicklung der gesamten Union als Wertegemeinschaft (Art. 2 EUV) sind.

1. Effektivitäts- und Äquivalenzgrundsatz

Das Unionsrecht sieht für die Mitgliedstaaten der Union die Pflicht vor, die Aufgabenerfüllung der Union zu unterstützen.[201] Nach Art. 4 Abs. 3 UAbs. 2 EUV ergreifen die Mitgliedstaaten der EU alle geeigneten Maßnahmen allgemeiner oder besonderer Art zur Erfüllung der Verpflichtungen, die sich aus den Verträgen oder den Handlungen der Organe der Union ergeben. Die Pflicht zur Unterstützung der Aufgabenerfüllung der Union trifft die innerstaatlichen Stellen eines Mitgliedstaates, die Träger der öffentlichen Gewalt sind.[202] Der EuGH hat bereits 1976, damals noch bezogen auf die Europäische Wirtschaftsgemeinschaft, betont, dass aus dem Grundsatz der Mitwirkungspflichten die Aufgabe der innerstaatlichen Gerichte folge, die nationale Ausgestaltung des Verfahrens für Klagen zu übernehmen, die den Schutz der Rechte betreffen, die den Bürgern aus dem der unmittelbaren Wirkung des damaligen Gemeinschaftsrechts zustehen.[203] In diesem Zusammenhang hat der EuGH in ständiger Rechtsprechung den Grundsatz der Effektivität und den Grundsatz der Äquivalenz entwickelt. Aus dem in Art. 4 Abs. 3 EUV verankerten Grundsatz der loyalen Zusammenarbeit folgt unter anderem, dass die Verfahrensmodalitäten für Klagen, die den Schutz der den Einzelnen aus dem Unionsrecht erwachsenden Rechte gewährleisten sollen, nicht ungünstiger ausgestaltet sind als diejenigen, die gleichartige Sachverhalte des

---

200 *Jäger*, in: Säcker/Ganske/Knauff, MüKo zum Wettbewerbsrecht, Bd. 3, Einl. Vergaberecht Rn. 192.

201 *Schill/Krenn*, in: Grabitz/Hilf/Nettesheim, Das Recht der EU, Bd. 1, Art. 4 EUV Rn. 71.

202 EuGH, Urt. v. 15.04.2008, Rs. C 268/06, Slg 2008, I-2483-2576 juris Rn. 41 – *Impact*.

203 EuGH, Urt. v. 16.12.1976, Rs. 33/76 juris Rn. 5; anschließend weiter EuGH, Urt. v. 13.03.2007, Rs. C-432/05, NJW 2007, 3555 juris Rn. 38 – *Unibet*; Urt. v. 11.09.2003, Rs. C-13/01, Slg 2003, I-8679 juris Rn. 49 – *Safalero*; Urt. v. 20.09.2001, Rs. C-453/99, EuZW 2001, 715-719 juris Rn. 29 – *Courage*.

innerstaatlichen Rechts regeln (sog. Äquivalenzgrundsatz), und dass diese die Ausübung der durch das Unionsrecht gewährten Rechte nicht praktisch unmöglich machen bzw. übermäßig erschweren (sog. Effektivitätsgrundsatz).[204] Nationale Regelungen müssen in gleicher Weise für Rechtsbehelfe wegen Verletzungen des Unionsrechts wie für innerstaatliches Recht gelten, sofern diese Rechtsbehelfe einen ähnlichen Gegenstand und Rechtsgrund haben.[205] Gleichzeitig dürfen nationale Rechtsvorschriften nicht das Recht auf einen effektiven gerichtlichen Rechtsschutz beeinträchtigen.[206] Gerade weil keine unionsrechtlichen Regelungen bestehen, die national den Schutz der Rechte aus dem Unionsrecht gewährleisten, ist die Ausgestaltung der Verfahrensmodalitäten für Rechtsbehelfe Sache der Rechtsordnungen eines jeden Mitgliedstaates.[207] Bei den konkreten Ausgestaltungen haben die Mitgliedstaaten jedoch Vorgaben des EuGH zu beachten, die dieser für nationale Rechtsschutzverfahren im Bereich des Unionsrechts entwickelt hat. Nach dem EuGH lassen sich aus dem Äquivalenz- und Effektivitätsgrundsatz Anforderungen entnehmen, die bei der Geltendmachung von Unionsrecht in nationalen Rechtsschutzverfahren zu beachten sind.[208] Dazu gehören insbesondere Vorgaben für die Prüfung der Sachurteilungsvoraussetzungen sowie Auswirkungen auf prozessuale Fragestellungen. Im Speziellen im Hinblick auf die Gewähr effektiven Rechtsschutzes folgt aus dem Äquivalenz- und Effektivitätsgrundsatz, dass nationale Gerichte staatliche Ausgangsentscheidungen vollständig auf Unionsrechtskonformität kontrollieren müssen.[209] Dafür muss in jedem Fall, auch wenn das Unionsrecht keine konkreten Vorgaben zur Kontrolldichte bestimmt, sichergestellt sein, dass der vom Unionsrecht geforderte Rechtsschutz nicht durch eine Rücknahme von Kontrollumfang oder -dichte beschränkt wird.[210]

2. Allgemeiner Rechtsgrundsatz der Europäischen Union

Nach ständiger Rechtsprechung des EuGH ist der Grundsatz des effektiven gerichtlichen Rechtsschutzes ein allgemeiner Rechtsgrundsatz des Unionsrechts, der aus den gemeinsamen Verfassungsüberlieferungen aller Mitgliedstaaten folgt.[211] Dieser Grundsatz soll sicherstellen, dass die Mitgliedstaaten effektive richterliche Kontrolle hinsichtlich der Einhaltung einschlägiger Bestimmungen des Unionsrechts und des innerstaatlichen Rechts

204 Zuletzt EuGH, Urt. v. 03.06.2021, Rs. C-910/19, RIW 2021, 519-523 Rn. 46 – *Bankia*; i. Ü. beispielhaft EuGH, Urt. v. 14.12.1995, Rs. C-312/93, Slg 1995, I-4599-4624 juris Rn. 12 – *Peterbroeck*; Urt. v. 27.06.2013, Rs. C-93/12, ECLI:EU:C:2013:432 Rn. 36 – *Agrokonsulting-04*; Urt. v. 27.06.2018, Rs. C-246/17, NVwZ-RR 2018, 826 Rn. 59 – *Ibrahima Diallo*; Urt. v. 24.10.2018, Rs. C-234/17, EuZW 2019, 82-87 Rn. 21f.

205 EuGH Urt. v. 27.06.2013, Rs. C-93/12, ECLI:EU:C:2013:432 Rn. 39 – *Agrokonsulting-04.*

206 Vgl. etwa EuGH, Urt. v. 11.07.1991, Rs. C-87/90 – C-89/90, Slg 1991, I-3757-3793 juris Rn, 24 – *Raad van Beroep Herzogenbusch*; Urt. v. 11.09.2003, Rs. C-13/01, Slg 2003, I-8679 Rn. 50 – *Safalero.*

207 EuGH, Urt. v. 15.01.2013, Rs. C-416/10, NVwZ 2013, 347-355 Rn. 85 – *Križan*; Urt. v. 27.06.2018, Rs. C-246/17, ECLI:EU:C:2018:499 Rn. 59 – *Ibrahima Diallo*; Urt. v. 13.03.2007, Rs. C-432/05, Slg 2007, I-2271-2330 juris Rn. 39, 43 – *Unibet*; Urt. v. 11.09.2003, Rs. C-13/01, Slg 2003, I-8679 juris Rn. 49 – *Safalero*; Urt. v. 20.09.2001, Rs. C-453/99, Slg 2001, I-6297-6328 Rn. 29 – *Courage.*

208 *Dörr/Lenz*, Europäischer Verwaltungsrechtsschutz, S. 285 Rn. 526.

209 *Dörr/Lenz*, Europäischer Verwaltungsrechtsschutz, S. 309 Rn. 572.

210 *Gärditz*, JuS 2009, 385, 392.

211 Vgl. etwa EuGH, Urt. v. 15.05.1986, Rs. 222/84, Slg 1986, 1651-1651 juris Rn. 18; Urt. v. 13.03.2007, Rs. C-432/05, Slg 2007, I-2271-2330 juris Rn. 37.

gewähren, das der Verwirklichung von in Richtlinien vorgesehenen Rechten dient.[212] Dadurch wird eine materiell-rechtliche Prüfung gewährleistet, die die unionsrechtlichen Rechte und Pflichten hinreichend berücksichtig.

Der allgemeine Rechtsgrundsatz folgt aus Art. 6 und Art. 13 EMRK.[213] Die Berücksichtigung leitender Grundsätze der Europäischen Menschenrechtskonvention ist dem Unionsrecht nicht fremd, allgemeine Grundsätze der Union werden unter Berücksichtigung der Grundsätze der EMRK ausgelegt.[214] Nach Art. 6 EMRK hat jede Person u. a. ein Recht darauf, dass über Streitigkeiten in Bezug auf ihre zivilrechtlichen Ansprüche und Verpflichtungen von einem unabhängigen und unparteiischen, auf Gesetz beruhenden Gericht in einem fairen Verfahren, öffentlich und innerhalb angemessener Frist verhandelt wird. Art. 13 EMRK gewährt anschließend das Recht, bei einer innerstaatlichen Instanz eine wirksame Beschwerde zu erheben. Damit gewährleisten grundsätzlich auch Art. 6 und 13 EMRK die Wahrung des Rechts auf wirksamen Rechtsschutz in den vom Unionsrecht erfassten Bereichen für jeden Einzelnen.[215] Der Anwendungsbereich des Art. 6 EMRK ist indes auf zivilrechtliche Ansprüche und Verpflichtungen, sog. „civil rights and obligations", sowie den strafrechtlichen Bereich beschränkt.[216] Nach dem EGMR garantiere Art. 6 Abs. 1 EMRK keinen bestimmten Inhalt zivilrechtlicher Ansprüche im materiellen Recht.[217] Zivilrechtlich i.S. von Art. 6 Abs. 1 EMRK können nach deutschem Verständnis öffentlich-rechtliche Streitigkeiten zwischen Bürger und Staat wegen eines Hoheitsaktes sein.[218] Daneben sieht Art. 13 EMRK eine „wirksame" Beschwerdemöglichkeit vor. Es genügt nicht, wenn Entscheidungen lediglich hinsichtlich ihrer „Vernunftwidrigkeit"[219] überprüft werden. Ebenso wenig genügt es, wenn bloß die Gesetzeswidrigkeit einer Maßnahme oder eine willkürliche Maßnahme festgestellt wird.[220]

II. Kodifizierung in Art. 47 GR-Charta

Der im Unionsrecht anerkannte und in Art. 6 Abs. 1 und Art. 13 EMRK verankerte allgemeine Rechtsgrundsatz des wirksamen Rechtsschutzes wurde in der Charta der Grundrechte[221], in Art. 47 GRCh niedergelegt.[222] Danach hat jede Person, die in den durch das Recht der Union garantierten Rechten oder Freiheiten verletzt worden ist, das Recht, bei

212 EuGH, Urt. v. 15.05.1986, Rs. 222/84, Slg 1986, 1651-1651 juris Rn. 19.

213 EuGH, Urt. v. 15.05.1986, 222/84, Slg. 1986, 165 juris Rn. 18 – *Johnston.*

214 EuGH, Urt. v. 15.05.1986, Rs. 222/84, Slg. 1986, 1651 juris Rn. 18 – *Johnston.*

215 EuGH, Urt. v. 15.07.2021, Rs. C-791/19, ECLI:EU:C:2021:596 Rn. 165.

216 *Grabenwarter/Pabel*, in: Grabenwarter/Pabel, EMRK, § 24 Verfahrens- und Justizgarantien, Rn. 4. Es wird diskutiert, ob neben privatrechtlichen Ansprüchen auch dem öffentlichen Recht entspringende Rechte von der Garantie erfasst werden, da das englische Recht kein „ius publicum" wie das deutsche öffentliche Recht kennt, vgl. etwa *Grabenwarter/Pabel*, in: Grabenwarter/Pbpel, EMRK, § 24 Verfahrens- und Justizgarantien Rn. 8ff.; *Schmidt-Aßmann*, ZaöRV 2018, 807, 835; *Meyer-Ladewig/König*, in: Meyer-Ladewig/Nettesheim/von Raumer, EMRK, Art. 6 Rn. 4, 9.

217 EGMR, Urt. v. 23.09.2008, 48907/99, NVwZ 2009, 897-898 juris Rn. 38 – *Ahtinen*.

218 *Meyer-Ladewig/König*, in: Meyer-Ladewig/Nettesheim/von Raumer, EMRK, Art. 6 Rn. 4, 9.

219 *Meyer-Ladewig/König*, in: Meyer-Ladewig/Nettesheim/von Raumer, EMRK, Art. 13 Rn. 12.

220 *Grabenwarter/Papel*, in: Grabenwarter/Papel, EMRK, § 24 Verfahrens- und Justizgarantien Rn. 199.

221 Die Charta der Grundrechte ist seit dem 01.12.2009, mit Inkrafttreten des Vertrages von Lissabon rechtskräftig.

222 EuGH, Urt. v. 27.02.2018, Rs. C-64/16, EuZW 2018, 469 Rn. 35 – *Associação Sindical dos Juízes Portugueses*; Urt. v. 13.03.2007, Rs. C-432/05, NJW 2007, 3555 Rn. 37 – *Unibet*.

einem Gericht einen wirksamen Rechtsbehelf einzulegen. Diese Bestimmung bekräftigt den Grundsatz des effektiven Rechtsschutzes.[223] Art. 47 GRCh ist indessen nicht bloß ein allgemeiner Grundsatz des Unionsrechts[224], sondern enthält ein einklagbares Recht[225], das teilweise als „Menschenrecht"[226] bezeichnet wird. Nach den amtlichen Erläuterungen zur Charta der Grundrechte gilt Art. 47 GRCh dabei ausdrücklich „gegenüber den Organen der Union und den Mitgliedstaaten, wenn diese das Unionsrecht anwenden, und zwar für sämtliche durch das Unionsrecht garantierte Rechte".[227] Schließlich eröffnet Art. 47 Abs. 1 GRCh keinen bestimmten Rechtsweg.[228] Folglich gilt Art. 47 Abs. 1 GRCh auch nicht nur für Streitigkeiten hinsichtlich zivilrechtlicher Ansprüche.[229] Das Recht auf einen wirksamen Rechtsbehelf kann deswegen vor jedem nationalen Gericht geltend gemacht werden.

1. Anwendungsbereich

Sobald der Anwendungsbereich des Unionsrechts eröffnet ist, finden die Grundrechte der Charta für sämtliche nationale Regelungen Anwendung.[230] Nach Art. 51 Abs. 1 GRCh gilt die gesamte Charta nicht nur für die Organe, Einrichtungen und sonstigen Stellen der Union unter Wahrung des Subsidiaritätsprinzips, sondern auch für die Mitgliedstaaten, wenn diese das Recht der Union durchführen. Neben der Union achten also auch die Mitgliedstaaten die Rechte und halten sich an die Grundsätze. Dabei sind die Mitgliedstaaten im Gegensatz zur Union nur bei der *Durchführung* des Unionsrechts zur Einhaltung der Charta verpflichtet sind.[231] Im Vergabenachprüfungsverfahren findet Art. 47 GRCh Anwendung, da die Regelungen dazu als umgesetztes Richtlinienrecht den Bindungen des Unionsrechts unterliegen und es mithin um eine Durchführung des Unionsrechts i.S. von Art. 51 Abs. 1 GRCh geht.

2. Bedeutung des Art. 19 Abs. 1 UAbs. 2 EUV

Innerhalb des durch allgemeine Rechtsgrundsätze und schließlich Art. 47 GRCh entwickelten europäischen Rechtsschutzsystems[232] gewinnt Art. 19 Abs. 1 UAbs. 2 EUV besondere Bedeutung. Danach schaffen die Mitgliedstaaten die erforderlichen Rechtsbehelfe, damit ein wirksamer Rechtsschutz in den vom Unionsrecht erfassten Bereichen gewährleistet ist. Als ein sich aus den gemeinsamen Verfassungsüberlieferungen der Mitgliedstaaten erge-

223 EuGH, Urt. v. 20.04.2021, Rs. C-896/19, ECLI:EU:C:2021:311 Rn. 40 – *Repubblika;* im Vertragsverletzungsverfahren EuGH, Urt. v. 15.07.2021, Rs. C-791/19, ECLI:EU:C:2021:596 Rn. 57.

224 EuGH, Urt. v. 27.02.2018, C-64/16, EuZW 2018, 469 Rn. 35 – *Associação Sindical dos Juízes Portugueses.*

225 *Jarass*, in: Jarass, GRCh, Art. 47 Rn. 3.

226 *Eser/Kubiciel*, in: Meyer/Hölscheidt, GRCh, Art. 47 Rn. 11.

227 Erläuterung des Präsidiums des Europäischen Konvents zu Art. 47 Abs. 1 GRCh, Abl. der Europäischen Union v. 14.12.2007, C 303/29.

228 *Eser/Kubiciel*, in: Meyer/Hölscheidt, GRCh, Art. 47 Rn. 11.

229 Erläuterung des Präsidiums des Europäischen Konvents zu Art. 47 Abs. 1 GRCh, Abl. der Europäischen Union v. 14.12.2007, C 303/30.

230 EuGH, Urt. v. 26.02.2013, C-617/10, NJW 2013, 1415-1418 Rn. 21 – *Fransson*; Ogorek, JA 2013, 956-959.

231 *Jarass*, in: Jarass, GRCh, Art. 47 Rn. 4; vgl. auch EuGH, Urt. v. 26. 2. 2013, Rs. C-617/10, NJW 2013, 1415-1418 Rn. 17 – *Fransson.*

232 Nach dem EuGH haben die europäischen Verträge ein Gerichtssystem geschaffen, das zur Gewährleistung der Kohärenz und der Einheitlichkeit bei der Auslegung des Unionsrechts dient, EuGH, Urt. v. 24.06.2019, Rs. C-619/18, NVwZ 2019, 1109-1117 Rn. 44.

bender allgemeiner Grundsatz des Unionsrechts[233] bindet diese Regelung die nationalen Gerichte in das Rechtsschutzsystem der Union ein, sodass die judikative Gewalt in den Mitgliedstaaten unionsrechtliche Vorgaben zu beachten hat.[234] Dabei sieht Art. 19 Abs. 1 UAbs. 2 EUV – anders als Art. 51 GRCh – nicht nur bei der *Durchführung* des Unionsrechts die Gewährleistung von wirksamem Rechtsschutz durch die Mitgliedstaaten vor, sondern verlangt wirksamen Rechtsschutz insgesamt in den *vom Unionsrecht erfassten Bereichen*. Der EuGH hat insoweit festgestellt, dass es nicht darauf ankomme, in welchem Kontext Mitgliedstaaten Unionsrecht i.S. von Art. 51 Abs. 1 GRCh durchführen.[235] Art. 19 Abs. 1 UAbs. 2 EUV erweitert daher den Anwendungsbereich für den unionsrechtlich gebotenen effektiven Rechtsschutz. Zur näheren Bestimmung der konkreten Anforderungen, die die Mitgliedstaaten bei der Gewähr wirksamen Rechtsschutzes zu beachten haben, greift der EuGH anschließend auf Art. 47 GRCh zurück.[236] Diese Bestimmung ist bei der Auslegung von Art. 19 Abs. 1 UAbs. 2 EUV in jedem Fall „gebührend" zu berücksichtigen.[237] Durch die Anwendung der Anforderungen des Art. 47 GRCh im Rahmen von Art. 19 Abs. 1 UAbs. 2 EUV integrieren diese Regelungen Unionsrecht und seine Anforderungen an wirksamen Rechtsschutz in das Verfahren nationaler Gerichte. Sobald ein nationales Gericht im Rahmen seiner Prüfung und Entscheidung Unionsrecht anwendet – sei es unmittelbar aufgrund der Geltung von europäischen Verordnungen, sei es mittelbar durch die Anwendung von nationalem Recht, das auf einer Umsetzung europäischer Richtlinien beruht – muss das jeweilige Gericht also die unionsrechtlichen Anforderungen an wirksamen Rechtsschutz i.S. von Art. 47 GRCh beachten. Den nationalen Gerichten wird mithin bei der Gewähr von Rechtsschutz maßgeblich die Beachtung der Anforderungen an einen wirksamen Rechtsbehelf aus Art. 47 GRCh auferlegt.

3. Inhalt und Reichweite

Der Inhalt von Art. 47 Abs. 1 GRCh lässt sich anhand der Beleuchtung der Begriffe „Verletzung von Rechten oder Freiheiten", „Rechtsbehelf", „Gericht" und „wirksamen" bestimmen.[238]

a) Verletzung von Rechten oder Freiheiten

Art. 47 Abs. 1 GRCh legt zugrunde, dass eine *Person* in Rechten oder Freiheiten verletzt worden ist. Rechtssuchender in diesem Sinne kann nach dem ausdrücklichen Wortlaut des Art. 47 Abs. 1 GRCh „jede Person" sein. Das Recht auf einen wirksamen Rechtsbehelf ist

233 EuGH, Urt. v. 27.02.2018, Rs. C-64/16, EuZW 2018, 469-472 Rn. 35 – *Associação Sindical dos Juízes Portugueses*.

234 *Payandeh*, JuS 2021, 481ff.; ausdrücklich zur Gewähr wirksamen Rechtsschutzes EuGH, Urt. v. 27.02.2018, Rs. C-64/16, EuZW 2018, 469-472 Rn. 37.

235 EuGH, Urt. v. 20.04.2021, Rs. C-896/19, ECLI:EU:C:2021:311 Rn. 36 45 – *Repubblika*; Urt. v. 27.02.2018, Rs. C-64/16, EuZW 2018, 469-472 Rn. 29 – *Associação Sindical dos Juízes Portugueses*.

236 Z. B. im Vertragsverletzungsverfahren des EuGH, Urt. v. 24.06.2019, Rs. C-619/18, ECLI:EU:C:2019:531 Rn. 54ff.

237 EuGH, Urt. v. 20.04.2021, Rs. C-896/19, ECLI:EU:C:2021:311 Rn. 45 – *Repubblika;* im Vertragsverletzungsverfahren EuGH, Urt. v. 15.07.2021, Rs. C-791/19, ECLI:EU:C:2021:596 Rn. 57.

238 Ähnlich auch *Rademacher*, JuS 2018, 337, 339.

demnach nicht auf Unionsbürger beschränkt und kann wegen des offenen Wortlauts auch für juristische Personen zur Geltung gelangen.[239]

Das vorausgesetzte Bestehen eines *Rechts* oder einer *Freiheit*, dessen Verletzung im Einzelfall gerügt wird, muss nicht unmittelbar aus der Charta der Grundrechte folgen, vielmehr können sämtliche durch das Unionsrecht garantierte Rechte im Rahmen von Art. 47 GRCh geltend gemacht werden.[240] Der EuGH hat insoweit betont, dass Art. 47 GRCh auch für die Rechte gilt, die sich unmittelbar aus Bestimmungen der Mitgliedstaaten ergeben, wenn diese in Durchführung des Unionsrechts erlassen worden sind.[241] Deswegen kann insbesondere auch nationales, richtlinienumsetzendes Recht im Rahmen von Art. 47 Abs. 1 GRCh von einem Rechtssuchenden geltend gemacht werden.

b) Rechtsbehelf

Bei Vorliegen einer Verletzung von Rechten oder Freiheiten sieht Art. 47 Abs. 1 GRCh einen *Rechtsbehelf* vor. Ein Rechtsbehelf ist prinzipiell auf die Wiederherstellung des Status quo ante gerichtet, sodass bei Vorliegen einer Rechtsverletzung die Wirkungen der Rechtswidrigkeit beseitigt werden.[242] Er soll den Zustand herstellen, der vor dem infrage kommenden Tatbestand oder Ereignis bestand. So hat der EuGH erläutert, das Wesen eines effektiven gerichtlichen Rechtsschutzes müsse gerade darin bestehen, der betroffenen Person zu ermöglichen, dass eine angefochtene Handlung rückwirkend so behandelt wird, als ob sie niemals bestanden hätte.[243] Das Gericht hat aber auch betont, dass effektiver Rechtsschutz im unionsrechtliche Sinne nicht einen eigenständigen nationalen Rechtsbehelf verlange, es vielmehr ausreichend sei, wenn die durch das Unionsrecht verliehenen Rechte im Rahmen einer Schadensersatzklage als Vorfrage geprüft werden können.[244] Die Aussage, dass ein Rechtsbehelf auf die Wiederherstellung des Status quo ante gerichtet ist, muss deswegen revidiert werden. Entscheidend ist allein, dass es dem Rechtssuchenden ermöglicht wird, die durch das Gemeinschaftsrecht verliehenen Rechte effektiv schützen zu lassen.[245] Auf die Art des Rechtsbehelfs kommt es dabei weniger an.[246] Die Art der jeweiligen Rechtsbehelfe wird indessen durch die nationalen Rechtsordnungen festgelegt.[247] Der EuGH überlässt den Mitgliedstaaten damit die Ausgestaltung des Rechtsbehelfsverfahrens, solange Rechte aus dem Unionsrecht effektiv geschützt werden können. Das richtlinienumsetzendes Vergaberecht im GWB sieht einen auf die Gewährleistung von Primärrechtsschutz angelegten, eigenständigen Rechtsbehelf vor. Dieses Rechtsschutzverfahren geht über die vom EuGH aufgestellte Anforderungen an einen Rechtsbehelf zur Gewährleistung effektiven Rechtsschutzes hinaus.[248]

---

239 *Alber*, in: Stern/Sachs, GRCh, Art. 47 Rn. 18f.
240 *Jarass*, in: Jarass, GRCh, Art. 47 Rn. 7.
241 EuGH, Urt. v. 16.05.2017, Rs. C-682/15, EuZW 2017, 654-660 Rn. 50 – *Berlioz Investment Fund*; so auch Jarass, in: Jarass, GRCh, Art. 47 Rn. 7.
242 *Rademacher*, JuS 2018, 337, 339.
243 EuGH, Urt. v. 18.07.2013, Rs. C-584/10 P, Rs. C-593/10 P und Rs. C-595/10 P, EuGRZ 2013, 389-404 Rn. 134.
244 EuGH, Urt. v. 13.03.2007, Rs. C-432/05, Slg. 2007, I-2271-2330 juris Rn. 58, 65 – *Unibet*.
245 EuGH, Urt. v. 13.03.2007, Rs. C-432/05, Slg. 2007, I-2271-2330 juris Rn. 58 – *Unibet*.
246 *Rademacher*, JuS 2018, 337, 339f.
247 Vgl. ähnlich *Alber*, in: Stern/Sachs, GRCh, Art. 47 Rn. 54.
248 So etwa *Huerkamp/Kühling*, NVwZ 2011, 1409, 1411.

c) *Gericht*

Art. 47 Abs. 1 GRCh verlangt die Einlegung eines Rechtsbehelfs bei einem *Gericht*. Ohne Beschränkung auf Gerichte der Union oder Mitgliedstaaten kann der Rechtsweg sowohl vor nationalen Gerichten als auch solchen der Union beschritten werden.[249] Damit ist gleichwohl nicht gemeint, dass ein Rechtssuchender einen Anspruch auf den „gesetzlichen Richter" hat, so wie es das deutsche Verfassungsrecht vorsieht.[250] Es soll vielmehr genügen, dass es sich dabei insbesondere um eine auf Dauer und durch Gesetz errichtete Stelle handelt, die Streitigkeiten in Anwendung von Rechtsnormen entscheidet.[251] Von Bedeutung ist allein, dass die Institution eine Entscheidung mit Rechtssprechungscharakter erlassen kann.[252] Dazu verlangt der EuGH etwa eine gesetzliche Grundlage der Einrichtung, einen ständigen Charakter, eine obligatorische Gerichtsbarkeit, streitige Verfahren, die Anwendung von Rechtsnormen durch diese Einrichtung sowie deren Unabhängigkeit.[253] Ausreichend ist, dass eine Vergabekammer als Verwaltungsbehörde und gerichtsähnliche Instanz[254] über die Rechtsstreitigkeit entscheidet. Die Vergabekammern erfüllen an dieser Stelle die aufgeführten Kriterien.[255]

d) *Wirksamkeit*

Einer näheren Beleuchtung bedarf die Frage, wann *„wirksamer"* Rechtsschutz i.S. von Art. 47 Abs. 1 GRCh gegeben ist. Zutreffend wird darauf hingewiesen, dass unter einem wirksamen Rechtsbehelf keine Erfolgsgarantie verstanden werden kann.[256] Es geht nicht darum, ein Rechtsschutzgesuch so lange zu beschreiten, bis auf irgendeine Weise der ersuchte Erfolg eintritt. Ein wirksamer Rechtsbehelf kann nur ein solcher sein, der die Überprüfung einer Rechtsverletzung fördert und im Falle der Berechtigung ein Abhilfegesuch ermöglicht.

„Wirksamer" Rechtsschutz wird in verschiedenen Formen relevant, denn dieses Kriterium hat durch die Rechtsprechung verschiedene Ausprägungen erfahren. Es wird etwa die Möglichkeit eines rechtzeitigen Rechtsbehelfs gefordert.[257] Zudem wird die Möglichkeit einer unparteiischen Prüfung verlangt.[258] Zur Bestimmung des Prüfungs- und Entscheidungsmaßstabs der Nachprüfungsbehörden im Vergabenachprüfungsverfahren ist hingegen entscheidend, welche Anforderungen an eine vollständige Prüfung und Entscheidung gestellt werden. Die Gewähr vollständigen Rechtsschutzes setzt beispielhaft voraus, dass neben rechtsverbindlichem Handeln auch faktisches Verwaltungshandeln durch ein Ge-

249 *Alber*, in: Stern/Sachs, GRCh, Art. 47 Rn. 41.

250 *Rademacher*, JuS 2018, 337, 341.

251 *Rademacher*, JuS 2018, 337, 341.

252 *Alber*, in: Stern/Sachs, GRCh, Art. 47 Rn. 49.

253 EuGH, Urt. v. 29.11.2001, Rs. C-17/00 juris Rn. 10 – *De Coster;* Urt. v. 18.09.2014, Rs. C-549/13, ECLI:EU:C:2014:2235 Rn. 21 – *Bundesdruckerei.*

254 Nach der Gesetzesbegründung zum Vergaberechtsänderungsgesetz v. 03.12.1997 und der Rechtsprechung sind Vergabekammern als gerichtsähnliche Instanz anzusehen, BT-Drs. 13/9340, S. 20; OLG Düsseldorf, Beschl. v. 05.09.2001, Verg 18/01, IBRRS 2003, 1489 juris Rn. 19.

255 EuGH, Urt. v. 18.09.2014, Rs. C-549/13, ECLI:EU:C:2014:2235 Rn. 22 – *Bundesdruckerei.*

256 *Alber*, in: Stern/Sachs, GRCh, Art. 47 Rn. 62; *Eser/Kubiciel*, in: Meyer/Hölscheidt, GRCh, Art. 47 Rn 21.

257 *Rademacher*, JuS 2018, 337, 340.

258 *Eser/Kubiciel*, in: Meyer/Hölscheidt, GRhC, Art. 47 Rn. 21.

richt überprüft werden kann.[259] Indessen begründet Art. 47 GRCh selbst keine speziellen Voraussetzungen, insbesondere wird durch die Norm nicht vorgegeben, ob Gerichte eine Entscheidung einer staatlichen Stelle in jeder Hinsicht kontrollieren und ersetzen können müssen.[260] Einzelne Anforderungen lassen sich jedoch maßgeblich der Rechtsprechung des EuGH entnehmen. Durch die Entscheidung von Einzelfällen konnte ein Gerüst entwickelt werden, auf welche Weise nationale Gerichte wirksame Rechtsbehelfe im Einklang mit dem Unionsrecht erlassen.

4. Einzelne Anforderungen an eine wirksame gerichtliche Prüfung und Entscheidung

Nach ständiger Rechtsprechung des EuGH soll das Recht auf einen wirksamen Rechtsbehelf allein auf Art. 47 GRCh gestützt werden können, ohne dass der Inhalt durch weitere Bestimmungen des Unionsrechts oder auch des nationalen Rechts konkretisiert werden müsste.[261] Die speziellen Voraussetzungen für wirksamen Rechtsschutz nach Art. 47 Abs. 1 GRCh lassen sich in tatsächlicher und rechtlicher Hinsicht differenzieren. Jede Prüfung muss für sich genommen „vollständig" sein.

a) Tatsächliche Überprüfung

Ein Gericht kann i.S. von Art. 47 GRCh im Rahmen eines Rechtsschutzgesuchs in Bezug auf Rechte und Pflichten aus dem Unionsrecht nur dann eine Entscheidung treffen, wenn es befugt ist, unter anderem alle für das Rechtsschutzgesuch relevanten Tatsachen zu prüfen.[262] Dem Gericht muss es möglich sein, eine Überprüfung der Tatsachenfeststellungen, die eine staatliche Stelle im Rahmen einer Ausgangsentscheidung getroffen hat, vorzunehmen.[263] Im Rahmen der gerichtlichen Überprüfung muss das Gericht prüfen, ob die jeweils angefochtene Entscheidung einer staatlichen Stelle auf einer hinreichend gesicherten tatsächlichen Grundlage beruht.[264] Dazu gehört die Kontrolle des Gerichts, ob die staatliche Stelle im Rahmen ihrer Ausgangsentscheidung sorgfältig und unparteiisch alle relevanten Gesichtspunkte des jeweiligen Einzelfalls untersucht hat.[265] Dabei bestimmt sich der Umfang der Sachverhaltsermittlung anhand des jeweils einschlägigen Rechts.[266] Eine präzise Überprüfung der von einer staatlichen Stelle zugrunde gelegten Tatsachengrundlage durch ein Gericht ist entscheidend für die sich anschließende rechtliche Bewertung. Wenn einer staatlichen Stelle bereits bei der Feststellung der Tatsachen Fehler unterlaufen sind, können sich diese auf die rechtliche Bewertung, in der in der Regel ein Sachverhalt unter Normen subsumiert wird, auswirken. Fehlende Angaben im Sachverhalt können dazu führen, dass ein Gericht eine rechtliche Grundlage nicht anwendet oder unzutreffend eine Norm anwendet.

259 *Rademacher*, JuS 2018, 337, 340.
260 *Rademacher*, JuS 2018, 337, 340.
261 EuGH, Urt. v. 06.10.2020, Rs. C-245/19, Rs. C-246/19, RIW 2021, 83-92 Rn. 54 –*État luxembourgeois*.
262 EuGH, Urt. v. 06.11.2012, Rs. C-199/11, ECLI:EU:C:2012:68 Rn. 49 – *Otis u. a.*
263 EuGH, Urt. v. 19.09.2006, Rs. C-506/04, Slg. 2006, I-8613 juris Rn. 62 – *Wilson*.
264 EuGH, Urt. v. 12.07.2018, Rs. C-89/17, ECLI:EU:C:2018:570 Rn. 51 – *Banger*; Urt. v. 04.04.2017, Rs. C-544/15, ECLI:EU:C:2017:255 Rn. 45 – *Fahimian;* Urt. v. 24.11.2020, Rs. C-225/19 und C-226/19, ECLI:EU:C:2020:951 Rn. 49, *Minister van Buitenlandse Zaken*.
265 EuGH, Urt. v. 04.04.2017, Rs. C-544/15, ECLI:EU:C:2017:255 Rn. 45 – *Fahimian*.
266 *Jarass*, in: Jarass, GRCh, Art. 47 Rn. 46.

(1) Anforderung von Informationen und Beweisen

Die Ermittlung der Tatbestandsvoraussetzungen durch die nationalen Gerichte erfolgt nach den Beweisregeln des nationalen Rechts.[267] Die Gerichte haben während der Durchführung eines Rechtsschutzverfahrens auf Grundlage von Art. 47 GRCh also die jeweils einschlägigen nationalen Beweisregeln anzuwenden, solange die Wirksamkeit des Unionsrechts dadurch nicht beeinträchtigt wird.[268] Dazu können sie sich der in der jeweiligen Prozessordnung vorgesehenen Beweismittel bedienen. Bei der Überprüfung der einer Entscheidung zugrundeliegenden Begründung kann ein Gericht von der Ausgangsbehörde die Mitteilung der zu prüfenden Begründung verlangen.[269] Dadurch wird das Gericht erst in die Lage versetzt, die Rechtmäßigkeit der Ausgangsentscheidung vollständig zu kontrollieren.[270] Gerichte können sämtliche Informationen und Beweise von der Ausgangsbehörde verlangen, selbst wenn diese aus zwingenden Gründen nicht mitgeteilt werden dürfen.[271] Denn das Grundrecht auf einen wirksamen Rechtsbehelf würde verletzt werden, wenn ein nationales Gericht seine Prüfung und Entscheidung auf Tatsachen und Beweise stützen würde, von denen eine im Verfahren beteiligte Partei keine Kenntnis erlangen oder Stellung nehmen konnte.[272] Ausgangsbehörden werden deswegen sämtliche Unterlagen an das Gericht zu übermitteln haben, die in die Begründung einer Ausgangsentscheidung eingeflossen sind.

(2) Beweiswürdigung

Gerichte haben eine Gesamtwürdigung der Umstände auf Grundlage der von der staatlichen Stelle vorgelegten Beweise vorzunehmen.[273] Daraus wird geschlossen, dass die Gerichte zwar verpflichtet werden können, notwenige Maßnahmen zur Vorlage solcher Beweise zu treffen, gleichwohl nicht verpflichtet sein können, anstelle der staatlichen Stelle die entsprechenden Rechtfertigungsgründe vorzubringen.[274] Nationale Gerichte sind nicht an die von einer staatlichen Stelle im Rahmen einer Ausgangsentscheidung vorgenommene Würdigung, insbesondere der Beweismittel gebunden, sondern würdigen die Stichhaltigkeit der jeweils vorgelegten Beweismittel frei.[275] Deswegen werden auch bei der Überprüfung von Ermessensentscheidungen die herangezogenen Beweise nicht an die Stelle der Bewertung der Ausgangsbehörde gesetzt.[276] Die Gerichte nehmen vielmehr darüber hinaus eine eigene Gesamtwürdigung vor.

---

267 EuGH, Urt. v. 17.12.2015, Rs. C-419/14, ECLI:EU:C:2015:832 Rn. 65 – *WebMindLicenses Kft.*

268 EuGH, Urt. v. 21.02.2006, Rs. C-255/02, ECLI:EU:C:2006:121 juris Rn. 76 – *Halifax u. a.*; Urt. v. 17.12.2015, Rs. C-419/14, ECLI:EU:C:2015:832 Rn. 65 – *WebMindLicenses.*

269 Vgl. EuGH, Urt. v. 15.10.1987, Rs. C-222/86, Slg. 1987, 4097 juris Rn. 15 – *Heylens;* Urt. v. 23.10.2014, Rs. C-437/13, ECLI:EU:C:2014:2318 Rn. 20 – *Unitrading.*

270 EuGH, Urt. v. 23.10.2014, Rs. C-437/13, ECLI:EU:C:2014:2318 Rn. 20 – *Unitrading;* Urt. v. 16.05.2017, Rs. C-682/15, ECLI:EU:C:2017:373 Rn. 83 – *Berlioz Investment Fund;* Urt. v. 04.06.2013, Rs. C-300/11, ECLI:EU:C:2013:363 Rn. 53 – *ZZ;* Urt. v. 14.02.2019, Rs. C-54/18, ECLI:EU:C:2019:118 Rn. 33 – *Cooperativa Animazione Valdocco.*

271 EuGH, Urt. v. 04.06.2013, Rs. C-300/11, ECLI:EU:C:2013:363 Rn. 54 – *ZZ.*

272 EuGH, Urt. v. 04.06.2013, Rs. C-300/11, ECLI:EU:C:2013:363 Rn. 56 – *ZZ.*

273 EuGH, Urt. v. 14.06.2017, Rs. C-685/15, ECLI:EU:C:2017:452 Rn 65 – *Online Games u,a,*

274 EuGH, Urt. v. 14.06.2017, Rs. C-685/15, ECLI:EU:C:2017:452 Rn 66 – *Online Games u,a,;* Urt. v. 28.02.2018, Rs. C-3/17, ECLI:EU:C:2018:130 Rn. 55 – *Sporting Odds.*

275 EuGH, Urt. v. 23.10.2014, Rs. C-437/13, ECLI:EU:C:2014:2318 Rn. 25f. – *Unitrading.*

276 EuGH, Urt. v. 21.01.1999, Rs. C-120/97, Slg. 1999, I-223 juris Rn. 37 – *Upjohn.*

Die freie Gesamtwürdigung der Gerichte verlangt also nicht in jedem Fall, dass die Beweiswürdigung einer staatlichen Stelle vollumfänglich überprüft und ersetzt wird. Entscheidend ist, dass durch die gerichtliche Würdigung normativ begründete Spielräume für eine Entscheidung einer staatlichen Stelle von den nationalen Gerichten im Rahmen ihrer Gesamtwürdigung beachtet werden und die Beweiswürdigung von den Gerichten nur in den Fällen vollumfänglich ersetzt wird, in denen staatliche Stellen eine gebundene Entscheidung rechtswidrig gewürdigt haben.

b) Umfassende rechtliche Überprüfung

Damit eine wirksame Prüfung und Entscheidung durch die Gerichte gelingt, muss sich an die tatsächliche Überprüfung eine rechtliche Kontrolle anschließen. Nach der Überprüfung der Tatsachengrundlage und Beweiswürdigung hat das Gericht die aufgeworfenen Rechtsfragen zu beantworten. Der EuGH hatte lange Zeit keine konkreten Anforderungen an die Kontrolldichte durch nationale Gerichte gestellt.[277] Er hat nur selten dahingehend Stellung beziehen müssen.[278] Bis heute lässt sich zu den Anforderungen an die Kontrolldichte allenfalls rudimentär festhalten, dass die nationalen Gerichte befugt sein müssen, alle rechtlichen und tatsächlichen Gesichtspunkte zu überprüfen, die für die Gewähr des unionsrechtlichen Rechts auf effektiven Rechtsschutz maßgeblich sind.[279] Das Unionsrecht sieht für die Rechtmäßigkeitskontrolle durch ein nationales Gericht also keine spezifischen Regelungen vor, weswegen sich nationale Gerichte unter Beachtung insbesondere der unionsrechtlichen Effektivitätsanforderungen an nationale Verfahrensvorgaben zu halten haben.[280] Ein generell verallgemeinerungsfähiges Prüfungsprogramm ist schwer aufzustellen, da die gerichtliche Nachprüfung von Art und Umfang der jeweils zu überprüfenden Ausgangsentscheidung abhängig ist. Nach dem EuGH erfordert die Überprüfung in rechtlicher Hinsicht jedenfalls, dass ein nationales Gericht die von einer staatlichen Stelle im Rahmen der Begründung einer Ausgangsentscheidung ausgeführten rechtlichen Umstände unabhängig nachprüft.[281] Dazu gehört, dass es Gerichten ermöglicht wird, von allen Gründen und Beweisen Kenntnis zu nehmen, auf die eine staatliche Stelle die vorliegende Entscheidung gestützt hat.[282] Der Umfang der Aufklärungspflichten und Kontrolldichte richtet sich maßgeblich nach der vom Rechtssuchenden behaupteten Verletzung und nimmt mit dem Gewicht der behaupteten Verletzung zu.[283]

(1) Anwendbarkeit von Rechtsnormen

Die Frage, welche Normen in eine Prüfung durch nationale Gerichte einbezogen werden, kann für die Gewähr wirksamen Rechtsschutzes relevant sein.[284] So stellt sich die Frage,

277 *Kulms*, Der Effektivitätsgrundsatz, S. 79.

278 *Kment/Vorwalter*, JuS 2015, 193, 196.

279 *Nowak*, in: Heselhaus/Nowak, Handbuch der Europäischen Grundrechte, § 55 Rn. 36.

280 EuGH, Urt. v. 11.12.2014, Rs. C-440/13, ECLI:EU:C:2014:2435 Rn. 45 – *Croce Amica One Italia;* Urt. v. 21.01.2016, Rs. C-74/17, EuZW 2016, 381-385 Rn. 32 – *Eturas.*

281 EuGH, Urt. v. 04.06.2013, Rs. C-300/11, ECLI:EU:C:2013:363 Rn. 62 – *Secretary of State for the Home Department.*

282 EuGH, Urt. v. 04.06.2013, Rs. C-300/11, ECLI:EU:C:2013:363 Rn. 59 – *Secretary of State for the Home Department.*

283 *Jarass*, in: Jarass, GRCh, Art. 47 Rn. 47.

284 *Kulms*, Der Effektivitätsgrundsatz, S. 80.

ob die Gewähr wirksamen Rechtsschutzes verlangt, dass Gerichte von Amts wegen anwendbares Recht ermitteln und prüfen oder ob die Gerichte sich auf die Anwendung der vom Rechtssuchenden geltend gemachten Rechte beschränken. Nach dem EuGH sind nationale Gerichte berechtigt, von Amts wegen Regelungen des Unionsrechts zu prüfen, wenn das jeweilige Unionsrecht im konkreten Fall anwendbar oder nationales Recht im Einklang mit Unionsrecht auszulegen ist.[285] Eine Pflicht zur Prüfung sämtlicher anwendbarer Vorschriften von Amts wegen wird damit nicht begründet. Soweit der EuGH eine Pflicht zur Prüfung von Amts wegen durch nationale Gerichte angenommen hat, betraf das jedenfalls nicht Fälle, in denen es um den unionsrechtlichen Effektivitätsgrundsatz ging.[286] Der EuGH hat keine Pflicht im Hinblick auf die Ausgestaltung von wirksamem Rechtsschutz nach Art. 47 GRCh formuliert, nach der von Amts wegen die Anwendung einzelner Rechtsnormen im Rechtsschutzverfahren zu ermitteln ist.

(2) Auslegung von Rechtsnormen

Aus Art. 4 Abs. 3 EUV i.V.m. Art. 288 Abs. 3 EUV folgt, dass die Mitgliedstaaten nationales Recht stets richtlinienkonform auszulegen haben.[287] Das gilt selbstverständlich im Rahmen der Gewähr wirksamen Rechtsschutzes. Nationale Gerichte haben das jeweils anwendbare innerstaatliche Recht so weit wie möglich im Einklang mit dem Unionsrecht auszulegen.[288] Auf diese Weise überprüfen die Gerichte, ob staatliche Stellen auf Unionsrecht beruhendes nationales Recht unionsrechtskonform angewendet haben. Gelingt es einem nationalen Gericht nicht, eine Vorschrift in Einklang mit dem Unionsrecht auszulegen, muss es im Zweifel das dem Unionsrecht zuwiderlaufende, nationale Recht unangewendet lassen.[289]

(3) Subsumtion

Der Prüfung der Anwendbarkeit und Auslegung von Rechtsnormen hat sich stets eine Subsumtion anzuschließen, in der das Gericht die einschlägigen Rechtsnormen auf den jeweiligen Sachverhalt anwendet. Es ist der für ein Gericht logische Schritt, nachdem der Rechtsrahmen bestimmt worden ist.

(4) Umfang der Prüfung

Die Kontrolle durch nationale Gerichte, die im Rahmen der Durchführung des Unionsrechts effektiven Rechtsschutz gewähren, setzt voraus, dass die Gerichte die Stichhaltigkeit der Gründe einer Ausgangsentscheidung überprüfen können, die eine staatliche Stelle zur Entscheidung bewogen haben.[290] Dabei kann der konkrete Umfang aufgrund von Ermessens- und Beurteilungsspielräumen begrenzt sein.

---

285 Diese Ansicht teilte der EuGH in einem Fall, in dem ein nationales Gericht eine nicht rechtzeitig umgesetzte Richtlinie angewendet hatte, EuGH, Urt. v. 11.07.1991, Rs. C-87/90 und C-88/90, Slg. 1991, I-3757 juris Rn. 13 – *Verholen.*

286 *Kulms*, Der Effektivitätsgrundsatz, S. 82.

287 *Streinz*, in: Streinz, EUV/AEUV, Art. 4 EUV Rn. 33, 64.

288 EuGH, Urt. v. 21.10.2021, Rs. C-282/20, ECLI:EU:C:2021:874 Rn. 39; Beschl. v. 14.02.2019, Rs. C-54/18, ECLI:EU:C:2019:118 Rn. 48 – *Cooperativa Animazione Valdocco.*

289 EuGH, Beschl. v. 14.02.2019, Rs. C-54/18, ECLI:EU:C:2019:118 Rn. 48 – *Cooperativa Animazione Valdocco;* Urt. v. 21.10.2021, Rs. C-282/20, ECLI:EU:C:2021:874 Rn. 40f.

290 EuGH, Urt. v. 26.07.2017, Rs. C-348/16, ECLI:EU:C:2017:591 Rn. 36 – *Moussa Sacko*; Urt. v. 28.07.2011, Rs. C-69/10; Slg 2011, I-7151-7204 juris Rn. 61 – *Samba Diouf.*

(i) Ermessen

Der Umfang einer gerichtlichen Prüfung und Entscheidung wird davon beeinflusst, ob die zu überprüfende Ausgangsentscheidung einer staatlichen Stelle eine Ermessensentscheidung darstellt. Denn wenn eine Ausgangsbehörde über einen weiten Ermessensspielraum verfügt, findet auch im Unionsrecht nur eine beschränkte gerichtliche Nachprüfung statt, die nicht einschließt, dass ein Gericht seine eigene Würdigung des Sachverhalts an die Stelle der Bewertung der Ausgangsbehörde setzt.[291] In diesem Fall überprüft das Gericht lediglich die Tatbestandsvoraussetzungen einschließlich der rechtlichen Bewertung und insbesondere, ob ein Irrtum oder Ermessensmissbrauch vorliegt oder die Grenzen eines Ermessensspielraums offensichtlich überschritten worden sind.[292] Diese Prüfung zielt darauf ab, ob eine staatliche Stelle sich bei ihrer Entscheidung im Rahmen der vom Gesetz vorgegebenen Ermächtigung gehalten und die Zwecksetzung des Gesetzes beachtet hat.[293] Nach dem EuGH verlangt das Unionsrecht von nationalen Nachprüfungsinstanzen keine weitergehende Kontrolle, als sie der EuGH in vergleichbaren Fällen vornimmt.[294] Mit der Betonung „offensichtlich" verdeutlicht der EuGH zudem, dass die Gerichte lediglich diejenigen Irrtümer prüfen müssen, die unverkennbar vorliegen. Das betrifft Fehler, die evident auf der Hand liegen. Vor diesem Hintergrund prüfen die Gerichte nicht jede Erwägung einer Ausgangsentscheidung. Nationale Gerichte müssen jedoch in jedem Fall überprüfen können, ob eine Ausgangsentscheidung mit dem Unionsrecht vereinbar ist.[295] Ein weiter Ermessensspielraum darf im Ergebnis also nicht dazu führen, dass die gerichtliche Kontrolle faktisch unmöglich gemacht wird.

(ii) Beurteilungsspielräume

In Anknüpfung an die Überprüfung von Ermessensentscheidungen ist der Umfang einer gerichtlichen Überprüfung auf unionsrechtlicher Ebene ebenfalls begrenzt, wenn nach nationalem Recht einer staatlichen Stelle ein Beurteilungsspielraum, also ein Spielraum für die Beurteilung bestimmter tatbestandsmäßiger Voraussetzungen[296], eingeräumt ist. Dabei reichen die unionsrechtlichen Anforderungen an effektiven Rechtsschutz im Hinblick auf Beurteilungsspielräume nicht weiter als das deutsche Grundrecht auf effektiven Rechtsschutz nach Art. 19 Abs. 4 GG.[297] Die im deutschen Recht zur Überprüfung von Beurteilungsspielräumen entwickelte gerichtliche Kontrolldichte, die zu einer Intensivierung der gerichtlichen Prüfung beigetragen hat, findet im Unionsrecht ohnehin keine Parallele.[298] Soweit das Unionsrecht keine Vorgaben für den Umfang der gerichtlichen Kontrolle schafft, haben nach dem BVerwG nationale Gerichte aber aufgrund des Äquivalenz- und Effektivitätsgrundsatzes anhand der im Mitgliedstaat jeweils anwendbaren Regelungen Rechtsschutz zu gewähren, wobei die gerichtliche Kontrolle nicht weiter reicht als die ma-

291 EuGH, Urt. v. 21.01.1999, Rs. C-120/97, Slg. 1999, I-00223 juris Rn. 34 – *Upjohn.*

292 EuGH, Urt. v. 21.01.1999, Rs. C-120/97, Slg. 1999, I-00223 juris Rn. 34 – *Upjohn.*

293 Ruthig, in: Kopp/Schenke, VwGO, § 114 Rn. 7ff.

294 EuGH, Urt. v. 21.01.1999, Rs. C-120/97, Slg. 1999, I-00223 juris Rn. 35 – *Upjohn.*

295 EuGH, Urt. v. 18.06.2002, Rs. C-92/00, Slg. 2002, I-5553 juris Rn. 62 – *Hospital Ingenieure.*

296 *Ruthig*, in: Kopp/Schenke, VwGO, § 114 Rn. 3.

297 BVerwG, Urt. v. 16.05.2007, 3 C 8/06, BVerwGE 129, 27-42 juris Rn. 34.

298 *Schenke*, in: Kahl/Waldhoff/Walter, GG, Art. 19 Rn. 627. Gemeint sind die Differenzierungen des deutschen Rechts zwischen Rechtsfolgeermessen, Beurteilungsspielräumen oder auch Planungs- und Regulierungsermessen.

teriell-rechtliche Bindung der staatlichen Stelle.[299] Die jeweilige Kontrolle der nationalen Gerichte richtet sich in diesem Fall nach den Grundsätzen, die das BVerwG zur gerichtlichen Überprüfung von Beurteilungsspielräumen entwickelt hat.[300] Danach hat sich bei einem Beurteilungsspielraum der Ausgangsbehörde die Rechtmäßigkeitskontrolle darauf zu konzentrieren, ob die Verwaltung den anzuwendenden Begriff oder den gesetzlichen Rahmen, insbesondere Verfahrensbestimmungen eingehalten oder verkannt hat.[301] Ferner geht es darum, ob die Ausgangsbehörde von einem richtigen Verständnis des anzuwendenden Gesetzesbegriffs ausgegangen ist.[302] Es wird kontrolliert, ob die Ausgangsbehörde den erheblichen Sachverhalt vollständig und zutreffend ermittelt hat oder einen unrichtigen Sachverhalt angenommen hat.[303] Schließlich geht es um die Frage, ob die Ausgangsbehörde allgemein gültige Wertmaßstäbe nicht beachtet oder sachfremde Erwägungen angestellt oder gegen Verfahrensvorschriften verstoßen hat.[304] Da der Rechtsprechung des EuGH bis heute keine konkreten, darüber hinausgehenden Annahmen zur Überprüfung von Ermessensentscheidungen und Beurteilungsspielräumen zu entnehmen sind, wird die Prüfung und Entscheidung nach den Anforderungen des nationalen Rechts bestimmt.

(iii) Keine reine Willkürkontrolle

Ein nationales Gericht missachtet in jedem Fall das Recht auf wirksamen Rechtsschutz, wenn es bei der Durchführung des Unionsrechts die zur Nachprüfung vorliegende Entscheidung nur daraufhin überprüft, ob diese willkürlich erlassen worden ist. Die nationalen Gerichte der Mitgliedstaaten dürfen ihren Umfang der gerichtlichen Kontrolle nicht auf eine reine Willkürkontrolle beschränken.[305] Diese Annahme steht im Einklang mit dem – soweit vorhandenen – Entscheidungskanon des EuGH zum Nachprüfungsumfang nationaler Gerichte. Nationale Gerichte können sich nach dem EuGH auf die Prüfung offensichtlicher Fehler beschränken[306], das bedeutet jedoch nicht, dass eine gerichtliche Prüfung sich allein darauf beziehen kann, ob etwa sachfremde Erwägungen vorliegen. Nationale Gerichte haben stets den Sinn und Zweck der Regelungen zum Vergabenachprüfungsverfahren zu beachten sowie darauf zu achten, dass die Wirksamkeit dieses Verfahrens nicht beeinträchtigt wird.[307] Damit ist es unvereinbar, wenn nationale Gerichte ihre Prüfung allein darauf beschränken, ob die staatliche Stelle in ihrer Entscheidung von Entscheidungskrite-

299 BVerwG, Urt. v. 17.09.2015, 1 C 37/14, NVwZ 2016, 161-164 Rn. 21.

300 BVerwG, Urt. v. 17.09.2015, 1 C 37/14, NVwZ 2016, 161-164 Rn. 21.

301 So bereits BVerwG, Urt. v. 26.06.1980, 2 C 8/78, BVerwGE 60, 245-253 juris Rn. 18; Urt. v. 16.05.2007, 3 C 8/06, BVerwGE 129, 27-42 juris Rn. 38.

302 BVerwG, Urt. v. 26.06.1980, 2 C 8/78, BVerwGE 60, 245-253 juris Rn. 18; Urt. v. 16.05.2007, 3 C 8/06, BVerwGE 129, 27-42 juris Rn. 38.

303 BVerwG, Urt. v. 26.06.1980, 2 C 8/78, BVerwGE 60, 245-253 juris Rn. 18; Urt. v. 16.05.2007, 3 C 8/06, BVerwGE 129, 27-42 juris Rn. 38.

304 BVerwG, Urt. v. 26.06.1980, 2 C 8/78, BVerwGE 60, 245-253 juris Rn. 18; Urt. v. 16.05.2007, 3 C 8/06, BVerwGE 129, 27-42 juris Rn. 38.

305 EuGH, Urt. v. 18.06.2002, Rs. C-92/00, Slg. 2002, I-5553 juris Rn. 63f. – *Hospital Ingenieure;* Urt. v. 11.12.2014, Rs. C-440/13, ECLI:EU:C:2014:2435 Rn. 43 – *Croce Amica One Italia; Nowak*, in: Heselhaus/Nowak, Handbuch der Europäischen Grundrechte, § 55 Rn. 37.

306 EuGH, Urt. v. 21.01.1999, Rs. C-120/97, Slg. 1999, I-00223 Rn. juris 34 – *Upjohn.*

307 EuGH, Urt. v. 18.06.2002, Rs. C-92/00, Slg. 2002, I-5553 Rn. juris 59 – *Hospital Ingenieure;* Urt. v. 11.12.2014, Rs. C-440/13, ECLI:EU:C:2014:2435 Rn. 40 – *Croce Amica One Italia.*

rien abweicht und damit eine vom Gesetz oder von Verwaltungsvorschriften losgelöste Entscheidung trifft.

5. Einschränkungen, Art. 52 Abs. 1 GRCh

Beschränkungen und Eingriffe in Art. 47 GRCh sind dem Rechtfertigungs- und Schrankenvorbehalt des Art. 52 Abs. 1 GRCh unterworfen.[308] Danach muss jede Einschränkung der Ausübung der in der Charta anerkannten Rechte und Freiheiten gesetzlich vorgesehen sein und den Wesensgehalt dieser Rechte und Freiheiten achten. Unter Wahrung des Grundsatzes der Verhältnismäßigkeit dürfen Einschränkungen nur vorgenommen werden, wenn sie erforderlich sind und den von der Union anerkannten dem Gemeinwohl dienenden Zielsetzungen oder den Erfordernissen des Schutzes der Rechte und Freiheiten anderer tatsächlich entsprechen. Dieser Einschränkungsvorbehalt als Rechtfertigung für Beeinträchtigungen[309] greift auch gegenüber dem Anspruch auf einen wirksamen Rechtsbehelf im Rahmen nationaler Rechtsschutzgesuche.[310] Beschränkungen sind zum Beispiel durch Regelungen über die Zulässigkeit eines Rechtsschutzgesuchs möglich, insbesondere wenn das einschränkende innerstaatliche Recht nicht einen untragbaren Eingriff darstellt, der die gewährleisteten Rechte in ihrem Wesensgehalt antastet.[311] Damit kann eine Einschränkung im Sinne von Art. 52 Abs. 1 GRCh jede unmittelbare oder auch nur mittelbare nachteilige Auswirkung staatlichen Verhaltens auf grundrechtlich geschützte Verhaltensweisen sein.[312] Die Beschränkung muss schließlich den Zielen des Allgemeininteresses entsprechen, weshalb es auch um den Schutz der Rechte Dritter gehen kann, und sie darf im Hinblick auf den verfolgten Zweck keinen unverhältnismäßigen und untragbaren Eingriff darstellen.[313]

C. Vergleich der Anforderungen und Anwendung im Vergaberecht

Die vergaberechtlichen Nachprüfungsinstanzen müssen im Rahmen ihrer Prüfung und Entscheidung die verfassungsrechtlichen und unionsrechtlichen Anforderungen an effektiven Rechtsschutz beachten und dafür Sorge tragen, dass keine Entscheidung im Widerspruch mit den jeweiligen Anforderungen steht. Da sie richtlinienumsetzendes Recht anwenden, haben sie insoweit eine Doppelaufgabe zu erfüllen. Sinnvollerweise sollen deswegen zum einen Gemeinsamkeiten aufgezeigt, gleichzeitig aber auch die jeweiligen Besonderheiten der verfassungs- und unionsrechtlichen Anforderungen für das Vergabeverfahren beleuchtet werden.

308 *Nehl*, in: Pechstein/Nowak/Häde, Frankfurter Kommentar EUV, GRC, AEUV, Bd. 1, Art. 47 GRCh Rn. 80; EuGH, Urt. v. 18.03.2010, Rs. C-317/08 – C-320/08, Slg. 2010, I-2213 Rn. 63 – *Alassini u.a.*; Urt. v. 15.06.2006, Rs. C-28/05, Slg. 2006, I-5431 Rn. 75 – *G. J. Dokter.*

309 *Jarass*, in: Jarass, GRCh, Art. 52 Rn. 19.

310 *Nehl*, in: Pechstein/Nowak/Häde, Frankfurter Kommentar EUV, GRC, AEUV, Bd. 1, Art. 47 GRCh Rn. 80.

311 EuGH, Urt. v. 18.03.2010, Rs. C-317/08 – C-320/08, Slg. 2010, I-2213 juris Rn. 63 – *Alassini u.a.*

312 *Schwerdtfeger*, in: Meyer/Hölscheidt, GRCh, Art. 52 Rn. 27.

313 *Jarass*, in: Jarass, GRCh, Art. 47 Rn. 18f.

I. Gemeinsamkeiten

Die verfassungs- und unionsrechtlichen Anforderungen an effektiven Rechtsschutz weisen einige elementare Parallelen auf. Die verfassungsrechtlichen Anforderungen verlangen von den Nachprüfungsinstanzen eine wirksame Überprüfung in tatsächlicher und rechtlicher Hinsicht, genauso ist auf unionsrechtlicher Ebene eine vollständige Prüfung in tatsächlicher und rechtlicher Hinsicht verlangt. Damit gehen beide Anforderungsbereiche grundsätzlich von einer vollständigen Überprüfung aus und setzen jeweils eine Rechtsverletzung voraus.

In tatsächlicher Hinsicht verlangt das Verfassungsrecht eine Sachverhaltsermittlung sowie Aufklärung, das Unionsrecht eine Überprüfung der Tatsachenfeststellungen, also insbesondere ob eine hinreichend gesicherte Tatsachengrundlage vorliegt.

In rechtlicher Hinsicht haben die Nachprüfungsinstanzen nach dem Verfassungsrecht zu prüfen, ob eine gerügte Verletzung oder ein Verstoß begründet ist, indem sie durch Subsumtionen Schlussfolgerungen ziehen. Sie haben insoweit eine unabhängige Beurteilung vorzunehmen. Nach dem Unionsrecht ist von den Nachprüfungsinstanzen zu prüfen, ob die von einer Ausgangsbehörde aufgeführten Gründe die angenommene rechtliche Annahme stützen können. Für diese Kontrolle werden den nationalen Gerichten keine spezifischen Vorgaben diktiert, sie haben aber in jedem Fall eine unabhängige Nachprüfung durchzuführen. Beide Anwendungsbereiche gehen im Hinblick auf eine vollständige Überprüfung der Begründetheit davon aus, dass die Gerichte jeweils die Anwendbarkeit von Rechtsnormen zu prüfen und unter Umständen auszulegen haben. Auf verfassungsrechtlicher Ebene ist zu betonen, dass kein Schutz vor einer unzutreffenden Auslegung gewährt wird, es sei denn, es liegt ein Fall der richterlichen Willkür vor. Auf unionsrechtlicher Ebene ist hervorzuheben, dass die Auslegung stets unionsrechtskonform zu erfolgen hat.

Auch hinsichtlich des Umgangs mit Ermessens- und Beurteilungsspielräumen zeigen die beiden Anwendungsbereiche keine wesentlichen Unterschiede. Nach dem Verfassungsrecht ist der Umfang der Nachprüfung durch die materiell-rechtliche Bindung der Exekutiven begrenzt. Die Gerichte haben deswegen Ermessensspielräume zu beachten. Auch auf unionsrechtlicher Ebene findet nur eine beschränkte Überprüfung von Ermessens- und Beurteilungsspielräumen statt, solange die gerichtliche Kontrolle dadurch nicht faktisch unmöglich wird. Im Unionsrecht finden zwar keine kleinteiligen Differenzierungen wie im deutschen Recht statt, gleichwohl haben sich die nationalen Gerichte bei der unionsrechtlichen Gewähr effektiven Rechtsschutzes an ihren innerstaatlichen Prüfungsmaßstab zu halten.

Effektiver Rechtsschutz kann auf verfassungs- und unionsrechtlicher Ebene beschränkt werden. Art. 19 Abs. 4 GG unterliegt Einschränkungen durch kollidierendes Verfassungsrecht. Art. 47 Abs. 1 GRCh kann unmittelbare und mittelbare Beschränkungen erfahren. Beide Beschränkungen müssen jeweils verhältnismäßig sein. Das Verfassungsrecht verlangt daneben, dass die Einschränkung den Rechtsschutz nicht unzumutbar erschwert. Das Unionsrecht betont, dass zudem der Wesensgehalt nicht angetastet werden darf, die Beschränkung den Zielen des Allgemeininteresses entsprechen muss und schließlich kein untragbarer Eingriff begründet werden darf.

II. Unterschiede

Nach der Lektüre der Gemeinsamkeiten kann der Eindruck entstehen, die verfassungs- und unionsrechtlichen Anforderungen seien im Wesentlichen sehr ähnlich oder gleich. Es bestehen mitunter Unterschiede, insbesondere hält das Verfassungsrecht tiefergehende Anforderungen an die Kontrolle in tatsächlicher Hinsicht bereit.

Die wirksame Überprüfung durch ein Gericht hat möglichst lückenlos zu erfolgen und soll der Schaffung von vollendeten Tatsachen zuvorkommen. Im Einzelnen weist das Verfassungsrecht darauf hin, dass die Kontrolle umso intensiver zu erfolgen hat, je höher der Wert eines betroffenen Rechtsguts und damit die einhergehende Rechtsverletzung ist. Gerichte haben auf alle als relevant vorgetragenen Aspekte des Rechtssuchenden einzugehen. Hinzu kommt, dass auf verfassungsrechtlicher Ebene auch der Untersuchungsgrundsatz Anwendung findet, der die Sachverhaltsermittlung von Amts wegen ermöglicht. Das Verfassungsrecht legt damit bereits für die tatsächliche Überprüfung einen strengen Maßstab fest, der es Gerichten kaum ermöglicht, Sachverhaltsaufklärungen auszulassen. Das Unionsrecht stellt weniger strenge Anforderungen auf. Es wird auf unionsrechtlicher Ebene betont, dass Gerichte regelmäßig nicht die Würdigung des Sachverhalts einer Ausgangsbehörde durch eine Eigene ersetzen. Auf verfassungsrechtlicher Ebene findet sich erst dann eine Grenze, wenn ein gewisser Erkenntnisstand fachspezifischen Wissens erreicht wird. Derart weitgehende Sachverhaltsermittlungen und weit angesetzte Grenzen fordert das Unionsrecht nicht. Das Unionsrecht verpflichtet nationale Gerichte weder zur Einhaltung eines strengen und umfassenden Maßstabes hinsichtlich der Sachverhaltsaufklärung, noch beschränkt es das nationale Gericht in seinen Befugnissen.

In rechtlicher Hinsicht lassen sich ebenfalls Unterschiede feststellen. Nach dem Verfassungsrecht werden im Rahmen der Rechtskontrolle auch rechtswegfremde Vorfragen von den Nachprüfungsinstanzen entschieden, sodass eine inzidente Kontrolle von entscheidungserheblichen Rechtsfragen angezeigt ist. Hinsichtlich des Umfangs einer gerichtlichen Nachprüfung wird im Verfassungsrecht betont, dass unbestimmte Rechtsbegriffe vollumfänglich durch die Gerichte überprüft werden, insbesondere die Konkretisierung der unbestimmten Rechtsbegriffe durch die Gerichte erfolgt. Eine Grenze der gerichtlichen Kontrolle wird erst dann erreicht, wenn das Gericht nicht in dem Umfang oder schlechter als eine Ausgangsbehörde Ermittlungen durchführen kann. Das Unionsrecht betont hingegen vor allem, dass die gerichtliche Kontrolle bei Vorliegen von Beurteilungsspielräumen deutlich begrenzt werden kann und insbesondere eine Ausgangsentscheidung nicht ersetzt werden soll. Eine rein summarische Prüfung oder reine Willkürkontrolle dürfen die Nachprüfungsinstanzen gleichwohl nicht vornehmen.

Das deutsche Verfassungsrecht stellt im Vergleich zum Unionsrecht konkretere Anforderungen auf, indem aufgezeigt wird, welche rechtlichen Aspekte ein Gericht zu prüfen hat. Im Unionsrecht werden vor allem Grenzen aufgezeigt, die ein Gericht zu beachten hat, ohne dass der Umfang der Prüfung näher bestimmt wird. Es werden keine speziellen Anforderungen aufgestellt, welche Rechtsfragen das jeweilige Gericht zu prüfen hat.

Wenngleich die verfassungsrechtlichen Anforderungen umfassender ausgestaltet sind als die des Unionsrechts, stehen diese in keinem Widerspruch. Zudem wenden nationale Gerichte auf Grundlage des Äquivalenz- und Effektivitätsgrundsatzes die verfassungsrechtlichen Anforderungen auch im Unionsrecht an.

Nachdem Rechtsschutzgarantien aus Art. 6 und 13 EMRK insbesondere wegen des eingeschränkten Anwendungsbereichs in der Vergangenheit noch für nicht vergleichbar mit Art. 19 Abs. 4 GG gehalten wurden[314], sollen sich die Anforderungen der europäischen Rechtsweggarantie aus Art. 47 GRCh fortlaufend verfeinern.[315] Es wurde in der Vergangenheit darauf hingewiesen, dass die Rechtsprechung des EuGH zur Kontrolldichte insgesamt lockerer zu sein scheint als die der deutschen Verwaltungsgerichtsbarkeit.[316] Nach den dargestellten Unterschieden kann diese Ansicht zwar nachvollzogen werden, da vor allem der Umfang einer gerichtlichen Kontrolle nach dem Unionsrecht nicht sehr genau bestimmt ist. Gleichwohl ist zu beachten, dass sich die Rechtsprechung des EuGH zur Effektivität des Rechtsschutzes fortlaufend entwickelt. Es ist zu erwarten, dass speziellere Anforderungen auf unionsrechtlicher Ebene für nationale Gerichte gebildet werden und sich diese perspektivisch dem verfassungsrechtlichen Niveau annähern können.

III. Zusammenfassung

Der verfassungsrechtliche Maßstab für eine wirksame gerichtliche Kontrolle ist entscheidend und wird durch die unionsrechtlichen Anforderungen ergänzt. Effektiver Rechtsschutz verlangt eine wirksame, vollständige Prüfung in tatsächlicher und rechtlicher Hinsicht. Nachprüfungsinstanzen haben eine lückenlose, vollumfängliche Sachverhaltsermittlung durchzuführen. Die rechtliche Überprüfung der Nachprüfungsinstanzen erstreckt sich neben der Überprüfung der Begründetheit einer Ausgangsentscheidung auch auf Vorfragen sowie unbestimmte Rechtsbegriffe und findet ihre Grenzen in normativ begründeten Ermessens- und Beurteilungsspielräumen. Eine reine Willkürkontrolle genügt einer umfassenden Rechtskontrolle nicht.

---

314 Früher *Schulze-Fielitz*, in: Dreier, GG, Bd. 1, Art. 19 Rn. 14 (3. Auflage 2013).

315 Früher *Schulze-Fielitz*, in: Dreier, GG, Bd. 1, Art. 19 Rn. 26, 29 (3. Auflage 2013).

316 Vgl. etwa früher *Schulze-Fielitz*, in: Dreier, GG, Bd. 1, Art. 19 Rn. 31 (3. Auflage 2013).

D. Zwischenfazit zum ersten Kapitel

Vergaberechtsschutz wird an den höherrangigen Anforderungen zu effektivem Rechtsschutz gemessen. Das vergaberechtliche Verfahrensrecht sowie die Entscheidungsnormen sind unter Beachtung der höherrangigen Effektivitätsanforderungen auszulegen.

Das Verfassungsrecht gewährleistet mit Art. 19 Abs. 4 GG die Effektivität des gerichtlichen Rechtsschutzes, wenn ein Rechtssuchender durch die öffentliche Gewalt, geprägt durch Abhängigkeit und Unterordnung, in seinen Rechten verletzt wird. Vorausgesetzt ist eine tatsächlich wirksame und rechtlich umfassende gerichtliche Kontrolle, eine vollumfängliche Prüfung des Verfahrensgegenstandes. Art. 19 Abs. 4 GG begründet einen Anspruch auf eine möglichst wirksame und lückenlose gerichtliche Kontrolle. Den Anspruch auf eine wirksame, vollumfängliche Prüfung haben die Nachprüfungsinstanzen zu erfüllen. Dabei wenden sie den Untersuchungsgrundsatz als Teil von Art. 19 Abs. 4 GG an.

Die Nachprüfungsinstanzen prüfen, auf welcher rechtlichen Grundlage das gerügte Recht beruht und ob ein Recht wegen einer Kollision mit vorrangigem Unionsrecht unangewendet bleiben muss oder rechts- bzw. verfassungswidrig ist.

Die Nachprüfungsinstanzen sind weder an die Feststellungen einer Ausgangsbehörde noch an rechtliche Wertungen gebunden. Sie haben ihre rechtliche Auffassung unabhängig von der Ausgangsentscheidung zu bilden und zu begründen. Auf diese Weise überprüfen sie, ob ein gerügter Verstoß, eine Verletzung in eigenen Rechten, ein Fehler oder eine sonstige Beanstandung zutreffend ist oder nicht.

Zu einer umfassenden Rechtskontrolle gehört eine Entscheidung über rechtswegfremde Vorfragen, wenn diese dem Schutz des Rechtssuchenden dienen und im Einzelfall entscheidungserheblich sind. Zur Gewähr lückenlosen Rechtsschutzes prüfen die Nachprüfungsinstanzen alle aufgeworfenen Rechtsfragen im Hinblick auf alle in Deutschland geltenden Rechtsnormen. Rechtswegfremde Vorfragen führen mitunter zu einer inzidenten Kontrolle durch die Nachprüfungsinstanzen, auch wenn zwei Rechtswege gegeben sind und eine Rechtsfrage in den Zuständigkeitsbereich eines anderen Gerichts fallen kann. Vor diesem Hintergrund hat die Prüfung und Entscheidung der Nachprüfungsinstanzen ohne Beschränkung auf einzelne vergaberechtliche oder nichtvergaberechtliche Fragestellungen zu erfolgen. Den Nachprüfungsinstanzen ist damit die Tür zu vollumfänglichen Rechtskontrollen von Verfassungs Wegen eröffnet.

Soweit im Rahmen der Rechtskontrolle mehrere Auslegungsmöglichkeiten einer Norm bestehen, ist diejenige zu wählen, mit der die Nachprüfungsinstanzen in die Lage versetzt werden, einschlägige Unionsrechte sowie Grundrechte der im Verfahren Beteiligten durchzusetzen und zu verwirklichen. Die Nachprüfungsinstanzen haben im Rahmen ihrer Auslegung stets die Effektivitätsanforderungen sowie einzelne, im konkreten Fall betroffene Grundrechte des Rechtssuchenden zu beachten. Vor diesem Hintergrund können Auslegungsergebnisse verändert und auch neue Ansprüche begründet werden, die die Nachprüfungsinstanzen zu überprüfen haben.

Das Unionsrecht sichert mit dem in Art. 4 Abs. 3 EUV verankerten Grundsatz der Effektivität und Äquivalenz die Durchsetzung von Rechten zum Schutz Einzelner. Rechtsschutzgesuche dürfen nicht praktisch unmöglich gemacht bzw. übermäßig erschwert werden. Nationale Regelungen müssen ohne Beeinträchtigung in gleicher Weise für Rechtsbehelfe wegen Verletzungen des Unionsrechts wie für innerstaatliches Recht gelten, sofern diese Rechtsbehelfe einen ähnlichen Gegenstand und Rechtsgrund haben. Der unionsrechtliche Grundsatz effektiven gerichtlichen Rechtsschutzes aus Art. 47 Abs. 1 GRCh gilt für die Nachprüfungsinstanzen, da diese umgesetztes Unionsrecht anwenden. Die Überprüfung i.S. von Art. 47 Abs. 1 GRCh verlangt eine sorgfältige Untersuchung aller relevanten Gesichtspunkte sowie eine unabhängige Nachprüfung der in einer Begründung einer Ausgangsentscheidung ausgeführten rechtlichen Umstände. Ein generell verallgemeinerungsfähiges Prüfungsprogramm fehlt.

Nachprüfungsinstanzen haben staatliche Ausgangsentscheidungen vollständig auf Unionsrechtskonformität zu kontrollieren und die Einhaltung einschlägiger Bestimmungen des Unionsrechts sicherzustellen. Unter Berücksichtigung von Art. 4 Abs. 3 EUV i.V.m. Art. 288 Abs. 3 EUV haben Mitgliedstaaten dabei nationales Recht stets richtlinienkonform auszulegen. Auf diese Weise überprüfen die Nachprüfungsinstanzen, ob staatliche Stellen auf Unionsrecht beruhendes nationales Recht unionsrechtskonform angewendet haben. Nachprüfungsinstanzen, die richtlinienumsetzendes Recht anwenden, haben bei Unklarheit die anwendbaren Rechtsgrundlagen sowie die Entscheidungsnormen richtlinienkonform auszulegen.

Zweites Kapitel: Gesetzliche Regelungen zur Rechtmäßigkeitskontrolle im Vergabenachprüfungsverfahren

Effektiver Rechtsschutz bedarf einer gesetzlichen Ausgestaltung, damit konkrete Voraussetzungen sowie deren Art und Umfang festgelegt werden.[317] Die Anforderungen aus Art. 19 Abs. 4 GG stellen für den Gesetzgeber Grundzüge sowie Zielrichtungen dar, innerhalb derer Regelungen für effektiven Rechtsschutz geschaffen werden können.[318] Die konkrete Ausgestaltung des Rechtswegs liegt also in der Hand des Gesetzgebers.[319] Entscheidend ist, dass der Gesetzgeber im Rahmen seiner Ausgestaltung stets den Schutzzweck des Art. 19 Abs. 4 GG berücksichtigt sowie Maßnahmen unterlässt, die geeignet sind, ein Rechtsschutzgesuch zu verhindern.[320]

Die unionsrechtlichen Anforderungen an ein wirksames Vergabenachprüfungsverfahren beeinflussen den Gesetzgeber ebenfalls bei der Ausgestaltung des Vergaberechtswegs. Die Vergaberichtlinien der Union sind gemäß Art. 288 Abs. 3 AEUV für die Mitgliedstaaten der Union hinsichtlich des zu erreichenden Ziels verbindlich, das gilt insbesondere für die gesetzliche Ausgestaltung. Es ist Aufgabe des nationalen Gesetzgebers, die aus dem Unionsrecht erwachsenden Rechte zu gewährleisten.[321] Daran anknüpfend ist es Aufgabe der innerstaatlichen Gerichte, den Bürgern Rechtsschutz zu gewährleisten, der sich aus der unmittelbaren Wirkung des Unionsrechts ergibt.[322] Aufgrund des Äquivalenz- und Effektivitätsgebots haben die Mitgliedstaaten zur Gewähr effektiven Rechtsschutzes nationale Regelungen gegebenenfalls zu modifizieren oder neue Regelungen zu schaffen.[323] Auch aus Art. 19 Abs. 1 UAbs. 2 EUV folgt, dass die Mitgliedstaaten ein System von Rechtsbehelfen und Verfahren zu schaffen haben.[324] Zum Teil wird daraus geschlossen, dass Mitgliedstaaten eine „positive Gestaltungspflicht" trifft.[325] Auf dieser Grundlage hat der nationale Gesetzgeber das Vergabenachprüfungsverfahren geschaffen.

Damit der Prüfungs- und Entscheidungsmaßstab im Vergabenachprüfungsverfahren umfassend bestimmt werden kann, bedarf es einer Beleuchtung, welche nationalen Verfahrensregelungen Vorgaben für eine wirksame Überprüfung vorsehen und ob diese den höherrangigen Effektivitätsanforderungen genügen.

---

317 BVerfG, Beschl. v. 29.07.2010, 1 BvR 1634/04, NVwZ 2010, 1482-1485 Rn. 47; Beschl. v. 19.12.2012, 1 BvL 18/11, BVerfGE 133, 1-33 juris Rn. 69; *Burghart*, in: Leibholz/Rinck, GG, Art. 19 Rn. 366.

318 *Burghart*, in: Leibholz/Rinck, GG, Art. 19 Rn. 366.

319 *Sachs*, in: Sachs, GG, Art. 19 Rn. 143; *Burghart*, in: Leibholz/Rinck, GG, Art. 19 Rn. 366.

320 *Burghart*, in: Leibholz/Rinck, GG, Art. 19 Rn. 366.

321 Vgl. etwa; EuGH, Urt. v. 25.07.1991, Rs. C-208/90, Slg. 1991, I-4269 juris Rn. 16 – *Emmott*; Urt. v. 14.12.1995, Rs. C-312/93, Slg 1995, I-4599-4624 juris Rn. 12 – *Peterbroeck*; Urt. v. 27.06.2013, C-93/12, ECLI:EU:C:2013:432 Rn. 35 – *Agrokonsulting*.

322 EuGH, Urt. v. 16.12.1976, Rs. 33/76, Slg. 1976, 1989 juris Rn. 5 – *Rewe*; Urt. v. 16.12.1976, Rs. 45/76, Slg. 1976, 2043 juris Rn. 11/18 – *Comet*.

323 *Streinz*, in: Streinz, EUV/AEUV, Art. 47 GRCh Rn. 6.

324 EuGH, Urt. v. 27.02.2018, Rs. C-64/16, EuZW 2018, 469-472 Rn. 34 – *Associação Sindical dos Juízes Portugueses*.

325 *Terhechte*, EuR 2008, Heft 2, 143, 159.

A. Anwendbares Verfahrensrecht

Der deutsche Gesetzgeber hat im vierten Teil des GWB ein besonderes Rechtsschutzverfahren vorgesehen. Das Vergabenachprüfungsverfahren ist weder der Verwaltungs- noch der ordentlichen Gerichtsbarkeit zugeordnet, sondern es ist ein eigenständiger Rechtsweg geschaffen worden.[326] Das Vergabenachprüfungsverfahren wird auch als „Sonderrechtsweg"[327] bezeichnet. Mit dem Vergabenachprüfungsverfahren soll ein gesetzlich verankerter effektiver Rechtsschutz im Kartellvergaberecht gegeben sein.[328] Rechtssuchenden steht nach §§ 155 ff. GWB ein Nachprüfungsverfahren zur Durchsetzung ihrer Rechte zur Verfügung.[329]

I. Sonderverfahrensrecht

Der eigenständige vergaberechtliche Rechtsweg ist zweistufig strukturiert.[330] Das Nachprüfungsverfahren findet zuerst vor besonderen Verwaltungsbehörden, den Vergabekammern, statt und ist ein besonderes Verwaltungsverfahren, das dem gerichtlichen Verfahren nicht nur vorgeschaltet, sondern auch angenähert ist.[331] Es ist ein justizförmig ausgestaltetes Rechtsschutzverfahren[332], ein „Individualrechtsschutzverfahren"[333], und wird als Verwaltungsverfahren i.S. von § 9 VwVfG[334] verstanden, da die Entscheidung der Vergabekammern durch einen Verwaltungsakt ergehen[335]. Das sich dem anschließende vergaberechtliche Nachprüfungsverfahren vor den Oberlandesgerichten ist hingegen ein gerichtliches Beschwerdeverfahren[336], das auf dem ordentlichen Rechtsweg ausgetragen wird. Es kann als „spezifisches, kartellvergaberechtliches Anfechtungsverfahren"[337] verstanden werden. Es bedarf deswegen einer Klärung, welches Verfahrensrecht für die Nachprüfungsinstanzen im Einzelnen anwendbar ist. Zu denken ist zum Beispiel an das VwVfG, die ZPO oder ein Sonderprozessrecht.[338] Primäres Verfahrensrecht sind indes und in jedem Fall die spezifischen Regelungen der §§ 160 – 170 GWB.[339] Insoweit existiert ein kleines Sonderverfahrensrecht.

326 *Burgi*, Vergaberecht, § 20, Rn. 9.
327 *Dittmann*, in: Ziekow/Völlink, Vergaberecht, § 156 GWB Rn. 20
328 So auch *Dietlein//Fandrey*, in: Byok/Jäger, Vergaberecht, Einl. Rn. 61.
329 *Dietlein//Fandrey*, in: Byok/Jäger, Vergaberecht, Einl. Rn. 62; *Dittmann*, in: Ziekow/Völlink, Vergaberecht, Vor § 155 GWB Rn. 10.
330 *Burgi*, Vergaberecht, § 20 Rn. 9.
331 *Landsberg*, in: Pünder/Schellenberg, Vergaberecht, § 155 GWB Rn. 6.
332 *Landsberg*, in: Pünder/Schellenberg, Vergaberecht, § 155 GWB Rn. 6.
333 *Stockmann*, in: Immenga/Mestmäcker, Wettbewerbsrecht, Bd. 4, § 155 GWB Rn. 6.
334 Gemeint ist das Bundesverwaltungsverfahrensgesetz. Soweit nicht ausdrücklich auf ein Landesverwaltungsgesetz Bezug genommen wird, steht „VwVfG" insoweit für das BVwVfG.
335 *Ahlers*, NZBau 2020, 628, 631; *Ziekow/Siegel*, ZfBR 2004, 30, S. 32; *Ziekow*, in: Ziekow/Völlink, Vergaberecht, Einl. GWB Rn. 35; *Burgi*, Vergaberecht, § 20 Rn. 43.
336 *Dicks/Willner*, in: Ziekow/Völlink, Vergaberecht, Vor § 171 GWB Rn. 1;
337 So etwa *Stockmann*, in: Immenga/Mestmäcker, Wettbewerbsrecht, § 171 GWB Rn. 4; *Erdl*, Der neue Vergaberechtsschutz Rn. 610.
338 *Burgi*, Vergaberecht, § 20 Rn. 10.
339 *Burgi*, Vergaberecht, § 20 Rn. 43; OLG Rostock, Beschl. v. 03.02.2021, 17 Verg 7/20, NZBau 2021, 423-424 Rn. 7.

II. Rückgriff auf anderes Prozessrecht

Das vergaberechtliche Sonderverfahrensrecht ist im GWB niedergelegt. Durch den Verweis von § 163 Abs. 2 S. 5 GWB unter anderem auf § 57 Abs. 2 GWB gelten die in § 57 Abs. 2 GWB aufgelisteten Normen der ZPO sinngemäß auch im Vergabenachprüfungsverfahren vor den Vergabekammern. Der Gesetzgeber hat sich damit bewusst für die ergänzende Anwendung der zivilprozessualen Vorschriften und nicht etwa diejenigen der VwGO entschieden.

In der vergaberechtlichen Rechtsprechung werden hingegen auch einige Vorschriften des VwVfG unmittelbar im Verfahren vor den Vergabekammern angewendet, nämlich immer dann, wenn keine inhaltsgleichen Vorschriften des GWB existieren oder solche entgegenstehen.[340] Maßgeblich hat das OLG Naumburg, der Vergabesenat des OLG des Landes Sachsen-Anhalt, ausgeführt, dass das VwVfG im Vergabenachprüfungsverfahren vor den Vergabekammern unmittelbare Anwendung findet, da das Nachprüfungsverfahren seinem Wesen nach ein Verwaltungsverfahren i.S. von § 9 VwVfG[341] ist und gemäß § 1 Abs. 1 letzter Hs. VwVfG dessen Vorschriften für das Vergabeverfahren vor der Vergabekammer anzuwenden sind, soweit Rechtsvorschriften des Bundes keine inhaltsgleichen oder entgegenstehenden Bestimmungen enthalten.[342] Die Vorschriften und Grundsätze des allgemeinen Verwaltungsverfahrensrechts sollen also dann gelten, wenn nicht die speziellen Regelungen in den §§ 160 – 170 GWB den Rückgriff auf das VwVfG sperren.[343] Das VwVfG soll auch dann nicht zur Anwendung kommen, wenn sich Abweichungen zum GWB aus dem Sachzusammenhang ergeben.[344] So ist das OLG Düsseldorf davon ausgegangen, dass eine Vergabekammer einen von ihr erlassenen Verwaltungsakt nicht nachträglich rückwirkend nach § 48 VwVfG zurücknehmen kann.[345] Es ist dabei zu beachten, dass die Vergabekammer einen Rechtsschreit zwischen Dritten – ähnlich wie durch Urteil – entscheidet und deswegen nach dem Rechtsgedanken des § 318 ZPO an ihre Entscheidung gebunden ist.[346] Eine Aufhebung oder Änderung der Entscheidung sei nicht durch die Vergabekammer, sondern nur durch das Beschwerdegericht möglich.[347] Der Entscheidung des OLG Düsseldorf ist zuzustimmen. Die Vergabekammern haben aufgrund ihrer unabhängigen, gerichtsähnlichen Stellung[348] eine im Vergleich zu anderen Behörden übergeordnete Funk-

340 Vgl. z.B. OLG Rostock, Beschl. v. 03.02.2021, 17 Verg 7/20, NZBau 2021, 423-424 juris Rn. 9; VK Rheinland-Pfalz, Beschl. v. 06.01.2021, VK 1-22/19 juris Rn. 33; VK Mecklenburg-Vorpommern, Beschl. v. 20.03.2012, 1 VK 1/11, juris Rn. 5; OLG Düsseldorf, Beschl. v. 12.05.2011, VIIVerg 32/11 juris Rn. 25f.; OLG Sachsen-Anhalt, Beschl. v. 31.01.2011, 2 Verg 1 /11 juris Rn. 11, 17.

341 In dem Verfahren wurde auch Bezug genommen auf das VwVfG des Landes Sachse-Anhalt. Je nach Verfahren gelten die Landesverwaltungsverfahrensgesetze oder das Bundesverwaltungsverfahrensgesetz. Vereinfacht wird hier ausschließlich auf das Bundesverwaltungsverfahrensgesetz (VwVfG) Bezug genommen.

342 OLG Sachsen-Anhalt, Beschl. v. 31.01.2011, 2 Verg 1 /11 juris Rn. 11f., 17. Dem zustimmend OLG Düsseldorf, Beschl. v. 12.05.2011, VIIVerg 32/11 juris Rn. 25f. und OLG Rostock, Beschl. v. 03.02.2021, 17 Verg 7/20, NZBau 2021, 423-424 Rn. 9.

343 *Ahlers*, NZBau 2020, 628, 631.

344 Vgl. OLG Düsseldorf, Beschl. v. 12.05.2011, VIIVerg 32/11 juris Rn. 26.

345 OLG Düsseldorf, Beschl. v. 12.05.2011, VIIVerg 32/11 juris Rn. 26.

346 OLG Düsseldorf, Beschl. v. 12.05.2011, VIIVerg 32/11 juris Rn. 26.

347 OLG Düsseldorf, Beschl. v. 12.05.2011, VIIVerg 32/11 juris Rn. 26.

348 *Summa*, in: Heiermann/Zeiss/Summa, jurisPK-Vergaberecht, § 157 GWB Rn. 1.

tion. Soweit diese besondere Funktion ausgeübt wird, etwa im Rahmen einer gerichtsähnlichen Entscheidung, wird die Vergabekammer dieser Funktion gerecht werden müssen. Das setzt voraus, dass die Vergabekammer ihre Funktion als gerichtsähnliche Instanz erkennt und in der Folge besondere Regelungen für gerichtliche Entscheidungen beachtet. Dazu gehört, dass die Vergabekammer eine abschließende, bindende Entscheidung trifft, die Rechtssicherheit schaffen kann. Dem widerspricht es, wenn eine Vergabekammer eine finale Entscheidung zurücknimmt. Der Umstand, dass den Mitgliedern der Vergabekammer eine richterähnliche Stellung zukommt, steht der Behördeneigenschaft der Vergabekammer im Übrigen nicht entgegen.[349] Obgleich die Vergabekammern eine besondere gerichtsähnliche Funktion haben, sind die Vergabekammern kein Verwaltungsgericht i.S. von § 1 VwGO, sodass ohne Verweisung auch nicht die VwGO zur Anwendung kommt[350]. Es verbleibt damit der ergänzende Rückgriff auf die Regelungen der ZPO, die anschließend auch im Beschwerdeverfahren zur Anwendung gelangen.

Die VwGO findet auch im Beschwerdeverfahren vor den Oberlandesgerichten keine Anwendung, da es sich dabei um streitige Verfahren vor den ordentlichen Gerichten handelt.[351] Neben den speziellen Regelungen des GWB gewinnt die ZPO im Beschwerdeverfahren Bedeutung. Für dieses Verfahren vor den Oberlandesgerichten verweist § 175 Abs. 2 GWB nämlich zum einen auf Vorschriften des Verfahrens vor der Vergabekammer (§ 165, § 167 Abs. 2 S. 1 GWB) und des kartellrechtlichen Beschwerdeverfahrens (§ 69, §§ 70 Abs. 1-3, 71 Abs. 1 und Abs. 6, §§ 72, 73 GWB) und zum anderen mittelbar über § 73 GWB auf Vorschriften des GVG und der ZPO.[352] Gemäß § 72 Nr. 2 GWB sind davon die Vorschriften der ZPO über die Ausschließung und Ablehnung eines Richters, über Prozessbevollmächtigte und Beistände, über die Zustellung von Amts wegen, über Ladungen, Termine und Fristen, über die Anordnung des persönlichen Erscheinens der Parteien, über die Verbindung mehrerer Prozesse, über die Erledigung des Zeugen- und Sachverständigenbeweises sowie über die sonstigen Arten des Beweisverfahrens, über die Wiedereinsetzung in den vorigen Stand gegen die Versäumung einer Frist, sowie über den elektronischen Rechtsverkehr erfasst. In der gerichtlichen Praxis sollen sich die Vorschriften des kartellvergaberechtlichen Beschwerdeverfahrens als unvollständig erwiesen haben, weswegen zur Lückenausfüllung über § 73 GWB hinaus weitere Bestimmungen der ZPO herangezogen werden.[353] Anerkannt ist insoweit z. B. auch, dass die Vergabesenate Schreibfehler, Rechenfehler und ähnliche Unrichtigkeiten entsprechend § 319 ZPO korrigieren können.[354]

349 OLG Sachsen-Anhalt, Beschl. v. 31.01.2011, 2 Verg 1 /11 juris Rn. 14.

350 OLG Rostock, Beschl. v. 03.02.2021, 17 Verg 7/20, NZBau 2021, 423-424 Rn. 7; OLG Sachsen-Anhalt, Beschl. v. 31.01.2011, 2 Verg 1 /11 Rn. 18.

351 BGH, Beschl. v. 09.02.2004, X ZB 44/03, NZBau 2004, 229, 232; Beschl. v. 19.12.2000, X ZB 14/00, NZBau 2001, 151, 155.

352 *Werder*, in: Säcker/Ganske/Knauff, MüKo zum Wettbewerbsrecht, Bd. 3, § 175 GWB Rn. 6.

353 *Dicks/Willner*, in: Ziekow/Völlink, Vergaberecht, Vor § 171 GWB Rn. 4; *König*, in: Heuvels/Höß/Kuß/Wagner, Vergaberecht, § 175 GWB Rn. 1.

354 OLG Jena, Beschl. v. 26.09.2013, 9 Verg 4/13, ECLI:DE:OLGTH:2013:0926.9VERG4.13.0A Rn. 42.

B. Untersuchungsgrundsatz

Der Untersuchungsgrundsatz findet im Vergabenachprüfungsverfahren seinen Niederschlag in § 163 Abs. 1 GWB betreffend das Verfahren vor den Vergabekammern und in §§ 175 Abs. 2, 75 Abs. 1 GWB betreffend das Beschwerdeverfahren vor den Oberlandesgerichten. Die Normierungen sind als Untersuchungsgrundsatz betitelt. Inhaltlich sollen die Regelungen aber auch in Einklang mit den höherrangigen Anforderungen stehen.

I. Sachverhaltsermittlung von Amts wegen

Nach § 163 Abs. 1 S. 1 GWB erforscht die Vergabekammer den Sachverhalt von Amts wegen. Gleiches gilt gemäß § 75 Abs. 1 GWB für das Beschwerdegericht. Der Wortlaut der Vorschriften ist mit Ausnahme der Bezeichnung der jeweiligen Instanz identisch. Dennoch unterscheidet sich die Sachverhaltsermittlung von Amts wegen in den Verfahren.[355] Für die Vergabekammer wird ein „Amtsermittlungsgrundsatz" festgeschrieben, nachdem die Vergabekammer Art und Umfang der Ermittlungen selbst bestimmt.[356] Im Beschwerdeverfahren haben die Gerichte den Sachverhalt nur in dem Umfang aufzuklären, in dem Vortrag der Beteiligten erfolgt oder sich entscheidungserheblicher Sachverhalt aufdrängt.[357] Das Beschwerdegericht hat insoweit nicht die erste Sachverhaltsermittlung durchzuführen, sondern nur „Ergänzungsermittlungen".[358] Dazu gehört aber, dass die Oberlandesgerichte als Beschwerdegerichte auch ohne erneutes Berufen im Beschwerdeverfahren auf substantiierten Vortrag eines Beteiligten eingehen, der im erstinstanzlichen Verfahren vor den Vergabekammern erfolgslos geblieben ist.[359] Gleichwohl werden die Oberlandesgerichte durch den Untersuchungsgrundsatz nicht dazu verpflichtet, von Amts wegen sämtlichen Vergabeverstößen nachzugehen.[360] Es ist Aufgabe der Vergabekammer, den entscheidungserheblichen Sachverhalt erstmals zusammenzutragen.[361]

1. Umfang der Amtsermittlung durch die Vergabekammer

Der Umfang der Sachverhaltsermittlung der Vergabekammer liegt im pflichtgemäßen Ermessen und bestimmt sich danach, was die Vergabekammer objektiv für ihre Entscheidung für erforderlich hält.[362] Im Rahmen des pflichtgemäßen Ermessens hat die Vergabekammer alle ihr zur Verfügung stehenden Möglichkeiten zur Aufklärung des relevanten Sachver-

355 So auch *Dicks*, in: Ziekow/Völlink, Vergaberecht, § 163 GWB Rn. 2.

356 *Bungenberg*, in: Pünder/Schellenberg, Vergaberecht, § 163 GWB Rn. 1, 4.

357 BGH, Beschl. v. 19.12.2000, X ZB 14/00, BGHZ 146, 202-217 juris Rn. 33; OLG Düsseldorf, Beschl. v. 29.12.2001, Verg 22/01, NZBau 2002, 578-581 juris Rn. 51; *Dicks/Schnabel*, in: Ziekow/Völlink, Vergaberecht, § 163 GWB Rn. 2; *Jäger*, in: Byok/Jäger, Vergaberecht, § 175 Rn. 9.

358 *Bechtold/Bosch*, in: Bechtold/Bosch, GWB, § 75 Rn. 2.

359 OLG Düsseldorf, Beschl. v. 18.07.2001, Verg 16/01, VergabeR 2001, 419-427 juris Rn. 55; *Jäger*, in: Byok/Jäger, Vergaberecht, § 175 Rn. 9.

360 BGH, Beschl. v. 19.12.2000, X ZB 14/00, BGHZ 146, 202-217 juris Rn. 33; OLG Düsseldorf, Beschl. v. 29.12.2001, Verg 22/01, NZBau 2002, 578-581 juris Rn. 51; *Jäger*, in: Byok/Jäger, Vergaberecht, § 175 Rn. 9.

361 *Dicks/Schnabel*, in: Ziekow/Völlink, Vergaberecht, § 163 GWB Rn. 2.

362 *Bungenberg*, in: Pünder/Schellenberg, Vergaberecht, § 163 GWB Rn. 9; *Dicks/Schnabel*, in: Ziekow/Völlink, Vergaberecht, § 163 GWB Rn. 2f.

halts auszuschöpfen, soweit diese rechtlich zulässig sind.[363] So soll die Vergabekammer nicht daran gehindert sein, offensichtliche und schwerwiegende Vergaberechtsverstöße zu berücksichtigen und ihnen nachzugehen, selbst wenn diese Verstöße nicht von einem Antragsteller gerügt worden sind.[364] Die Vergabekammer ist also prinzipiell auch zum Aufgreifen sich aufdrängender, nicht geltend gemachter Vergabeverstöße berechtigt.[365]

Im Rahmen der Sachverhaltsermittlung haben die Vergabekammern die notwendigen Beweise zu erheben und dürfen bei Vorliegen von beweiserheblichen Tatsachen nicht auf eine Beweiserhebung verzichten.[366] Es besteht insoweit eine „Beweiserhebungspflicht".[367] Verweist der Antragsgegner, der im Vergabenachprüfungsverfahren stets die die Ausgangsentscheidung erlassende staatliche Stelle ist, ausdrücklich auf aus seiner Sicht relevante Unterlagen, ist die Vergabekammer stets im Hinblick auf eine umfassende Sachverhaltsaufklärung gehalten, diese Unterlagen beizuziehen.[368]

2. Beschränkung der Sachverhaltsermittlung durch die Vergabekammer

Der Verpflichtung der Vergabekammer zur Erforschung des Sachverhalts, resultierend aus Art. 19 Abs. 4 GG, sind von Gesetzes wegen Grenzen gesetzt.[369] Nach § 163 Abs. 1 S. 2 GWB kann sich die Vergabekammer im Rahmen der Sachverhaltsermittlung von Amts wegen auf das beschränken, was von den Beteiligten vorgebracht wird oder ihr sonst bekannt sein muss.[370] Die Regelung enthält ihrem Wortlaut nach eine eindeutige Schranke. Die Vergabekammer ist nicht gezwungen, über den Vortrag der Beteiligten bzw. über die Umstände, die ihr bekannt sein müssten, hinausgehende Nachforschungen in Angriff zu nehmen.[371] Zu den Umständen, die sonst bekannt sein müssen, zählen insbesondere diejenigen, auf die die Vergabekammer bei der Durchsicht der Vergabeakte stößt, wie etwa eine fehlende Wertung von Angeboten.[372] § 163 Abs. 1 S. 2 GWB führt aber nicht dazu, dass Verfahrensbeteiligte den Anspruch erheben können, dass die Vergabekammer nur gerügte Rechtsverstoß überprüft.[373] Es liegt im Ermessen der Vergabekammer, ob sie sich auf den

363 *Byok*, in: Byok/Jäger, Vergaberecht, § 163 GWB Rn. 2; vgl. auch BT-Drs. 16/10117 v. 13.08.2008, S. 22 zur gleichlautenden Regelung § 110 Abs. 1 S. 1 GWB a.F.

364 *Bungenberg*, in: Pünder/Schellenberg, Vergaberecht, § 163 GWB Rn. 9; ähnlich auch *Steiff*, in: Heuvels/Höß/Kuß/Wagner, Vergaberecht, § 163 GWB Rn. 9.

365 OLG Düsseldorf, Beschl. v. 13.05.2019, VII-Verg 47/18, NZBau 2019, 665-670 Rn. 65; Beschl. v. 05.05.2008, VII-Verg 5/08, NZBau 2009, 269-272 juris Rn. 24.

366 *Dreher*, in: Immenga/Mestmäcker, Wettbewerbsrecht, Bd. 4, § 163 GWB Rn. 15; *Steiff*, in: Heuvels/Höß/Kuß/Wagner, Vergaberecht, § 163 GWB Rn. 4; *Jäger*, in: Säcker/Ganske/Knauff, MüKo zum Wettbewerbsrecht, Bd. 3, § 163 GWB Rn. 7.

367 *Steiff*, in: Heuvels/Höß/Kuß/Wagner, Vergaberecht, § 163 GWB Rn. 4.

368 *Byok*, in: Byok/Jäger, Vergaberecht, § 163 GWB Rn. 3.

369 *Byok*, in: Byok/Jäger, Vergaberecht, § 163 GWB Rn. 2.

370 *Steiff*, in: Heuvels/Höß/Kuß/Wagner, Vergaberecht, § 163 GWB Rn. 5; *Dreher*, in: Immenga/Mestmäcker, Wettbewerbsrecht, Bd. 4, § 163 GWB Rn. 9; *Dicks/Schnabel*, in: Ziekow/Völlink, Vergaberecht, § 163 GWB Rn. 11;

371 *Byok*, in: Byok/Jäger, Vergaberecht, § 163 GWB Rn. 3.

372 OLG München, Beschl. v. 29.09.2009, Verg 12/09, VergabeR 2010, 238-245 juris Rn. 76f.

373 So hat die VK Bund entschieden, dass sie in ihrer Entscheidung die Europarechtswidrigkeit der verbindlichen Honorarregelungen der HOAI auch ohne Rüge der Beteiligten berücksichtigen könne, VK Bund, Beschl. v. 30.08.2019, VK 2 – 60/19 juris Rn. 78f.

Vortrag der Beteiligten beschränkt.[374]Allenfalls eine Ermessensreduzierung auf Null[375] könnte dazu führen, dass die Vergabekammer verpflichtet ist, ihre Prüfung auf etwas zu beschränken.

Der deutsche Gesetzgeber hat bereits im Gesetzesentwurf vom 03.12.1997 erläutert, dass sich die Vergabekammern im Interesse eines zügigen Verfahrens und effizienter Arbeit im Rahmen ihrer Sachverhaltsaufklärung auf die jeweils gestellten Anträge und vorgetragenen Beanstandungen beschränken können.[376] Er hat damit von Anfang an eine Beschränkung des Untersuchungsgrundsatzes im Sinn gehabt. In der weiteren Gesetzesbegründung zum Untersuchungsgrundsatz der Vergabekammern im GWB[377] hat der Gesetzgeber an der Möglichkeit, die Sachverhaltsermittlung zu beschränken, festgehalten. Er hat ausdrücklich betont, dass

> „Absatz 1 Satz 2 konkretisiert, inwieweit die Vergabekammer dabei über das Vorbringen der Beteiligten hinaus verpflichtet ist, Nachforschungen anzustellen. Die Vergabekammer darf sich auf die Vergabeakten oder sonstige Umstände beschränken, die dem sorgfältig ermittelnden Beamten zur Kenntnis gelangt wären. Zu solchen sonstigen Umständen zählen beispielsweise Indizien wie Pressemeldungen darüber, dass der öffentliche Auftraggeber mit dem obsiegenden Bieter Nachverhandlungen geführt hat, ohne dass diese zum Bestandteil der Vergabeakte wurden."[378]

Die Beschränkung der Sachverhaltsermittlung durch die Vergabekammer stellt eine bewusste Entscheidung des Gesetzgebers sowie eine Beschränkung der Effektivitätsanforderungen dar und ist nicht bloß eine redaktionell ungeschickte Formulierung.

Die Beschränkung dient dem verfassungsrechtlich gebotenen Beschleunigungsgrundsatz. Der Beschleunigungsgrundsatz folgt zum einen aus dem in Art. 20 Abs. 3 GG verankerten Rechtsstaatsprinzip[379] und zum anderen auch naturgemäß aus Art. 19 Abs. 4 GG[380]. Gerichte haben einerseits die Natur des Verfahrens, die Bedeutung der Sache und Auswirkung einer langen Verfahrensdauer für die Beteiligten zu beachten und andererseits die Gesamtdauer zu berücksichtigen sowie sich um die nachhaltige Beschleunigung des Verfahrens zu bemühen.[381] In der verfassungsrechtlichen Beurteilung der Gesamtdauer ist stets die Kompliziertheit der Rechtssache in tatsächlicher und rechtlicher Hinsicht zu berücksichtigen.[382] Inwieweit ein Verfahren von Verfassungs wegen zu beschleunigen, insbesondere wann die Dauer eines Verfahrens noch angemessen ist, bestimmt sich deswegen

374 OLG Düsseldorf, Beschl. v. 12.06.2019, VII-Verg 54/18 juris Rn. 66; *Steiff*, in: Heuvels/Höß/Kuß/Wagner, Vergaberecht, § 163 GWB Rn. 6.

375 Vgl. zur Ermessensschrumpfung *Sachs*, in: Stelkens/Bonk/Sachs, VwVfG, § 40 Rn. 102a.

376 Gesetzesbegründung zum Vergaberechtsänderungsgesetz v. 03.12.1997 zu § 120 Abs.1 S. 1 GWB, BT-Drs. 13/9340, S. 18. § 120 Abs. 1 S. 1 GWB entspricht dem heutigen § 163 Abs. 1 S. 1 GWB.

377 Der Untersuchungsgrundsatz war vor seinem Niederschlag in § 163 GWB zuletzt in § 110 GWB geregelt. Der Gesetzesentwurf zum Vergaberechtsmodernisierungsgesetz v. 08.10.2015 weist darauf hin, dass § 163 GWB dem § 110 GWB entspricht, vgl. BT-Drs. 18/6281, S. 135. Maßgeblich sind deswegen die Erläuterungen zu § 110 GWB a.F.

378 Gesetzesbegründung v. 13.08.2008 zu § 110 GWB, BT-Drs. 16/10117, S. 22.

379 BVerfG, Beschl. v. 15.01.2009, 2 BvR 2044/07, BVerfGE 122, 248-303 juris Rn. 73.

380 *Bamberger*, NVwZ 2015, 942-944; BVerfG, Beschl. v. 16.12.1980, 2 BvR 419/80, BVerfGE 55, 349-370 juris Rn. 42; Beschl. v. 16.05.1995, 1 BvR 1087/91, BVerfGE 93, 1-37 juris Rn. 28.

381 BVerfG, Beschl. v. 01.12.2011, 1 BvR 314/11, ZIP 2012, 177-178 juris Rn. 7.

382 BVerfG, Beschl. v. 01.12.2011, 1 BvR 314/11, ZIP 2012, 177-178 juris Rn. 9.

nach den besonderen Umständen jedes einzelnen Falls.[383] In welchem Umfang jeweils die Effektivität i. S. von Art. 19 Abs. 4 GG und in welchem Umfang jeweils die Beschleunigung eines Verfahrens gewährt werden wird, kann deswegen nicht pauschal bestimmt werden.

Die Gesetzesbegründung zur alten Fassung von 1997 zu § 120 GWB[384] sah ausdrücklich vor, dass

> „sich die Kammer [...] im Interesse eines zügigen Verfahrens und der Effizienz ihrer Arbeit in aller Regel auf die Prüfung der vorliegenden Anträge und der vorgetragenen Beanstandungen beschränken [wird]"[385].

Im Speziellen im Hinblick auf die Beschleunigung des Verfahrens geht aus der Gesetzesbegründung insoweit hervor, dass Zielsetzung des Gesetzes zur Änderung der Rechtsgrundlagen für die Vergabe öffentlicher Aufträge u. a. war, dass mit den speziellen Verfahrensregeln für die Nachprüfung von Auftragsvergaben langwierige Rechtsstreitigkeiten ausgeschlossen werden sollen.[386] Der Beschleunigungsgedanken befand sich mithin bereits mit Einführung des Untersuchungsgrundsatzes für die Vergabekammern im GWB, ohne dass er ausdrücklich gesetzlich festgeschrieben war. Diese Erwägung hat ohne weitere Erläuterung mit der Einführung des § 110 Abs. 1 S. 2 GWB a.F.[387] gesetzlichen Niederschlag gefunden. Es kann deswegen davon ausgegangen werden, dass der Gesetzgeber an dieser Erwägung mit der Regelung unter § 163 Abs. 1 S. 2 n.F. festgehalten hat.

Das steht in Einklang mit Art. 1 Abs. 1 UAbs. 3 der Richtlinie 89/665/EWG des Rates vom 21.12.1989, geändert durch die Richtlinie 2007/66/EG des Europäischen Parlaments und des Rates vom 11.12.2007, wonach die Mitgliedstaaten die erforderlichen Maßnahmen ergreifen, um u. a. „Entscheidungen der öffentlichen Auftraggeber wirksam und vor allem möglichst rasch [...] auf Verstöße gegen das Unionsrecht im Bereich des öffentlichen Auftragswesens oder gegen die nationalen Vorschriften, die dieses Recht umsetzen, [zu überprüfen]"[388].

Der „Grundsatz der größtmöglichen Beschleunigung" betrifft dabei das gesamte Vergaberecht.[389] Er steht im Interesse aller Verfahrensbeteiligten. Sowohl Auftraggeber als auch die Allgemeinheit haben großes Interesse an einer raschen Auftragsvergabe.[390] Es geht darum, dass Verzögerungen vermieden werden, die die Aufgabenerfüllung der öffentlichen Hand und Unternehmen in ihrer sachgerechten Disposition beeinträchtigen.[391] Dabei sollen auch

383 BVerfG, Beschl. v. 16.12.1980, 2 BvR 419/80, BVerfGE 55, 349-370 juris Rn. 42; Beschl. v. 01.12.2011, 1 BvR 314/11, ZIP 2012, 177-178 juris Rn. 6.

384 § 120 Abs. 1 S. 1 GWB sah ebenfalls wie § 163 Abs. 1 S. 1 GWB die Erforschung des Sachverhalts durch die Vergabekammer von Amts wegen vor.

385 Gesetzesbegründung zum Vergaberechtsänderungsgesetz v. 03.12.1997 zu § 120 Abs.1 S. 1 GWB, BT-Drs. 13/9340, S. 18.

386 Gesetzesbegründung zum Vergaberechtsänderungsgesetz v. 03.12.1997, BT-Drs. 13/9340, S. 12.

387 Entspricht heute der Regelung des § 163 Abs. 1 S. 2 GWB.

388 Abl. der Europäischen Union, Nr. L 395 v. 30.12.1989, S. 33-35, Art. 1 der Richtlinie des Rates vom 21.12.1989 zur Koordinierung der Rechts- und Verwaltungsvorschriften für die Anwendung der Nachprüfungsverfahren im Rahmen der öffentlichen Liefer- und Bauaufträge (89/665/EWG).

389 OLG Brandenburg, Beschl. v. 10.01.2012, Verg W 18/11, VergabeR 2012, 521-525 Rn. 18.

390 *Vavra/Willner*, in: Burgi/Dreher/Opitz, Beck'scher Vergaberechtskommentar, Bd. 1, § 171 GWB Rn. 5.

391 *Vavra/Willner*, in: Burgi/Dreher/Opitz, Beck'scher Vergaberechtskommentar, Bd. 1, § 171 GWB Rn. 5.

„Investitionsblockaden" zulasten aller Marktteilnehmer vermieden werden.[392] Damit einher geht es schließlich auch um die Vermeidung von wirtschaftlichen Schäden, die durch Verzögerungen des Verfahrens entstehen können.[393] Es ist also ein allgemeines Bedürfnis, Vergabeverfahren möglichst beschleunigt durchzuführen. Damit besteht an der Beschränkung gemäß § 163 Abs. 1 S. 2 GWB ein legitimes öffentliches Interesse.

Damit die Beschleunigung des Verfahrens erreicht wird, sind die Beschränkungen in § 163 Abs. 1 S. 2 GWB erforderlich. Der Gesetzgeber hat zur Beschleunigung im Gesetz zwei mögliche Alternativen aufgenommen. Neben der Beschränkung auf den Vortrag der Beteiligten kann sich die Vergabekammer auf sonst bekannte Umstände beschränken. Diese Optionen entsprechen dem, was in der Praxis den Vergabekammern zur Beschleunigung des Verfahrens tatsächlich und sinnvoll möglich ist, ohne ein individuelles Rechtsschutzgesuch zu behindern. Es ist sichergestellt, dass dem Begehren des Rechtssuchenden nachgegangen wird sowie bekannte Tatsachen berücksichtigt werden. Durch diese konkreten Forcierungsmaßnahmen wird die Verfahrensbeschleunigung ermöglicht und gleichzeitig eingegrenzt. Auf diese Weise ist sichergestellt, dass die Vergabekammern das Ziel der Beschleunigung erreichen können. Andere Maßnahmen sind vor dem Hintergrund eines zügigen Nachprüfungsverfahrens zugunsten des Rechtssuchenden nicht notwendig.

Im Vergleich dazu dient der Untersuchungsgrundsatz nicht dazu, dass die Vergabekammern sämtliche Tatsachen zu möglichen Vergaberechtsverstößen vollumfänglich recherchieren müssen.[394] Die Anwendung des Untersuchungsgrundsatzes soll nicht dazu führen, dass Nachprüfungsverfahren mit Anträgen „ins Blaue hinein" eingeleitet werden.[395] Dadurch würde der Sinn, Verzögerungen im Vergabeverfahren zu vermeiden, verloren gehen. Dies steht im Widerspruch zum unionsrechtlichen Zweck, dass durch das Vergabenachprüfungsverfahren konkrete Rechtsverletzungen wirksam und möglichst rasch beseitigt werden sollen. Die Nachprüfungsinstanzen haben also im Rahmen ihrer Sachverhaltsermittlung nicht allen denkbaren Möglichkeiten von Amts wegen nachzugehen.[396] Den Vergabekammern steht insoweit ein Beurteilungsspielraum zu, welche Tatsachen im Hinblick auf mögliche Vergaberechtsverstöße zum Gegenstand der Untersuchung gemacht werden.[397] Sie können dadurch im Einzelfall und interessengerecht bestimmen, wie weit Sachverhaltsermittlungen von Amts wegen vorgenommen werden und wie bedeutend jeweils die Beschleunigung des Verfahrens und damit der Verzicht auf Aufklärung sämtlicher, möglicherweise belangloser Verstöße ist. Ausreichend ist jedenfalls, wenn die Vergabekammern in Bezug auf konkret vorgetragene oder bekannte Vergaberechtsverstöße ihrer Amtsermittlungspflicht nachkommen und in diesem Zusammenhang erschöpfend den Sachverhalt ermitteln und prüfen.

Zwar können durch eine stets stattfindende vollumfängliche Prüfung des Sachverhalts weitere Tatsachen zugunsten des Rechtssuchenden aufgetan werden, die dieser bis zur Ermitt-

392 *Gröning*, in: Burgi/Dreher/Opitz, Beck'scher Vergaberechtskommentar, Bd. 1, § 167 GWB Rn. 1; Maier, NZBau 2004, 667, 668.
393 *Maier*, NZBau 2004, 667, 668.
394 VK München, Beschl. v. 20.09.2007, Z3-3-3194-1-44-08/07 juris Rn. 42.
395 VK München, Beschl. v. 20.09.2007, Z3-3-3194-1-44-08/07 juris Rn. 42.
396 OLG Düsseldorf, Besch. v. 13.03.2019, Verg 42/18, ZfBR 2020, 188, 191 Rn. 37.
397 *Maier*, NZBau 2004, 667, 668.

lung durch die Vergabekammer nicht erkannt hat. Allerdings verlangt das Verfassungsrecht gar keinen optimalen Rechtsschutz. Es ist deswegen ausreichend, wenn zumindest der Vortrag des Rechtssuchenden hinreichend überprüft wird sowie die Nachprüfungsinstanzen diejenigen entscheidungserheblichen Tatsachen beachten, die sich aufgrund ihrer Fachkenntnis nach Sichtung der Vergabeakte aufdrängen.[398]

Die Beschränkung des Untersuchungsgrundsatzes in § 163 Abs. 1 S. 2 GWB ist verhältnismäßig. Sie ist verfassungsrechtlich gerechtfertigt, und die Vereinbarkeit mit höherrangigen Anforderungen ist gegeben.

II. Anforderung von Beweisen und Informationen durch die Vergabekammer

Im Rahmen der Sachverhaltsermittlung von Amts wegen stehen der Vergabekammer Ermittlungsbefugnisse nach § 163 Abs. 2 S. 5 GWB zur Verfügung.[399] Über § 163 Abs. 2 S. 5 GWB finden u. a. §§ 57, 59 GWB im Vergabenachprüfungsverfahren vor den Vergabekammern Anwendung, wonach Beweiserhebungen auf Grundlage der ZPO durchgeführt sowie Auskünfte verlangt werden können. Dazu hat nach § 163 Abs. 2 S. 4 GWB der Auftraggeber der Vergabekammer Akten sofort zur Verfügung zu stellen. Dies hat vollständig und im Original zu erfolgen.[400] Dem Auftraggeber steht es also nicht zu, darüber zu entscheiden, welche Aktenteile wichtig sind oder nicht.[401] Dadurch soll der Vergabekammer ihre Sachverhaltsermittlung von Amts wegen erleichtert werden.[402]

III. Tatsachenüberprüfung durch das Oberlandesgericht

Die Oberlandesgerichte erforschen den Sachverhalt nicht im selben Umfang wie die Vergabekammern.[403] Der Untersuchungsgrundsatz zwingt das Oberlandesgericht nicht, auf nicht angegriffene Feststellungen der Vergabekammer von Amts wegen einzugehen.[404] Die Pflicht zur Sachverhaltsermittlung der Oberlandesgerichte besteht nur insoweit, als der Vortrag der Beteiligten oder der Sachverhalt als solcher dazu Anlass geben.[405] Soweit das Oberlandesgericht jedoch Lücken im Sachverhalt erkennt, hat es diese Lücken selbst durch entsprechende Sachverhaltsermittlungen auszufüllen.[406]

---

398 OLG Düsseldorf, Besch. v. 13.03.2019, Verg 42/18, ZfBR 2020, 188, 191 Rn. 37.

399 *Dreher*, in: Immenga/Mestmäcker, Wettbewerbsrecht, Bd. 4, § 163 GWB Rn. 13.

400 *Dicks/Schnabel*, in: Ziekow/Völlink, Vergaberecht, § 163 GWB Rn. 14; *Byok*, in: Byok/Jäger, Vergaberecht, § 163 GWB Rn. 40; *Horn/Hofmann*, in: Burgi/Dreher/Opitz, Beck'scher Vergaberechtskommentar, Bd. 1, § 163 GWB Rn. 22.

401 *Summa*, in: Heiermann/Zeiss/Summa, jurisPK-Vergaberecht, § 163 GWB Rn. 55.

402 *Dicks/Schnabel*, in: Ziekow/Völlink, Vergaberecht, § 163 GWB Rn. 14.

403 Ziff. B. I. dieses Kapitels.

404 BGH, Beschl. v. 21.07.2009, EnVR 12/08, NJOZ 2009, 3595, 3597; *Bechtold/Bosch*, in: Bechtold/Bosch, GWB, § 75 Rn. 2; *Egger*, in: Säcker/Meier-Beck, MüKo zum Wettbewerbsrecht, Bd. 2, § 75 GWB Rn. 5.

405 So bereits BGH, Beschl. v. 27.02.1969, KVR 5/68, NJW 1969, 1027, 1029; Beschl. v. 11.11.2008, KVR 60/07, NJW-RR 2009, 264, 267; *Bechtold/Bosch*, in: GWB, § 75 Rn. 2; *Egger*, in: Säcker/Meier-Beck, MüKo zum Wettbewerbsrecht, Bd. 2, § 75 GWB Rn. 6; zur gleichlautenden Vorgängervorschrift: *Kühnen*, in: Loewenheim/Meessen/Riesenkampff/Kersting/Meyer-Lindemann, Kartellrecht, § 70 GWB Rn. 7.

406 *Bechtold/Bosch*, in: Bechtold/Bosch, GWB, § 75 Rn. 2; zur gleichlautenden Vorgängervorschrift: *Kühnen*, in: Loewenheim/Meessen/Riesenkampff/Kersting/Meyer-Lindemann, Kartellrecht, § 70 GWB Rn. 5.

1. Hinweispflichten

Im Rahmen der Sachverhaltsermittlung haben die Oberlandesgerichte ihren über § 175 Abs. 2 GWB in § 75 Abs. 2 GWB gesetzlich vorgesehenen Hinweispflichten so früh wie möglich nachzukommen.[407] Gemäß § 75 Abs. 2 GWB hat der oder die Vorsitzende des Oberlandesgerichts darauf hinzuwirken, dass Formfehler beseitigt, unklare Anträge erläutert, sachdienliche Anträge gestellt, ungenügende tatsächliche Angaben ergänzt, ferner alle für die Feststellung und Beurteilung des Sachverhalts wesentlichen Erklärungen abgegeben werden. Diese Regelung ist Ausdruck der Aufklärungspflicht und soll ein fehlerfreies und faires Verfahren sichern.[408] Durch frühzeitige Hinweise soll vermieden werden, dass ein Oberlandesgericht in seiner Entscheidung einen bis dahin nicht erörterten rechtlichen oder tatsächlichen Gesichtspunkt zugrunde legt und dadurch dem Rechtsstreit eine Wendung gibt, mit der die Beteiligten nicht rechnen konnten.[409] Zudem soll eine zügige und sachgerechte Erledigung des Beschwerdeverfahrens durch die Hinweispflicht erreicht werden.[410] Neben der Sicherung eines effizienten Verfahrens sind die Hinweispflichten der Oberlandesgerichte also vor allem auch eine besondere Form der Sachverhaltsaufklärung von Amts wegen. Indessen werden die Oberlandesgerichte nicht zu einer lückenlosen Aufklärung des wirklichen Sachverhalts verpflichtet.[411]

2. Berücksichtigung neuer Erkenntnisse

Aufgrund der lückenhaften Verweisungen auf das kartellrechtliche Beschwerdeverfahren, könnte die Beschwerde entsprechend § 73 Abs. 1 S. 2 GWB (§ 63 Abs. 1 S. 2 GWB a.F.) auf neue Tatsachen gestützt werde.[412] Denn die Verweisungsvorschrift des § 175 Abs. 2 GWB ist nicht abschließend, vielmehr sogar lückenhaft, sodass vorrangig auf die Regelungen des allgemeinen kartellrechtlichen Beschwerdeverfahrens zurückgegriffen werden kann.[413] Dabei müssen lediglich die Beschränkungen des Untersuchungsgrundsatzes nach § 75 Abs. 2, 3 GWB beachtet werden. Nach dem OLG Brandenburg kann ein später bekannt gewordener Vergaberechtsverstoß noch vor dem Oberlandesgericht gerügt werden, allerdings hat die Rüge in jedem Fall unverzüglich zu erfolgen.[414] Ein Verstoß könne aber nicht im Beschwerdeverfahren berücksichtigt werden, wenn diesbezüglicher Vortrag vor der Vergabekammer möglich gewesen wäre.[415] Dem folgt das OLG Frankfurt, indem es davon ausgeht, dass nach analoger Anwendung des § 63 Abs. 1 S. 2 GWB a.F. neue Tatsachen im Beschwerdeverfahren nur berücksichtigt werden können, wenn der Vortrag nicht schon im Verfahren vor der Vergabekammer geltend gemacht werden konnte.[416] Nach dem OLG

---

407 *Rombach*, in: Bacher/Hempel/Wagner-von Papp, BeckOK Kartellrecht, § 75 Rn. 16.

408 *Egger*, in: Säcker/Meier-Beck, MüKo zum Wettbewerbsrecht, Bd. 2, § 75 GWB Rn. 13.

409 *Rombach*, in: Bacher/Hempel/Wagner-von Papp, BeckOK Kartellrecht, § 75 Rn. 17.

410 *Vavra*, in: Burgi/Dreher/Opitz, Beck'scher Vergaberechtskommentar, Bd. 1, § 175 GWB Rn. 15.

411 *König*, in: Heuvels/Höß/Kuß/Wagner, Vergaberecht, § 175 GWB Rn. 14.

412 *Summa*, in: Heiermann/Zeiss/Summa, jurisPK-Vergaberecht, § 175 GWB Rn. 14, 16; *Frister*, in: Ziekow/Völlink, Vergaberecht, § 175 GWB Rn. 8; *Werder*, in: Säcker/Ganske/Knauff, MüKo zum Wettbewerbsrecht, Bd. 3, § 175 GWB Rn. 35.

413 *Summa*, in: Heiermann/Zeiss/Summa, jurisPK-Vergaberecht, § 175 GWB Rn. 14; *Stockmann*, in: Immenga/Mestmäcker, Wettbewerbsrecht, Bd. 4, § 175 GWB Rn. 25.

414 OLG Brandenburg, Beschl. v. 10.01.2012, Verg W 18/11, VergabeR 2012, 521-525 juris Rn. 32, 35.

415 OLG Brandenburg, Beschl. v. 10.01.2012, Verg W 18/11, VergabeR 2012, 521-525 juris Rn. 36.

416 OLG Frankfurt, Beschl. v. 11.05.2004, 11 Verg 10/04, NZBau 2004, 567-571 juris Rn. 38.

Celle können neue Tatsachen im Beschwerdeverfahren nicht indes nicht generell ausgeschlossen werden, auch nicht, wenn der Vortrag bereits vor der Vergabekammer hätte geltend gemacht werden können, da für diese Annahme eine ausdrückliche gesetzliche Regelung fehle.[417] Etwas Anderes solle nur dann gelten, wenn die neuen Tatsachen im Beschwerdeverfahren so spät vorgetragen werden, dass sich Beteiligte darauf nicht mehr einlassen können.[418] Der letztgenannten Rechtsprechung ist zuzustimmen, da im vergaberechtlichen Beschwerdeverfahren gerade der Untersuchungsgrundsatz gilt, der in verhältnismäßiger Weise nur durch ausdrückliche Regelungen eingeschränkt werden kann. Fehlt eine solche ausdrückliche Beschränkung, müsste sich das Oberlandesgericht stets auf seine Amtsermittlungspflicht berufen und vor diesem Hintergrund sämtlichen Sachvortrag berücksichtigen.

3. Beschränkung durch Mitwirkung der Beteiligten

Gemäß §§ 175 Abs. 2 i.V.m. 75 Abs. 3 GWB kann das Oberlandesgericht den Beteiligten aufgeben, sich innerhalb einer zu bestimmenden Frist über aufklärungsbedürftige Punkte zu äußern, Beweismittel zu bezeichnen und in ihren Händen befindliche Urkunden sowie andere Beweismittel vorzulegen. Der Amtsermittlungsgrundsatz wird insoweit durch Mitwirkungspflichten der Beteiligten beschränkt.[419] Kommt ein Beteiligter seiner Mitwirkung nicht oder erst so spät nach, dass den anderen Beteiligten eine Stellungnahme dazu nicht mehr möglich ist, muss das Oberlandesgericht diesem Vortrag nicht mehr nachgehen.[420] Es kann ohne weitere Aufklärung des Sachverhalts entscheiden.[421] Verspätetes Vorbringen löst insoweit nicht die Amtsermittlungspflicht der Oberlandesgericht aus.[422] Ob das Oberlandesgericht sich der Hilfe der Beteiligten bedient, indem es von der Möglichkeit zur Mitwirkung Gebrauch macht, liegt im freien Ermessen des Oberlandesgerichts.[423]

Die Beschränkung des Untersuchungsgrundsatzes im Beschwerdeverfahren dürfte vor demselben Hintergrund wie die Beschränkung im Verfahren vor den Vergabekammern mit den höherrangigen Anforderungen vereinbar sein. Ziel der Beschränkung ist die Vermeidung von Verzögerungen.[424] Indem das Oberlandesgericht Hinweise erteilt und die Beteiligten zur Mitwirkung auffordert, wird das Beschwerdeverfahren beschleunigt. Verzöge-

417 OLG Celle, Beschl. v. 21.01.2016, 13 Verg 8/15, ZfBR 2004, 98-99 Rn. 27.

418 OLG Celle, Beschl. v. 21.01.2016, 13 Verg 8/15, ZfBR 2004, 98-99 Rn. 26.

419 *Rombach*, in: Bacher/Hempel/Wagner-von Papp, BeckOK Kartellrecht, § 75 GWB Rn. 18; Vgl. zur gleichlautenden Vorgängervorschrift: *Schmidt*, in: Immenga/Mestmäcker, Wettbewerbsrecht, Bd. 2, § 70 GWB Rn. 7; *Kühnen*, in: Loewenheim/Meessen/Riesenkampff/Kersting/Meyer-Lindemann, Kartellrecht, § 70 GWB Rn. 8, 19.

420 OLG Düsseldorf, Beschl. v. 19.11.2003, Verg 22/03, VergabeR 2004, 248-252 juris Rn. 7f.; *Dieck-Bogatzke*, in: Pünder/Schellenberg, Vergaberecht, § 175 GWB Rn. 5.

421 *König*, in: Heuvels/Höß/Kuß/Wagner, Vergaberecht, § 175 GWB Rn. 14; *Dieck-Bogatzke*, in: Pünder/Schellenberg, Vergaberecht, § 175 GWB Rn. 5; *Vavra*, in: Burgi/Dreher/Opitz, Beck'scher Vergaberechtskommentar, Bd. 1, § 175 GWB Rn. 16.

422 OLG Düsseldorf, Beschl. v. 19.11.2003, Verg 22/03, VergabeR 2004, 248-252 juris Rn. 8.

423 Vgl. zur gleichlautenden Vorgängervorschrift: *Kühnen*, in: Loewenheim/Meessen/Riesenkampff/Kersting/Meyer-Lindemann, Kartellrecht, § 70 GWB Rn. 19.

424 *Stockmann*, in: Immenga/Mestmäcker, Wettbewerbsrecht, Bd. 4, § 175 GWB Rn. 12; *Frister*, in: Ziekow/Völlink, Vergaberecht, § 175 GWB Rn. 14.

rungen werden möglichst ausgeschlossen.[425] Auf diese Weise wird der rasche Abschluss des Vergabenachprüfungsverfahrens gefördert. Da den Beteiligten sowohl durch ihren Vortrag als auch insbesondere durch ausdrückliche Hinweise des Oberlandesgerichts die Möglichkeit gegeben wird, die für sie entscheidungserheblichen Tatsachen vorzubringen, sichert das Beschwerdeverfahren in jedem Fall die Prüfung des konkreten Begehrens des Rechtssuchenden ab. Darüber hinaus ist durch den Untersuchungsgrundsatz gesichert, dass die Oberlandesgerichte sich offensichtlich aufdrängende und entscheidungserhebliche Umstände berücksichtigen.

4. Freie Beweiswürdigung, §§ 175 Abs. 2, 76 Abs. 1 GWB

Nach § 175 Abs. 2 i.V.m. § 76 Abs. 1 S. 1 GWB entscheidet das Oberlandesgericht durch Beschluss nach seiner freien, aus dem Gesamtergebnis des Verfahrens gewonnenen Überzeugung. Dieser Regelung lässt sich der Grundsatz der freien Beweiswürdigung entnehmen, nach dem das Oberlandesgericht nicht an feste Beweisregeln gebunden ist.[426] Das Gericht muss sämtliche ermittelten Tatsachen auswerten und würdigen.[427] Dem Grundsatz der freien Beweiswürdigung ist das Gebot zu entnehmen, dass sich die Oberlandesgerichte mit dem Prozessstoff umfassend und widerspruchsfrei auseinandersetzen müssen.[428] Erst durch eine vollumfängliche, einwandfreie Bewertung der ermittelten Tatsachen findet eine vollständige Prüfung in tatsächlicher Hinsicht statt.

C. Vollständige Überprüfung der Rechtmäßigkeit

Die gesetzliche Regelung zur Rechtmäßigkeitskontrolle durch die Vergabekammern im Vergabenachprüfungsverfahren ist auch im Hinblick auf die von Art. 19 Abs. 4 GG sowie dem Unionsrecht verlangte vollständige Prüfung in rechtlicher Hinsicht zu prüfen.

I. Umfassende Rechtmäßigkeitskontrolle durch die Vergabekammer

Die rechtliche Überprüfung von Entscheidungen der öffentlichen Auftraggeber durch die Vergabekammern ist von der gesetzlichen Ausgestaltung in § 163 Abs. 1 S. 3 GWB geprägt, wonach die Vergabekammer zu einer umfassenden Rechtmäßigkeitskontrolle nicht verpflichtet ist. Prima facie können die Vergabekammern *keine umfassende* Rechtmäßigkeitskontrolle vornehmen, da sie dem Wortlaut nach nicht dazu bestimmt sind. Insofern wird vielfach sehr allgemein darauf hingewiesen, dass die Vergabekammer *keine allge-*

425 *Stockmann*, in: Immenga/Mestmäcker, Wettbewerbsrecht, Bd. 4, § 175 GWB Rn. 12; *Frister*, in: Ziekow/Völlink, Vergaberecht, § 175 GWB Rn. 14.

426 *Rombach*, in: Bacher/Hempel/Wagner-von Papp, BeckOK Kartellrecht, § 76 GWB Rn. 2f.; zur Vorgängerregelung: *Schmidt*, in: Immenga/Mestmäcker, Wettbewerbsrecht, Bd. 2, § 71 GWB Rn. 1.

427 *Egger*, in: Säcker/Meier-Beck, MüKo zum Wettbewerbsrecht, Bd. 2, § 76 GWB Rn. 5; zur gleichlautenden Vorgängerregelung: *Kühnen*, in: Loewenheim/Meessen/Riesenkampff/Kersting/Meyer-Lindemann, Kartellrecht, § 71 GWB Rn. 4.

428 Vgl. zur Vorgängerregelung in § 71 Abs. 1 S. 1 GWB: BGH, Vorlagebeschluss v. 18.01.2000, KVR 23/98, JZ 2000, 514-518 juris Rn. 31; *Rombach*, in: Bacher/Hempel/Wagner-von Papp, BeckOK Kartellrecht, § 76 GWB Rn. 4.

meine Rechtmäßigkeitskontrolle durchzuführen hat.[429] Es bedarf einer genaueren Betrachtung, wie § 163 Abs. 1 S. 3 GWB tatsächlich zu verstehen ist, insbesondere ob dadurch der Umfang der Rechtmäßigkeitskontrolle beschränkt wird.

1. Intention des Gesetzgebers und Systematik

Soweit § 163 Abs. 1 S. 3 GWB als Beschränkung der Rechtmäßigkeitskontrolle erfasst werden soll, müsste dieses Verständnis jedenfalls Vorstellung, Wille oder Motiv des Gesetzgebers gewesen sein. Dies lässt sich nicht direkt feststellen. Aus der Gesetzesbegründung zu § 120 a.F. GWB, heute § 163 GWB, geht nicht hervor, dass der nationale Gesetzgeber umfassende Rechtmäßigkeitskontrollen durch die Vergabekammern ausschließen wollte. Die Regelung des § 163 Abs. 1 S. 3 GWB war in der damaligen Fassung des § 120 GWB noch gar nicht aufgenommen. Der Gesetzgeber hat in seiner Gesetzesbegründung auch nur darauf hingewiesen, dass trotz Geltung des Untersuchungsgrundsatzes die Vergabekammern im Interesse eines zügigen Verfahrens und der Effizienz ihrer Arbeit in aller Regel die Prüfung auf die Anträge und Beanstandungen der Beteiligten beschränken wird.[430] Dieser Begründung fehlt der Bezug zum Umfang der Rechtmäßigkeitskontrolle.

Ausweislich der Gesetzesbegründung von 1997 besteht indessen ein öffentliches Interesse an der Rechtmäßigkeit eines Vergabeverfahrens.[431] Es war Motiv des Gesetzgebers, dass die Rechtmäßigkeit von den Vergabekammern vollständig geprüft werden muss. Damit lässt sich prinzipiell eine Beschränkung des Umfangs der Rechtmäßigkeitskontrolle durch die Vergabekammern nicht vereinbaren. Gleichwohl folgt aus dem Motiv des Gesetzgebers kein konkretes Prüfprogramm. Es dient lediglich als Anhaltspunkt dafür, weswegen die Vorschrift anders verstanden werden sollte.

Die Regelung in § 163 Abs. 1 S. 3 GWB wurde erst 2009 in den damaligen § 110 Abs. 1 GWB eingefügt und unverändert in § 163 Abs. 1 S. 3 GWB übernommen. Der Gesetzesbegründung von 2008 lässt sich ebenfalls nicht ausdrücklich entnehmen, dass der Gesetzgeber den Umfang der Rechtmäßigkeitskontrolle durch die Vergabekammer beschränken wollte. Der Gesetzgeber hat in diesem Rahmen nicht begründet, dass mit der Einführung des § 163 Abs. 1 S. 3 GWB die Rechtskontrolle in das Ermessen der Vergabekammer gestellt und beschränkt wird. Ausweislich der Gesetzesbegründung ist die Regelung vielmehr zur Klarstellung aufgenommen worden.[432] Möglicherweise ist der Gesetzgeber bereits vor der Einfügung der Regelung davon ausgegangen, dass die Vergabekammer keine umfassende Rechtmäßigkeitskontrolle vornehmen muss. Für diese Annahme fehlen jedoch in den Gesetzesmaterialen entsprechende Indikatoren. Systematisch betrachtet kann § 163 Abs. 1 S. 3 GWB jedoch als Klarstellung zu § 163 Abs. 1 S. 1 und S. 2 GWB verstanden wer-

429 *Dicks/Schnabel*, in: Ziekow/Völlink, Vergaberecht, § 163 GWB Rn. 6; *Byok*, in: Byok/Jäger, Vergaberecht, § 163 GWB Rn. 3f.; *Summa*, in: Heiermann/Zeiss/Summa, jurisPK-Vergaberecht, § 163 GWB Rn. 6; *Bungenberg*, in: Pünder/Schellenberg, Vergaberecht, § 163 GWB Rn. 8; *Dreher*, in: Immenga/Mestmäcker, Wettbewerbsrecht, Bd. 4, § 163 GWB Rn. 13.

430 Vgl. Gesetzesbegründung zum Vergaberechtsänderungsgesetz v. 03.12.1997, zu § 120 GWB, BT-Drs. 13/9340, S. 18.

431 Gesetzesbegründung zum Vergaberechtsänderungsgesetz v. 03.12.1997, zu § 120 GWB, BT-Drs. 13/9340, S. 18.

432 Gesetzesbegründung v. 13.08.2008 zu § 110 GWB, BT-Drs. 16/10117, S. 22, auf die der Gesetzesentwurf zum Vergaberechtsmodernisierungsgesetz v. 08.10.2015, BT-Drs. 18/6281, S. 135 verweist.

den. Danach kann sich die Vergabekammer bei der Erforschung des Sachverhalts auf das beschränken, was von den Beteiligten vorgebracht wird oder ihr sonst bekannt sein muss. Die Vergabekammer bestimmt insofern den Umfang ihrer Ermittlung. Systematisch daran anknüpfend führt die Vergabekammer auch keine umfassende Rechtmäßigkeitskontrolle durch, sondern überprüft nur den Sachverhalt auf Rechtsverstöße in den Umfang, den sie ermittelt und zugrunde gelegt hat. Im Rahmen des maßgebenden Sachverhalts ist die Rechtmäßigkeitskontrolle hingegen nicht beschränkt. Schließlich bestehen auch keine anderen Anhaltspunkte des Gesetzgebers, dass dieser nachträglich über § 163 Abs. 1 S. 3 GWB eine Beschränkung des Umfangs der Rechtmäßigkeitskontrolle aufnehmen wollte. Es spricht deswegen viel dafür, dass der Gesetzgeber 2008 mit seiner Klarstellung den Rahmen für Beschränkungen der Sachverhaltsermittlung aufzeigen wollte, innerhalb dessen anschließend sehr wohl eine umfassende Rechtmäßigkeitskontrolle stattfindet.

Für dieses Verständnis spricht auch, dass die Regelung systematisch nicht nur an § 163 Abs. 1 S. 1 und S. 2 GWB anknüpft, sondern die Normierung insgesamt in dem Paragrafen zum Untersuchungsgrundsatz aufgenommen worden ist. Der Gesetzgeber hat 2008 mit der Aufnahme der Klarstellung in § 163 Abs. 1 S. 3 GWB unter Bezugnahme auf den BGH betont, dass im Vergabenachprüfungsverfahren „nicht allen denkbaren Möglichkeiten zur Aufklärung des Sachverhalts von Amts wegen nachzugehen" ist.[433] Er hat damit die Regelung, dass die Vergabekammer nicht zu einer umfassenden Rechtmäßigkeitskontrolle verpflichtet ist, zur Bestimmung des Umfangs der Sachverhaltsermittlung aufgenommen.

Schließlich spricht für dieses Verständnis die Tatsache, dass für die Oberlandesgerichte eine § 163 Abs. 1 S. 2 und S. 3 GWB vergleichbare Regelung fehlt. Wenn der Gesetzgeber den Umfang der Rechtmäßigkeitskontrolle im Vergabenachprüfungsverfahren grundsätzlich beschränken wollte, hätte er eine diesbezügliche Regelung für beide Nachprüfungsinstanzen aufgenommen oder entsprechend gesetzlich verwiesen. Es würde nämlich der Beschleunigung des Vergabenachprüfungsverfahrens insgesamt widersprechen, wenn erstinstanzlich keine umfassende Rechtmäßigkeitskontrolle durchgeführt werden müsste, zweitinstanzlich hingegen schon. Dies hätte zur Folge, dass regelmäßig Vergabenachprüfungsverfahren zweitinstanzlich fortgeführt werden, damit eine umfassende Rechtmäßigkeitskontrolle jedenfalls vor den Oberlandesgerichten tatsächlich stattfindet. Dadurch würden sich die Vergabenachprüfungsverfahren insgesamt verzögern. Vor diesem Hintergrund kann es dem Gesetzgeber nicht darum gegangen sein, den Umfang der Rechtmäßigkeitskontrolle zu beschränken.

Entsprechend der Intention des nationalen Gesetzgebers sowie der Systematik ist § 163 Abs. 1 S. 3 GWB deswegen nicht als Beschränkung der Rechtmäßigkeitskontrolle durch die Vergabekammern zu verstehen.

2. Zweck der Vergaberichtlinien

Die Richtlinien der EU zur Regelung des Vergaberechts können Aufschluss über die Bedeutung des § 163 Abs. 1 S. 3 GWB geben. Die EU-Vergaberichtlinien sind nämlich von überragender Bedeutung für das nationale Vergaberecht.[434] Die Auslegung von § 163 Abs. 1 S. 3

433 Gesetzesbegründung v. 13.08.2008 zu § 110 GWB, BT-Drs. 16/10117, S. 22.
434 *Dreher*, in: Immenga/Mestmäcker, Wettbewerbsrecht, Bd. 4, Vor §§ 97 ff. Rn. 62.

GWB muss richtlinienkonform sein, sich also so weit wie möglich am Wortlaut und Zweck der einschlägigen Richtlinien orientieren[435]. Soweit die beschränkte Rechtmäßigkeitskontrolle nicht vom Unionsrecht vorgesehen oder bezweckt ist, kann § 163 Abs. 1 S. 3 GWB zur Vermeidung von Widersprüchen zum Unionsrecht und zur Sicherstellung der Unionsrechtskonformität gerade nicht als Beschränkung der Rechtmäßigkeitskontrolle gedeutet werden.

Maßgebende Richtlinie für das Vergabenachprüfungsverfahren ist die Richtlinie 89/665/EWG des Rates vom 21.12.1989, geändert durch die Richtlinie 2007/66/EG des Europäischen Parlaments und des Rates vom 11.12.2007, die Mindestvoraussetzungen für nationale Nachprüfungsverfahren festlegt.[436] Zweck dieser Rechtsmittelrichtlinie ist die Gewährleistung von raschen und wirksamen Nachprüfungsverfahren im Bereich des öffentlichen Auftragswesens.[437] Dieser Zweck muss bei der Auslegung des § 163 Abs. 1 S. 3 GWB berücksichtigt werden.

Soweit nach § 163 Abs. 1 S. 3 GWB die Rechtmäßigkeitskontrolle der Vergabekammern eingeschränkt ist, wird die Gefahr begründet, dass Rechtsschutz nicht mehr effektiv ist, weil keine vollumfängliche Prüfung stattfindet. Die Vergabekammern würden in diesem Fall keine umfassende Abhilfe leisten. Die Regelung kann deswegen vor dem Hintergrund eines wirksamen Nachprüfungsverfahrens richtlinienkonform so gedeutet werden, dass die Vergabekammern stets sämtliche Rechtsfragen prüfen und nicht den Umfang der Rechtmäßigkeitskontrolle nach ihrem Ermessen beschränken können.

Diese Ansicht kann von dem vom EuGH geprägten Verständnis über den grundlegenden Zweck der Richtlinie 89/665/EWG bestätigt werden. Nach dem Gericht wird gegen die Rechtsmittelrichtlinie auch dann nicht verstoßen, wenn die Nachprüfungsinstanzen von Amts wegen Rechtsverstöße prüfen, und zwar ohne dass diese von einem Beteiligten aufgegriffen worden sind.[438] Es verstößt weiter nicht gegen die Richtlinie 89/665/EWG, wenn die Nachprüfungsinstanzen von Amts wegen rechtswidrige Aspekte einer anderen Entscheidung des Auftraggebers im Rahmen ihrer Prüfung aufgreifen.[439] Dadurch wird deutlich, dass die Nachprüfungsinstanzen sehr wohl umfassende Rechtmäßigkeitskontrollen im Einklang mit der Richtlinie 89/665/EWG durchführen und keine beschränkte Prüfung von Rechtsverstößen stattfindet. Die Rechtsprechung wahrt also den Zweck, Nachprüfungsverfahren wirksam durchzuführen, da sämtlichen Rechtsverstößen Abhilfe verschafft werden kann. Eine beschränkte Rechtskontrolle nach § 163 Abs. 1 S. 3 GWB würde auch dem unionsrechtlichen Zweck widersprechen. Beschränkungen sind von den Rechtsmittelrichtlinien nicht vorgesehen. Weder die Richtlinie 89/665/EWG noch die zur Änderung erlassene Richtlinie 2007/66/EG gehen von einer beschränkten Rechtmäßigkeitskontrolle durch die Nachprüfungsinstanzen aus. Eine Beschränkung der Rechtmäßigkeitskontrolle hat der

435 EuGH, Urt. v. 05.10.2004, Rs. C-397/01 – C-403/01, Slg 2004, I-8835-8922 juris Rn. 113 – *Pfeiffer.*

436 EuGH, Urt. v. 27.02.2003, Rs. C-327/00, Slg 2003, I-1877-1930, juris Rn. 78 – *Santex;* Urt. v. 19.06.2003, Rs. C-315/01, Slg 2003, I-6351-6411 Rn. 45 – *GAT.*

437 EuGH, Urt. v. 19.06.2003, Rs. C-315/01, Slg 2003, I-6351-6411 juris Rn. 48 – *GAT;* Urt. v. 19.06.2003, Rs. C-249/01, Slg 2003, I-6319-6350 Rn. 22 – *Hackermüller*; *Pietzcker*, in: Grabitz/Hilf, Das Recht der EU, Ziff. B 18 Rn. 13.

438 EuGH, Urt. v. 19.06.2003, Rs. C-315/01, Slg 2003, I-6351-6411 juris Rn. 48 – *GAT.*

439 EuGH, Urt. v. 19.06.2003, Rs. C-315/01, Slg 2003, I-6351-6411 juris Rn. 50, 56 – *GAT.*

Richtliniengeber ebenso wenig in das Ermessen der Nachprüfungsinstanzen gestellt. Es spricht deswegen nichts dafür, dass es Zweck der Rechtsmittelrichtlinien ist, dass die Vergabekammern gemäß § 163 Abs. 1 S. 3 GWB ihre Rechtskontrolle beschränken, indem sie keine umfassende Rechtmäßigkeitsprüfung durchführen.

Für die Annahme einer beschränkten Rechtskontrolle gemäß § 163 Abs. 1 S. 3 GWB kann indes der weitere unionsrechtlich beabsichtigte Zweck, die Gewähr eines raschen Nachprüfungsverfahrens, sprechen. Wenn die Vergabekammern nicht sämtliche Rechtsverstöße prüfen, werden Vergabenachprüfungsverfahren zügiger beendet. Dadurch können insbesondere die Haushaltsmittel der öffentlichen Auftraggeber beizeiten eingesetzt und der Beschaffungsbedarf befriedigt werden. Gleichwohl entbindet dies nicht die Nachprüfungsinstanzen davon, gemäß Art. 1 Abs. 3 der Richtlinie 2007/66/EG Verstöße gegen das Unionsrecht im Bereich des öffentlichen Auftragswesens tatsächlich nachzuprüfen. Es geht immer darum, dass Verstöße gegen Vergabevorschriften kontrolliert werden.[440] Daran ändert die Durchführung eines raschen Nachprüfungsverfahrens nichts. Eine Beschränkung der Rechtskontrolle darf nicht dazu führen, dass die dem Vergabenachprüfungsverfahren zugrunde liegenden Verstöße gar nicht in rechtlicher Hinsicht kontrolliert werden. Die Ziele der Union, ein rasches und zugleich wirksames Vergabenachprüfungsverfahren zu schaffen, müssen demnach stets in ein Verhältnis gesetzt und zusammenhängend betrachtet werden. Keines der Ziele darf durch eine gesetzliche Ausgestaltung vollständig verloren gehen. So dürfen die Vergabekammern einerseits auch unter Beachtung des Beschleunigungsgrundsatzes sich aufdrängende Rechtsverstöße nicht unberücksichtigt lassen.[441] Andererseits dürfen die Vergabekammern ihre Rechtmäßigkeitskontrolle nicht so weit ausdehnen, dass sich die Kontrolle im Ergebnis als eine ungefragte, dem Beschleunigungszweck zuwiderlaufende Fehlersuche erweist.[442] Unter Beachtung beider unionsrechtlicher Ziele geht jedenfalls der Beschleunigungszweck bei Annahme einer umfassenden Rechtmäßigkeitskontrolle entgegen dem Wortlaut von § 163 Abs. 1 S. 3 GWB nicht verloren, wenn die Vergabekammern im Hinblick auf die sich aus dem Sachverhalt ergebenden Verstöße eine umfassende Rechtskontrolle durchführen. In diesem Fall ist sichergestellt, dass die Vergabekammern von sich aus das Vergabeverfahren auf insbesondere sich aufdrängende Vergabeverstöße hin überprüfen. Dagegen kann mit dem Zweck eines wirksamen Vergabenachprüfungsverfahrens wohl aber nicht vereinbart werden, dass Nachprüfungsinstanzen nach ihrem freien Ermessen die Nachprüfung einzelner Verstöße vollständig unterlassen. Die Vergabekammern müssen auf Grundlage des vorliegenden Sachverhalts stets eine vollständige und abschließende Prüfung vornehmen.[443] Erst dadurch verschaffen die Vergabekammern einer Rechtsverletzung Abhilfe. Damit also beide Ziele erreicht werden, kann die Beschränkung der Rechtmäßigkeitskontrolle nicht als pauschale Reduktion des Prüfungsumfangs verstanden werden. Effektiver Rechtsschutz würde damit ausgehebelt werden.

440 *Pietzcker*, in: Grabitz/Hilf, Das Recht der EU, Ziff. B 18 Rn. 29.

441 OLG Düsseldorf, Beschl. v. 12.06.2019, VII-Verg 54/18, NZBau 2020, 109-113 Rn. 66.

442 *Dicks/Schnabel*, in: Ziekow/Völlink, Vergaberecht, § 163 GWB Rn. 7; *Steiff*, in: Heuvels/Höß/Kuß/Wagner, Vergaberecht, § 163 GWB Rn. 8; *Queisner*, in: Gabriel/Mertens/Prieß/Stein, BeckOK Vergaberecht, § 163 GWB Rn. 15.

443 *Reidt*, in: Reidt/Stickler/Glahs, Vergaberecht § 163 GWB Rn. 4.

Auch unionsrechtskonform ist § 163 Abs. 1 S. 3 GWB deswegen nicht als Beschränkung der Rechtmäßigkeitskontrolle durch die Vergabekammern zu verstehen.

3. Keine eigene Bedeutung von § 163 Abs. 1 S. 3 GWB

Nach § 163 Abs. 1 S. 3 GWB können die Vergabekammern schließlich zu einer umfassenden Rechtmäßigkeitskontrolle verpflichtet sein, wenn der Zweck der Regelung dieses Verständnis verlangt. Der Wortlaut einer Norm ist nämlich kein „toter Buchstabe"[444]. § 163 Abs. 1 S. 3 GWB bezweckt nach der Vorstellung des Gesetzgebers eine Klarstellung.[445] Deswegen ist die eigene Bedeutung der Regelung fraglich. Vor dem Hintergrund einer gemeinsamen Betrachtung der Regelungen unter § 163 Abs. 1 GWB dürfte auch S. 3 eine zügige Nachprüfung sicherstellen.[446] Im Grunde genommen ist die Verfahrensbeschleunigung aber bereits in S. 2 der Norm verankert.[447] In Anknüpfung an § 163 Abs. 1 S. 2 GWB soll mit S. 3 lediglich betont werden, dass es im Vergabenachprüfungsverfahren ungeachtet des geltenden Untersuchungsgrundsatzes um die zügige Aufgabenerfüllung der öffentlichen Hand geht, damit diese ihren Beschaffungsbedarf ohne zeitintensive Unterbrechungen decken können. Ziel ist es dabei nicht, sämtliche Fehler eines öffentlichen Auftraggebers aufzudecken.[448] Dieser Umstand schließt indessen nicht aus, dass die Vergabekammern die Fehler im Einzelfall jeweils umfassend rechtlich zu prüfen haben. Für die Annahme, dass § 163 Abs. 1 S. 3 GWB über die nach S. 2 beschleunigte Sachverhaltsermittlung hinaus auf eine Beschränkung des Umfangs der Rechtmäßigkeitsprüfung einzelner Vergabeverstöße abzielt, fehlen abgesehen vom Wortlaut weiter Anhaltspunkte. Damit der Prüfungsumfang nicht deutlich verengt wird, kann § 163 Abs. 1 S. 3 GWB deswegen lediglich als „Scheinbeschränkung" verstanden werden.

Es würde mithin den Gesetzeszweck verfehlen, wenn die Vergabekammern über eine Beschränkung des Sachverhalts hinaus nach ihrem Ermessen den Umfang der Nachprüfung in rechtlicher Hinsicht pauschal reduzieren. Zu Recht wird deswegen § 163 Abs. 1 S. 3 GWB lediglich als weitere Einschränkung des Untersuchungsgrundsatzes verstanden.[449] In der vergaberechtlichen Literatur wird insoweit auch überwiegend nicht zwischen dem Regelungsgehalt des § 163 Abs. 1 S. 2 und S. 3 GWB differenziert. So wird regelmäßig in beinahe einem Atemzug erläutert, dass der Amtsermittlungsgrundsatz der Vergabekammern beschränkt ist und die Vergabekammern nicht zu einer umfassenden Rechtmäßigkeitskontrolle verpflichtet sind.[450] Ratio legis ist demnach die Beschränkung der Sachverhaltsermittlung von Amts wegen auf den Vortrag der Beteiligten oder sonst bekannte Umstände,

444 BGH, Urt. v. 29.01.1957, 1 StR 333/56, BGHSt 10, 157-161 juris Rn. 10.

445 Gesetzesbegründung v. 13.08.2008 zu § 110 GWB, BT-Drs. 16/10117, S. 22, auf die der Gesetzesentwurf zum Vergaberechtsmodernisierungsgesetz v. 08.10.2015, BT-Drs. 18/6281, S. 135 verweist.

446 Siehe dazu die Erläuterungen unter Ziff. B. I. 2. b) (2) (ii) (a.) dieses Kapitels.

447 Ziff. B. I. 2. dieses Kapitels.

448 OLG Düsseldorf, Beschl. v. 12.06.2019, VII-Verg 54/18, NZBau 2020, 109-113 Rn. 66; *Dicks/Schnabel*, in: Ziekow/Völlink, Vergaberecht, § 163 GWB Rn. 7; *Steiff*, in: Heuvels/Höß/Kuß/Wagner, Vergaberecht, § 163 GWB Rn. 8; *Queisner*, in: Gabriel/Mertens/Prieß/Stein, BeckOK Vergaberecht, § 163 GWB Rn. 15.

449 *Dreher*, in: Immenga/Mestmäcker, Wettbewerbsrecht, Bd. 4, § 163 GWB Rn. 9.

450 Vgl. etwa *Bungenberg*, in: Pünder/Schellenberg, Vergaberecht, § 163 GWB Rn. 9; *Dreher*, in: Immenga/Mestmäcker, Wettbewerbsrecht, Bd. 4, § 163 GWB Rn. 9; ähnlich auch *Steiff*, in: Heuvels/Höß/Kuß/Wagner, Vergaberecht, § 163 GWB Rn. 6.

damit die Grundlagen für eine Überprüfung von Rechtsverstößen eingegrenzt werden können.

Unter Berücksichtigung von Sinn und Zweck des § 163 Abs. 1 S. 3 GWB ist die Einschränkung der vollständigen Rechtskontrolle dahingehend zu verstehen, dass diese Regelung eine Klarstellung in Anknüpfung an § 163 Abs. 1 S. 2 GWB ist, die keinen Einfluss auf den Umfang der jeweiligen Rechtskontrolle nimmt. Über § 163 Abs. 1 S. 3 GWB wird nicht die Kontrolldichte bei der Prüfung der Rechtmäßigkeit einer angegriffenen Maßnahme reduziert.

II. Nachprüfbare Entscheidungen

Die vollständige Prüfung in rechtlicher Hinsicht zeichnet sich schließlich durch die unterschiedlichen Maßnahmen der öffentlichen Auftraggeber aus, die von den Vergabekammern kontrolliert werden. Die rechtlich umfassende Nachprüfung bezieht sich nach dem EuGH auf sämtliche Maßnahmen eines öffentlichen Auftraggebers, die im Zusammenhang mit einem öffentlichen Auftrag, unabhängig ob außerhalb oder im Rahmen eines förmlichen Vergabeverfahrens, getroffen werden.[451] Dazu gehören in jedem Fall neben den vorgetragenen Rechtsverstößen auch solche, die sich im Vergabenachprüfungsverfahren den Vergabekammern aufdrängen.[452] Auch schwerwiegende Verstöße haben die Vergabekammern allgemein zu prüfen, selbst wenn derartige Verstöße nicht gerügt worden und damit präkludiert sind.[453] Jedes andere Verständnis zur Rechtmäßigkeitskontrolle ist fehlerhaft, da willkürliche Nachprüfungsentscheidungen ermöglichen würde.[454] Das vergaberechtliche Verständnis, nach dem die Vergabekammer keine ungefragte Fehlersuche durchführen dürfen[455], steht mit der Prüfung schwerwiegender Verstöße auch ohne Rüge im Einklang. Es geht nicht darum, sämtliche Vergaberechtsverstöße zu ermitteln und zu würdigen, sondern die bekannten und schwerwiegenden Verstöße im vollen Umfang zu prüfen. Nicht nachprüfbar sind erst solche Maßnahmen, die nur rein vorbereitend sind und ausschließlich den internen Überlegungen der Ausgangsbehörde zugeordnet werden.[456] Unter dieser Annahme werden die Nachprüfungsinstanzen entsprechend den höherrangigen Anforderungen an ein effektives Rechtsschutzverfahren nicht zu einer willkürlichen Kontrollinstanz.

451 EuGH, Urt. v. 11.01.2005, Rs. C-26/03, Slg 2005, I-1-50 juris Rn. 34 – *Abfallentsorgung Stadt Halle*.

452 OLG Düsseldorf, Beschl. v. 12.06.2019, VII-Verg 54/18, NZBau 2020, 109-113 Rn. 66; Beschl. v. 11.07.2018, Verg 24/18, NZBau 2019, 64-68 Rn. 60.

453 OLG Düsseldorf, Beschl. v. 11.07.2018, Verg 24/18, VergabeR 2019, 64-69 juris Rn. 60; OLG München, Beschl. v. 10.08.2017, Verg 3/17, VergabeR 2017, 738-751 juris Rn. 96; Beschl. v. 10.12.2009, Verg 16/09, VergabeR 2010, 246-262 juris Rn. 129; *Bungenberg*, in: Pünder/Schellenberg, Vergaberecht, § 163 GWB Rn. 9; kritisch aber im Ergebnis zustimmend auch *Horn/Hofmann*, in: Burgi/Dreher/Opitz, Beck'scher Vergaberechtskommentar, Bd. 1, § 163 GWB Rn. 9.

454 OLG Düsseldorf, Beschl. v. 28.04.2008, VII-Verg 1/08, VergabeR 2008, 948-956 juris Rn. 35.

455 OLG Düsseldorf, Beschl. v. 12.06.2019, VII-Verg 54/18, NZBau 2020, 109-113 Rn. 66; *Dicks/Schnabel*, in: Ziekow/Völlink, Vergaberecht, § 163 GWB Rn. 7; *Steiff*, in: Heuvels/Höß/Kuß/Wagner, Vergaberecht, § 163 GWB Rn. 8; *Queisner*, in: Gabriel/Mertens/Prieß/Stein, BeckOK Vergaberecht, § 163 GWB Rn. 15.

456 EuGH, Urt. v. 11.01.2005, C-26/03, Slg 2005, I-1-50 juris Rn. 35 – *Abfallentsorgung Stadt Halle*.

D. Zwischenfazit zum zweiten Kapitel

Die Nachprüfungsinstanzen wenden ein vergaberechtliches Sonderverfahrensrecht an.

Im Verlauf des Vergabenachprüfungsverfahrens haben die Nachprüfungsinstanzen jeweils für sich auf Grundlage des von Art. 19 Abs. 4 GG gebotenen Untersuchungsgrundsatzes die für ihre Prüfung und Entscheidung relevanten Tatsachen zu ermitteln. Einfachgesetzliche Grundlage dafür bilden § 163 Abs. 1 S. 1 GWB und § 70 Abs. 1 GWB. Diese Prüfung ist relevant für die sich anschließende Rechtskontrolle, da anhand der Sachverhaltsaufklärung der Umfang etwaiger Rechtsverstöße vorgegeben wird.

Die Sachverhaltsermittlung als Grundlage zur Überprüfung von Rechtsverstößen unterscheidet sich im Verfahren vor den Vergabekammern und Oberlandesgerichten. Es ist Aufgabe der Vergabekammer, den entscheidungserheblichen Sachverhalt erstmals zusammenzutragen. Gemäß § 163 Abs. 1 S. 2 GWB ist dabei eine reduzierte Prüfung des Sachverhalts unter Berücksichtigung des Beschleunigungsgrundsatzes verfassungskonform möglich. Die Oberlandesgerichte nehmen eine Ergänzungsermittlung vor. Sie sind nicht verpflichtet, von Amts wegen sämtlichen Vergabeverstößen nachzugehen. Die Oberlandesgerichte haben indes zur Gewähr wirksamen Rechtsschutzes Tatsachen in dem Umfang aufklären, der für eine vollumfängliche Rechtskontrolle geboten ist. Dazu ist der Vortrag der Beteiligten oder Anlass aus dem Sachverhalt selbst entscheidend. Soweit das Oberlandesgericht Lücken im Sachverhalt erkennt, hat es diese Lücken selbst durch entsprechende Sachverhaltsermittlungen auszufüllen.

Die Prüfung der Oberlandesgerichte erstreckt sich auf neue Tatsachen im Beschwerdeverfahren, solange sich Beteiligte darauf noch einlassen können. Lediglich bei ausbleibenden oder verspäteten Mitwirkungspflichten der Beteiligten können Oberlandesgerichte auf eine weitere Aufklärung des Sachverhalts verzichten.

Im Vergabenachprüfungsverfahren findet eine unbeschränkte Rechtmäßigkeitskontrolle durch die Nachprüfungsinstanzen statt. § 163 Abs. 1 S. 3 GWB stellte entgegen seiner deutlichen Wortwahl keine Beschränkung der Rechtmäßigkeitskontrolle dar. Unter Berücksichtigung der unionsrechtlichen Anforderungen ist § 163 Abs. 1 S. 3 GWB richtlinienkonform auszulegen. Eine Beschränkung der Rechtmäßigkeitskontrolle hat der Richtliniengeber weder vorgesehen noch im Sinn gehabt, sodass § 163 Abs. 1 S. 3 GWB lediglich als Scheinbeschränkung zu verstehen ist. Jedes andere Verständnis zur Rechtmäßigkeitskontrolle ist fehlerhaft, da es willkürliche Nachprüfungsentscheidungen ermöglichen würde. Soweit eine Nachprüfungsinstanz eine Rechtskontrolle unter Verweis auf § 163 Abs. 1 S. 3 GWB verweigert, muss ihr entgegengenhalten werden, dass diese Scheinbeschränkung nicht den Prüfungs- und Entscheidungsmaßstab im Vergabenachprüfungsverfahren bildet.

Auf die Entscheidungen, die die Nachprüfungsinstanzen im Verlauf des Vergabenachprüfungsverfahrens treffen, insbesondere in Bezug auf die zu ermittelnden Tatsachen, folgen die Entscheidungen in der Hauptsache. Die einzelnen Verfahrensschritte sowie der Umfang der tatsächlichen Prüfung und Aufklärung wirken sich demnach auf die sich anschließende Prüfung von Rechtsverstößen, insbesondere die vollumfängliche Rechtskontrolle aus.

Drittes Kapitel: Der gesetzliche Kontrollmaßstab

Die Vergabekammern und Oberlandesgerichte treffen im Vergabenachprüfungsverfahren Entscheidungen, mit denen ein Rechtsschutzgesuch abgeschlossen wird. Die Entscheidungen stützen die Nachprüfungsinstanzen auf die im vierten Teil des GWB enthaltenen Entscheidungsnormen, auf § 168 Abs. 1, § 178 GWB.

Es fragt sich, welche Rechtsfragen in die Entscheidungen einfließen und den Kontrollmaßstab bilden.

A. Die Entscheidung der Vergabekammer nach § 168 Abs. 1 GWB

Nach § 168 Abs. 1 GWB entscheidet die Vergabekammer, ob der Antragsteller in seinen Rechten verletzt ist und trifft die geeigneten Maßnahmen, um eine Rechtsverletzung zu beseitigen und eine Schädigung der betroffenen Interessen zu verhindern. Sie ist an die Anträge nicht gebunden und kann auch unabhängig davon auf die Rechtmäßigkeit des Vergabeverfahrens einwirken. Die Entscheidung der Vergabekammern erfolgt also in zwei Schritten. Als erstes hat die Vergabekammer zu prüfen, ob der Rechtssuchende in seinen Rechten verletzt ist.[457] Anschließend trifft sie geeignete Maßnahmen, um die Rechtsverletzung zu beseitigen.[458] In dieser zweigeteilten Rechtskontrolle stellt die Prüfung einer Rechtsverletzung den Maßstab für die vergaberechtliche Nachprüfung dar.

Der erste Prüfungsschritt folgt aus § 168 Abs. 1 S. 1 Hs. 1 GWB, wonach die Vergabekammer über eine Rechtsverletzung des Rechtsschutzsuchenden entscheidet.[459] Anschließend können Folgemaßnahmen getroffen werden. Die Formulierung *in seinen Rechten verletzt* gleicht dabei der Regelung für verwaltungsgerichtliche Anfechtungsklagen (§ 113 Abs. 1 S. 1 VwGO),[460] die eine gerichtliche Entscheidung streng an die Rechtsschutzfunktion knüpft[461].

Nach einer ersten Lektüre der vorgenannten Norm ist indes unklar, über welche Rechtverletzungen die Vergabekammern entscheiden.

I. Begründung einer Rechtverletzung, § 168 Abs. 1 S. 1 Hs. 1 GWB

Die Prüfung einer Rechtsverletzung auf Grundlage von § 168 Abs. 1 S. 1 Hs. 1 GWB hat in der vergaberechtlichen Rechtsprechung zu einem bunten Strauß an Entscheidungen geführt, in denen unterschiedlichste Rechtsverletzungen überprüft worden sind. Im Laufe der

457 *Burgi*, Vergaberecht, § 20 Rn. 24. *Prell*, in: Gabriel/Mertens/Prieß/Stein, BeckOK Vergaberecht, § 168 GWB Rn. 23.

458 *Burgi*, Vergaberecht, § 20 Rn. 24; Müller-Wrede, NZBau 2011, 650, 651.

459 Ähnlich auch *Müller-Wrede*, NZBau 2011, 650, 651; *Reidt*, in: Reidt/Stickler/Glahs, Vergaberecht, § 168 GWB Rn. 7; *Antweiler*, in: Burgi/Dreher/Opitz, Beck'scher Vergaberechtskommentar, Bd. 1, § 168 GWB Rn. 28.

460 *Pünder*, in: Pünder/Schellenberg, Vergaberecht, Einführung Rn. 29.

461 *Decker*, in: Posser/Wolff, BeckOK VwGO, § 113 Rn. 16. Zu § 168 Abs. 1 S. 1 GWB siehe *Antweiler*, in: Burgi/Dreher/Opitz, Beck'scher Vergaberechtskommentar, Bd. 1, § 168 GWB Rn. 14.

Zeit wurden in Vergabenachprüfungsverfahren etwa Verstöße gegen Fachrechte wie das Datenschutzrecht[462], Patentrecht[463], Wettbewerbsrecht[464], Kartellrecht[465], Steuerrecht[466], Kommunalwirtschaftsrecht[467], Abfallwirtschaftsrecht[468], Beilhilferecht[469], Postrecht[470] und Personenbeförderungsrecht[471] als Rechtsverletzung im Vergabeverfahren geprüft. Daran anknüpfend sind auch die Überprüfung von Verstößen gegen das Straßenverkehrsrecht, Wasserrecht sowie einzelne Berufsrechte als Rechtsverletzung im Vergabeverfahren denkbar. Einige Nachprüfungsinstanzen haben sich dabei in fachfremde Rechtsprüfungen verirrt. Zum Beispiel hat die Vergabekammer Baden-Württemberg über einen Nachprüfungsantrag entschieden, in dem sie vertieft Verstöße gegen datenschutzrechtliche Vorschriften geprüft hat.[472] Es ging um eine Rechtsverletzung aufgrund eines Ausschlusses vom Vergabeverfahren, der im Wesentlichen auf einer datenschutzrechtlichen Prüfung beruhte.[473] Dem ausgeschlossenen Bieter wurde eine unzulässige Datenübermittlung nach Art. 44 ff. DS-GVO durch eine US-amerikanische Unterauftragnehmerin vorgeworfen.[474] Nach der Vergabekammer wurden die Vergabeunterlagen unzulässigerweise von einem Bieter verändert, da keine – wie gefordert – mit dem Datenschutzrecht zu vereinbarende Leistung angeboten worden ist.[475] Die Vergabekammer hat deswegen einen Ausschluss vom Vergabeverfahren bejaht. Die Vergabekammer Baden-Württemberg hat aus einer umfassenden datenschutzrechtlichen Prüfung einen Rückschluss auf einen Vergaberechtsverstoß gezogen. Das Oberlandesgericht Karlsruhe hat in zweiter Instanz die Entscheidung der Vergabekammer aufgehoben und nicht in demselben Umfang die Einhaltung datenschutzrechtlicher Vorschriften geprüft.[476] Nach dem Gericht müssen sich für eine umfassende Nachprüfung konkrete Anhaltspunkte ergeben, nach denen Zweifel an der Einhaltung des Datenschutzrechts bestehen.[477] Die Entscheidungen zeigen beispielhaft, aber prägnant, wie vielfältig die Prüfungen einer Rechtsverletzung im Vergabenachprüfungsverfahren ausfallen können.

---

462 VK Baden-Württemberg, Beschl. v. 13.07.2022, 1 VK 23/22; einschränkender in zweiter Instanz OLG Karlsruhe, Beschl. v. 07.09.2022, 15 Verg 8/22.

463 OLG Düsseldorf, Beschl. v. 23.03.2022, 15 W 14/21, GRUR 2022, 710-717; Beschl. v. 01.12.2015, VII-Verg 20/15; Beschl. v. 21.02.2005, VII-Verg 9/04, NJOZ 2005, 2672-2689.

464 OLG Düsseldorf, Beschl. v. 09.11.2011, VII-Verg 35/11, NZBau 2012, 252-255.

465 OLG Düsseldorf, Beschl. v. 28.01.2015, VII-Verg 31/14, NZBau 2015, 503-506.

466 VK Leipzig, Beschl. v. 01.08.2019, 1/SVK/021-19; VK Thüringen, Beschl. v. 15.01.2018, 250-4003-9213/2017-E-022-EF.

467 OLG Düsseldorf, Beschl. v. 13.08.2008, Verg 42/07; a. A.: OVG NRW, Beschl. v. 01.04.2008, 15 B 122/08, NVwZ 2008, 1031-1037.

468 OLG Düsseldorf, Beschl. v. 01.08.2012, Verg 105/11, ZfBR 2012, 826-830; Beschl. v. 09.11.2011, VII-Verg 35/11, NZBau 2012, 252-255.

469 VK Düsseldorf, Beschl. v. 18.04.2002, VK - 5/2002.

470 VK Schleswig-Holstein, Beschl. v. 28.04.2006, VK-SH 5/06.

471 VK Köln, Beschl. v. 04.01.2019, VK K 34/18-L.

472 VK Baden-Württemberg, Beschl. v. 13.07.2022, 1 VK 23/22, Rn. 48ff.

473 VK Baden-Württemberg, Beschl. v. 13.07.2022, 1 VK 23/22, Rn. 48ff.

474 VK Baden-Württemberg, Beschl. v. 13.07.2022, 1 VK 23/22, Rn. 48ff.

475 VK Baden-Württemberg, Beschl. v. 13.07.2022, 1 VK 23/22, Rn. 53f.

476 OLG Karlsruhe, Beschl. v. 07.09.2022, 15 Verg 8/22.

477 OLG Karlsruhe, Beschl. v. 07.09.2022, 15 Verg 8/22.

1. Allgemeine Begriffsbestimmung Rechtsverletzung

Eine Rechtsverletzung ist eine „einzelne Verletzung geltenden Rechts".[478] Jeder Verstoß gegen geltendes Recht kann prinzipiell als Rechtsverletzung subsumiert werden. Der Verstoß kann sich auf objektive und subjektive Rechte beziehen, wobei nur eine objektive Rechtsverletzung – etwa eine rechtswidrige Maßnahme einer staatlichen Stelle – eine subjektive Rechtsverletzung auslösen kann.

In der vergaberechtlichen Literatur und Rechtsprechung wird darauf verwiesen, es gehe in § 168 GWB um eine „Verletzung in Vergabeverfahrensrechten"[479] oder „Rechtsverletzung in Bezug auf vergaberechtlich zu beachtende Normen"[480]. Was darunter im Einzelnen zu verstehen ist, wird nicht vertieft begründet. Eine simple Begriffsbestimmung reicht allein nicht aus, um die Frage zu konkretisieren, um welche Verstöße es in § 168 Abs. 1 S. 1 Hs. 1 GWB geht.

2. Die Bedeutung des § 168 Abs. 1 GWB

Die Vergabekammern könnten im Vergabenachprüfungsverfahren nur vergaberechtsrelevante, subjektive Rechtsverletzungen prüfen.

a) Wortlaut

Dem Wortlaut ist eine Beschränkung zu entnehmen, wessen Rechte die Vergabekammer zu prüfen hat. Es geht um Rechte des Antragstellers („seine" Rechte). Rechtsverstöße, die nicht die Rechte des Antragstellers verletzen, also etwa Rechtsverletzung einer anderen, unbeteiligten Person sowie objektive Rechtsverletzungen werden vom Wortlaut des § 168 Abs. 1 S. 1 Hs. 1 GWB nicht erfasst. Dem genauen Wortlaut nach geht es um die Frage, welche subjektiven Rechte im Vergabenachprüfungsverfahren geprüft und entschieden werden. Der Wortlaut des § 168 Abs. 1 S. 1 GWB ist hinsichtlich der Frage, welche subjektiven Rechtsverletzungen geprüft werden, nicht näher eingeschränkt. Der Wortlaut dieser Norm enthält ebenso wenig eine Konkretisierung. Denkbar ist daher, dass die Vergabekammern ausgehend vom Wortlaut der Vorschrift Verstöße gegen sämtliche subjektive Rechte prüfen, insbesondere auch solche, die außerhalb des Vergaberechts verortet sind.

b) Unionsrechtliche Intention

Entgegen dem offenen Wortlaut kann § 168 Abs. 1 S. 1 Hs. 1 GWB unter Beachtung des Unionsrechts dahingehend verstanden werden, dass ausschließlich subjektive Rechtsverletzungen geprüft werden, die aus dem Vergaberecht resultieren. Dann muss sich aus den Rechtsmittelrichtlinien zum Vergabenachprüfungsverfahren[481] ergeben, dass der Unionsrichtliniengeber davon ausgegangen ist, dass die Vergabekammern nur vergaberechtliche Verletzungen der rechtssuchenden Bieter und nicht darüber hinaus sämtliche denkbaren

478 So die Bedeutung der Dudenredaktion, in: Duden – Das Herkunftswörterbuch, Etymologie der deutschen Sprache.

479 OLG Schleswig-Hollstein, Beschl. v. 28.10.2021, 54 Verg 5/21, NZBau 2022, 114-127 Rn. 316; *Dreher*, in: Immenga/Mestmäcker, Wettbewerbsrecht, Bd. 4, § 168 GWB Rn. 18.

480 *Prell*, in: Gabriel/Mertens/Prieß/Stein, BeckOK Vergaberecht, § 168 GWB Rn. 23.

481 Die Regelungen zum Vergabenachprüfungsverfahren beruhen allein auf der RL 89/665/EWG v. 21.12.1989, geändert durch die RL 2007/66/EG, EuGH, Urt. v. 27.02.2003, Rs. C-327/00, Slg 2003, I-1877-1930 Rn. 47 – *Santex;* Urt. v. 19.06.2003, Rs. C-315/01, Slg 2003, I-6351-6411 Rn. 44 – *GAT.*

Rechtsverletzungen zu prüfen haben. Prinzipiell hat der Unionsgesetzgeber die Rechtsmittelrichtlinien zur Konkretisierung des europäischen Rechts auf effektiven Rechtsschutz zugunsten der am Vergabeverfahren beteiligten privaten Unternehmen erlassen.[482] Ableitungen zur Auslegung von § 168 Abs. 1 S. 1 Hs. 1 GWB können sich aus einzelnen Artikeln oder Erwägungsgründen der Richtlinien ergeben. So ist die Entscheidungsnorm § 168 Abs. 1 GWB insbesondere vor dem Hintergrund von Art. 1 der RL 89/665/EWG zu verstehen.[483] Aus dieser Regelung kann sich ein Rückschluss darauf ergeben, ob ausschließlich vergaberechtsrelevante Verletzungen von den Vergabekammern geprüft werden. In Art. 1 Abs. 3 RL 89/665/EWG und Art. 1 Abs. 3 der RL 2007/66/EG hat der Richtliniengeber betont, dass im Vergabenachprüfungsverfahren

> „[...] Verstöße gegen das Gemeinschaftsrecht im Bereich des öffentlichen Auftragswesens oder gegen die einzelstaatlichen Vorschriften, die dieses Recht umsetzen, nachgeprüft werden [...]".

Unter Berücksichtigung der Intention des Richtliniengebers der Union geht es im Nachprüfungsverfahren um subjektive Rechte, die aufgrund eines Verstoßes gegen das Recht des „öffentlichen Auftragswesens" begründet werden. Es existiert keine Legaldefinition, was zum öffentlichen Auftragswesen gehört.[484] Der Begriff des öffentlichen Auftragswesens wird im Unionsrecht im Zusammenhang mit Regelungen zur Vergabe und Nachprüfung von öffentlichen Aufträgen verwendet.[485] Vor diesem Hintergrund kann die Formulierung des Richtliniengebers dahingehend verstanden werden, dass im Vergabenachprüfungsverfahren Verstöße gegen Vorschriften des Kartellvergaberechts geprüft werden. Die Vorschriften des Kartellvergaberechts sind genau diejenigen, die die vergaberechtlichen Grundlagen und Verfahrensregeln für die allgemeine Auftragsvergabe regeln.[486] Unter dieser Annahme wäre die Prüfung und Entscheidung der Vergabekammer nach unionsrechtlicher Intention auf Verstöße gegen das Kartellvergaberecht begrenzt.

Offen bleibt, ob sämtliche Vorschriften des Kartellvergaberechts, also insbesondere alle Regelungen im vierten Teil des GWB sowie der speziellen Vergabeverordnungen von den Nachprüfungsinstanzen zu ihrem Prüfungsmaßstab gemacht werden. Eine Einschränkung, dass es im Vergabenachprüfungsverfahren nur um einzelne Vorschriften des EU-Vergaberechts gehen soll, lässt sich den Richtlinien 89/665/EWG und 2007/66/EG jedenfalls nicht entnehmen.

Aus dem Unionsrecht folgt mithin nur, dass diejenigen Rechtsverletzungen im Vergabenachprüfungsverfahren von den Vergabekammern überprüft werden, die aus dem Kartellvergaberecht resultieren.

---

482 *Dörr*, in: Burgi/Dreher/Opitz, Beck'scher Vergaberechtskommentar, Bd. 1, Einl. Rn. 162.

483 *Fett*, in: Säcker/Ganske/Knauff, MüKo zum Wettbewerbsrecht, Bd. 3, § 168 GWB Rn. 2.

484 *Seidel/Probst*, in: Dauses/Ludwigs, Handbuch des EU-Wirtschaftsrechts, H. IV. Öffentliches Auftragswesen Rn. 1.

485 Beispielhaft etwa Erwägungsgrund 1 oder 122 der RL 2014/24/EU des Europäischen Parlaments und des Rates v. 26.02.2014.

486 *Dörr*, in: Burgi/Dreher/Opitz, Beck'scher Vergaberechtskommentar, Bd. 1, Einl. Rn. 60-62.

c) Gesetzesbegründung und ratio legis

Nach den Erwägungen des nationalen Gesetzgebers geht es bei der Prüfung und Entscheidung über eine Rechtsverletzung i.S. von § 168 Abs. 1 S. 1 Hs. 1 GWB ebenfalls um Verletzungen des Vergaberechts. Der konkrete Umfang der vergaberechtlichen Nachprüfung lässt sich nicht allein auf Grundlage der Erwägungen des nationalen Gesetzgebers ermitteln. Die Gesetzesbegründung vom 03.12.1997[487], mit der erstmals die Richtlinie 89/665/EWG im nationalen Recht umgesetzt wurde, ist nicht präzise. Der damalige Gesetzgeber formulierte zu der ersten Fassung des § 124 Abs. 1 GWB, der schon damals den Wortlaut des heutigen § 168 Abs. 1 S. 1 GWB enthielt:

> „Ob ein festgestellter Mangel eines Vergabeverfahrens die Verletzung eines subjektiven Rechts des Bewerbers beinhaltet oder nur einen Verstoß gegen eine Ordnungsvorschrift darstellt, kann nur durch die Kammer oder das Gericht im Einzelfall entschieden werden. [...] Der Kammer wird eine weitgehende Entscheidungskompetenz eingeräumt, um [...] einerseits [...] die Belange des Bieters zu schützen, andererseits auch dem öffentlichen Interesse an einer möglichst zügigen Auftragsvergabe gerecht [...]" zu werden.[488]

Dieser Begründung lässt sich entnehmen, dass der Gesetzgeber mit der Einführung der Entscheidungsnorm von der Prüfung von *Vergabeverfahrensmängeln* ausgegangen ist. Der Formulierung nach könnte es dem Gesetzgeber um die Kontrolle von Verstößen gegen Vergabe*verfahrens*recht gegangen sein. Welche Regelungen der Gesetzgeber unter einem *Vergabeverfahrensrecht* verstanden hat, wird allerdings aus den Gesetzesmaterialien nicht deutlich. Das kann sich heute allenfalls aus den Überschriften des Gesetzes ergeben. Das erste Kapitel des vierten Teils des GWB (§§ 97 – 154) ist als Vergabeverfahren betitelt, sodass nach einer engen Betrachtung der Wortwahl des Gesetzgebers Verstöße gegen alle im ersten Kapitel niedergelegten Regelungen geprüft und entschieden werden müssen. Nicht erfasst können demnach Vorschriften sein, die das Vergaberecht, nicht aber die o. g. Verfahrensregelungen an sich betreffen. Diese Annahme findet in den Gesetzesmaterialien aber keinen Anhaltspunkt, sodass im Ergebnis offen bleibt, in welcher Breite und Tiefe Vergabeverfahrensrechte überprüft werden sollen.

Aus den nachfolgenden Gesetzesbegründungen zu § 168 Abs. 1 S. 1 GWB lässt sich ebenfalls keine Vorstellung des Gesetzgebers zum Ausmaß der einzelnen Prüfungen ermitteln. Der Gesetzgeber hat nach der Einführung der Entscheidungsnorm keine weiteren Erläuterungen zu der heute in § 168 Abs. 1 S. 1 GWB niedergelegten Regelung vorgenommen.[489]

Indessen lässt sich der Gesetzesbegründung das Ziel eines subjektiven *Vergaberechtsschutzes* und eines beschleunigten Verfahrens entnehmen. Vor diesem Hintergrund ist nicht davon auszugehen, dass gemäß § 168 Abs. 1 S. 1 Hs. 1 GWB sämtliche Rechtsverletzungen geprüft werden, die möglicherweise gar keine vergaberechtliche Bedeutung für den Schutz des Rechtssuchenden oder das öffentliche Interesse an einer zügigen Auftragsver-

487 Gesetzesbegründung zum Vergaberechtsänderungsgesetz v. 03.12.1997, BT-Drs. 13/9340, S. 19.

488 Gesetzesbegründung zum Vergaberechtsänderungsgesetz v. 03.12.1997, zu § 124 GWB, BT-Drs. 13/9340, S. 19.

489 Weder zu § 114 Abs. 1 S. 1 GWB, vgl. Gesetzesbegründung zum Entwurf eines Gesetzes zur Modernisierung des Vergaberechts v. 13.08.2008, BT-Drs. 16/10117, S. 23, noch zu § 168 GWB, vgl. Gesetzesbegründung zum Vergaberechtsmodernisierungsgesetz v. 08.10.2015, BT-Drs. 18/6281, S. 13.

gabe haben. Teilweise werden die Ziele des Gesetzgebers – effektiver Rechtsschutz des Bieters und ein öffentliches Interesse an einer möglichst zügigen Auftragsvergabe – als „Begrenzung der Entscheidungskompetenz" verstanden,[490] was der ratio legis entspricht. Zweck des § 168 Abs. 1 S. 1 Hs. 1 GWB sind der subjektive Vergaberechtsschutz des rechtssuchenden Bieters sowie die Wahrung des öffentlichen Interesses an einer zügigen Auftragsvergabe.[491] § 168 Abs. 1 S. 1 Hs. 1 GWB wird daher nicht hinreichend gedeutet, wenn heute in der vergaberechtlichen Literatur allgemein darauf hingewiesen wird, § 168 Abs. 1 GWB räume den Vergabekammern eine „Entscheidungskompetenz bei Verstößen gegen Vergabevorschriften" ein[492].

Die Vergabekammer ist keine allgemeine Kontrollinstanz, die losgelöst von der Verletzung subjektiver Rechte des Rechtssuchenden abstrakt auf die objektiven Rechtmäßigkeit des Vergabeverfahrens einwirkt.[493] Die Rechtsprechung hat sich schon früh darauf bezogen, dass es im Vergabenachprüfungsverfahren um die Durchsetzung von Ansprüche des Antragstellers gehe, die „auf Beachtung der seinen Schutz bezweckenden Vergabevorschriften" gerichtet sind.[494] Dadurch werden ausschließlich die für den Rechtssuchenden relevanten Vergaberechtsverstöße kontrolliert. Soweit dem Rechtssuchenden kein Schaden droht, besteht kein rechtfertigender Grund dafür, das Vergabeverfahren zu stoppen, sämtliche Rechtsverstöße zu prüfen und dadurch den zügigen Abschluss des Beschaffungsvorhabens zu verzögern.[495] Es geht darum, dass die vergaberechtliche Nachprüfung nicht unnötig behindert wird. § 168 Abs. 1 S. 1 GWB hat also nicht die Funktion einer durchweg vollumfänglichen Prüfung von Rechtsverstößen. Es widerspräche Sinn und Zweck des gesamten Vergabenachprüfungsverfahrens, wenn die Vergabekammern allein aufgrund der offenen Formulierung des § 168 Abs. 1 S. 1 GWB Rechtmäßigkeitskontrollen durchführen würden, die nicht dem Rechtssuchenden dienen. Festzuhalten ist, dass unter Berücksichtigung der Intention des Gesetzgebers sowie nach der Ratio legis die Nachprüfung der Vergabekammern insbesondere auf Rechtsverstöße zulasten des Rechtssuchenden beschränkt sind.

---

490 *Antweiler*, in: Burgi/Dreher/Opitz, Beck'scher Vergaberechtskommentar, Bd. 1, § 168 GWB Rn. 13.

491 *Antweiler*, in: Burgi/Dreher/Opitz, Beck'scher Vergaberechtskommentar, Bd. 1, § 168 GWB Rn. 14; Dreher, in: Immenga/Mestmäcker, Wettbewerbsrecht, Bd. 4, § 168 Rn. 6; *Reidt*, in: Reidt/Stickler/Glahs, Vergaberecht, § 168 GWB Rn. 2; *Nowak*, in: Pünder/Schellenberg, Vergaberecht, § 168 GWB Rn. 5; *Fett*, in: Säcker/Ganske/Knauff, MüKo zum Wettbewerbsrecht, Bd. 3, § 168 GWB Rn. 1; zur zügigen Auftragsvergabe siehe auch die Erläuterungen unter Ziff. B. I. 2. b) (2) (ii) (a.) des zweiten Kapitels.

492 *Dreher*, in: Immenga/Mestmäcker, Wettbewerbsrecht, Bd. 4, § 168 GWB Rn. 6.

493 *Prell*, in: Gabriel/Mertens/Prieß/Stein, BeckOK Vergaberecht, § 168 GWB Rn. 27; OLG München, Beschl. v. 05.11.2009, Verg 15/09, VergabeR 2010, 677-684 juris Rn. 58.

494 Bayerisches OLG, Beschl. v. 21.05.1999, Verg 1/99, NVwZ 1999, 1138-1142 juris Rn. 35; aus der aktuellen Rechtsprechung statt vieler nur OLG Schleswig-Holstein, Beschl. v. 28.10.2021, 54 Verg 5/21, NZBau 2022, 114-127 Rn. 316.

495 Vgl. auch OLG Düsseldorf, Beschl. v. 15.06.2010, VII-Verg 10/10, VergabeR 2011, 84-86 juris Rn. 21; Beschl. v. 14.04.2010, VII-Verg 60/09, VergabeR 2011, 78-82 juris Rn. 38; VK Münster, Beschl. v. 24.07.2020, VK 2 – 13/20 Rn. 97; ähnlich auch OLG Rostock, Beschl. v. 11.11.2021, 17 Verg 6/21, VergabeR 2022, 196-200 juris Rn. 32.

d) Systematik

§ 168 Abs. 1 S. 1 Hs. 1 GWB ist im zweiten Kapitel („Nachprüfungsverfahren") des vierten Teils des GWB verortet, das mit der Grundsatzregelung des § 155 GWB eingeleitet wird.[496] Die Vergabe öffentlicher Aufträge unterliegt der Nachprüfung durch die Vergabekammern. Darauf folgen insbesondere Normierungen zur Einleitung des Verfahrens, zum Ablauf des Verfahrens und schließlich zur Entscheidung der Nachprüfungsinstanzen. Dabei geht es im Vergabenachprüfungsverfahren nach §§ 155 ff. GWB prinzipiell um die Gewähr von Schutz vor Vergaberechtsfehlern.[497] Unternehmen wird insoweit ein Recht auf Einhaltung der Bestimmungen über das Vergabeverfahren eingeräumt.[498]

Dazu sehen § 156 Abs. 2 GWB und § 160 Abs. 2 S. 1 GWB vor, dass es im Vergabenachprüfungsverfahren um die Geltendmachung einer Verletzung in Rechten nach § 97 Abs. 6 GWB, im Speziellen um „Bestimmungen über das Vergabeverfahren" geht.[499] Nach § 156 Abs. 2 GWB können *Rechte aus § 97 Abs. 6 GWB* nur vor den Vergabekammern und Beschwerdegerichten geltend gemacht werden. Im Nachprüfungsverfahren ist nach § 160 Abs. 2 S. 1 Hs. 2 GWB jedes Unternehmen antragsbefugt, das eine Verletzung *in seinen Rechten nach § 97 Abs. 6 GWB* durch Nichtbeachtung von Vergabevorschriften geltend macht. Vor diesem Hintergrund kann auch die Entscheidungsnorm § 168 Abs. 1 GWB unter Berücksichtigung des systematischen Gesamtzusammenhangs so verstanden werden, dass die Rechtsverletzung die Geltendmachung des Anspruchs aus § 97 Abs. 6 GWB auf Einhaltung der Bestimmungen über das Vergabeverfahren verlangt.

(1) Einhaltung der Bestimmungen über das Vergabeverfahren

Nach § 97 Abs. 6 GWB haben Unternehmen einen Anspruch darauf, dass die Bestimmungen über das Vergabeverfahren eingehalten werden. Diese Regelung steht in Einklang mit der grundlegenden Vorgabe des EuGH. Danach müssen sich Bieter eines Vergabeverfahrens gegenüber dem Auftraggeber auf Vorschriften über die Koordination der Verfahren zur Vergabe öffentlicher Aufträge berufen und gegebenenfalls deren Verletzung vor nationalen Gerichten geltend machen können.[500] Mit § 97 Abs. 6 GWB wollte der nationale Gesetzgeber dieser Vorgabe des EuGH Rechnung tragen.[501] Er ist damit gleichzeitig der Rechtsschutzgarantie aus Art. 19 Abs. 4 GG nachgekommen.[502]

496 *Noch*, in: Byok/Jäger, Vergaberecht, § 155 GWB Rn. 1.

497 *Summa*, in: Heiermann/Zeiss/Summa, jurisPK-Vergaberecht, § 155 GWB Rn. 3.

498 *Dittmann*, in: Ziekow/Völlink, Vergbaberecht, Vor § 155 GWB Rn. 10.

499 Zu § 156 GWB: *Dittmann*, in: Ziekow/Völlink, Vergbaberecht, § 156 GWB Rn. 6; Zu § 160 GWB: *Dicks/Schnabel*, in: Ziekow/Völlink, Vergbaberecht, § 160 GWB Rn. 6; *Fett*, in: Säcker/Ganske/Knauff, MüKo zum Wettbewerbsrecht, Bd. 3, § 168 GWB Rn. 3.

500 EuGH, Urt. v. 11.08.1995, Rs. C-433/93, Slg. 1995, I-2303-2320 juris Rn. 19.

501 Gesetzesbegründung zum Vergaberechtsänderungsgesetz v. 03.12.1997 zu § 106 GWB a.F., BT-Drs. 13/9340, S. 14.

502 *Knauff*, in: Säcker/Ganske/Knauff, MüKo zum Wettbewerbsrecht, Bd. 3, § 97 GWB Rn. 382; *Dreher*, in: Immenga/Mestmäcker, Wettbewerbsrecht, § 97 GWB Rn. 218; *Stancke*, in: Bunte/Stancke, Kartellrecht, § 12 Vergaberecht Rn. 43.

Das Recht aus § 97 Abs. 6 GWB steht jedem *Unternehmen* zu.[503] Es werden alle wirtschaftlich tätigen Rechtsträger erfasst.[504] Gemeint ist jeder *Wirtschaftsteilnehmer*, der gemäß Art. 2 Abs. 1 Nr. 10 RL 2014/24/EU des Europäischen Parlaments und des Rates vom 26.02.2014 als „eine natürliche oder juristische Person oder öffentliche Einrichtung oder eine Gruppe solcher Personen und/oder Einrichtungen, einschließlich jedes vorübergehenden Zusammenschlusses von Unternehmen beziehungsweise der auf dem Markt die Ausführung von Bauleistungen, die Errichtung von Bauwerken, die Lieferung von Waren beziehungsweise die Erbringung von Dienstleistungen anbietet" bezeichnet wird. Für die Geltendmachung des subjektiven Rechts kommt es mithin nicht auf die formale Bewerber- oder Bietereigenschaft an.[505] Es können sich auch nur potenzielle Teilnehmer eines Vergabeverfahrens auf § 97 Abs. 6 GWB berufen.[506]

§ 97 Abs. 6 GWB ist *die Seele* des Vergaberechts, teilweise auch als Herzstück[507] oder Kernstück[508] bezeichnet, da über diese Regelung rechtswidrige Maßnahmen im Vergabeverfahren überprüft werden können. Durch § 97 Abs. 6 GWB wird das deutsche Beschaffungswesen zu einem wettbewerbsgeprägten, rechtsstaatlichen Vergaberechtssystem.[509] Diese Vorschrift hat sich insoweit „[...] als Katalysator für die Entwicklung des Vergaberechts erwiesen und belegt, dass nur durchsetzbares Recht effektives Recht ist."[510]

(2) Konnexität von § 168 Abs. 1 und § 97 Abs. 6 GWB

Die Prüfung einer Rechtsverletzung nach § 168 Abs. 1 S. 1 Hs. 1 GWB könnte die Geltendmachung eines Anspruchs aus § 97 Abs. 6 GWB voraussetzen. Dazu müsste die Formulierung „in seinen Rechten" so zu verstehen sein, dass damit Rechte i.S. von § 97 Abs. 6 GWB gemeint sind. Dafür sprechen verschiedene Gründe.

§ 97 Abs. 6 GWB ist nicht nur als Kernstück im gesamten Vergaberecht, sondern auch konkret in einzelnen Regelungen zur Zulässigkeit des Vergabenachprüfungsverfahrens fest verankert. Nach § 160 Abs. 2 S. 1 GWB setzt die Antragsbefugnis im Vergabenachprüfungsverfahren voraus, dass ein Unternehmen Interesse an dem öffentlichen Auftrag hat und eine Verletzung *in seinen Rechten nach § 97 Absatz 6 GWB* durch Nichtbeachtung von Vergabevorschriften geltend macht. Danach ist das gesamte Vergabenachprüfungsverfahren geprägt von diesem Anspruch. Mit dem Anspruch aus § 97 Abs. 6 GWB wird die Grundlage für ein Vergabenachprüfungsverfahren geschaffen.[511] Zudem stellt er eine Vo-

503 *Ziekow*, in: Ziekow/Völlink, Vergaberecht, § 97 GWB Rn. 108; *Masing*, in: Reidt/Stickler/Glahs, Vergaberecht, § 97 GWB Rn. 107; *Knauff*, in: Säcker/Ganske/Knauff, MüKo zum Wettbewerbsrecht, Bd. 3, § 97 GWB Rn. 388; *Dreher*, in: Immenga/Mestmäcker, Wettbewerbsrecht, § 97 GWB Rn. 220.

504 *Dörr*, in: Burgi/Dreher/Opitz, Beck'scher Vergaberechtskommentar, Bd. 1, § 97 Abs. 6 GWB Rn. 17; *Wagner*, in: Heuvels/Höß/Kuß/Wagner, Vergaberecht, § 97 GWB Rn. 88.

505 EuGH, Urt. v. 11.01.2005, Rs. C-26/03, NZBau 2005, 111-115 juris Rn. 40 – *Stadt Halle*.

506 *Dreher*, in: Immenga/Mestmäcker, Wettbewerbsrecht, § 97 GWB Rn. 222.

507 *Dörr*, in: Burgi/Dreher/Opitz, Beck'scher Vergaberechtskommentar, Bd. 1, § 97 Abs. 6 GWB Rn. 2.

508 *Kau*, in: Byok/Jäger, Vergaberecht, § 97 GWB Rn. 182; *Masing*, in: Reidt/Stickler/Glahs, Vergaberecht, § 97 GWB Rn. 106.

509 Ähnlich *Dörr*, in: Burgi/Dreher/Opitz, Beck'scher Vergaberechtskommentar, Bd. 1, Einl. Rn. 15.

510 *Wagner*, in: Heuvels/Höß/Kuß/Wagner, Vergaberecht, § 97 GWB Rn. 86.

511 *Dörr*, in: Burgi/Dreher/Opitz, Beck'scher Vergaberechtskommentar, Bd. 1, § 97 Abs.6 GWB Rn. 14; unter Bezugnahme auf §§ 160 ff. GWB auch *Wagner*, in: Heuvels/Höß/Kuß/Wagner, Vergaberecht, § 97 GWB Rn. 12.

raussetzung für die Einleitung des Verfahrens nach § 160 Abs. 2 GWB dar.[512] § 97 Abs. 6 GWB eröffnet demnach die Möglichkeit, effektiven Rechtsschutz zu erhalten.[513] Durch diese Regelung werden materielle Ansprüche begründet.[514] Diese können im Vergabenachprüfungsverfahren vor den Vergabekammern und Beschwerdegerichten geltend gemacht werden.[515] § 97 Abs. 6 GWB dient also neben der Begründung materiell-rechtlicher Ansprüche dazu, diese in das Vergabenachprüfungsverfahren einzuführen. Die Vorschrift stellt insoweit das wesentliche materiell-rechtliche Pendant zu den Regelungen des Vergabenachprüfungsverfahren dar.[516]

Der Gesetzgeber hat die Vorschriften zur Zulässigkeit und Entscheidung in der Hauptsache in einen sachlichen Zusammenhang gestellt. Dabei kommt § 160 Abs. 2 GWB eine Filterfunktion sowie prozessuale Funktion zu.[517] Nach dem BGH setzt die Geltendmachung einer Rechtsverletzung im Rahmen der Zulässigkeit nach § 160 Abs. 2 GWB voraus, dass eine Verletzung der Rechte des Rechtssuchenden möglich ist.[518] Ferner ist vorausgesetzt, dass die Verletzung der Rechte schlüssig dargelegt wird.[519] Die Antragsbefugnis fehlt, wenn bei einem Rechtssuchenden offensichtlich keine Rechtsbeeinträchtigung vorliegt.[520] Zur Entscheidung nach § 168 Abs. 1 GWB gelangen daher nur solche Rechtsschutzgesuche, bei denen eine Verletzung von Rechten i.S. von § 97 Abs. 6 GWB geltend gemacht worden ist. Daran anknüpfend ist im Vergabenachprüfungsverfahren § 168 Abs. 1 S. 1 Hs. 1 GWB heranzuziehen, um die geltend gemachten Rechtsverletzungen zu prüfen. Dabei stellt die Entscheidung über eine Rechtsverletzung stets eine Rechtskontrolle und keine Zweckmäßigkeitskontrolle dar.[521] Die Darlegung einer Rechtsverletzung nach § 160 Abs. 2 GWB würde ohne entsprechende Rechtskontrolle auf Grundlage von § 168 Abs. 1 GWB keinen eigenen Sinn haben. Die Darlegung der Rechtsverletzung muss vielmehr in einer rechtlichen Prüfung münden, dessen Grundlage § 168 Abs. 1 GWB ist.

Aufgrund des sachlichen Zusammenhangs sind die Vorschriften so zu interpretieren, dass sie logisch miteinander vereinbar sind. Es ist davon auszugehen, dass der Gesetzgeber sachlich Zusammenhängendes in der Weise regeln wollte, dass der gesamte Regelungsbereich einen durchgehenden, verständlichen Sinn ergibt. Der Sinn besteht darin, im Vergabenachprüfungsverfahren zu kontrollieren, ob die Bestimmungen über das Vergabeverfahren eingehalten worden sind oder ob es durch die Nichteinhaltung zu Rechtsverletzungen gekommen ist. Dieser Sinn wird erst dann erreicht, wenn die Geltendmachung eines An-

512 *Wagner*, in: Heuvels/Höß/Kuß/Wagner, Vergaberecht, § 97 GWB Rn. 101; *Knauff*, in: Säcker/Ganske/Knauff, MüKo zum Wettbewerbsrecht, Bd. 3, § 97 GWB Rn. 383.

513 *Dörr*, in: Burgi/Dreher/Opitz, Beck'scher Vergaberechtskommentar, Bd. 1, § 97 Abs. 6 GWB Rn. 2.

514 *Knauff*, in: Säcker/Ganske/Knauff, MüKo zum Wettbewerbsrecht, Bd. 3, § 97 GWB Rn. 383.

515 *Schneevogl*, in: Heiermann/Zeiss/Summa, jurisPK-Vergaberecht, § 97 GWB Rn. 169.

516 *Masing*, in: Reidt/Stickler/Glahs, Vergaberecht, § 97 GWB Rn. 106.

517 *Steiff*, in: Heuvels/Höß/Kuß/Wagner, Vergaberecht, § 160 GWB Rn. 1f.

518 BGH, Urt. v. 10.11.2009, X ZB 8/09, NZBau 2010, 124, 126 juris Rn. 27.

519 BGH, Beschl. v. 31.01.2017, X ZB 10/16, BGHZ 214, 11-31 Rn. 12; OLG Schleswig-Holstein, Beschl. v. 28.10.2021, 54 Verg 5/21, NZBau 2022, 114-127 Rn. 267.

520 BGH, Urt. v. 10.11.2009, X ZB 8/09, NZBau 2010, 124, 126 juris Rn. 27.

521 EuGH, Urt. v. 11.12.2014, Rs. C-440/13, NVwZ 2015, 207 Rn. 44 – *Croce Amica One Italia Srl*; *Dreher*, in: Immenga/Mestmäcker, Wettbewerbsrecht, Bd. 4, § 168 GWB Rn. 18; *Reidt*, in: Reidt/Stickler/Glahs, Vergaberecht, § 168 GWB Rn. 7; *Pünder*, in: Pünder/Schellenberg, Vergaberecht, Einführung Rn. 29; *Antweiler*, in: Burgi/Dreher/Opitz, Beck'scher Vergaberechtskommentar, Bd. 1, § 168 GWB Rn. 28.

spruchs nach § 97 Abs. 6 GWB nicht nur als Teil der Zulässigkeit des Vergabenachprüfungsverfahrens vorausgesetzt wird, sondern ebenso zur Prüfung einer Rechtsverletzung i.S. von § 168 Abs. 1 GWB gehört. Auf diese Weise werden folglich auch Widersprüche im Gesetz, im Speziellen im zweiten Kapitel („Nachprüfungsverfahren") des 4. Teils des GWB vermieden. Klarheit entsteht, wenn im Rahmen der Zulässigkeit ein Anspruch aus § 97 Abs. 6 GWB erhoben wird und die Prüfung der Begründetheit diesen Anspruch aufgreift. Widersprüchlich wäre es hingegen, wenn die Zulässigkeit des Vergabenachprüfungsverfahrens an die Erhebung eines Anspruchs aus § 97 Abs. 6 GWB geknüpft wird und anschließend in der Begründetheit Rechtsverletzungen geprüft werden, die auf anderen Anspruchsgrundlagen beruhen. In diesem Fall würden der Gegenstand der Zulässigkeit und der Gegenstand der Begründetheit eines Rechtsschutzgesuchs auseinanderfallen. Es ist davon auszugehen, dass der Gesetzgeber ein einheitliches, in sich widerspruchsfreies Regelungssystem geschaffen hat bzw. schaffen wollte. Daher müssen Regelungen zur Zulässigkeit und Begründetheit einheitlich verstanden werden.

Schließlich ist davon auszugehen, dass § 97 Abs. 6 GWB als Voraussetzung der Zulässigkeit zwingend auch zur Entscheidung der Hauptsache gehört. Da der Gesetzgeber das Vergabenachprüfungsverfahren an die Geltendmachung des Anspruchs aus § 97 Abs. 6 GWB geknüpft hat, ist die Entscheidung der Vergabekammern nach § 168 Abs. 1 GWB erst Recht an den Anspruch aus § 97 Abs. 6 GWB geknüpft. Der Funktionalität und Systematik folgend muss die Anknüpfung an den Anspruch aus § 97 Abs. 6 GWB in §§ 155, 160 Abs. 2 GWB gleichfalls für die Entscheidung in der Hauptsache nach § 168 Abs. 1 GWB gelten.

Da § 160 Abs. 2 und § 168 Abs. 1 GWB unterschiedlich konkret im Hinblick auf das geltend zu machende Recht ausgestaltet sind, muss § 168 Abs. 1 GWB zur Vermeidung von Widersprüchen um die Konkretisierung mit § 97 Abs. 6 GWB ergänzt werden. Es besteht die „Notwendigkeit", dass die im Rahmen der Zulässigkeit als möglich vorgetragenen Rechtsverletzungen nach § 97 Abs. 6 GWB mit der Entscheidung nach § 168 Abs. 1 S. 1 Hs. 1 GWB tatsächlich überprüft werden.[522] Ohne eine zusammenhängende Betrachtung von § 168 Abs. 1 S. 1 Hs. 1 und § 160 Abs. 2 GWB würde die in § 160 Abs. 3 GWB vorgesehene Rügepflicht überflüssig werden.[523] So soll sich gerade über § 160 Abs. 2 in Verbindung mit § 97 Abs. 6 GWB die subjektiv-rechtliche Ausrichtung des Vergabenachprüfungsverfahrens zeigen.[524] Für die Konkretisierung des § 168 Abs. 1 GWB spricht ferner, dass die Rügepflicht aus § 160 Abs. 3 GWB keinen Sinn hätte, wenn der Vergabeverstoß zwar zur (teilweisen) Unzulässigkeit im Nachprüfungsverfahren führt, im Rahmen der Begründetheit wegen fehlender Beschränkungen in § 168 Abs. 1 GWB dennoch berücksichtigt werden kann.[525] Schließlich wird durch die Konkretisierung die Prüfung der Vergabekammern eingegrenzt und damit das Nachprüfungsverfahren beschleunigt. Zwischen § 168 Abs. 1 GWB und §§ 160 Abs. 2, 97 Abs. 6 GWB besteht also ein Regelungszusammenhang.[526]

---

522 *Reidt*, in: Reidt/Stickler/Glahs, Vergaberecht, 4. Aufl. 2018, § 168 GWB Rn. 4; *Prell*, in: Gabriel/Mertens/Prieß/Stein, BeckOK Vergaberecht, § 168 GWB Rn. 21f.

523 *Prell*, in: Gabriel/Mertens/Prieß/Stein, BeckOK Vergaberecht, § 168 GWB Rn. 21.

524 *Prell*, in: Gabriel/Mertens/Prieß/Stein, BeckOK Vergaberecht, § 168 GWB Rn. 21.

525 *Prell*, in: Gabriel/Mertens/Prieß/Stein, BeckOK Vergaberecht, § 168 GWB Rn. 21.

526 *Fett*, in: Säcker/Ganske/Knauff, MüKo zum Wettbewerbsrecht, Bd. 3, § 168 GWB Rn. 3.

Vor diesem Hintergrund ergänzt § 97 Abs. 6 GWB als wesentliche Anspruchsgrundlage im Vergaberecht die Entscheidungsnorm § 168 Abs. 1 S. 1 Hs. 1 GWB. Zutreffend wird deswegen vielfach darauf hingewiesen, dass es im Rahmen der Entscheidung der Vergabekammer nach § 168 Abs. 1 S. 1 GWB um die Prüfung geht, ob der Rechtssuchende in seinen Rechten aus § 97 Abs. 6 GWB verletzt ist.[527] Es ist festzuhalten, dass die Konkretisierung aus § 160 Abs. 2 GWB systematisch betrachtet auf § 168 Abs. 1 S. 1 GWB zu übertragen ist.

Denkbar wäre, den Vergleich von § 160 Abs. 2 und § 168 Abs. 1 GWB entgegengesetzt zu werten. Die fehlende Konkretisierung in § 168 Abs. 1 S. 1 GWB könnte bedeuten, dass es gerade nicht nur um die Verletzung von Rechten nach § 97 Abs. 6 GWB geht. Dann wären über § 97 Abs. 6 GWB hinausgehende, weitere Ansprüche von den Vergabekammern zu prüfen. Diese Wertung würde indes die maßgebende Geltung des § 97 Abs. 6 GWB im Vergabenachprüfungsverfahren missachten. Zudem würde die Zulässigkeit an strengere Voraussetzungen ohne Auswirkung auf die Begründetheit geknüpft werden. Das würde im Ergebnis zu einem inkonsequenten Rechtsschutzverfahren führen. Es wurde zwar vereinzelt in der Rechtsprechung unabhängig von der Zulässigkeit eines Nachprüfungsantrags eine umfassende Rechtmäßigkeitskontrolle angenommen, da die Nachprüfungsinstanzen bei ihrer Entscheidung nicht an die geltend gemachten Verstöße gegen vergaberechtliche Vorschriften gebunden seien.[528] Allerdings hat entsprechende Rechtsprechung in den letzten 20 Jahren keine Zustimmung gefunden. Vielmehr wurden die Anforderungen aus § 160 Abs. 2 GWB von der Rechtsprechung in die Prüfung der Begründetheit des Nachprüfungsantrags übertragen.[529]

Festzuhalten ist, dass die Geltendmachung eines Anspruchs aus § 97 Abs. 6 GWB Voraussetzung zur Prüfung einer Rechtsverletzung nach § 168 Abs. 1 S. 1 Hs. 1 GWB ist. Mit der Geltendmachung von Rechten i.S. von § 168 Abs. 1 S. 1 GWB ist also die Erhebung eines Anspruchs aus § 97 Abs. 6 GWB gemeint.[530]

(3) Subjektivität

Der Gesetzgeber hat sich mit der Regelung des § 97 Abs. 6 GWB für einen subjektiven Ansatz entschieden.[531] Mit Einführung der Vorgängerregelung (§ 106 Abs. 6 GWB a.F.) hat der Gesetzgeber ausdrücklich betont, dass es um die grundsätzliche Anerkennung subjektiver Rechte geht.[532] 2015 begründete er weiter, dass § 97 Abs. 6 GWB ein „konstitutiv

527 *Reidt*, in: Reidt/Stickler/Glahs, Vergaberecht, 4. Aufl. 2018, § 168 GWB Rn. 4; *Prell*, in: Gabriel/Mertens/Prieß/Stein, BeckOK Vergaberecht, § 168 GWB Rn. 21f.; *Antweiler*, in: Burgi/Dreher/Opitz, Beck'scher Vergaberechtskommentar, Bd. 1, § 168 GWB Rn. 28; *Nowak*, in: Pünder/Schellenberg, Vergaberecht, § 168 GWB Rn. 5; *Fett*, in: Säcker/Meier-Beck/Bien/Montag MüKo zum Wettbewerbsrecht, Bd. 3, § 168 GWB Rn. 1; Unter Bezugnahme der Vorgängerregelungen, zudem schon 1999 BayObLG, Beschl. v. 21.05.1999, Verg 1/99, NZBau 2000, 49-53, S. 50.

528 OLG Naumburg, Beschl. v. 15.03.2001, 1 Verg 11/00, NZBau 2001, 579-582 juris Rn. 40.

529 OLG Düsseldorf, Beschl. v. 15.06.2010, VII-Verg 10/10, VergabeR 2011, 84-86 juris Rn. 21; ähnlich auch OLG Rostock, Beschl. v. 11.11.2021, 17 Verg 6/21, VergabeR 2022, 196-200 juris Rn. 32.

530 *Dreher*, in: Immenga/Mestmäcker, Wettbewerbsrecht, Bd. 4, § 97 GWB Rn. 258.

531 *Knauff*, in: Säcker/Ganske/Knauff, MüKo zum Wettbewerbsrecht, Bd. 3, § 97 GWB Rn. 384.

532 Gesetzesbegründung zum Vergaberechtsänderungsgesetz v. 03.12.1997 zu § 106 Abs. 6 GWB a.F., BT-Drs. 13/9340, S. 14.

wirkendes subjektives Recht" enthält.[533] Das deckt sich mit Sinn und Zweck der Nachprüfungsrichtlinien der Union. Mit denen sollen der gerichtliche Schutz der Rechte des Bürgers auf dem Gebiet der Vergabe öffentlicher Aufträge verstärkt werden.[534] Nach den unionsrechtlichen Vorgaben waren die Mitgliedstaaten verpflichtet, ein System zu schaffen, das die Wahrung der subjektiven Rechte wirksam gewährleistet.[535] Ausgehend von dieser gesetzlichen Intention sowie dem Blickwinkel des Unionsrechts werden durch diese Regelung subjektive Rechte begründet[536]. Rechtssuchende können sich auf dieser Grundlage auf die Einhaltung verschiedener Bestimmungen berufen.[537] Der Anspruch auf Einhaltung von Bestimmungen hängt in der Regel von einer vorangegangenen rechtswidrigen Maßnahme ab. Die rechtswidrige Maßnahme kann dabei eine objektive Funktion haben, sodass die objektive Durchsetzung des Kartellvergaberechts mittelbar von § 97 Abs. 6 GWB umfasst werden kann.

Die Begründung subjektiver Rechte aus § 97 Abs. 6 GWB schließt die objektive Durchsetzung des Kartellvergaberechts nicht aus und stellt keine vergaberechtliche Besonderheit dar.[538]

Durch die subjektive Bedeutung des § 97 Abs. 6 GWB wird nicht der unionsrechtliche Äquivalenz- und Effektivitätsgrundsatz beeinträchtigt. Mit § 97 Abs. 6 GWB wird Rechtsschutz weder unmöglich gemacht noch übermäßig erschwert, da in jedem Fall Ansprüche des rechtssuchenden Unternehmens begründet werden können. Damit wird das unionsrechtliche Ziel eines wirksamen Vergabenachprüfungsverfahren erreicht.

e) Zwischenergebnis

Der offene Wortlaut des § 168 Abs. 1 S. 1 Hs. 1 GWB und fehlende konkrete Vorgaben der Union werden durch gesetzgeberische, teleologische und vor allem systematische Erwägungen überlagert. Die Prüfung einer Rechtsverletzung nach § 168 Abs. 1 S. 1 Hs. 1 GWB setzt die Geltendmachung eines Anspruchs aus § 97 Abs. 6 GWB auf Einhaltung der Bestimmungen über das Vergabeverfahren voraus. Da über § 97 Abs. 6 GWB subjektive Rechte begründet werden, haben die Vergabekammern gemäß § 168 Abs. 1 S. 1 Hs. 1, § 97 Abs. 6 GWB die Verletzung von subjektiven Rechten zu prüfen.

Die Prüfung subjektiver Rechtsverletzungen nach § 168 Abs. 1 S. 1 Hs. 1, § 97 Abs. 6 GWB ermöglicht noch keine konkrete Bestimmung der vergaberechtlichen Nachprüfung von Rechtsverletzungen im Einzelfall. Der spezielle Maßstab der Prüfung und der Entscheidung der Vergabekammern bedarf vielmehr einer weiteren Aufklärung.

---

533 Gesetzesbegründung zum Vergaberechtsmodernisierungsgesetz v. 08.10.2015, zu § 97 Abs. 6, BT-Drs. 18/6281, S. 69.

534 EuGH, Schlussanträge des Generalanwalts Tesauro v. 15.05.1997, C-54/96, Slg. 1997, I-04961 juris Rn. 44.

535 EuGH, Schlussanträge des Generalanwalts Tesauro v. 15.05.1997, C-54/96, Slg. 1997, I-04961 juris Rn. 44.

536 *Ziekow*, in: Ziekow/Völlink, Vergaberecht, § 97 GWB Rn. 108; *Kau*, in: Byok/Jäger, Vergaberecht, § 97 GWB Rn. 182; *Masing*, in: Reidt/Stickler/Glahs, Vergaberecht, § 97 GWB Rn. 106.

537 *Knauff*, in: Säcker/Ganske/Knauff, MüKo zum Wettbewerbsrecht, Bd. 3, § 97 GWB Rn. 384.

538 *Ziekow*, in: Ziekow/Völlink, Vergaberecht, § 97 GWB Rn. 107; ähnlich auch *Dreher*, in: Immenga/Mestmäcker, Wettbewerbsrecht, § 97 GWB Rn. 219.

II. Der Anspruch aus §§ 168 Abs. 1, 97 Abs. 6 GWB

Die Vergabekammern prüfen Rechtsverletzungen, die aus § 97 Abs. 6 GWB resultieren. Fraglich ist, welche *„Bestimmungen über das Vergabeverfahren"* von § 97 Abs. 6 GWB erfasst und zum Maßstab der vergaberechtlichen Nachprüfung werden.

1. Das Verständnis von „Bestimmungen über das Vergabeverfahren"

Der konkrete Inhalt von § 97 Abs. 6 GWB lässt sich spezifizieren, indem die in der Regelung enthaltenen Bezugsworte „Bestimmungen", „über" und „Vergabeverfahren" beleuchtet werden.

a) Bestimmungen

Allem voran lassen sich nach dem Wortsinn unter „Bestimmungen" insbesondere Vorschriften und Regelungen, aber auch Anordnungen oder Verfügungen verstehen.[539] Es geht um die Festsetzung von konkreten Inhalten. Auf welche Weise dies erfolgt, hat für die Ermittlung des in § 97 Abs. 6 GWB angelegten Prüfungsumfangs keine weitere Bedeutung. Insofern enthalten die zur Regelung des Vergabeverfahrens erlassenen Richtlinien der Union, also weder die RL 2014/24/EU über die öffentliche Auftragsvergabe noch die vorangegangenen RL 2004/18/EG des Europäischen Parlamentes und des Rates vom 31.03.2004 über die Koordinierung der Verfahren zur Vergabe öffentlicher Bauaufträge, Lieferaufträge und Dienstleistungsaufträge bzw. RL 93/36/EWG, RL 93/37/EWG und RL 92/50/EWG eine determinierte Begriffsbestimmung. Zudem lässt sich der Intention des Gesetzgebers weder eine Konkretisierung noch Einschränkung des Begriffs „Bestimmungen" entnehmen. In der Gesetzesbegründung von 1997 wurde lediglich betont, dass es um „vergaberechtliche Vorschriften" bzw. „Vorgaben" geht.[540]

Unter Berücksichtigung des gesamten, unionsrechtlich vorgegebenen Kartellvergaberechts sind unter Bestimmungen zum einen solche aus §§ 97 ff. GWB und zum anderen die Regelungen in den Vergabeverordnungen (VgV, VSVgV, KonzVgV, SektVO nebst Abschnitt 2 der VOB/A) zu verstehen.[541] Dafür spricht auch die Systematik und der denklogische Zusammenhang des Kartellvergaberechts, solange nicht einzelne Vorschriften ihrem Sinn und Zweck nach nicht zu den Bestimmungen i.S. von § 97 Abs. 6 GWB gehören sollen. Darüber hinaus sollen die originären Vorschriften aus den Vergaberichtlinien der Union zu den Bestimmungen i.S. von § 97 Abs. 6 GWB gehören.[542] In der vergaberechtlichen Rechtsprechung wurden schließlich den Bestimmungen i.S. von § 97 Abs. 6 GWB auch die allgemeinen Rechtsgrundsätze zugeordnet.[543]

539 So die Bedeutung der Dudenredaktion, in: Duden – Das Herkunftswörterbuch, Etymologie der deutschen Sprache.

540 Gesetzesbegründung zum Vergaberechtsänderungsgesetz v. 03.12.1997 zu § 106 Abs. 6 GWB, BT-Drs. 13/9340, S. 14.

541 OLG Düsseldorf, Beschl. v. 23.03.2022, I-15 W 14/21, NZBau 2022, 356-363 Rn. 20; Beschl. v. 03.08.2018, Verg 30/18 Rn. 42; *Dörr*, in: Burgi/Dreher/Opitz, Beck'scher Vergaberechtskommentar, Bd. 1, § 97 Abs. 6 GWB Rn. 22; ähnlich auch *Schneevogl*, in: Heiermann/Zeiss/Summa, jurisPK-Vergaberecht, § 97 GWB Rn. 173.

542 *Dörr*, in: Burgi/Dreher/Opitz, Beck'scher Vergaberechtskommentar, Bd. 1, § 97 Abs. 6 GWB Rn. 22f.; *Schneevogl*, in: Heiermann/Zeiss/Summa, jurisPK-Vergaberecht, § 97 GWB Rn. 173.

543 BGH, Beschl. v. 26.09.2006, X ZB 14/06, NZBau 2006, 800-809 juris Rn. 22f.

Darüber hinaus könnte § 97 Abs. 6 GWB im Wege der Auslegung so verstanden werden, dass nur *bieterschützende Bestimmungen* zu dem Anspruch gehören. Dann müsste § 97 Abs. 6 GWB ein Schutzzweckkriterium enthalten, nach dem die Norm gerade auch die Teilnehmer des Vergabeverfahrens vor Schäden schützen soll.

(1) Wortlaut

Der uneingeschränkte Wortlaut von § 97 Abs. 6 GWB deutet zunächst darauf hin, dass sämtliche Bestimmungen zur Rechtskontrolle der Vergabekammern herangezogen werden. Die Wortwahl des § 97 Abs. 6 GWB ist allgemein gehalten und weit gefasst. Unternehmen wird ein Anspruch auf Einhaltung von Bestimmungen über das Vergabeverfahren eingeräumt, ohne dass dieser weiter konkretisiert oder beschränkt wird. Nach dem genauen Wortlaut des § 97 Abs. 6 GWB wird nicht zwischen bieterschützenden und nichtbieterschützenden Bestimmungen differenziert. Das Kriterium des Bieterschutzes ist jedenfalls nicht Gesetz geworden.[544] Es können deswegen alle Vergabebestimmungen von diesem Anspruch erfasst sein.

(2) Unionsrechtliche Vorgaben

Nach den Nachprüfungsrichtlinien der Union, RL 89/665/EWG des Rates vom 21.12.1989, geändert durch die RL 2007/66/EG des Europäischen Parlaments und des Rates v. 11.12.2007, sollen sich Bieter auf Vorschriften berufen und deren Verletzung vor den nationalen Gerichten geltend machen können, wenn die Vorschriften vor Willkür des öffentlichen Auftraggebers schützen.[545] Aufgrund der Schutzfunkton könnte es darum gehen, dass im Vergabenachprüfungsverfahren die Verletzung von bieterschützenden Vorschriften geltend gemacht werden.

Die maßgeblichen Richtlinien der Union zur Regelung des Vergabeverfahrens[546] enthalten keine konkreten Anhaltspunkte, welche subjektiven Rechte der Richtliniengeber Rechtssuchenden einräumen wollte. Ebenso wenig enthalten die entsprechenden Erwägungsgründe konkrete Anhaltspunkte. Dies ist dem Umstand geschuldet, dass diese Richtlinien vor allem Regelungen zur Vergabe von Aufträgen aufstellen. Sie regeln nicht die Folge von Verstößen gegen diese Vorgaben.[547] In den Richtlinien der Union zur Regelung des Vergabenachprüfungsverfahrens[548] lassen sich genauso wenig Vorgaben finden, in welchem Umfang eine wirksame und rasche Nachprüfung stattfinden soll. Zur Geltendmachung von Rechten im Vergabenachprüfungsverfahren wird lediglich in Art. 1 Abs. 1 89/665/ EWG und RL 2007/66/EG erläutert, dass Verstöße wirksam nachgeprüft werden müssen. Die Art und der Umfang der Verstöße werden in diesem Artikel gar nicht beschrieben. Der Richtliniengeber der Union ist indessen davon ausgegangen, dass ein Vergabenachprüfungsverfahren nur dann stattfinden soll, wenn ein Schadenseintritt im Raum steht. Nach

544 *Dörr*, in: Burgi/Dreher/Opitz, Beck'scher Vergaberechtskommentar, Bd. 1, § 97 Abs. 6 GWB Rn. 36.

545 EuGH, Urt. v. 11.08.1995, Rs. C-433/93, Slg. 1995, I-2303-2320 juris Rn. 19; Urt. v. 20.09.1988, Rs. 31/87, Slg 1988, 4635-4664 juris Rn. 42 – *Beenties*.

546 RL 2014/24/EU des Europäischen Parlaments und des Rates vom 26.02.2014, zur Aufhebung der RL 2004/ 18/EG des Europäischen Parlaments und des Rates v. 31.03.2004.

547 Vgl. Erwägungsgrund 122 der RL 2014/24/EU des Europäischen Parlaments und des Rates v. 26.02.2014.

548 RL 89/665/EWG des Rates vom 21.12.1989, geändert durch die RL 2007/66/EG des Europäischen Parlaments und des Rates v. 11.12.2007.

Art. 1 Abs. 3 RL 89/665/EWG und RL 2007/66/EG soll das Nachprüfungsverfahren jedem zur Verfügung stehen, der *ein Interesse an einem bestimmten öffentlichen Auftrag* hat oder hatte und dem durch einen behaupteten Rechtsverstoß ein Schaden entstanden ist oder zu entstehen droht. Durch die Bezugnahme auf das Merkmal „Interesse an einem bestimmten öffentlichen Auftrag" wird zwar deutlich, dass ein subjektiver Bezug zur Vergabenachprüfung vorausgesetzt wird. Vor diesem Hintergrund kann es nicht um die Geltendmachung sämtlicher Verfahrensbestimmungen gehen.[549] Und durch die Bedingung des Schadenseintritts wird ebenfalls deutlich, dass es nicht um die Geltendmachung sämtlicher Rechte im Vergabenachprüfungsverfahren geht, sondern eben um solche, die eine unfreiwillige Einbuße an rechtlich geschützten Interessen des Rechtssuchenden begründen. Gleichwohl kann in diese Formulierungen kein Bieterschutz als Merkmal einer geltend zu machenden Norm hinein interpretiert werden. Es kann daraus nicht geschlossen werden, dass der Richtliniengeber davon ausgegangen ist, dass die Vorschrift, auf die sich ein Rechtssuchender unter Hinweis auf einen Schadenseintritt beruft, nur eine solche sein kann, die dem Schutz des Rechtssuchenden dient oder diesen bezweckt. Denkbar ist insofern auch, dass ein Schaden auf Grundlage einer Verletzung eines Rechts begründet wird, das primär dem Schutz Dritter oder der Allgemeinheit dient. Der Richtliniengeber hat demnach das Vergabenachprüfungsverfahren maßgeblich unter die Voraussetzung gestellt, dass Verstöße gegen Vorschriften des öffentlichen Auftragswesen geprüft werden, die einen potentiellen Auftragnehmer betreffen. Aus den Richtlinien lässt sich also insgesamt kein Rückschluss ziehen, welche Vorgaben in welchem Umfang unter Bestimmungen über das Vergabeverfahren im Speziellen verstanden werden.

Soweit in der Rechtsprechung des EuGH daher der Schutz des Rechtsuchenden in Bezug genommen wird, bedeutet es nicht, dass zwingend und ausschließlich bieterschützende Regelungen von § 97 Abs. 6 GWB umfasst sind.

Der uneingeschränkte Wortlaut des § 97 Abs. 6 GWB im Hinblick auf die Frage, ob nur bieterschützende subjektive Rechte einen Anspruch begründen können, steht daher im Einklang mit den unionsrechtlichen Anforderungen.[550] Wirksamer Rechtsschutz wird auch ohne die Begründung des Schutzzweckkriteriums erreicht. Eine vollumfängliche Prüfung durch die Vergabekammern ist damit sichergestellt. Alle Bestimmungen über das Vergabeverfahren können von Unternehmen geltend gemacht und Rechtsverletzungen in diesem Sinne von den Vergabekammern überprüft werden. Die Richtlinien der Union schränken die vollumfängliche Geltendmachung und Prüfung der Vorgaben zum Vergabeverfahren nämlich nicht ein.

(3) Gesetzesbegründung

Bei der Prüfung des Anspruchs soll es nach der Intention des Gesetzgebers ausdrücklich nicht nur um unionsrechtliche Vorgaben – damals noch EG-rechtliche Vorgaben – gehen.[551] Der Gesetzgeber hat sich vielmehr dazu entschieden, nicht zwischen unionsrechtli-

549 Ähnlich *Knauff*, in: Säcker/Ganske/Knauff, MüKo zum Wettbewerbsrecht, Bd. 3, § 97 GWB Rn. 398.

550 So ebenfalls *Dreher*, in: Immenga/Mestmäcker, Wettbewerbsrecht, Bd. 4, § 97 GWB Rn. 243.

551 Gesetzesbegründung zum Vergaberechtsänderungsgesetz v. 03.12.1997 zu § 106 Abs. 6 GWB, BT-Drs. 13/9340, S. 14f.

chen und innerstaatlichen Vorgaben zu unterscheiden.[552] Daraus kann geschlossen werden, dass Bestimmungen über das Vergabeverfahren nicht nur die jeweils im Kartellvergaberecht umgesetzten Richtlinienrechte nach Vorgabe der Union, sondern auch darüber hinaus gehende oder ergänzende, nationale Vorgaben Bestimmungen über das Vergabeverfahren sind. Denkbar ist demnach, dass nationale Regelungen als Bestimmungen i.S. von § 97 Abs. 6 GWB subsumiert werden, die nicht auf der Umsetzung der maßgeblichen Richtlinien beruhen – sofern diese im nationalen Recht existieren. Gleichwohl wird es dem nationalen Gesetzgeber darum gegangen sein, dass die nationalen Vorgaben jedenfalls vergaberechtliche Vorschriften sind, mithin nicht sämtliche nationalen Vorgaben zu den Bestimmungen über das Vergabeverfahren gehören. Für eine gegenteilige Auffassung fehlen in der Gesetzesbegründung Anhaltspunkte, da sie eben gerade nur von vergaberechtlichen Vorschriften spricht.

Das Merkmal des Bieterschutzes könnte sich entgegen dem Wortlaut des § 97 Abs. 6 GWB aus der Gesetzesbegründung ergeben. Der nationale Gesetzgeber ist mit der ursprünglichen Begründung des § 97 Abs. 6 GWB, mit dem erstmals und grundlegend subjektive Rechte der Teilnehmer eines Vergabeverfahrens begründet worden sind, konkret davon ausgegangen, dass es um die Geltendmachung bestimmter vergaberechtlicher Vorschriften geht, die den Schutz potentieller Auftragnehmer des öffentlichen Auftraggebers bezwecken.[553] Ausweislich der Gesetzesbegründung von 1997 zu § 106 Abs. 6 GWB a.F., sollen von dem Anspruch „vergaberechtliche Vorschriften" erfasst sein, nicht hingegen reine Ordnungsvorschriften.[554] Der nationale Gesetzgeber hat insofern eine Einschränkung formuliert. Wenngleich der Gesetzgeber das Merkmal des Bieterschutzes nicht in der gewählten Formulierung aufgenommen hat, könnte er dieser Begründung folgend von der Erforderlichkeit der Geltendmachung bieterschützender Bestimmungen ausgegangen sein. Er hat in seiner Gesetzesbegründung weiter deutlich formuliert, dass sich potentielle Auftragnehmer eines öffentlichen Auftraggebers nicht auf die Einhaltung von Vorschriften berufen können, die anderen Zwecken dienen.[555] Vereinzelt wird deswegen darauf hingewiesen, dass die fehlende Aufnahme des Bieterschutzes im Normtext des § 97 Abs. 6 GWB ein redaktionelles Versehen sein soll.[556]

Diese Annahme überzeugt nicht. Zwar können Gesetzesmaterialien nach dem BVerfG die Auslegung eines Gesetzestextes anhand des objektiven Willen des Gesetzgebers beeinflussen, jedoch nur dann, wenn die Materialen auf den objektiven Gesetzesinhalt schließen lassen.[557] Gesetzesmaterialien sind im Zweifel mit gewisser Zurückhaltung sowie nur unterstützend zu verwerten und dürfen nicht dazu verleiten, die Vorstellungen des Gesetzgebers dem objektiven Gesetzesinhalt gleichzusetzen.[558] Der Wille des Gesetzgebers muss

552 *Kau*, in: Byok/Jäger, Vergaberecht, § 97 GWB Rn. 183.
553 Gesetzesbegründung zum Vergaberechtsänderungsgesetz v. 03.12.1997 zu § 106 Abs. 6 GWB, BT-Drs. 13/9340, S. 14.
554 Gesetzesbegründung zum Vergaberechtsänderungsgesetz v. 03.12.1997 zu § 106 Abs. 6 GWB, BT-Drs. 13/9340, S. 14.
555 Gesetzesbegründung zum Vergaberechtsänderungsgesetz v. 03.12.1997 zu § 106 Abs. 6 GWB, BT-Drs. 13/9340, S. 14.
556 *Jebens*, DB 1999, 1741, 1742.
557 Statt vieler nur BVerfG, Beschl. v. 17.05.1960, 2 BvL 11/59, BVerfGE 11, 126 -136 juris Rn. 18.
558 BVerfG, Beschl. v. 17.05.1960, 2 BvL 11/59, BVerfGE 11, 126-136 juris Rn. 18.

also selbst im Gesetz einen hinreichend bestimmten Ausdruck gefunden haben.[559] Das ist aufgrund des uneingeschränkten Wortlauts des § 97 Abs. 6 GWB aber gerade nicht der Fall.[560] Der Wille des Gesetzgebers zur Deutung des § 97 Abs. 6 GWB kann deswegen nicht allein anhand der Gesetzesbegründung von 1997 ermittelt werden.

Gegen ein redaktionelles Versehen spricht, dass der Gesetzgeber auf die Aufnahme des Schutzzweckkriteriums im Normtext von § 97 Abs. 6 GWB verzichtet hat, obwohl zu diesem Merkmal im Gesetzgebungsverfahren ein Normentwurf gefertigt wurde und dazu Debatten stattgefunden haben.[561] Dem Gesetzgeber war das Schutzzweckkriterium ein Anliegen, mit dem er sich während des Gesetzgebungsverfahrens auseinandergesetzt hat. So bestimmte vor der Einführung des § 97 Abs. 6 GWB (§ 106 Abs. 6 GWB a.F.) der Referentenentwurf von 1997, dass Unternehmen einen Anspruch haben, dass öffentliche Auftraggeber die *ihren Schutz bezweckenden* Bestimmungen über das Vergabeverfahren einhalten.[562] Die Schutzzweckklausel wurde im Regierungsentwurf jedoch wieder gestrichen.[563] Aus diesem Grund haben sich die Ausschüsse des Bundesrates im Gesetzgebungsverfahren noch einmal konkret zur Aufnahme des Schutzzwecks in § 106 Abs. 6 GWB a.F. ausgesprochen:[564]

> „In Artikel 1 sind in § 106 Abs. 6 vor dem Wort „Bestimmungen" die Wörter „ihren Schutz bezweckenden" einzufügen.
>
> Begründung:
>
> Die Neufassung des § 106 Abs. 6 stellt nicht hinreichend klar heraus – nur die Gesetzesbegründung –, dass z.B. reine Ordnungsvorschriften oder Statistikpflichten des Auftraggebers, die nicht dem Schutz des Bieters dienen, nicht zu einem gerichtlichen Nachprüfungsverfahren führen sollen."[565]

Damit wurde im Gesetzgebungsverfahren ausdrücklich auf das fehlende Schutzzweckkriterium im Regierungsentwurf hingewiesen. Ob es vor diesem Hintergrund zu einem Redaktionsversehen gekommen sein soll, ist äußerst fraglich. Darüber hinaus darf der Empfehlung der Ausschüsse des Bundesrates nicht zu großes Gewicht beigemessen werden, da diese für die Ermittlung des Willen des Gesetzgebers nicht primär maßgeblich sind. Insoweit ist auf das BVerfG zu verweisen, nach dem die subjektive Vorstellung der am Gesetzgebungsverfahren beteiligten Organe nicht entscheidend ist.[566]

Davon losgelöst muss der Berücksichtigung der Gesetzesbegründung von 1997 auch entgegengehalten werden, dass der Gesetzgeber an dieser Erläuterung in den Gesetzesbegründungen zu Nachfolgeregelungen nicht festgehalten hat. Er ist zwar auch nicht ausdrücklich von dieser Begründung abgewichen, allerdings wäre aufgrund des deutlichen Unterschieds zwischen dem Normtext und seiner Begründung 1997 jedenfalls eine spätere

559 BVerfG, Beschl. v. 17.05.1960, 2 BvL 11/59, BVerfGE 11, 126-136 juris Rn. 18; *Fehling*, in: Pünder/Schellenberg, Vergaberecht, § 97 GWB Rn. 160.

560 *Fehling*, in: Pünder/Schellenberg, Vergaberecht, § 97 GWB Rn. 160.

561 Vgl. *Dreher*, in: Immenga/Mestmäcker, Wettbewerbsrecht, Bd. 4, § 97 GWB Rn. 241.

562 *Dreher*, in: Immenga/Mestmäcker, Wettbewerbsrecht, Bd. 4, § 97 GWB Rn. 216.

563 *Fehling*, in: Pünder/Schellenberg, Vergaberecht, § 97 GWB Rn. 160.

564 *Dreher*, in: Immenga/Mestmäcker, Wettbewerbsrecht, Bd. 4, § 97 GWB Rn. 216.

565 Empfehlung der Ausschüsse des Bundesrates v. 27.10.1997, BR-Drs. 646/2/97, S. 11.

566 BVerfG, Beschl. v. 15.12.1959, 1 BvL 10/55, BVerfGE 10, 234-250 juris Rn. 40.

Klarstellung im Gesetz zu erwarten gewesen. Auf die Aufnahme des Schutzzweckzusatzes in den nachfolgenden Normtexten hat der Gesetzgeber verzichtet, insbesondere auch im Rahmen der großen Vergaberechtsmodernisierung 2016. Zu diesem Zeitpunkt waren die unterschiedlichen Deutungen des § 97 Abs. 6 GWB fast zwei Jahrzehnte bekannt. Soweit der Gesetzgeber in Abweichung von seinem Normtext ein grundlegend anderes Verständnis § 97 Abs. 6 GWB zugrunde legen würde, wäre – wie bereits betont – eine Klarstellung aus Gründen der Rechtssicherheit spätestens im Rahmen der letzten gesetzlichen Vergaberechtsmodernisierung zu erwarten gewesen. Es kann deswegen davon ausgegangen werden, dass der Gesetzgeber an dem uneingeschränkten Wortlaut im Hinblick auf die Frage des Bieterschutzes festhalten wollte.

Die Gesetzesbegründung von 1997 kann schließlich nicht zur aktuellen Erläuterung des § 97 Abs. 6 GWB herangezogen werden, da der Gesetzgeber eine neue Begründung formuliert hat, die insoweit maßgeblich ist. In dieser hat er ausdrücklich und ausschließlich die konstitutive Begründung eines subjektiven Rechts auf Einhaltung der Bestimmungen des Vergabeverfahrensrecht betont.[567] Damit hat er § 97 Abs. 6 GWB den subjektiven Charakter zugesprochen, hingegen kein Schutzzweckkriterium der Bieter formuliert.[568] Die Tatsache, dass der Gesetzgeber anschließend die Empfehlung des Bundesrates nicht umgesetzt, sondern auf die Aufnahme des Schutzzweckzusatzes verzichtet hat, zeigt maßgeblich seine veränderte Intention auf. Nach hinreichender Überlegung sollte es in § 97 Abs. 6 GWB (§ 106 Abs. 6 a.F. GWB) nicht um bieterschützende Bestimmungen gehen. Zwar bleibt fraglich, weswegen der Gesetzgeber zunächst eine Formulierung entworfen hat, in der das Merkmal des Bieterschutzes deutlich formuliert wurde, um anschließend den Schutzzweckzusatz kommentarlos und ohne weitere spezielle Erläuterung dazu zu verwerfen. Letztlich und im Ergebnis entscheidend hat der Gesetzgeber aber nicht an seiner ursprünglichen Gesetzesbegründung festgehalten und durch die Wahl des Normtextes verdeutlicht, dass es im Vergabenachprüfungsverfahren nur um die Geltendmachung eines Anspruchs im Hinblick auf die Verletzung von Vorschriften des Vergabeverfahren geht. Die Streichung der Schutzzweckklausel kann insofern als gewollte Veränderung verstanden werden.[569]

Es ist deswegen nicht an der Intention des Gesetzgebers von 1997 festzuhalten. Das bieterschützende Verständnis von § 97 Abs. 6 GWB ist abzulehnen.

Darüber hinaus hat sich der Gesetzgeber schließlich nicht dazu positioniert, was unter Bestimmungen über das Vergabeverfahren im Einzelnen zu verstehen ist. So schweigt die Gesetzesbegründung von 2008[570] vollständig zu der Regelung und in der Begründung von 2015[571] werden ebenfalls keine konkreten Erläuterungen vorgenommen.

567 Gesetzesbegründung zum Vergaberechtsmodernisierungsgesetz v. 08.10.2015, BT-Drs. 18/6281, S. 69.
568 *Dreher*, in: Immenga/Mestmäcker, Wettbewerbsrecht, Bd. 4, § 97 GWB Rn. 242.
569 *Dörr*, in: Burgi/Dreher/Opitz, Beck'scher Vergaberechtskommentar, Bd. 1, § 97 GWB Rn. 36.
570 Gesetzesbegründung zum Entwurf eines Gesetzes zur Modernisierung des Vergaberechts v. 13.08.2008, BT-Drs. 16/10117.
571 Gesetzesbegründung zum Vergaberechtsmodernisierungsgesetz v. 08.10.2015, BT-Drs. 18/6281, S. 69.

(4) Systematische Erwägung

Gegen die Annahme des Bieterschutzkriteriums aus § 97 Abs. 6 GWB spricht schließlich ein Vergleich zum Normtext des § 181 S. 1 GWB. Danach kann ein Unternehmen Schadensersatz für die Kosten der Vorbereitung des Angebots oder der Teilnahme an einem Vergabeverfahren verlangen, wenn der Auftraggeber u. a. *gegen eine den Schutz von Unternehmen bezweckende Vorschrift* verstoßen hat. Diese Regelung enthält ihrem Wortlaut nach eindeutig ein Schutzzweckkriterium zugunsten der rechtssuchenden Unternehmen.[572] Der Gesetzgeber hat in seiner Gesetzesbegründung zum damaligen § 135 GWB, mit dem inhaltlich § 181 GWB erstmals als Beweisregelung formuliert wurde[573], diesen Schutzzweck beabsichtigt. Er hat betont, dass der Kläger lediglich nachweisen soll, dass gegen eine seinen Schutz bezweckende Vergabevorschrift verstoßen worden ist.[574] Im Vergleich dazu hat sich der Gesetzgeber mit der Regelung des § 97 Abs. 6 GWB durch die fehlende Normierung der Voraussetzung eines Bieterschutzes für ein weites Verständnis der Norm entschieden.[575] Es kann deswegen davon ausgegangen werden, dass die Regelungen zum Vergabenachprüfungsverfahren bewusst bieterschützend oder nicht-bieterschützend formuliert worden sind.

Ob und wie § 97 Abs. 6 GWB die Auslegung des streng gefassten § 181 GWB beeinflusst, kann an dieser Stelle offen bleiben. Für die Auslegung des § 97 Abs. 6 GWB steht aufgrund des systematischen Vergleichs zu § 181 GWB jedenfalls fest, dass der maßgebende Anspruch, als Herzstück des Vergaberechts gemeinsam mit § 168 Abs. 1 GWB[576], kein Bieterschutzkriterium enthält. Der Vergleich zu § 181 GWB bestätigt mithin das Verständnis zum fehlenden Bieterschutz in § 97 Abs. 6 GWB.

(5) Kein eingeschränkter Telos

Die Begründung eines Bieterschutzkriteriums in § 97 Abs. 6 GWB könnte sich aber aus dem Sinn und Zweck der Regelung ergeben. Dann müsste die Geltendmachung des Anspruchs aus § 97 Abs. 6 GWB im Vergabenachprüfungsverfahren das eindeutige, die anderen Auslegungskriterien überlagernde Ziel haben, dass ausschließlich bieterschützende Bestimmungen von den Vergabekammern geprüft werden.

Zweck des § 97 Abs. 6 GWB ist es, den Bietern einen Rechtsanspruch auf Einhaltung der Bestimmungen über das Vergabeverfahren zuzusprechen und damit die von den höherrangigen Anforderungen vorausgesetzte Rechtsschutzgarantie in den Regelungen des Vergaberechts festzuschreiben.[577] § 97 Abs. 6 GWB dient dazu, subjektiven Rechtsschutz zu verbessern, indem die unionsrechtlichen Vorgaben in das nationale Recht integriert wer-

572 *Dörr*, in: Burgi/Dreher/Opitz, Beck'scher Vergaberechtskommentar, Bd. 1, § 97 Abs. 6 GWB Rn. 36.

573 *Losch*, in: Ziekow/Völlink, Vergaberecht, § 181 GWB Rn. 2, *Stockmann*, in: Immenga/Mestmäcker, Wettbewerbsrecht, Bd. 4, § 181 GWB Rn. 1.

574 Gesetzesbegründung zum Vergaberechtsänderungsgesetz v. 03.12.1997 zu § 135 GWB BT-Drs. 13/9340, S. 22.

575 So andeutend auch *Dörr*, in: Burgi/Dreher/Opitz, Beck'scher Vergaberechtskommentar, Bd. 1, § 97Abs. 6 GWB Rn. 36.

576 Vgl. zum einheitlichen Verständnis auch Jebens, DB 1999, 1741, 1742.

577 *Knauff*, in: Säcker/Ganske/Knauff, MüKo zum Wettbewerbsrecht, Bd. 3, § 97 GWB Rn. 382; *Dörr*, in: Burgi/Dreher/Opitz, Beck'scher Vergaberechtskommentar, Bd. 1, § 97 Abs. 6 GWB Rn. 10.

den.[578] Dabei zielt § 97 Abs. 6 GWB auch auf den Schutz des Wettbewerbs ab.[579] Nach diesem Zweck geht es in § 97 Abs. 6 GWB nicht im Speziellen um bieterschützende Bestimmungen über das Vergabeverfahren.

Gleichwohl geht die vergaberechtliche Rechtsprechung teilweise von einem weitergehenden Zweck des § 97 Abs. 6 GWB aus. Nach dem OLG Düsseldorf ist § 97 Abs. 6 GWB teleologisch dahingehend zu reduzieren, dass kein subjektives Recht auf Einhaltung aller Vorschriften über das Vergabeverfahren besteht, vielmehr nur solche Bestimmungen einen Anspruch begründen, die gerade dem Schutz potentieller Auftragnehmer im Vergabeverfahren bezwecken.[580] Der Regelungsgehalt einzelner vergaberechtlicher Vorschriften muss nach der Auffassung des Gerichts insoweit Bieterunternehmen nicht nur schützen, sondern darf auch nicht allein dem Interesse der Allgemeinheit dienen.[581] Das Bayerische Oberlandesgericht hat 2001 betont, dass es Ziel des Vergabenachprüfungsverfahrens sei, Ansprüche eines Unternehmens auf Beachtung *der seinen Schutz bezweckenden Vergabevorschriften* durchzusetzen.[582] Weiter hat sich die vergaberechtliche Rechtsprechung darauf bezogen, dass der Anspruch eines Unternehmens im Vergabenachprüfungsverfahren nur so weit reiche, wie eine maßgebende vergaberechtliche Vorschrift gerade auch *auf den Schutz des potentiellen Auftragnehmers* abzielt.[583] Die Vergabekammer hat in ihrem Beschluss zwar vom Schutz des potentiellen „Auftraggebers" gesprochen, was jedoch unter Bezugnahme auf die Gesetzesbegründung als redaktioneller Fehler zu verstehen ist. Schließlich hat der Bundesgerichtshof 2003 unter Bezugnahme auf eine Begründung des Gesetzgebers erläutert, dass § 97 Abs. 6[584] GWB „jedenfalls solche Bestimmungen […] unterfallen, die (auch) *zum Schutz wohlberechtigter Interessen* von am Vergabeverfahren teilnehmenden oder daran interessierten Unternehmen aufgestellt worden sind."[585]

In der vergaberechtlichen Literatur sprechen sich ebenfalls Stimmen dafür aus, dass Unternehmen entgegen dem Wortlaut[586] von § 97 Abs. 6 GWB nur subjektive, auf ihren Schutz intendierte Rechte zustehen sollen.[587] Die Bestimmung müsste das rechtssuchende Unternehmen begünstigen und es ihm ermöglichen, sich auf diese Begünstigung zu berufen, um auf diese Weise einen drohenden Schaden oder Nachteil abzuwenden.[588] Auf Grundlage von § 97 Abs. 6 GWB sollen nach dieser Auffassung keine Normen als Anspruchsgrundlage im Vergabenachprüfungsverfahren herangezogen werden, die die Durchfüh-

578 OLG Brandenburg, Beschl. v. 03.08.1999, 6 Verg 1/99, NZBau 2000, 39, 42 juris Rn. 134.

579 *Dreher*, in: Immenga/Mestmäcker, Wettbewerbsrecht, Bd. 4, § 97 GWB Rn. 219.

580 OLG Düsseldorf, Beschl. v. 27.06.2018, VII-Verg 59/17, NZBau 2018, 696-703 Rn. 65; Beschl. v. 03.08.2018, Verg 30/18 Rn. 44; Beschl. v. 08.09.2004, VII-Verg 35/04, NZBau 2005, 650-652 juris Rn. 36.

581 OLG Düsseldorf, Beschl. v. 27.06.2018, VII-Verg 59/17, NZBau 2018, 696-703 Rn. 65; Beschl. v. 03.08.2018, Verg 30/18 Rn. 44.

582 BayOLG, Beschl.v. 12.12.2001, Verg 19/01 juris Rn. 25.

583 VK Bund, Beschl. v. 18.10.1999, VK 1-25/99, BeckRS 1999, 158476.

584 Der BGH nimmt Bezug auf § 97 Abs. 7 GWB a.F., der wortgleich dem heutigen § 97 Abs. 6 GWB entspricht, vgl. Gesetzesbegründung zum Vergaberechtsmodernisierungsgesetz v. 08.10.2015, BT-Drs. 18/6281, S. 69.

585 BGH, Beschl. v. 18.02.2003, X ZB 43/02, BGHZ 154, 32-46 juris Rn. 14.

586 *Ziekow*, in: Ziekow/Völlink, Vergaberecht, § 97 GWB Rn. 110a.

587 *Ziekow*, in: Ziekow/Völlink, Vergaberecht, § 97 GWB Rn. 110a; *Wagner*, in: Heuvels/Höß/Kuß/Wagner, Vergaberecht, § 97 GWB Rn. 91; *Jebens*, DB 1999, 1741, 1742.

588 *Masing*, in: Reidt/Stickler/Glahs, Vergaberecht, § 97 GWB Rn. 110.

rung öffentlicher Aufträge, nicht aber das Vergabeverfahren betreffen.[589] Dazu gehören zum Beispiel Vorschriften, die Berichtspflichten der Auftraggeber regeln.[590]

Bemerkenswerterweise wird sowohl in der vergaberechtlichen Rechtsprechung als auch in der Literatur das unionsrechtliche Verständnis aufgegriffen und betont, dass jedenfalls die Regelungen bieterschützend sind, die mindestens eine Verhaltenspflicht des öffentlichen Auftraggebers gegenüber den Bietern im Vergabeverfahren begründen.[591] Diese Annahme ist durchaus zutreffend, führt gleichwohl aber nicht zu einem grundlegend eingeschränkten Verständnis von § 97 Abs. 6 GWB. Es wird also nicht in konsequenter Weise auf den besonderen Schutzzweck der Bieter eingegangen.

Diesem einschränkenden Verständnis ist nicht zuzustimmen. Es missachtet nicht nur den konkreten Normtext. Dagegen spricht auch maßgeblich, dass die Auslegung des § 97 Abs. 6 GWB als richtlinienumsetzendes Recht durch das unionsrechtliche Verständnis geprägt ist. Das unionsrechtliche Verständnis ist nicht mit der Schutznormlehre des deutschen Rechts identisch.[592] Das Unionsrecht verlangt lediglich, dass sich ein Rechtssuchender auf ein Recht beruft, das eine hinreichend bestimmte Verhaltenspflicht vorsieht, die verletzt werden kann.[593] Da die deutsche Schutznormtheorie, die zur Begründung des Bieterschutzes herangezogen werden müsste, darüber hinaus die Begründung einer dem Einzelnen zustehenden Rechtsposition verlangt, würde die Auslegung des § 97 Abs. 6 GWB auf dieser Grundlage zu einer Einschränkung führen.[594] Rechtssuchende könnten weniger, nämlich nur bieterschützende und nicht weitergehende subjektive Rechte ohne zwingenden Bieterschutz wirksam geltend machen. Vor diesem Hintergrund sowie zur Erreichung größtmöglicher Wirksamkeit ist Zweck des § 97 Abs. 6 GWB allein die Begründung subjektiver Rechte im unionsrechtsgeprägten Vergabenachprüfungsverfahren.[595] Die Regelung zielt darauf ab, dass Unternehmen, die einen öffentlichen Auftrag erhalten wollen, einen Anspruch erhalten, mit dem sie gegen Nachteile und Missachtungen von Bestimmungen über das Vergabeverfahren vorgehen können.[596] Auf den Bieterschutz einzelner Bestimmungen kommt es dabei also nicht an. Die Annahme des Bieterschutzkriteriums erschwert zudem die Geltendmachung von Ansprüchen auf Grundlage von § 97 Abs. 6 GWB, was letztlich dem Zweck der Regelung widerspricht.[597] Zutreffend hat daher das OLG Brandenburg darauf hingewiesen, dass § 97 Abs. 6 GWB (§ 97 Abs. 7 a.F. GWB) nicht einschränkend im Sinne einer verwaltungsrechtlichen Schutznormtheorie ausgelegt werden darf.[598]

589 OLG Düsseldorf, Beschl. v. 08.09.2004, VII-Verg 35/04, NZBau 2005, 650-652 juris Rn. 36; *Wagner*, in: Heuvels/Höß/Kuß/Wagner, Vergaberecht, § 97 GWB Rn. 91; *Schneevogl*, in: Heiermann/Zeiss/Summa, jurisPK-Vergaberecht, § 97 GWB Rn. 174; *Masing*, in: Reidt/Stickler/Glahs, Vergaberecht, § 97 GWB Rn. 108.

590 *Schneevogl*, in: Heiermann/Zeiss/Summa, jurisPK-Vergaberecht, § 97 GWB Rn. 174.

591 OLG Düsseldorf, Beschl. v. 08.09.2004, VII-Verg 35/04, NZBau 2005, 650-652 juris Rn. 36; *Wagner*, in: Heuvels/Höß/Kuß/Wagner, Vergaberecht, § 97 GWB Rn. 91.

592 *Knauff*, in: Säcker/Ganske/Knauff, MüKo zum Wettbewerbsrecht, Bd. 3, § 97 GWB Rn. 400.

593 *Kau*, in Byok/Jäger, Vergaberecht, § 97 GWB Rn. 188; *Knauff*, in: Säcker/Ganske/Knauff, MüKo zum Wettbewerbsrecht, Bd. 3, § 97 GWB Rn. 400.

594 So auch *Knauff*, in: Säcker/Ganske/Knauff, MüKo zum Wettbewerbsrecht, Bd. 3, § 97 GWB Rn. 400.

595 *Dörr*, in: Burgi/Dreher/Opitz, Beck'scher Vergaberechtskommentar, Bd. 1, § 97 Abs. 6 GWB Rn. 36.

596 *Kau*, in Byok/Jäger, Vergaberecht, § 97 GWB Rn. 191.

597 *Dörr*, in: Burgi/Dreher/Opitz, Beck'scher Vergaberechtskommentar, Bd. 1, § 97 Abs. 6 GWB Rn. 36.

598 OLG Brandenburg, Beschl. v. 03.08.1999, 6 Verg 1/99, NZBau 2000, 39, 42.

b) Vergabeverfahren

Zur weiteren Ermittlung der Bedeutung von § 97 Abs. 6 GWB bedarf es einer Definition des Vergabeverfahrens. Es kann Aufschluss geben, welche Bestimmungen im Einzelnen den Prüfungsmaßstab der Vergabekammern konkretisieren.

Der Begriff des Vergabeverfahren ist teilbar, es geht um die *Vergabe* und ein *Verfahren*. Unter einer Vergabe sind Auftragsvergaben der öffentlichen Hand an private Unternehmen, der öffentliche Einkauf durch die Bundesrepublik Deutschland zu verstehen.[599] Unter einem Verfahren wird die Art und Weise der Durch- oder Ausführung von etwas verstanden.[600] Nach einer Zusammensetzung der einzelnen Begriffsverständnisse kann unter einem Vergabeverfahren die Durchführung eines Prozesses zur Auswahl des Vertragspartners eines öffentlichen Auftraggebers für einen konkreten öffentlichen Auftrag verstanden werden. Diese Begrifflichkeit ist unter Berücksichtigung der Erläuterungen des EuGH präziser zu fassen. Der Begriff Vergabeverfahren ist unter Beachtung der Auffassung des EuGH[601] einheitlich materiell zu verstehen.[602] Danach liegt ein Vergabeverfahren vor bei einem Vorgang, bei dem ein öffentlicher Auftraggeber zur Deckung seines Beschaffungsbedarfs in ein Verfahren eintritt, das mit der Vergabe eines Auftrags abgeschlossen werden soll.[603] Es beginnt mit einem internen Beschaffungsentschluss des Auftraggebers sowie einer nach außen erkennbaren Umsetzung, die über bloße Vorbereitungen hinaus geht und der Ermittlung eines Auftragnehmers dient.[604] Im Hinblick auf die Frage, um welche „Bestimmungen" es im Speziellen in § 97 Abs. 6 GWB geht, kann es daher um diejenigen Regelungen gehen, die den Prozess ab dem Beschaffungsentschluss der öffentlichen Hand bis zur Festlegung des Zuschlagdestinatärs regeln. Es sind keine einschränkenden Kriterien ersichtlich. Es geht um „[...] die Gesamtheit der Regeln und Vorschriften, die dem Staat, seinen Untergliederungen und Institutionen eine bestimmte Vorgehensweise bei der Inanspruchnahme von Leistungen oder beim Kauf von Gütern am Markt durch einen gegenseitigen entgeltlichen Vertrag vorschreiben".[605] Durch die Festlegung des substanziellen Rahmens eines Vergabeverfahrens steht fest, um welche Prozesse es im Vergabeverfahren und folglich auch im Nachprüfungsverfahren gehen kann. Dann werden dem Begriff „Vergabeverfahren" nicht nur Verfahrensregelungen im engeren Sinne zugeordnet, sondern auch solche Bestimmungen, die nur mittelbar die Verfahrensgestaltung beeinflussen.[606]

---

599 Vgl. zur grundlegenden Begrifflichkeit Vergabestatistik des Bundesministeriums für Wirtschaft und Klimaschutz, Bericht für das erste Halbjahr 2021, Stand Oktober 2022, S. 6, 10f., abrufbar unter: https://www.bmwk.de/Redaktion/DE/Publikationen/Wirtschaft/bmwk-vergabestatistik-2021.pdf?__blob=publicationFile&v=14.

600 So die Bedeutung der Dudenredaktion, in: Duden – Das Herkunftswörterbuch, Etymologie der deutschen Sprache.

601 EuGH, Urt. v. 11.01.2005, Rs. C-26/03, NZBau 2005, 111-115 – *Stadt Halle*.

602 Statt vieler etwa OLG Düsseldorf, Beschl. v. 17.07.2013, VII-Verg 10/13 juris Rn. 26; Beschl. v. 01.08.2012, VII-Verg 10/12 juris Rn. 20; *Dörr*, in: Burgi/Dreher/Opitz, Beck'scher Vergaberechtskommentar, Bd. 1, vor § 97 GWB Rn. 18.

603 BGH, Beschl. v. 01.02.2005, X ZB 27/04, NZBau 2005, 290, 291.

604 OLG Celle, Beschl. v. 30.10.2014, 13 Verg 8/14, NZBau 2014, 780-783 Rn. 24; OLG Düsseldorf, Beschl. v. 17.07.2013, VII-Verg 10/13 Rn. 26; OLG München, Beschl. v. 19.07.2012, Verg 8/12, NZBau 2012, 658, 661; OLG Schleswig, Beschl. v. 07.10.2011, 1 Verg 1/11 juris Rn. 12.

605 *Koenig/Haratsch*, NJW 2003, 2637.

606 *Fehling*, in: Pünder/Schellenberg, Vergaberecht, § 97 GWB Rn. 158.

In § 97 Abs. 6 GWB geht es also um Bestimmungen betreffend die konkrete Verfahrensregelungen sowie die Verfahrensgestaltung zur Auswahl des Vertragspartners eines öffentlichen Auftraggebers für einen konkreten öffentlichen Auftrag. Vor diesem Hintergrund prüfen die Vergabekammern Vorschriften, die diesen Bezug aufweisen im Rahmen ihrer Entscheidung nach § 168 Abs. 1 S. 1 Hs. 1, § 97 Abs. 6 GWB.

c) Präposition „über"

Die Präposition „über" setzt die Bestimmungen sowie das Vergabeverfahren in ein bestimmtes Verhältnis. Sie drückt ein Abhängigkeitsverhältnis von „Bestimmungen" und dem „Vergabeverfahren" aus. Vorausgesetzt werden kann deswegen Konnexität zwischen einem subjektiven Recht und einem Vergabeverfahren. Demnach sind jedenfalls nicht solche Bestimmungen von § 97 Abs. 6 GWB erfasst, die nicht zum Vergabeverfahren gehören, also Regelungen, die außerhalb des Vergaberechts angesiedelt sind.

d) Zwischenergebnis

Der Anspruch aus § 97 Abs. 6 GWB umfasst prinzipiell die Einhaltung *aller* Bestimmungen über das Vergabeverfahren.[607] Gemeint sind Bestimmungen, die ein subjektives Recht gewähren, ohne dabei im Einzelfall auch bieterschützend zu sein. Zu den Bestimmungen über das Vergabeverfahren i.S. von § 97 Abs. 6 GWB, deren Einhaltung die Vergabekammern im Vergabenachprüfungsverfahren kontrollieren, gehören die Vorgaben des ersten Kapitels des vierten Teils des GWB sowie ergänzend die Vorschriften in den Vergabeverordnungen, soweit diese das Verfahren zur Auswahl des Vertragspartners eines öffentlichen Auftraggebers konkret regeln. Zudem gehören dazu die originären Vorschriften aus den Vergaberichtlinien und allgemeine Rechtsgrundsätze. Die Begründung des Anspruchs setzt voraus, dass eine Vorschrift betreffend die Auswahl des Vertragspartners eines öffentlichen Auftraggebers verletzt wird. Erfasst sind nicht ausschließlich bieterschützende Rechte, da dies weder durch ein ausdrückliches noch ungeschriebenes Merkmal vorgegeben ist. Der Begriff „Bestimmungen über das Vergabeverfahren" ist deswegen prinzipiell weit auszulegen[608] und die von § 97 Abs. 6 GWB erfassten Ansprüche sind im Zweifel weit zu fassen.[609]

2. Der Umfang im Einzelnen

Die Reichweite des § 97 Abs. 6 GWB ist im Einzelnen nicht geklärt. Der BGH hat als das nach § 179 Abs. 2 GWB zuständige Gericht für Divergenzvorlagen im Vergabenachprüfungsverfahren bis heute keine eindeutige Position bezogen, wie weit § 97 Abs. 6 GWB zu verstehen ist. 2006 hat das Gericht erläutert, dass kein Anlass bestehe, abschließend die Frage zu beantworten, ob und welche das Vergabeverfahren betreffende Regeln von § 97 Abs. 6 GWB (Abs. 7 a.F.) ausgenommen sind und ob sämtliche Bestimmungen über das

607 *Dreher*, in: Immenga/Mestmäcker, Wettbewerbsrecht, Bd. 4, § 97 GWB Rn. 243; *Dörr*, in: Burgi/Dreher/Opitz, Beck'scher Vergaberechtskommentar, Bd. 1, § 97 Abs. 6 GWB Rn. 36; Kau, in: Byok/Jäger, Vergaberecht, § 97 GWB Rn. 188.

608 OLG Düsseldorf, Beschl. v. 15.06.2000, VII-Verg 6/00, NZBau 2000, 440, 442; *Wagner*, in: Heuvels/Höß/Kuß/Wagner, Vergaberecht, § 97 GWB Rn. 90; *Knauff*, in: Säcker/Ganske/Knauff, MüKo zum Wettbewerbsrecht, Bd. 3, § 97 GWB Rn. 404; *Schneevogl*, in: Heiermann/Zeiss/Summa, jurisPK-Vergaberecht, § 97 GWB Rn. 178.

609 *Ziekow*, in: Ziekow/Völlink, Vergaberecht, § 97 GWB Rn. 110a.

Vergabeverfahren – ausnahmslos – erfasst werden.[610] Im Hinblick auf das grundlegende Bedürfnis nach Rechtssicherheit, die stets zunehmende Bedeutung des Vergaberechts sowie die andauernde Divergenz der Entscheidungspraxis ist eine Klärung dieser Rechtsfragen geboten.

a) Regelungen des Vergabeverfahrensrechts

Unter Bestimmungen über das Vergabeverfahren können Regelungen des Vergabeverfahrensrechts verstanden werden. Das Vergabeverfahrensrecht umfasst prinzipiell die Vorschriften, die die Durchführung eines Prozesses zur Auswahl des Vertragspartners eines öffentlichen Auftraggebers für einen konkreten öffentlichen Auftrag nach dem vierten Teil des GWB regulieren.[611] Zu den Regelungen über das Vergabeverfahren können insofern die Vorschriften des ersten Kapitels des vierten Teils des GWB (§§ 97 – 154 GWB) gehören, da dieses Kapitel ausdrücklich als „Vergabeverfahren" betitelt ist. Die Überschrift des Kapitels deutet darauf hin, dass in dem Kapitel die Regelungen über das Vergabeverfahren niedergelegt sind. Der Systematik des Gesetzes folgend könnten dann die Vorschriften des zweiten Kapitels über das Nachprüfungsverfahren nicht zu den Bestimmungen über das Vergabeverfahren gehören.[612] Dafür spricht, dass die Geltendmachung von Ansprüchen betreffend die Verletzung von Regelungen zum Vergabenachprüfungsverfahren aus §§ 155 ff. GWB als Rechte i.S. von § 97 Abs. 6 GWB denklogisch im Verfahren vor den Vergabekammern nicht möglich ist. Mit der Einleitung des Verfahrens gemäß § 160 GWB, der nach § 160 Abs. 2 GWB die Geltendmachung einer Verletzung von Rechten nach § 97 Abs. 6 GWB voraussetzt, muss eine Rechtsbeeinträchtigung vom Rechtssuchenden vorgetragen werden.[613] Eine solche Rechtsbeeinträchtigung kann sich aber nicht auf eine Verletzung von Bestimmungen nach §§ 155 ff. GWB beziehen, da tatsächlich und zeitlich betrachtet in diesem Momentum noch gar keine Beeinträchtigung von Rechten des Vergabenachprüfungsverfahrens vorliegen kann. Verstöße gegen dieses Verfahrensrecht können erst im Laufe des Nachprüfungsverfahrens vor der Vergabekammer begründet werden, denn das Verfahrensrecht kommt erst mit der Tätigkeit der Vergabekammer zur Anwendung. Mit der Einleitung des Vergabenachprüfungsverfahrens kann daher noch kein Anspruch im Hinblick auf eine Beeinträchtigung von Rechten nach §§ 155 ff. GWB entstanden sein. Da § 97 Abs. 6 GWB Unternehmen aber ein Recht einräumt, Verstöße gegen das Vergaberecht überhaupt erst nachprüfen zu lassen[614], ist die Annahme gerechtfertigt, dass unter § 97 Abs. 6 GWB keine Rechte verstanden werden, die überhaupt erst nach der Einleitung des Verfahrens begründet werden. § 97 Abs. 6 GWB kann deswegen nur so verstanden werden, dass ein Anspruch auf Einhaltung der Bestimmungen über das Vergabeverfahren vor der Einleitung des Nachprüfungsverfahrens entstanden sein muss oder Tatsachen vorliegen, die einen Anspruch begründen lassen.

---

610 BGH, Beschl. v. 26.09.2006, X ZB 14/06, NZBau 2006, 800-809 juris Rn. 47; *Dreher*, in: Immenga/Mestmäcker, Wettbewerbsrecht, Bd. 4, § 97 GWB Rn. 248.

611 *Lampert*, in: Burgi/Dreher/Opitz, Beck'scher Vergaberechtskommentar, Bd. 1, § 121 GWB Rn. 15.

612 *Dörr*, in: Burgi/Dreher/Opitz, Beck'scher Vergaberechtskommentar, Bd. 1, § 97 Abs. 6 GWB Rn. 26.

613 *Dicks/Schnabel*, in: Ziekow/Völlink, Vergaberecht, § 160 GWB Rn. 18; *Nowak*, in: Pünder/Schellenberg, Vergaberecht, § 160 GWB Rn. 38; aus der aktuellen Rechtsprechung OLG Celle, Beschl. v. 07.07.2022, 13 Verg 4/22 Rn. 44.

614 Siehe die Erläuterungen unter Ziff. B. III. 3. dieses Kapitels.

Es ist daher festzuhalten, dass die Vergabekammern auf Grundlage von § 97 Abs. 6 GWB nicht Rechtsverstöße gegen §§ 155 – 170 GWB kontrollieren.

Zu den Bestimmungen über das Vergabeverfahren gehören in jedem Fall die Vorgaben, die das eigentliche, dem Vergabenachprüfungsverfahren vorgelagerte Verfahren regeln, und zwar sowohl die Regelungen im GWB als auch die entsprechenden Vorschriften in den Vergabeverordnungen.[615] Im GWB finden sich diese Vorschriften im ersten Kapitel des vierten Teils, Abschnitt 2, Unterabschnitt 2 unter dem Titel „Vergabeverfahren und Auftragsausführung". Es betrifft §§ 119 – 135 GWB.[616] Dort sind zum einen Regelungen enthalten, die verschiedene Verfahrensarten bestimmen, die öffentliche Auftraggeber während ihres Beschaffungsvorhabens befolgen müssen oder können. Zum anderen finden sich dort Vorgaben zur Leistungsbeschreibung, Eignung der Bieter, zu Ausschlussgründen, zum Zuschlag und zur Auftragsausführung sowie zu Auftragsänderungen, Informationspflichten, zur Kündigung und Unwirksamkeit eines öffentlichen Auftrags. Im vierten Teil des GWB sind weitere Bestimmungen des eigentlichen Verfahrensrechts vorhanden, nämlich §§ 141 – 143 Abs. 1, 146f., 151 – 154 GWB.[617] Diese Vorschriften beziehen sich auf besondere öffentliche Aufträge im Sektorenbereich, im Bereich Verteidigung und Sicherheit sowie Konzessionen.

Diese Regelungen über das Vergabeverfahren gehören ihrer Bedeutung nach zu den Bestimmungen i.S. von § 97 Abs. 6 GWB, denn ohne diese Vorgaben wäre der Ablauf eines Vergabeverfahrens sowie das sonstige Verhalten eines öffentlichen Auftraggebers im Verfahren vollkommen ungewiss. Die Durchführung eines fairen Vergabeverfahrens wäre kaum denkbar und ein Maßstab zur Überprüfung eines konkret gerügten Verfahrens nicht gegeben.

(1) Vorschriften betreffend Art und Ablauf des Verfahrens

Im Einzelnen sind die Vorschriften betreffend Art und Ablauf des Vergabeverfahrens Bestimmungen i.S. von § 97 Abs. 6 GWB, da sie maßgeblich die von öffentlichen Auftraggebern einzuhaltenden Verfahrensschritte regeln. Sie bestimmen das gesamte in § 97 Abs. 6 GWB in Bezug genommene Vergabeverfahren und sollen dadurch allem voran ein faires, rechtssicheres und eben auch nachprüfbares Verfahren schaffen.

(i) Wahl der Verfahrensart

Vergabekammern haben nach dem Vortrag des Rechtssuchenden oder aufgrund bekannter Tatsachen im Rahmen ihrer Entscheidung auf Grundlage von § 168 Abs. 1 S. 1 Hs. 1, § 97 Abs. 6 GWB zu prüfen, ob ein öffentlicher Auftraggeber gegen die Vorgaben zur Wahl der Verfahrensart aus § 119 GWB bzw. § 14 VgV verstoßen und dadurch eine Rechtsverletzung des Rechtssuchenden begründet hat. § 14 VgV konkretisiert die Zulassungsvoraussetzungen, nach denen die einzelnen Verfahrensarten jeweils angewendet werden

615 *Dörr*, in: Burgi/Dreher/Opitz, Beck'scher Vergaberechtskommentar, Bd. 1, § 97 Abs. 6 GWB Rn. 24; zu den möglichen Rechtsquellen auch *Schneevogl*, in: Heiermann/Zeiss/Summa, jurisPK-Vergaberecht, § 97 GWB Rn. 173.

616 *Dörr*, in: Burgi/Dreher/Opitz, Beck'scher Vergaberechtskommentar, Bd. 1, § 97 Abs. 6 GWB Rn. 24.

617 *Dörr*, in: Burgi/Dreher/Opitz, Beck'scher Vergaberechtskommentar, Bd. 1, § 97 Abs. 6 GWB Rn. 24.

dürfen.[618] Die Regelung begründet subjektive Rechte i.S. von § 97 Abs. 6 GWB mit der Folge, dass Unternehmen einen Anspruch darauf haben, dass öffentliche Auftraggeber Verfahren in der richtigen Vergabeart ausschreiben.[619] Diese Annahme ist nach der Bedeutung der Norm zwingend geboten. Mit der Wahl zwischen einem offenen Verfahren, nicht offenen Verfahren, Verhandlungsverfahren, wettbewerblichem Dialog oder einer Innovationspartnerschaft gemäß § 14 VgV tritt der öffentliche Auftraggeber regelmäßig in das Verfahren zur Deckung seines Beschaffungsbedarfs ein. Die Regelung setzt den verfahrensrechtlichen Rahmen, in dem sich öffentliche Auftraggeber für die Umsetzung ihres Beschaffungsbedarfes bewegen können und dürfen.[620] Die Wahl der Verfahrensart stellt demnach einen wichtigen Grundpfeiler für die Durchführung des Vergabeverfahrens dar.[621] Anschließend bestimmt die Wahl der Vergabeart maßgeblich den Ablauf des Vergabeverfahrens. Denn in § 14 Abs. 3 und 4, §§ 15 – 19 VgV werden unterschiedliche Anforderungen an die Verfahrensarten gestellt.[622] Nach der Entscheidung über die Anwendung einer Verfahrensart müssen Unternehmen diese Entscheidung der öffentlichen Auftraggeber im Vergabenachprüfungsverfahren überprüfen lassen können, damit ein ordnungsgemäßes Vergabeverfahren sichergestellt ist. Es bedarf keiner vertieften Erläuterung, dass derart maßgebende Vorschriften zu Art und Ablauf des Vergabeverfahrens Bestimmungen i.S. von § 97 abs. 6 GWB sind, deren Verletzung Vergabekammern zu überprüfen haben.

(ii) Auftragsbekanntmachung und Bereitstellung der Vergabeunterlagen

Zu den wesentlichen Vorgaben zum Vergabeverfahren gehört auch die Regelung zur Auftragsbekanntmachung in § 37 VgV. Nach Abs. 1 S. 1 teilt ein öffentlicher Auftraggeber seine Absicht, u.a. einen öffentlichen Auftrag zu vergeben, in einer Auftragsbekanntmachung mit. Ausweislich der Begründung zu der VgV werden durch die Auftragsbekanntmachung Vergabeverfahren unabhängig von der gewählten Verfahrensart in Gang gesetzt.[623] § 37 Abs. 1 VgV ist verletzt, wenn ein öffentlicher Auftraggeber eine Auftragsbekanntmachung unterlässt.[624] Diese Vorschrift ist verpflichtend für den Auftraggeber, da sie keinen Ermessensspielraum enthält, kraft dessen ein Auftraggeber über die Bekanntmachung *frei* entscheiden kann. Unternehmen können sich daher im Falle eines Unterlassens auf eine Verletzung von Bestimmungen i.S. von § 97 Abs. 6 GWB berufen.

Weiter hat der öffentliche Auftraggeber mit der Auftragsbekanntmachung gemäß § 41 Abs. 1 VgV die Vergabeunterlagen insbesondere uneingeschränkt und vollständig bereit-

618 Begründung zur Verordnung zur Modernisierung des Vergaberechts v. 20.01.2016 zu Abschnitt 2 (Verfahrensarten), BT-Drs. 18/7318, S. 156.

619 *Müller-Wrede*, in: Müller-Wrede, VgV / UVgO - Kommentar, § 14 VgV Rn. 329; *Dieckmann*, in: Dieckmann/Scharf/Wagner-Cardenal, VgV, UVgO, § 14 VgV Rn. 92; *Völlink*, in: Ziekow/Völlink, Vergaberecht, § 14 VgV Rn. 82; *Pünder*, in: Pünder/Schellenberg, Vergaberecht, § 14 VgV Rn. 1; *Markpert*, in: Heuvels/Höß/Kuß/Wagner, Vergaberecht, § 14 VgV Rn. 6; *Ortner*, in: Heiermann/Zeiss/Summa, jurisPK-Vergaberecht, § 14 VgV Rn. 8.

620 *Dabbagh*, in: Gabriel/Mertens/Prieß/Stein, BeckOK Vergaberecht, § 14 VgV Rn. 2.

621 *Dörr*, in: Burgi/Dreher/Opitz, Beck'scher Vergaberechtskommentar, Bd. 2, § 14 VgV Rn. 2.

622 *Ortner*, in: Heiermann/Zeiss/Summa, jurisPK-Vergaberecht, § 14 VgV Rn. 1f.

623 Begründung zur Verordnung zur Modernisierung des Vergaberechts v. 20.01.2016 zu § 37, BT-Drs. 18/7318, S. 176.

624 *Völlink*, in: Ziekow/Völlink, Vergaberecht, § 37 VgV Rn. 17; *Krohn*, in: Burgi/Dreher/Opitz, Beck'scher Vergaberechtskommentar, Bd. 2, § 37 VgV Rn. 18; *Müller-Wrede*, in: Müller-Wrede, VgV / UVgO-Kommentar, § 37 VgV Rn. 277.

zustellen. Die Regelung gehört zu den Bestimmungen über das Vergabeverfahren i.S. von § 97 Abs. 6 GWB.[625] Ein Verstoß dagegen kann deswegen einen Anspruch i.S. von § 97 Abs. 6 GWB begründen, insbesondere wenn keine Ausnahme nach § 41 Abs. 2 VgV einschlägig ist.[626] Ein Verstoß liegt nicht nur dann vor, wenn die Vergabeunterlagen gar nicht oder unvollständig zur Verfügung gestellt werden. Ein Verstoß liegt auch dann vor, wenn die für den Abruf angegebene Internetadresse nicht erreichbar und deswegen die Unterlagen nicht abrufbar sind.[627]

(iii) Begrenzung der Anzahl der Bewerber

In der Auftragsbekanntmachung können öffentliche Auftraggeber nach ihrem Ermessen auch die Anzahl der Bewerber, mit denen das Vergabeverfahren geführt werden soll, begrenzen.[628] Gemäß § 51 Abs. 1 S. 1 VgV gilt dies, mit Ausnahme im offenen Verfahren, nur dann, wenn genügend geeignete Bewerber zur Verfügung stehen. Soweit ein öffentlicher Auftraggeber eine ermessensfehlerhafte Entscheidung über die Begrenzung der Bewerber trifft, zum Beispiel indem er unter Missachtung der Grenzen seines Ermessens und entgegen § 51 Abs. 2 VgV die Anzahl der Bewerber auf zwei Teilnehmer reduziert, kann sich ein Unternehmen auf eine Verletzung von Bestimmungen i.S. von § 97 Abs. 6 GWB berufen. Die Vergabekammern haben insoweit die Ermessensentscheidung des öffentlichen Auftraggebers daraufhin zu kontrollieren, ob dieser den von § 51 Abs. 1 VgV vorgegebenen Rahmen eingehalten hat. Insoweit schützt § 51 VgV Bewerber vor unzulässigen Beschränkungen.[629] Denkbar ist indessen auch, dass ein öffentlicher Auftraggeber gegen § 51 Abs. 1 VgV verstößt, indem er unzulässige Kriterien festlegt, auf deren Grundlage der Bewerber zur Abgabe eines Angebots aufgefordert werden sollen. Nach dem ausdrücklichen Wortlaut dürfen Begrenzungen nur im Hinblick auf die Auswahl geeigneter Bewerber erfolgen. Die für die Auswahl maßgebenden Kriterien müssen gemäß § 51 Abs. 1 S. 2 VgV objektiv und nichtdiskriminierend sein. Auch die Einhaltung dieser gesetzlichen Vorgabe kann von den Vergabekammern kontrolliert werden. Gegen diese Vorgaben wird zum Beispiel verstoßen, wenn kleine und mittelständische Unternehmen benachteiligt werden, ohne dass es für die Beschaffung nötig wäre.[630] Werden unzulässige, diskriminierende Kriterien aufgestellt, kann ein prinzipiell geeignetes Unternehmen nicht am Vergabeverfahren teilnehmen. Dadurch kann ein faktischer Ausschluss begründet werden, was von den Vergabekammern zu überprüfen ist.

(iv) Aufhebung des Vergabeverfahrens

Hebt ein öffentlicher Auftraggeber gemäß § 63 Abs. 1 VgV ein Vergabeverfahren ganz oder teilweise auf, können sich Bieter und am Ausschreibungsverfahren interessierte Unternehmen zudem darauf berufen, dass der öffentliche Auftraggeber die Vorschriften zur

625 *Scharf*, in: Dieckmann/Scharf/Wagner-Cardenal, VgV, UVgO, § 41 VgV Rn. 63, *Schmidt*, in: Säcker/Ganske/Knauff, MüKo zum Wettbewerbsrecht, Bd. 3, § 41 VgV Rn. 26; *Müller-Wrede*, in: Müller-Wrede, VgV / UVgO-Kommentar, § 41 VgV Rn. 41.

626 *Scharf*, in: Dieckmann/Scharf/Wagner-Cardenal, VgV, UVgO, § 41 VgV Rn. 63.

627 *Scharf*, in: Dieckmann/Scharf/Wagner-Cardenal, VgV, UVgO, § 41 VgV Rn. 64.

628 *Mager*, in: Burgi/Dreher, Beck'scher Vergaberechtskommentar, Bd. 2, § 51 VgV Rn. 11; *Müller-Wrede*, in: Müller-Wrede, VgV / UVgO-Kommentar, § 51 VgV Rn. 2, 17.

629 *Goldbrunner*, in: Ziekow/Völlink, Vergaberecht, § 51 VgV Rn. 1.

630 VK München, Beschl. v. 21.03.2022, 3194.Z3-3_01-21-51 Rn. 150.

Zulässigkeit der Aufhebung einhält.[631] Die Entscheidung eines öffentlichen Auftraggebers, ein Vergabeverfahren aufzuheben, kann von den Vergabekammern überprüft werden.[632] Denn die vorzeitige Beendigung eines Vergabeverfahrens betrifft damit den grundlegenden Ablauf eines Vergabeverfahrens. Die Entscheidung wird unter tatsächlichen Gesichtspunkten während des laufenden Vergabeverfahrens getroffen und beseitigt die Zuschlagsmöglichkeiten eines Bieters. § 63 Abs. 1 VgV ist demnach ebenfalls eine Bestimmung i.S. von § 97 Abs. 6 GWB mit der Folge, dass die Vergabekammern im Vergabenachprüfungsverfahren auf Vortrag eines Rechtssuchenden einen Verstoß gegen § 63 Abs. 1 VgV zu prüfen haben.[633] Die Nachprüfung der Vergabekammern beschränkt sich indessen auf die Frage, ob dem öffentlichen Auftraggeber ein Ermessensfehler unterlaufen ist.[634] Auch wenn ein öffentlicher Auftraggeber bereits seine Entscheidung über die Aufhebung eines Vergabeverfahrens getroffen hat, können sich Unternehmen darauf berufen, dass die Aufhebung der Ausschreibung eine Rechtsverletzung begründet.[635] Dadurch wird sichergestellt, dass die Vergabekammern den vom Unions- und Verfassungsrecht vorausgesetzten umfassenden Rechtsschutz im Hinblick auf das gesamte Vergabeverfahren gewährleisten können. Der Richtliniengeber hat zwar auf Unionsebene keine Aufhebungsgründe vorgesehen.[636] Er ist gleichwohl von der Möglichkeit ausgegangen, dass ein Vergabeverfahren aufgehoben werden kann.[637] Ausweislich Art. 55 Abs. 1 RL 2014/24/EU sollen öffentliche Auftraggeber jedem Bewerber mitteilen, wenn beschlossen wurde, auf die Vergabe eines Auftrags zu verzichten. Weiter differenziert der für das Vergabenachprüfungsverfahren maßgebliche Art. 1 Abs. 1 RL 89/665/EWG nicht, welche Entscheidungen der Vergabebehörden auf Verstöße nachgeprüft werden können. Entscheidend für die Einleitung eines Vergabenachprüfungsverfahrens ist deswegen allein, ob die angegriffene Entscheidung eines öffentlichen Auftraggebers unter die Regelungen des Unionsrechts im Bereich des öffentlichen Auftragswesens fällt.[638] Das trifft auf eine Aufhebungsentscheidung auf Grundlage von § 63 Abs. 1 VgV zu, da die nationale Regelung systematisch in den Bestimmungen zum Vergabeverfahrensrecht aufgenommen ist.

§ 63 Abs. 1 VgV wird auf Rüge eines Unternehmens immer von den Vergabekammern kontrolliert. Nach dem EuGH geht es bei der Überprüfung der Aufhebungsgründe nämlich nicht darum, dass die Aufhebung einer öffentlichen Ausschreibung nur in Ausnahmefällen oder bei Vorliegen schwerwiegender Gründe erfolgen dürfte.[639] Die Vergabekammern haben nach nationalem Recht zu prüfen, ob ein Aufhebungsgrund i.S. von § 63 Abs. 1 S. 1 Nr. 1 - 4 VgV vorliegt, also kein Angebot eingegangen ist, das den Bedingungen entspricht,

631 *Herrmann*, in: Ziekow/Völlink, Vergaberecht, § 63 VgV Rn. 60.

632 *Brockhoff*, in: Heuvels/Höß/Kuß/Wagner, Vergaberecht, § 63 VgV Rn. 81; *Hofmann*, in: Heiermann/Zeiss/Summa, jurisPK-Vergaberecht, § 63 VgV Rn. 87.

633 *Laumann*, in: Dieckmann/Scharf/Wagner-Cardenal, VgV, UVgO, § 63 VgV Rn. 45.

634 *Brockhoff*, in: Heuvels/Höß/Kuß/Wagner, Vergaberecht, § 63 VgV Rn. 46.

635 BGH, Beschl. v. 18.02.2003, X ZB 43/02, NVwZ 2003, 1149-1151, S. 1149.

636 *Müller-Wrede*, in: Müller-Wrede, VgV/UVgO-Kommentar, § 63 VgV Rn. 5; *Hofmann*, in: Heiermann/Zeiss/Summa, jurisPK-Vergaberecht, § 63 VgV Rn. 4; *Laumann*, in: Dieckmann/Scharf/Wagner-Cardenal, VgV, UVgO, § 63 VgV Rn. 10.

637 *Brockhoff*, in: Heuvels/Höß/Kuß/Wagner, Vergaberecht, § 63 VgV Rn. 4.

638 So bereits EuGH, Urt. v. 18.06.2002, Rs. C-92/00, EuZW 2002, 497-502 juris Rn. 38 – *Hospital Ingenieure*.

639 EuGH, Urt. v. 11.12.2014, Rs. C-440/13, NVwZ 2015, 207-209 Rn. 31 – *Croce Amica One*; Urt. v. 16.09.1999, Rs. C-27/98, Slg. 1999, I-5697-5721 juris Rn. 23 – *Fracasso und Leitschutz*.

sich die Grundlage des Vergabeverfahrens wesentlich geändert hat, kein wirtschaftliches Ergebnis erzielt wurde oder andere schwerwiegende Gründe bestehen. Es gilt insofern ein strenger Maßstab.[640] Dieser geht über die Anforderungen des Unionsrechts hinaus. Der strengere nationale Maßstab steht indessen nicht im Widerspruch zu den unionsrechtlichen Vorgaben, da die § 63 VgV zugrundeliegende Richtlinie 2014/24/EU gerade keine speziellen Voraussetzungen für die Aufhebung einer Ausschreibung voraussetzt. Dem nationalen Gesetzgeber war es deswegen nicht versagt, konkrete Regelungen zur Aufhebung des Verfahrens zu formulieren.

Im Ergebnis werden Unternehmen durch die Begründung eines Anspruchs im Hinblick auf einen Verstoß gegen § 63 Abs. 1 VgV davor geschützt, dass öffentliche Auftraggeber *grundlos* ein Vergabeverfahren aufheben und dadurch den Teilnehmern des Vergabeverfahrens die Chancen auf einen öffentlichen Auftrag nehmen. Sie genießen insoweit Schutz und dürfen prinzipiell auf die Fortführung eines einmal eingeleiteten Vergabeverfahrens vertrauen.[641]

(v) Informationspflichten und Unwirksamkeit eines öffentlichen Auftrags

Schließlich sind die Vorgaben zu Informationspflichten und zur Unwirksamkeit eines öffentlichen Auftrags nach §§ 134 und 135 GWB wesentliche Bestimmung des Vergabeverfahrensrechts, auf die sich Rechtssuchende im Vergabenachprüfungsverfahren regelmäßig berufen können. Beide Vorschriften sollen dem in § 97 Abs. 6 GWB verankerten Anspruch zu seiner Durchsetzbarkeit verhelfen.[642] Nach § 134 Abs. 1 GWB haben öffentliche Auftraggeber u.a. die Bieter, deren Angebote nicht berücksichtigt werden sollen, über den Namen des Unternehmens, dessen Angebot angenommen werden soll, über die Gründe der vorgesehenen Nichtberücksichtigung ihres Angebots und über den frühesten Zeitpunkt des Vertragsschlusses unverzüglich in Textform zu informieren. Diese Regelung soll der Gefahr begegnen, dass ein Antrag auf Nachprüfung zu spät kommt und demnach effektiver Rechtsschutz nicht mehr erreicht werden kann.[643] Ratio legis ist es, Bieter im Vergabeverfahren vor einer nicht mehr angreifbaren Zuschlagsentscheidung des öffentlichen Auftraggebers zu schützen und ihm die Möglichkeit zu geben, ein Nachprüfungsverfahren einzuleiten.[644] In Ergänzung dazu bestimmt § 135 Abs. 1 Nr. 1 GWB die Unwirksamkeit eines öffentlichen Auftrags, wenn der öffentliche Auftraggeber gegen § 134 GWB verstoßen hat. Beide Vorschriften dienen dabei der Gewährleistung effektiven Rechtsschutzes.[645] § 134 GWB normiert Pflichten des Auftraggebers.[646] Auf diese können sich Rechtssuchende berufen. § 135 GWB regelt die Rechtsfolgen bei Verstößen gegen die Informati-

640 *Brockhoff*, in: Heuvels/Höß/Kuß/Wagner, Vergaberecht, § 63 VgV Rn. 34.

641 *Laumann*, in: Dieckmann/Scharf/Wagner-Cardenal, VgV, UVgO, § 63 VgV Rn. 4.

642 *Fett*, in: Säcker/Ganske/Knauff, MüKo zum Wettbewerbsrecht, Bd. 3, § 134 GWB Rn. 6.

643 Zur damaligen Regelung unter § 13 VgV a.F. BVerfG, Beschl. v. 13.06.2006, 1 BvR 1160/03, NZBau 2006, 791, 792.

644 Zur Vorgängerreglung § 101a GWB VK Bund, Beschl. v. 26.11.2013, VK 2-104/13.

645 *Mentzinis*, in: Pünder/Schellenberg, Vergaberecht, § 134 GWB Rn. 2; *Braun*, in: Ziekow/Völlink, Vergaberecht, § 134 GWB Rn. 33; § 135 GWB Rn. 1f.; *Dreher/Hoffmann*, in: Burgi/Dreher/Opitz, Beck'scher Vergaberechtskommentar, Bd. 1, § 134 GWB Rn. 4; *Fett*, in: Säcker/Ganske/Knauff, MüKo zum Wettbewerbsrecht, Bd. 3, § 134 GWB Rn. 6.

646 *Fett*, in: Säcker/Ganske/Knauff, MüKo zum Wettbewerbsrecht, Bd. 3, § 134 GWB Rn. 6.

onspflicht.[647] Die Norm bezweckt, dass ein vergaberechtswidrig erteilter öffentlicher Auftrag nachträglich einem geordneten Vergabeverfahren zugeführt und Wettbewerb wiederhergestellt werden kann.[648] Rechtssuchende Unternehmen können jedenfalls im Vergabenachprüfungsverfahren die Feststellung der Unwirksamkeit eines öffentlichen Auftrags gemäß § 135 Abs. 1 GWB geltend machen.[649] Es kann deswegen festgehalten werden, dass aufgrund der Bedeutung beider Normen diese eine wesentliche Rolle im Hinblick auf die Schaffung und Sicherung von Rechten der Bieter im Vergabeverfahren übernehmen. Um die Geltendmachung solcher Rechten im Vergabeverfahren geht es gerade in § 97 Abs. 6 GWB und letztlich der Prüfung und Entscheidung der Vergabekammern nach § 168 Abs. 1 GWB.

(2) Vorgaben zur Leistungsbeschreibung

Eine Bestimmung i.S. von § 97 Abs. 6 GWB wird verletzt, wenn der öffentliche Auftraggeber gegen die Vorgaben aus § 121 GWB verstoßen hat.[650] Nach § 121 Abs. 1 S. 1 GWB ist in der Leistungsbeschreibung der Auftragsgegenstand so eindeutig und erschöpfend wie möglich zu beschreiben, sodass die Beschreibung für alle Unternehmen im gleichen Sinne verständlich ist und die Angebote miteinander verglichen werden können. Das begründet die Verpflichtung öffentlicher Auftraggeber, die Vergabeunterlagen klar und eindeutig zu formulieren und Widersprüchlichkeiten zu vermeiden.[651] Ein Verstoß gegen diesen Grundsatz liegt zum Beispiel vor, wenn die in der Leistungsbeschreibung niedergelegten Anforderungen aufgrund ihrer Mehrdeutigkeit nicht von allen Bietern im gleichen Sinne verstanden werden können.[652] Fehlen in der Leistungsbeschreibung hinreichend genaue Angaben, ob und was in welchem Umfang ein Bieter zu leisten hat, wird § 121 Abs. 1 GBW verletzt.[653] Die Folge ist, dass sich Rechtssuchende auf die Verletzung einer Bestimmung i.S. von § 97 Abs. 6 GWB berufen können. Über § 121 GWB konkretisiert ein öffentlicher Auftraggeber nämlich entscheidend den Beschaffungsbedarf, der prägend für die gesamte Ausschreibung ist. Die Regelung ist elementarer Bestandteil des Vergabeverfahrens, das in § 97 Abs. 6 GWB in Bezug genommen wird. Vergabekammern haben demnach im Rahmen ihrer Prüfung und Entscheidung nach § 168 Abs. 1 GWB inhaltlich Leistungsbeschreibungen dahingehend zu überprüfen, ob der Beschaffungsbedarf schlüssig, lückenlos und widerspruchsfrei beschrieben ist, soweit sich der Rechtssuchende auf eine Verletzung des § 121 Abs. 1 GWB beruft oder eine solche ansonst bekannt ist.

Darüber hinaus ist eine Verletzung von Bestimmungen i.S. von § 97 Abs. 6 GWB dann gegeben, wenn gegen den Grundsatz der produktneutralen Ausschreibung verstoßen wird. Dieser prägt das Vergabeverfahren im Hinblick auf einen größtmöglichen und fairen Wettbewerb. Öffentliche Auftraggeber unterliegen im Hinblick auf die Sicherstellung eines brei-

647 *Fett*, in: Säcker/Ganske/Knauff, MüKo zum Wettbewerbsrecht, Bd. 3, § 134 GWB Rn. 7.

648 *Braun*, in: Ziekow/Völlink, Vergaberecht, § 135 GWB Rn. 1.

649 *Braun*, in: Ziekow/Völlink, Vergaberecht, § 135 GWB Rn. 5ff.; *Fett*, in: Säcker/Ganske/Knauff, MüKo zum Wettbewerbsrecht, Bd. 3, § 135 GWB Rn. 117; aus der Rechtsprechung VK Rheinland, Beschl. v. 10.07.2019, VK 19/19-L Rn. 47.

650 Beispielhaft etwa VK Westfalen, Beschl. v. 29.04.2021, VK 1 - 6/21 Rn. 89ff.

651 OLG Düsseldorf, Beschl. v. 13.12.2017, VII-Verg 19/17, NZBau, 2018, 242, 244.

652 VK Sachsen, Beschl. v. 27.02.2020, 1/SVK/044-19 Rn. 99.

653 VK Westfalen, Beschl. v. 29.04.2021, VK 1 - 6/21 Rn. 99, 102.

ten Wettbewerbs während ihres Beschaffungsvorhabens dem Gebot der produktneutralen Ausschreibung.[654] Dieser Grundsatz ergibt sich eindeutig aus den unionsrechtlichen Vorgaben. Ausweislich Art. 42 Abs. 4 RL 2014/24/EU darf nämlich ohne Rechtfertigung durch den Auftragsgegenstand nicht auf eine bestimmte Herstellung oder Herkunft oder ein besonderes Verfahren, das die von einem bestimmten Wirtschaftsteilnehmer bereitgestellten Waren oder Dienstleistungen charakterisiert, oder auf Marken, Patente, Typen, einen bestimmten Ursprung oder eine bestimmte Produktion verwiesen werden, wenn dadurch bestimmte Unternehmen oder bestimmte Waren begünstigt oder ausgeschlossen werden. Dieser Grundsatz ist auch im nationalen Recht unter § 31 Abs. 6 VgV geregelt.[655] Er stellt als wesentliche Vorgabe zur Konkretisierung des Beschaffungsbedarfs eine Bestimmung des Vergaberechts i.S. von § 97 Abs. 6 GWB dar. Verfahrensfehler, die auf einem Verstoß gegen das Gebot der produktneutralen Ausschreibung beruhen, sind also im Vergabenachprüfungsverfahren angreifbar.[656] Nach § 31 Abs. 6 VgV darf in der Leistungsbeschreibung insbesondere nicht auf eine bestimmte Produktion verwiesen werden, wenn dadurch bestimmte Unternehmen begünstigt oder ausgeschlossen werden, es sei denn, dieser Verweis ist durch den Auftragsgegenstand gerechtfertigt.[657] Ohne Rechtfertigung sind produktspezifische Verweise daher untersagt.[658] Fertigt der öffentliche Auftraggeber eine produktspezifische Leistungsbeschreibung an und kann ein potentieller Bieter auf dieser Grundlage keine Leistung anbieten, weil seine Leistungen zum Beispiel spezifische technische Anforderungen nicht erfüllen können, kann er sich im Vergabeverfahren auf einen Verstoß gegen das Gebot der produktneutralen Ausschreibung berufen. Gegen § 31 Abs. 6 VgV wird dabei nicht nur verstoßen, wenn ein konkretes Produkt vorgegeben wird, sondern auch dann, wenn durch die Vielzahl der Vorgaben verdeckt ein bestimmtes Produkt ausgeschrieben wird und nur dieses Produkt die Anforderungen der Leistungsbeschreibung erfüllen kann.[659] Dies hat zur Folge, dass Vergabekammern aus gegebenen Anlass produktspezifische, technische Beschreibung und insbesondere gewerbliche Schutzrechte im Hinblick auf ihr Bestehen, ihren Umfang und in ihren Zusammenhang zu einem konkreten Beschaffungsbedarf überprüfen müssen. Bei produktspezifischen Ausschreibungen wie zum Beispiel der Beschaffung von iOS-basierten Apple iPads muss die Vergabekammer regelmäßig prüfen, ob gemäß § 31 Abs. 6 VgV die Ausschreibung aufgrund besonderer Umstände, also aufgrund nachvollziehbarer objektiver und auftragsbezogener Gründe gerechtfertigt ist.[660] In diesen Fällen geht es also weniger um die Prüfung nichtvergaberechtlicher Produktspezifika, vielmehr um schlüssige und objektiv nachvollziehbare

---

654 OLG Brandenburg, Beschl. v. 08.07.2021, 19 Verg 2/21, NZBau 2022, 53-57 Rn. 29.

655 *Stein/Wolf*, in: Gabriel/Mertens/Prieß/Stein, BeckOK Vergaberecht, § 121 GWB Rn. 55.

656 *Trutzel/Meeßen*, in: Ziekow/Völlink, Vergaberecht, § 31 VgV Rn. 59; *Wagner-Cardenal*, in: Dieckmann/Scharf/Wagner-Cardenal, VgV, UVgO, § 31 VgV Rn. 107; aus der Rechtsprechung OLG Bayern, Beschl. v. 29.07.2022, Verg 13/21 Rn. 44ff.

657 Begründung zur Verordnung zur Modernisierung des Vergaberechts v. 20.01.2016, BT-Drs.18/7318, S. 172.

658 *Stein/Wolf*, in: Gabriel/Mertens/Prieß/Stein, BeckOK Vergaberecht, § 121 GWB Rn. 56; *Zimmermann*, in: Heiermann/Zeiss/Summa, jurisPK-Vergaberecht, § 31 VgV Rn. 64, 67; *Seebo*, in: Säcker/Ganske/Knauff, MüKo zum Wettbewerbsrecht, Bd. 3, § 31 VgV Rn. 61.

659 OLG München, Beschl. v. 26.03.2020, Verg 22/19 Rn. 66.

660 OLG Brandenburg, Beschl. v. 08.07.2021, 19 Verg 2/21, NZBau 2022, 53-57.

Gründe für die Ausschreibung einer spezifischen Leistung.[661] In der Rechtsprechung wurde insoweit vertreten, dass es weder sachfremd noch diskriminierend oder willkürlich ist, wenn ein öffentlicher Auftraggeber eine produktspezifische Leistung beschafft, die sich technisch in ein bereits vorhandenes System einfügt und dieses um gewünschte zusätzliche Funktionen erweitert.[662] Im Hinblick auf die produktspezifische Beschaffung von iOS-basierten Apple iPads konnte zum Beispiel keine Rechtsverletzung festgestellt werden, da die zu beschaffenden Tablets technisch und organisatorisch mit ihren wesentlichen vorteilhaften Funktionen in eine bestehende und bewährte Systemarchitektur integriert werden konnten und dadurch eine komplikationslose und zuverlässige Bedienbarkeit erreicht wurde.[663]

(3) Vorschriften betreffend Eignung

Die im Vergaberecht vorgesehenen Regelungen zur Prüfung der Eignung von Unternehmen im Vergabenachprüfungsverfahren sind unstreitig Vorschriften des Vergabeverfahrens. Die Eignungsprüfung dient dazu, „[…] die Unternehmen zu ermitteln, die zur Erbringung der konkret nachgefragten […] Leistung nach Fachkunde, Leistungsfähigkeit und Zuverlässigkeit generell in Betracht kommen und die unzureichend qualifizierten Bieter auszusondern."[664] Vorschriften betreffend die Eignung von Unternehmen haben große Relevanz für das Vergabeverfahren, da abhängig davon Unternehmen als Bieter im Verfahren berücksichtigt oder ausgeschlossen werden. Im Kartellvergaberecht finden sich Vorgaben zur Eignung in § 122 GWB und insbesondere für öffentliche Aufträge und die zum Nachweis der Eignung beizubringenden Belege in §§ 42, 44–46, 48–50 VgV.[665] Verstöße gegen die Anforderungen an die Eignungsprüfung oder gegen diesen Ermittlungsprozess selbst betreffen dabei regelmäßig die Bewertung einzelner Unternehmen. So wird zutreffend darauf verwiesen, dass die Eignungsprüfung eine unternehmensbezogene Überprüfung ist, ob ein Unternehmen in der Lage sein wird, einen Auftrag auszuführen.[666] Im Speziellen im Rahmen der Aussonderung vom Vergabeverfahren können öffentlichen Auftraggebern Fehler unterlaufen, die Bieter vor den Vergabekammern als Nachprüfungsinstanz überprüfen lassen können.[667] Ohne Überprüfungsmöglichkeit würden die Vorschriften zur Eignung ihre Bedeutung verlieren, da öffentliche Auftraggeber unabhängig von der Erfüllung einzelner Eignungskriterien Unternehmen zum Verfahren zulassen oder ausschließen können. Bieter können deswegen im Vergabenachprüfungsverfahren geltend machen, zu Unrecht mangels Eignung[668] oder mangels ausreichender Nachweise zur Eignung[669] vom Vergabeverfahren ausgeschlossen worden zu sein. Daneben haben die Vergabekammern auf Vortrag des Rechtssuchenden hin auch Eignungsprüfungen im Hinblick auf Mitbewer-

661 Ähnlich Trutzel/Meeßen, in: Ziekow/Völlink, Vergaberecht, § 31 VgV Rn. 61.
662 OLG Karlsruhe, Urt. v. 15.11.2013, 15 Verg 5/13, NBau 2014, 378-386 Rn 115.
663 OLG Brandenburg, Beschl. v. 08.07.2021, 19 Verg 2/21, NZBau 2022, 53-57 Rn. 28, 31.
664 BGH, Urt. v. 15.04.2008, X ZR 129/06, NZBau 2008, 505-507 juris Rn. 11.
665 *Burgi*, Vergaberecht, § 16 Rn. 2.
666 OLG Düsseldorf, Beschl. v. 06.05.2011, Verg 26/11.
667 *Opitz*, in: Burgi/Dreher/Opitz, Beck'scher Vergaberechtskommentar, Bd. 1, § 122 GWB Rn. 15.
668 KG Berlin, Beschl. v. 25.04.2022, Verg 2/22.
669 OLG Düsseldorf, Beschl. v. 08.06.2022, VII-Verg 19/22, ZfBR 2022, 600-604.

ber zu überprüfen, insbesondere ob ein öffentlicher Auftraggeber in unzulässiger Weise einen Mitbewerber als geeignet angesehen hat.[670]

(i) Überprüfung der Prognoseentscheidung

Im Hinblick auf die Einhaltung der Vorschriften zur Eignung von Unternehmen im Vergabenachprüfungsverfahren haben die Vergabekammern indessen unterschiedliche Prüfungsmaßstäbe zu beachten. Während die Aufstellung zulässiger Eignungskriterien vollumfänglich überprüft werden kann[671], können Entscheidungen über die Eignung einzelner Unternehmen nur eingeschränkt kontrolliert werden[672]. Bei der Nachprüfung der Eignung einzelner Unternehmen treffen öffentliche Auftraggeber nämlich nur eine Prognoseentscheidung[673], die auf unbestimmten Rechtsbegriffen beruht[674]. Diese Prognoseentscheidungen sind stets mit Unsicherheiten behaftet, weswegen den öffentlichen Auftraggebern hierbei ein Beurteilungsspielraum zusteht, der von Nachprüfungsinstanzen nur daraufhin überprüft werden kann, ob das vorgeschriebene Verfahren und die aufgestellten Bewertungsvorgaben eingehalten worden sind, ob der zugrunde gelegte Sachverhalt vollständig und zutreffend ermittelt worden ist sowie ob der öffentliche Auftraggeber bei seiner Entscheidung keine willkürlichen und sachwidrigen Erwägungen angestellt bzw. nicht gegen allgemeine Bewertungsgrundsätze verstoßen hat.[675] Im Vergabe-nachprüfungsverfahren wird insoweit von den Vergabekammern keine eigene Entscheidung über die Eignung eines Unternehmens getroffen, sondern nur die rechtlich und tatsächlich tragfähige Grundlage sowie Vertretbarkeit der Entscheidung des öffentlichen Auftraggebers kontrolliert.[676]

Dadurch werden die höherrangigen Anforderungen an eine effektive Rechtmäßigkeitskontrolle von den Vergabekammern eingehalten. Eine weitergehende Prüfung der Vergabekammern würde den Kontrollumfang von Art. 19 Abs. 4 GG überschreiten.

(ii) Keine Berücksichtigung ungeschriebener Eignungskriterien

Die Überprüfung der Vergabekammern zur Eignung hat sich entsprechend dem Wortlaut ausschließlich auf die Festlegung und Einhaltung der Eignungskriterien des § 122 Abs. 2 S. 2 Nr. 1 – 3 GWB, also die Befähigung und Erlaubnis zur Berufsausübung, die wirtschaftliche und finanzielle Leistungsfähigkeit sowie die technische und berufliche Leistungsfähigkeit, zu beziehen.[677] Öffentliche Auftraggeber prüfen die Eignung der Bieter i.S. von § 122 Abs. 1 GWB anhand der jeweiligen Fachkunde und Leistungsfähigkeit, wobei sie nach § 122 Abs. 2 GWB die konkreten Eignungskriterien im gesetzlich vorgegebenen Rahmen

670 VK Bund, Beschl. v. 27.08.2018, VK 2-72/18.
671 *Strauß*, in: Heiermann/Zeiss/Summa, jurisPK-Vergaberecht, § 42 VgV Rn. 32.
672 OLG München, Beschl. v. 21.04.2006, Verg 8/06, ZfBR 2006, 507-511 juris Rn. 53.
673 OLG Frankfurt, Beschl. v. 30.03.2004, 11 Verg 4/04 juris Rn. 60.
674 OLG München, Beschl. v. 21.04.2006, Verg 8/06, ZfBR 2006, 507-511 juris Rn. 53.
675 OLG Sachsen-Anhalt, Beschl. v. 22.09.2014, 2 Verg 2/13, ZfBR 2015, 204-207 Rn. 21; OLG München, Beschl. v. 21.04.2006, Verg 8/06, ZfBR 2006, 507-511 Rn. 54; OLG Frankfurt, Beschl. v. 30.03.2004, 11 Verg 4/04 Rn. 60.
676 *Strauß*, in: Heiermann/Zeiss/Summa, jurisPK-Vergaberecht, § 42 VgV Rn. 30.
677 OLG Düsseldorf, Beschl. v. 14.10.2020, VII-Verg 36/19, NZBau 2020, 732-739 Rn. 78.

festlegen.[678] Diese Konkretisierung kann von Vergabekammern überprüft werden. Soweit das Oberlandesgericht Düsseldorf in den vergangenen Jahren die Position vertreten hat, Bieter eines Vergabeverfahrens können darüber hinaus auch aus rechtlichen Gründen als nicht leistungsfähig anzusehen sein[679], hat es nunmehr seine Rechtsprechung ausdrücklich aufgehoben und darauf verwiesen, dass der Wortlaut des § 122 GWB keine weitergehende Auslegung zulässt.[680] In einem vom Oberlandesgericht Düsseldorf entschiedenen und zu andauernden Rechtsstreitigkeiten führenden Fall aus dem Jahr 2015 ging es darum, dass ein Bieter ein Erzeugnis, das Gegenstand eines Patents ist, verbotenerweise gegenüber dem öffentlichen Auftraggeber angeboten und dadurch eine Patentverletzung im Vergabeverfahren begangen hat.[681] Wegen fehlender rechtlicher Leistungsfähigkeit wurde der Bieter als ungeeignet vom Vergabeverfahren ausgeschlossen.[682] Zutreffend hatte anschließend das Oberlandesgericht München darauf verwiesen, dass sich der vom Oberlandesgericht Düsseldorf angenommene Fall zur fehlenden rechtlichen Leistungsfähigkeit nicht auf jede Fallkonstellation übertragen lasse und es entscheidend auf die einzelnen Interessenlagen und Zielsetzungen im Vergabeverfahren ankomme.[683] Darüber hinaus findet die Annahme des ungeschriebenen Eignungskriteriums der rechtlichen Leistungsfähigkeit aber auch unter Berücksichtigung der anerkannten Auslegungsregeln keinerlei Stütze. Zum einen folgt aus Art. 58 Abs. 1 UAbs. 2 RL 2014/24/EU – auf Grundlage dessen § 122 GWB sowie §§ 42 ff. VgV umgesetzt worden sind –, dass öffentliche Auftraggeber nur anhand der o.g. Eignungskriterien Wirtschaftsteilnehmer beurteilen können und in diesem Rahmen die Anforderungen auf ein zweckmäßiges Maß beschränken.[684] Darüber hinausgehende Kriterien hatte der Richtliniengeber der Union nicht vorgesehen. Zum anderen hat auch der nationale Gesetzgeber mit der Einführung des heutigen § 122 GWB ausdrücklich betont, dass die drei in Art. 58 RL 2014/24/EU sowie § 122 Abs. 2 GWB umgesetzten Kategorien der Eignung – erstens Befähigung und Erlaubnis zur Berufsausübung, zweitens wirtschaftliche und finanzielle Leistungsfähigkeit, drittens technische und berufliche Leistungsfähigkeit – abschließend geregelt sind.[685] Alle Eignungskriterien, die öffentliche Auftraggeber an die bietenden Unternehmen stellen, müssen einer dieser drei Kategorien zugeordnet werden.[686] Dieses Verständnis spiegelt sich auch eindeutig im Wortlaut des § 122 Abs. 2 S. 2 GWB wieder, wonach die Eignungskriterien „ausschließlich" die dort genannten Fallgruppen betreffen dürfen. Schließlich lässt die Bedeutung des § 122 GWB keine andere Auslegung zu. Mit der Regelung soll unter anderem sichergestellt werden, dass alle Bieter gleichermaßen den ausgeschriebenen Auftrag sachgerecht erfüllen können

678 *Opitz*, in: Burgi/Dreher/Opitz, Beck'scher Vergaberechtskommentar, Bd. 1, § 122 GWB Rn. 54f.; *Hölzl*, in: Säcker/Ganske/Knauff, MüKo zum Wettbewerbsrecht, Bd. 3, § 122 GWB Rn. 43.

679 OLG Düsseldorf, Beschl. v. 01.12.2015, VII-Verg 20/15 juris Rn. 23; Beschl. v. 04.05.2009, VII-Verg 68/08 juris Rn. 110; Beschl. v. 13.08.2008, VII-Verg 42/07 juris Rn. 27; Beschl. v. 21.02.2005, VII-Verg 91/04 juris Rn. 49.

680 OLG Düsseldorf, Beschl. v. 14.10.2020, VII-Verg 36/19, NZBau 2020, 732-739 Rn. 78.

681 OLG Düsseldorf, Beschl. v. 01.12.2015, VII-Verg 20/15 juris Rn. 23.

682 OLG Düsseldorf, Beschl. v. 01.12.2015, VII-Verg 20/15 juris Rn. 23.

683 OLG München, Beschl. v. 28.09.2020, Verg 3/20 juris Rn. 39.

684 Abl. der Europäischen Union v. 28.03.2014, L 94/129.

685 Gesetzesbegründung zum Vergaberechtsmodernisierungsgesetz v. 08.10.2015, BT-Drs. 18/6281, zu § 122 Abs. 2, S. 101.

686 Gesetzesbegründung zum Vergaberechtsmodernisierungsgesetz v. 08.10.2015, BT-Drs. 18/6281, zu § 122 Abs. 2, S. 101.

und darüber hinaus der Auftraggeber anhand vorher festgelegter, transparenter Kriterien willkürfrei diejenigen Unternehmen auswählt, deren Angebote gewertet werden sollen.[687] Dadurch soll auch ein fairer Vergabewettbewerb gewährleistet werden.[688] Ferner soll Rechts- und Planungssicherheit für die Unternehmen hergestellt werden.[689] Anhand der konkreten gesetzlichen Vorgaben steht insoweit für am Vergabeverfahren teilnehmende Unternehmen fest, welche Kriterien ein öffentlicher Auftraggeber zur Bewertung der Eignung berücksichtigen kann. Die Anwendung ungeschriebener Kriterien würde dagegen zu Unklarheit führen, in welchem Umfang Eignungskriterien zur Bewertung der Unternehmen herangezogen werden können. Die Begründung weiterer, ungeschriebener Eignungskriterien kann auch nicht damit gerechtfertigt werden, dass § 122 GWB ebenfalls dem Schutz des Auftraggebers dient und insoweit sicherstellt, dass öffentliche Auftraggeber eine ordnungsgemäße Leistung erhalten.[690] Die von der Union und dem nationalen Gesetzgeber vorgegebenen drei Kategorien sowie die konkreten Eignungskriterien sind umfassend und decken Fragen zur jeweiligen Berufsausübung, zu wirtschaftlichen Aspekten und letztlich auch zur fachlichen Kompetenz der Unternehmen ab. Sollten darüber hinaus zum Schutz der öffentlichen Auftraggeber weitere Kriterien zulässig sein, wäre eine konkrete Formulierung weiterer Eignungskriterien zu erwarten gewesen.

Die Änderung der Rechtsprechung des OLG Düsseldorf ist deswegen zu begrüßen.

(iii) Prüfung von Ausschlussgründen und Selbstreinigung

Die Überprüfung der Eignung steht im engen Zusammenhang mit der Prüfung von Ausschlussgründen.[691] Nach § 122 Abs. 1 GWB werden öffentliche Aufträge nämlich nur an geeignete Unternehmen vergeben, die nicht nach §§ 123 oder 124 GWB ausgeschlossen worden sind. Das Vorliegen von Ausschlussgründen könnten die Vergabekammern deswegen ebenfalls im Vergabenachprüfungsverfahren kontrollieren.

§ 123 GWB enthält einen Katalog zu zwingenden Ausschlussgründen, auf deren Einhaltung sich alle Bewerber oder Bieter eines Vergabeverfahrens gemäß § 97 Abs. 6 GWB berufen können.[692] Liegt ein zwingender Ausschlussgrund aus § 123 GWB vor, steht dem öffentlichen Auftraggeber kein Ermessen über den Ausschluss des betroffenen Unternehmens vom Vergabeverfahren zu.[693] Verstößt ein öffentlicher Auftraggeber hiergegen, haben die Vergabekammern diesen Verstoß im Nachprüfungsverfahren als Rechtsverletzung eines ebenfalls am Vergabeverfahren teilnehmenden und rechtssuchenden Unternehmens zu überprüfen.[694] Teilnehmer des Vergabeverfahrens können nämlich nicht nur eine das Unternehmen betreffende Ausschlussentscheidung des öffentlichen Auftraggebers von den Vergabekammern kontrollieren lassen.[695] Sie können auch zum Zweck der

687 *Ziekow*, in: Ziekow/Völlink, Vergaberecht, § 122 GWB Rn. 2.
688 *Kling*, in: Immenga/Mestmäcker, Wettbewerbsrecht, § 122 GWB Rn. 4.
689 *Hölzl*, in: Säcker/Ganske/Knauff, MüKo zum Wettbewerbsrecht, Bd. 3, § 122 GWB Rn. 4.
690 Zum Schutzzweck des Auftraggebers etwa *Kling*, in: Immenga/Mestmäcker, Wettbewerbsrecht, § 122 GWB Rn. 4; Zur ordnungsgemäßen Leistung etwa *Hölzl*, in: Säcker/Ganske/Knauff, MüKo zum Wettbewerbsrecht, Bd. 3, § 122 GWB Rn. 4.
691 Ähnlich *Kling*, in: Immenga/Mestmäcker, Wettbewerbsrecht, § 123 GWB Rn. 5.
692 *Opitz*, in: Burgi/Dreher/Opitz, Beck'scher Vergaberechtskommentar, Bd. 1, § 123 GWB Rn. 18.
693 *Stolz*, in: Ziekow/Völlink, Vergaberecht, § 123 GWB Rn. 3.
694 Ähnlich *Kaufmann*, in: Pünder/Schellenberg, Vergaberecht, § 123 GWB Rn. 81.
695 *Kaufmann*, in: Pünder/Schellenberg, Vergaberecht, § 123 GWB Rn. 79.

Verbesserung der eigenen Zuschlagschancen den Ausschluss oder Nichtausschluss eines Mitbewerbers überprüfen lassen.[696] Dieses Verständnis kann auf den Zweck des Vergabenachprüfungsverfahrens gestützt werden, nach dem dieses Verfahren der Durchsetzung subjektiver Rechte dient.[697] Damit Unternehmen bessere Chancen auf den Erhalt des öffentlichen Auftrags bekommen, können sie den Ausschluss eines Angebots eines Mitbewerbers im Vergabenachprüfungsverfahren geltend machen.[698] Anderenfalls würde vergaberechtlicher Rechtsschutz erheblich beschränkt werden. Unternehmen sollen im Vergabenachprüfungsverfahren Entscheidungen der öffentlichen Auftraggeber überprüfen lassen können, ohne dass es darauf ankommt, ob sich die Entscheidung konkret auf das rechtssuchende Unternehmen oder einen Mitbewerber bezieht. Diese Differenzierung ist von den unionsrechtlichen Anforderungen nicht vorgesehen. Auch § 168 Abs. 1 S. 1 GWB unterscheidet folgerichtig nicht, ob die Vergabekammern nur Rechtsverletzungen zu prüfen haben, die auf einer Entscheidung des öffentlichen Auftraggebers gegenüber dem rechtssuchenden Unternehmen oder einem Mitbewerber beruhen. Da § 123 GWB als wesentliche Vorschrift des Vergabeverfahrensrechts als eine Bestimmung i.S. von § 97 Abs. 6 GWB einzuordnen ist, kommt es im Hinblick auf die Geltendmachung einer darauf bezogenen Rechtsverletzung im Nachprüfungsverfahren allein darauf an, ob gegen diese Regelung auf irgendeine Weise verstoßen und dadurch eine Rechtsverletzung begründet wurde. Der Überprüfung eines zwingenden Ausschlussgrundes durch die Vergabekammer steht dabei nicht entgegen, dass die normierten Ausschlussgründe auch dem europaweiten Kampf gegen das organisierte Verbrechen sowie dem Schutz der fiskalischen Interessen der Union dienen.[699] Ferner steht dem nicht entgegen, dass öffentliche Auftraggeber ein Interesse an einer ordnungsgemäßen Leistung eines zuverlässigen und rechtstreuen Unternehmens haben.[700] § 123 GWB bezweckt insofern zwar auch die Gewähr für eine erfolgreiche und wirtschaftliche Erfüllung der Verwaltungsaufgaben. Es geht aber genauso um die Verhinderung von durch rechtwidrige Verhaltensweisen erlangte Wettbewerbsvorteile anderer Teilnehmer im Vergabeverfahren.[701] Solange die Regelung daher auch der Durchsetzung eigener Interessen der Unternehmen dienen kann, wirkt es sich nicht auf die Prüfung der Vergabekammern aus, dass hinter den zwingenden Ausschlussgründen auch ein öffentliches Interesse steht.

§ 124 GWB enthält darüber hinaus einen Katalog zu fakultativen Ausschlussgründen, die sich größtenteils auf fehlende Zuverlässigkeit bzw. Fehlverhalten von Unternehmen zurückführen lassen.[702] Ebenso wie im Hinblick auf die Einhaltung des § 123 GWB, können sich Unternehmen auch gemäß § 97 Abs. 6 GWB auf die Beachtung des § 124 GWB berufen, insbesondere wenn bei einem Mitbewerber ein Ausschlussgrund vorliegt.[703] Anders

696 *Opitz*, in: Burgi/Dreher/Opitz, Beck'scher Vergaberechtskommentar, Bd. 1, § 123 GWB Rn. 18.
697 OLG Koblenz, Beschl. v. 26.10.2005, 1 Verg 4/05, VergabeR 2006, 392-404 juris Rn 77.
698 OLG Koblenz, Beschl. v. 26.10.2005, 1 Verg 4/05, VergabeR 2006, 392-404 juris Rn 77.
699 *Opitz*, in: Burgi/Dreher/Opitz, Beck'scher Vergaberechtskommentar, Bd. 1, § 123 GWB Rn. 14
700 *Kling*, Immenga/Mestmäcker, Wettbewerbsrecht, § 123 GWB Rn. 5.
701 *Burgi*, Vergaberecht, § 16, Rn. 18; *Kaufmann*, in: Pünder/Schellenberg, Vergaberecht, § 123 GWB Rn. 3f.
702 *Opitz*, in: Burgi/Dreher/Opitz, Beck'scher Vergaberechtskommentar, Bd. 1, § 124 GWB Rn. 10; *Scherer*, in: Heuvels/Höß/Kuß/Wagner, Vergaberecht, § 124 GWB Rn. 4; *Kaufmann*, in: Pünder/Schellenberg, Vergaberecht, § 124 GWB Rn. 5.
703 *Opitz*, in: Burgi/Dreher/Opitz, Beck'scher Vergaberechtskommentar, Bd. 1, § 124 GWB Rn. 13.

als bei Vorliegen eines zwingenden Ausschlussgrundes nach § 123 GWB besteht bei § 124 GWB jedoch ein Ermessen des öffentlichen Auftraggebers, ob er das betroffene Unternehmen wegen des nachweislichen Vorliegens eines Ausschlussgrundes von dem Vergabeverfahren ausschließt oder nicht.[704] Öffentliche Auftraggeber haben demnach zuerst eine Prognoseentscheidung zu treffen, ob die Zuverlässigkeit eines Unternehmens zu verneinen oder eine gesetzestreue, ordnungsgemäße und sorgfältige Ausführung des öffentlichen Auftrags zu erwarten ist.[705] Diese Prognoseentscheidung haben die Vergabekammern nur eingeschränkt zu kontrollieren, nämlich dahingehend, ob Beurteilungsfehler in Form eines Verstoßes gegen selbst aufgestellte Vorgaben sowie wesentliche Verfahrensvorschriften und Bewertungsmaßstäbe vorliegt, ob der Sachverhalt zutreffend und vollständig ermittelt wurde, ob das anzuwendende Recht verkannt wurde oder ob sachfremde Erwägungen vorliegen.[706] Über den Ausschluss selbst treffen die öffentlichen Auftraggeber eine Ermessensentscheidung.[707] Diese Entscheidung wiederum ist von den Vergabekammern nur im Hinblick auf Ermessensfehler dahingehend zu kontrollieren, ob ein öffentlicher Auftraggeber bei seiner Einschätzung die Grenzen des ihm zustehenden Ermessens über- oder unterschritten oder fehlgebraucht hat.[708] Vor diesem Hintergrund liegt ein Ermessensfehler vor, wenn die von dem öffentlichen Auftraggeber getroffenen Sachverhaltsermittlungen oder die Anwendung vergaberechtlicher Rechtsbegriffe auf willkürlichen, sachwidrigen Erwägungen beruhen oder aber sein Ermessen auf null reduziert war und der öffentliche Auftraggeber dies verkannt hat.[709] Im Rahmen dieser Grenzen überprüfen die Vergabekammern mithin die ordnungsgemäße Ermessensausübung sowie eine durch eine fehlerhafte Ermessensentscheidung begründete Rechtsverletzung des rechtssuchenden Unternehmens.

Im Zusammenhang mit der Überprüfung von Ausschlussentscheidungen der öffentlichen Auftraggeber haben die Vergabekammern bei Anlass ebenfalls zu prüfen, ob ein Unternehmen aufgrund von Selbstreinigungsmaßnahmen nach § 125 Abs. 1 GWB nicht vom Vergabeverfahren auszuschließen war und ob der zulässige Zeitraum für einen Ausschluss i.S. von § 126 GWB nicht überschritten worden ist. § 125 Abs. 1 GWB begründet in Umsetzung der unionsrechtlichen Vorgaben ein Prüfungsrecht des Unternehmens hinsichtlich

704 Gesetzesbegründung zum Vergaberechtsmodernisierungsgesetz v. 08.10.2015, BT-Drs. 18/6281, zu § 124, S. 104.

705 Gesetzesbegründung zum Vergaberechtsmodernisierungsgesetz v. 08.10.2015, BT-Drs. 18/6281, zu § 124, S. 104.

706 *Kaufmann*, in: Pünder/Schellenberg, Vergaberecht, § 124 GWB Rn. 99; OLG Düsseldorf, Beschl. v. 10.08.2011, Verg 34/11; Beschl. v. 04.02.2009, Verg 65/08.

707 OLG Celle, Beschl. v. 13.05.2019, 13 Verg 2/19, NVwZ 2019, 1460-1463 Rn. 57; OLG Düsseldorf, Beschl. v. 14.11.2018, Verg 31/18, NZBau 2019, 393-397 Rn. 74; *Friton*, in: Gabriel/Mertens/Prieß/Stein, BeckOK Vergaberecht, § 124 GWB Rn. 94; *Scherer*, in: Heuvels/Höß/Kuß/Wagner, Vergaberecht, § 124 GWB Rn. 42; *Kaufmann*, in: Pünder/Schellenberg, Vergaberecht, 124 GWB Rn. 100; *Opitz*, in: Burgi/Dreher/Opitz, Beck'scher Vergaberechtskommentar, Bd. 1, § 124 GWB Rn. 18.

708 Zur eingeschränkten Kontrolle OLG Celle, Beschl. v. 13.05.2019, 13 Verg 2/19, NVwZ 2019, 1460-1463 Rn. 57; VK Bund, Beschl. v. 15.09.2008, VK 2-94/08; i. Ü. *Friton*, in: Gabriel/Mertens/Prieß/Stein, BeckOK Vergaberecht, § 124 GWB Rn. 94; *Kaufmann*, in: Pünder/Schellenberg, Vergaberecht, 124 GWB Rn. 102;

709 OLG Celle, Beschl. v. 13.05.2019, 13 Verg 2/19, NVwZ 2019, 1460-1463 Rn. 57; Beschl. v. 09.01.2017, 13 Verg 9/16, ZfBR 2017, 407-412 Rn. 52; OLG Düsseldorf, Beschl. v. 14.11.2018, Verg 31/18, NZBau 2019, 393-397 Rn. 74.

der von ihm durchgeführten Selbstreinigungsmaßnahmen.[710] Ferner begründet § 125 Abs. 1 einen Rechtsanspruch, im Einzelfall nicht von einem Vergabeverfahren ausgeschlossen zu werden, auch wenn ein Ausschlussgrund vorliegt.[711] Der Anspruch ist daran geknüpft, dass das Unternehmen ausreichende Maßnahmen zur Wiederherstellung seiner Integrität nachgewiesen hat.[712] Diesen Anspruch muss ein Unternehmen auf Grundlage von § 97 Abs. 6 GWB systematisch im Hinblick auf die Eignungsprüfung ebenfalls im Vergabenachprüfungsverfahren geltend machen können. Darüber hinaus können die Vergabekammern auch überprüfen, ob ein Mitbewerber in ungerechtfertigter Weise wieder gemäß § 125 Abs. 1 GWB zum Vergabeverfahren zugelassen worden ist.[713] Es besteht kein sich aus dem Gesetz oder der Auslegung ergebende Anlass zur Annahme, ein rechtssuchendes Unternehmen könne sich nicht auf eine unzulässige Wiederzulassung eines anderen Unternehmens berufen. Die gesamte Überprüfung der Eignung und Ausschlussgründe im Vergabeverfahren hat zur Folge, dass jedes am Verfahren teilnehmende Unternehmen durch einen eigenen Ausschluss oder durch den Nichtausschluss eines Wettbewerbers schlechter gestellt werden kann. Die Chancen auf den Erhalt eines öffentlichen Auftrags können in beiden Fällen reduziert werden. In dem zur Durchsetzung subjektiver Ansprüche dienenden Vergabenachprüfungsverfahren muss es Unternehmen daher möglich sein, gegen sämtliche im Zusammenhang mit Selbstreinigungsmaßnahmen getroffene Entscheidungen gemäß § 97 Abs. 6 GWB vorzugehen. Schließlich können sich Unternehmen gemäß § 97 Abs. 6 GWB auch darauf berufen, dass nach Ablauf des sich aus § 126 GWB maximal ergebenden Zeitraums für einen Ausschluss nach §§ 123, 124 GWB kein Ausschluss mehr vom Vergabeverfahren stattfindet.[714] Die Vergabekammern haben bei Anlass insofern zu überprüfen, ob ein öffentlicher Auftraggeber unter Missachtung der vorgegebenen Fristen eine Entscheidung über den Ausschluss eines Unternehmens vom Vergabeverfahren getroffen hat und dadurch eine Rechtsverletzung begründet worden ist.

(4) Vorschriften betreffend Wertung von Angeboten

Eine zentrale Bestimmung über das Vergabeverfahren, auf deren Einhaltung Unternehmen gemäß § 97 Abs. 6 GWB einen Anspruch haben, ist § 127 GWB in Ergänzung um § 58 VgV.[715] Diese Regelungen betreffen die Zuschlagsentscheidung des öffentlichen Auftraggebers und sind auf Art. 67 RL 2014/24/EU zurückzuführen. Sie bestimmen konkrete Vorgaben und Einzelheiten zur Festlegung der Zuschlagskriterien, anhand derer Angebote bewertet werden.[716] Und sie wirken sich demnach unmittelbar auf die Angebote der am Vergabeverfahren teilnehmenden Unternehmen, ihren Erhalt oder Nichterhalt des öffentli-

710 Gesetzesbegründung zum Vergaberechtsmodernisierungsgesetz v. 08.10.2015, BT-Drs. 18/6281, zu § 125, S. 107.

711 Gesetzesbegründung zum Vergaberechtsmodernisierungsgesetz v. 08.10.2015, BT-Drs. 18/6281, zu § 125, S. 107.

712 Gesetzesbegründung zum Vergaberechtsmodernisierungsgesetz v. 08.10.2015, BT-Drs. 18/6281, zu § 125, S. 107.

713 *Scherer*, in: Heuvels/Höß/Kuß/Wagner, Vergaberecht, § 125 GWB Rn. 3; *Opitz*, in: Burgi/Dreher/Opitz, Beck'scher Vergaberechtskommentar, Bd. 1, § 125 GWB Rn. 15.

714 *Stolz*, in: Ziekow/Völlink, Vergaberecht, § 126 GWB Rn. 2.

715 Ähnlich Opitz, in: Burgi/Dreher/Opitz, Beck'scher Vergaberechtskommentar, Bd. 1, § 127 GWB Rn. 15.

716 Begründung zur Verordnung zur Modernisierung des Vergaberechts v. 20.01.2016, BT-Drs. 18/7318, zu § 58, S. 194.

chen Auftrags, aus. Vor diesem Hintergrund ist ein Verständnis, das sich gegen die Überprüfbarkeit dieser Regelungen im Vergabenachprüfungsverfahren aussprechen würde, grob fehlerhaft.

(i) Überprüfung der Zuschlagskriterien

Der Zuschlag wird ausweislich des Wortlauts des § 127 Abs. 1 S. 1 GWB und § 58 Abs. 1 GWB auf das wirtschaftlichste Angebot erteilt.[717] Das bestimmt sich gemäß § 127 Abs. 1 S. 3 GWB nach dem besten Preis-Leistungs-Verhältnis, wobei nach S. 4 dieser Vorschrift neben dem Preis auch qualitative, umweltbezogene und soziale Aspekte berücksichtigt werden. Damit stehen ein finanzielles und mehrere leistungsbezogene Kriterien zur Verfügung, wobei die Leistungskriterien insbesondere in § 58 Abs. 2 Nr. 1 VgV weiter konkretisiert werden.[718] Nach § 127 Abs. 3 GWB müssen die Zuschlagskriterien zudem mit dem Auftragsgegenstand in Verbindung stehen und nach Abs. 4 so festgelegt sein, dass die Möglichkeit eines wirksamen Wettbewerbs gewährleistet wird, der Zuschlag nicht willkürlich erteilt werden kann und eine Überprüfung möglich ist. Die Zuschlagskriterien müssen vorab in den Vergabeunterlagen oder in der Bekanntmachung so gefasst werden, dass alle durchschnittlich fachkundigen Teilnehmer des Vergabeverfahrens diese bei Anwendung der üblichen Sorgfalt in der gleichen Weise verstehen bzw. auslegen können.[719] Die Zuschlagskriterien beeinflussen damit maßgeblich die Entscheidung des öffentlichen Auftraggebers, auf welches Angebot er den Zuschlag erteilen muss. Gleichwohl steht dem öffentlichen Auftraggeber bei der Entscheidung darüber, wie er Preis und Qualität der Angebote bewertet, ein weiter Beurteilungs- und Handlungsspielraum mit Blick auf die Bestimmung der konkreten Kriterien sowie deren Vorrang und Gewichtung zu.[720] Der öffentliche Auftraggeber kann also festlegen, worauf es ihm bei dem zu vergebenden Auftrag ankommt, wie ein Wertungsergebnis ermittelt wird und was er als wirtschaftlich ansieht.[721]

Die Vergabekammern haben die Einhaltung der Vorgaben über die Bestimmung der Zuschlagskriterien zu überprüfen.[722] Dazu gehören sämtliche Regelungen unter § 127 GWB und § 58 VgV.[723] Die Vergabekammern kontrollieren insbesondere die hinreichende Verbindung zum Auftragsgegenstand.[724] Sie prüfen auch, ob die vom öffentlichen Auftraggeber im Einzelfall angewendeten Zuschlagskriterien jeweils zutreffend bekanntgemacht worden sind.[725] Denn ohne Bekanntmachung darf ein Zuschlagskriterium nicht angewendet werden. Soweit Kriterien rechtmäßig bekanntgemacht worden sind, können die Ver-

717 *Steck*, in: Ziekow/Völlink, Vergaberecht, § 58 VgV Rn. 3.

718 *Burgi*, Vergaberecht, § 17 Rn. 4.

719 EuGH, Urt. v. 04.12.2003, Rs. C-448/01, Slg 2003, I-14527-14635 Rn. 57 – *Wienstrom*.

720 BGH, Beschl. v. 04.04.2017, X ZB 3/17, NZBau 2017, 366-371 Rn. 34; OLG Celle, Beschl. v. 19.03.2019, 13 Verg 7/18, NZBau 2019, 462-471 Rn. 41, 59; *Steck*, in: Ziekow/Völlink, Vergaberecht, § 58 VgV Rn. 3a.

721 OLG Düsseldorf, Beschl. v. 08.02.2017, VII-Verg 31/16, ZfBR 2017, 718-721 Rn. 24.

722 Vgl. etwa EuGH, Urt. v. 04.12.2003, Rs. C-448/01, Slg 2003, I-14527-14635 – *Wienstrom*.

723 *Ziekow*, in: Ziekow/Völlink, Vergaberecht, § 127 GWB Rn. 49; *Steck*, in: Ziekow/Völlink, Vergaberecht, § 58 VgV Rn. 45.

724 OLG Celle, Beschl. v. 19.03.2019, 13 Verg 7/18, NZBau 2019, 462-471 Rn. 56; OLG Düsseldorf, Beschl. v. 08.02.2017, VII-Verg 31/16, ZfBR 2017, 718-721 Rn. 24; EuGH, Urt. v. 04.12.2003, Rs. C-448/01, Slg 2003, I-14527-14635 Rn. 66 – *Wienstrom*.

725 VK Leipzig, Beschl. v. 06.10.2021, 1/SVK/030-21 Rn. 83.

gabekammern nachprüfen, ob die Zuschlagskriterien in vergaberechtlich unzulässiger Weise gewichtet wurden. Zu der Nachprüfung gehört also auch, dass die Vergabekammern den von den öffentlichen Auftraggebern gesteckten Rahmen zur Bewertung der Angebote kontrollieren, um anschließend feststellen zu können, ob der öffentliche Auftraggeber die einzelnen Wertungsgesichtspunkte nicht objektiv fehlgewichtet hat[726]. Es wäre nämlich im Sinne der Gewähr effektiven Rechtsschutzes nicht zielführend, wenn öffentliche Auftraggeber ohne gerichtliche Kontrolle gesetzeswidrig einen Beurteilungsmaßstab aufstellen könnten, auf Grundlage dessen sie anschließend Angebote bewerten. Dafür spricht auch die unionsrechtliche Vorgabe zu den Zuschlagskriterien Art. 67 Abs. 4 RL 2014/24/EU, wonach die Zuschlagskriterien nicht zur Folge haben dürfen, dass dem öffentlichen Auftraggeber uneingeschränkte Wahlfreiheit übertragen wird, sie vielmehr auch den wirksamen Wettbewerb gewährleisten müssen. Es geht nicht darum, dass öffentliche Auftraggeber beliebig Zuschlagskriterien bestimmen, sondern solche, die eine wettbewerbskonforme Bewertung der Angebote ermöglicht. Da den öffentlichen Auftraggebern insoweit Grenzen gesetzt sind, müssen diese auch gerichtlich kontrolliert werden.

Diese Nachprüfung ist aufgrund des bestehenden Beurteilungs- und Handlungsspielraums des öffentlichen Auftraggebers von den Vergabenachprüfungsinstanzen zwar nur eingeschränkt dahingehend zu kontrollieren, ob Verfahrensvorschriften und Begründungspflichten beachtet worden sind, der Sachverhalt richtig ermittelt wurde und kein offensichtlicher Beurteilungsfehler oder Ermessensmissbrauch vorliegt.[727] Gleichwohl haben die Vergabekammern zu prüfen, ob die Kriterien mit dem ihrer Bestimmung nach verfolgten Zweck, das wirtschaftlichste Angebot zu ermitteln, zuwiderlaufen, ob sachfremde Erwägungen angestellt werden oder der Auftraggeber bei der Festlegung von unzutreffenden tatsächlichen oder rechtlichen Voraussetzungen ausgegangen ist.[728] Sachlich nicht mehr gerechtfertigt ist eine derart starke Gewichtung von Leistungskriterien, nach der nur noch einzelne Unternehmen realistische Aussichten auf den Zuschlag haben, während andere Bieter trotz objektiv gegebener Eignung von vornherein keine Chancen auf den Auftrag haben.[729] Schließlich kontrollieren die Vergabekammern, ob die vom öffentlichen Auftraggeber gewählten Zuschlagskriterien unbestimmt sind und es deswegen zu einer willkürlichen Bewertung kommen kann.[730]

Dadurch tragen die Vergabekammern den höherrangigen Anforderungen an effektiven Rechtsschutz, insbesondere dem einzuhaltenden Kontrollumfang zur Rechtmäßigkeitskontrolle, hinreichend Rechnung.

Die Überprüfung der Bestimmung der Zuschlagskriterien folgt aus den unionsrechtlichen Vorgaben. Ausweislich Art. 67 Abs. 4 S. 2 RL 2014/24/EU müssen die Zuschlagskriterien die

726 OLG Düsseldorf, Beschl. v. 09.06.2004, VII-Verg 11/04 Rn. 60.

727 OLG Celle, Beschl. v. 19.03.2019, 13 Verg 7/18, NZBau 2019, 462-471 Rn. 58f.; OLG Düsseldorf, Beschl. v. 08.02.2017, VII-Verg 31/16, ZfBR 2017, 718-721 Rn. 24.

728 OLG Düsseldorf, Beschl. v. 08.02.2017, VII-Verg 31/16, ZfBR 2017, 718-721 Rn. 24; Beschl. v. 03.03.2010, VII-Verg 48/09, ZfBR 2013, 287-289 juris Rn. 43; Beschl. v. 07.05.2005, VII-Verg 16/05 juris Rn. 24; OLG München, Beschl. v. 17.01.2008, Verg 15/07, VergabeR 2008, 574-578 juris Rn. 27.

729 BGH, Beschl. v. 04.04.2017, X ZB 3/17, NZBau 2017, 366-371 Rn. 38.

730 OLG Düsseldorf, Beschl. v. 19.06.2013, ZfBR 2014, 85-88, VII-Verg 8/13 juris Rn. 21.

Möglichkeit eines wirksamen Wettbewerbs gewährleisten und mit Spezifikationen einhergehen, die eine wirksame Überprüfung der von den Bietern übermittelten Informationen gestatten, damit bewertet werden kann, wie gut die Angebote die Zuschlagskriterien erfüllen. Zweck der Festlegung konkreter Zuschlagskriterien ist demnach u. a. auch die Sicherstellung eines fairen Wettbewerbs. Dieser Zweck ist auf die Regelungen in § 127 GWB und § 58 VgV, die diese Vorgabe national umsetzen, zu übertragen. In der Folge dienen auch die nationalen Vorgaben der Sicherstellung eines ordentlichen vergaberechtlichen Wettbewerbs. Damit die Gewähr eines fairen Wettbewerbs im Hinblick auf die Zuschlagserteilung tatsächlich wirksam durchgesetzt werden kann, müssen sich die am Vergabewettbewerb teilnehmenden Unternehmen jeweils auf die Einhaltung dieser Bestimmungen berufen können. Andernfalls würde das Vergabenach-prüfungsverfahren dem unionsrechtlichen Zweck eines wirksamen Nachprüfungsverfahrens nicht gerecht werden bzw. diesem offensichtlich zuwiderlaufen.

(ii) Kontrolle der Zuschlagsentscheidung

Über die Überprüfung der rechtmäßigen Bestimmung der Zuschlagskriterien hinaus können die Vergabekammern die beabsichtigte Zuschlagsentscheidung der öffentlichen Auftraggeber selbst kontrollieren. Verstöße gegen die Zuschlagsentscheidung können im Vergabenachprüfungsverfahren angegriffen werden.[731] Der Überprüfung geht voran, dass der öffentliche Auftraggeber zu diesem Zeitpunkt in der Regel eine Bewertung der Angebote vorgenommen, einen Zuschlagsdestinatär ausgewählt und rechtsschutzsuchende, nicht erstrangig platzierte Unternehmen, gemäß § 134 Abs. 1 GWB über ihre beabsichtigte Entscheidung informiert hat. Diesen Vorgang kontrollieren die Vergabekammern regelmäßig unter nachstehenden Gesichtspunkten.

Gemäß § 127 Abs. 1 S. 2 GWB ist Grundlage für die Zuschlagserteilung eine Bewertung des öffentlichen Auftraggebers, ob und inwieweit ein Angebot die vorgegebenen Zuschlagskriterien erfüllt. Da den öffentlichen Auftraggebern genauso wie bei der Bestimmung der Zuschlagskriterien auch bei der Bewertung der einzelnen Angebote ein Beurteilungsspielraum eröffnet ist, können die Vergabekammern nur eine in gewisser Weise eingeschränkte Überprüfung vornehmen. Dieses Verständnis folgt der Auffassung des EuGH. Nach der Formulierung des Gerichts steht den öffentlichen Auftraggebern bei der Bewertung der Angebote im Rahmen der Zuschlagsentscheidung ein *gewisser Freiraum* zu.[732] Teilweise weist der EuGH auch darauf hin, dass den öffentlichen Auftraggebern bei der Zuschlagserteilung ein größerer Ermessensspielraum eingeräumt ist, da sie insoweit zu bestimmen haben, welches jeweils das wirtschaftlichste Angebot ist.[733] Die von den öffentlichen Auftraggebern im Rahmen ihres Beurteilungsspielraums getroffene Bewertungsentscheidung wird von den Vergabekammern daraufhin überprüft, ob die jeweilige Bewertung im Vergleich ohne Benachteiligung des einen oder anderen Bieters plausibel vergeben wurde.[734] Die Vergabekammern haben auf Rüge also insoweit nicht nur die einzelne Bewertung eines Angebots zu kontrollieren, sondern auch die Relation zu den anderen Ange-

731 *Ziekow*, in: Ziekow/Völlink, Vergaberecht, § 127 GWB Rn. 49.
732 EuGH, Urt. v. 14.07.2016, Rs. C-6/15, NZBau 2016, 772-775 Rn. 29 – *Dimarso*;
733 EuGH, Urt. v. 26.03.2015, Rs. C-601/13, EuZW 2015, 433-436 Rn. 28 – *Ambisig*.
734 BGH, Beschl. v. 04.04.2017, X ZB 3/17, NZBau 2017, 366-371 Rn. 34, 53.

boten im Blick zu behalten.[735] Dabei überprüfen sie – ebenso wie im Rahmen der Eignungskontrolle – die Entscheidung nur dahingehend, ob die Grenzen des Ermessensspielraums eingehalten worden sind.[736] Eine Grenze ist zum Beispiel erreicht, wenn es mehr um die rechtliche Überprüfung von deutlichen Fehlwertungen geht.[737]

Die auf eine Überprüfung des ausgeübten Ermessens beschränkte Nachprüfung durch die Vergabekammern hat zur Folge, dass diese keine eigene Sachentscheidung im Hinblick auf die Zuschlagserteilung treffen. Hält sich der Auftraggeber an den rechtmäßig sowie zutreffend aufgestellten, ihm zur Verfügung stehenden Beurteilungsspielraum, sind die Nachprüfungsinstanzen schon nicht befugt, eine möglicherweise aus ihrer Sicht besser erscheinende Lösung zu bevorzugen und über diese zu urteilen.[738] Sie können in diesem Fall nur die Bewertung innerhalb des Beurteilungsmaßstabes im Hinblick auf die Einhaltung der Bestimmungen des § 127 GWB und § 58 VgV kontrollieren. Den Vergabekammern ist es daher regelmäßig verwehrt, ihre eigene Entscheidung an die Stelle der Bewertung des öffentlichen Auftraggebers zu setzen.[739] Nur ausnahmsweise können die Vergabekammern die Wertung eines öffentlichen Auftraggebers ersetzen, nämlich dann, wenn die Voraussetzungen einer Ermessensreduzierung auf Null vorliegen, also eine bestimmte Wertung zwingend ist.[740] Der öffentliche Auftraggeber würde in diesem Fall keine andere Entscheidung treffen können, die vergaberechtmäßig ist. In einem solchen Kasus wäre es aber auch überflüssig, dem Auftraggeber die Entscheidung erneut aufzugeben, wenn das Ergebnis ohnehin feststeht.

Es kann demnach festgehalten werden, dass regelmäßig lediglich eine eingeschränkte Nachprüfung der Zuschlagsentscheidung stattfindet.[741] Das erfüllt die Anforderungen an eine vollumfängliche Überprüfung. Denn nach den höherrangigen Anforderungen wird eine Entscheidung der Ausgangsbehörde auf Grundlage eines eingeräumten Ermessens- und Beurteilungsspielraum lediglich auf zutreffende Erwägungen innerhalb der eingeräumten rechtlichen und tatsächlichen Grenzen kontrolliert.

(5) Vorschriften betreffend Änderungen während der Vertragslaufzeit

Das Vergabeverfahrensrecht kennt eine wichtige Vorschrift, die sich zeitlich betrachtet auf Fälle nach Abschluss des Vergabeverfahrens bezieht und die gleichwohl für das ursprünglich durchgeführte Vergabeverfahren sowie unter Umständen die Durchführung eines wei-

735 BGH, Beschl. v. 04.04.2017, X ZB 3/17, NZBau 2017, 366-371 Rn. 53.

736 *Hövelberndt*, in: Reidt/Stickler/Glahs, Vergaberecht, § 127 GWB Rn. 110; *Ziekow*, in: Ziekow/Völlink, Vergaberecht, § 127 GWB Rn. 48; *Kling*, in: Immenga/Mestmäcker, Wettbewerbsrecht, § 127 GWB Rn. 26; OLG Düsseldorf, Beschl. v. 09.06.2004, VII-Verg 11/04 juris Rn. 56; VK Brandenburg, Beschl.v. 22.06.2018, VK 5/18 Rn. 70; zu den einzelnen Prüfungspunkten siehe i. Ü. Ziff. B. IV. 4. b) (3) (i) dieses Kapitels.

737 *Hövelberndt*, in: Reidt/Stickler/Glahs, Vergaberecht, § 127 GWB Rn. 112.

738 OLG Brandenburg, Beschl. v. 19.12.2011, Verg W 17/11 juris Rn. 36; OLG München, Beschl. v. 07.04.2011, Verg 5/11, NZBau 2011, 439-445 juris Rn. 137.

739 OLG Düsseldorf, Beschl. v. 22.01.2007, Verg 46/06 juris Rn. 46.; Beschl. v. 27.07.2005, Verg 108/04 juris Rn. 40.

740 OLG Düsseldorf, Beschl. v. 22.01.2007, Verg 46/06 juris Rn. 46; Beschl. v. 27.07.2005, Verg 108/04 juris Rn. 40.

741 OLG Brandenburg, Beschl. v. 19.12.2011, Verg W 17/11 Rn. 36; OLG München, Beschl. v. 07.04.2011, Verg 5/11, NZBau 2011, 439-445 juris Rn. 137; OLG Düsseldorf, Beschl. v. 09.06.2004, VII-Verg 11/04 juris Rn. 56.

teren, neuen Vergabeverfahrens relevant ist. Es geht um § 132 GWB. In dieser Vorschrift sind Bestimmungen zum Umgang mit Auftragsänderungen während der Vertragslaufzeit geregelt. Es gilt gemäß § 132 Abs. 1 S. 1 GWB der Grundsatz, dass wesentliche Änderungen eines öffentlichen Auftrags während der Vertragslaufzeit ein neues Vergabeverfahren erfordern.[742] Ausnahmen davon sind in Umsetzung der unionsrechtlichen Vorgabe aus Art. 72 Abs. 1 RL 2014/24/EU in § 132 Abs. 2 festgehalten.[743] In den dort sowie in den in Abs. 3 der Vorschrift genannten Fällen werden Änderungen des Auftrags ohne Durchführung eines neuen Vergabeverfahrens als zulässig angesehen.[744] Die Regelung zur Änderung und Verlängerung bestehender öffentlicher Aufträge sind die einzigen, indessen praktisch höchst relevanten Ausnahmen von der Regel, dass der Geltungsanspruch des Vergaberechts mit Erteilung des Zuschlags endet und anschließend ausschließlich allgemeine Regelungen des Zivilrechts entscheidend sind.[745] Da die Regelungen unter § 132 GWB sich der wörtlichen Bezeichnung nach auf Änderungen während der Vertragslaufzeit beziehen und systematisch eindeutig im Vergabeverfahrensrecht geregelt sind, stellt sich die Frage, ob sich rechtssuchende Unternehmen auf die Einhaltung dieser Bestimmungen gemäß § 97 Abs. 6 GWB im Nachprüfungsverfahren überhaupt berufen können. Problematisch ist dabei, dass zeitlich betrachtet das Vergabeverfahren abgeschlossen ist. In diesem Fall hat das Vergaberecht prinzipiell keinen Einfluss mehr auf die Rechtslage nach einer rechtmäßigen Zuschlagserteilung.[746] Nach Abschluss des Vergabeverfahrens kann es nicht mehr um eine Bestimmung über das Vergabeverfahren gehen und effektiver Vergaberechtsschutz kann nicht mehr möglich sein. Rechtssuchende Unternehmen können aufgrund eines an einen Mitbewerber erteilten Zuschlags einen öffentliche Auftrag ohnehin nicht mehr erhalten. Ein Angriff von Vergaberechtsverletzungen mit dem Ziel, am Ende des Verfahrens den öffentlichen Auftrag zu bekommen, kann für ein Unternehmen aussichtslos sein. Allerdings erfordern wesentliche Änderungen nach § 132 GWB gerade, dass ein neues Vergabeverfahren durchgeführt wird, in dem Unternehmen gewöhnlich ein Nachprüfungsverfahren einleiten können. § 132 GWB bezweckt unter anderem, dass die Regelungen des Vergaberechts durch Vertragsänderungen nach Vertragsschluss nicht umgangen werden.[747] Es soll der Gefahr begegnet werden, dass öffentliche Auftraggeber durch Änderungen eines Auftrags individuelle Regelungen mit einem Auftragnehmer vereinbaren, obwohl für die Änderung ein neuer öffentlicher Auftrag an ein konkurrierendes Unternehmen vergeben werden kann. Soweit ein Unternehmen die Notwendigkeit einer (Neu-)Ausschreibung gemäß § 132 Abs. 1 GWB erkennt, steht ein Vergabeverfahren im Raum, in dem das Unternehmen gemäß § 97 Abs. 6 GWB einen Anspruch auf Einhaltung dieser Bestimmung über das Vergabeverfahren hat.[748] Die Vergabekammern haben in diesem Fall insbesondere die Wesentlichkeit der Auftragsänderung mit der Folge einer Neuausschreibung sowie mögliche Ausnahmeregelungen zu prüfen. Es besteht kein Grund,

742 Statt vieler nur *Ritzenhoff*, in: Pünder/Schellenberg, Vergaberecht, § 132 GWB Rn. 2.

743 *Jäger*, in: Säcker/Ganske/Knauff, MüKo zum Wettbewerbsrecht, Bd. 3, § 132 GWB Rn. 24.

744 *Ziekow*, in: Ziekow/Völlink, Vergaberecht, § 132 GWB Rn. 37.

745 *Heuvels*, in: Heuvels, Heuvels/Höß/Kuß/Wagner, Vergaberecht, § 132 GWB Rn. 2.

746 *Kling*, in: Immenga/Mestmäcker, Wettbewerbsrecht, § 132 GWB Rn. 2.

747 *Hüttinger*, in: Burgi/Dreher/Opitz, Beck'scher Vergaberechtskommentar, Bd. 1, § 132 GWB Rn. 3; vgl. auch *Mertens/Götze*, in: Gabriel/Mertens/Prieß/Stein, BeckOK Vergaberecht, § 132 GWB Rn. 17.

748 Vgl. *Wiedemann*, in: Byok/Jäger, Vergaberecht, § 132 GWB Rn. 122, 124; *Jäger*, in: Säcker/Ganske/Knauff, MüKo zum Wettbewerbsrecht, Bd. 3, § 132 GWB Rn. 63.

die Überprüfung der Ausnahmetatbestände aus § 132 Abs. 2 und 3 GWB von der vergaberechtlichen Nachprüfung auszuklammern. Gemäß § 132 Abs. 5 GWB besteht zudem für Auftragsänderungen ohne neues Vergabeverfahren nach Abs. 2 S. 1 Nr. 2 und 3 sogar eine Bekanntmachungspflicht. Diese soll unter anderem gewährleisten, dass die ausnahmsweise durchgeführten Auftragsänderungen einem Nachprüfungsverfahren zugänglich gemacht werden.[749] Dadurch wird deutlich, dass nicht nur überhaupt der Verzicht auf ein Vergabeverfahren, sondern auch spezielle Ausnahmetatbestände von den Vergabekammern geprüft werden. Effektiver Rechtsschutz kann dadurch zugunsten eines Unternehmens erreicht werden. Im Vergabenachprüfungsverfahren können die Vergabekammern die Unwirksamkeit der Auftragsänderung feststellen. Gemäß § 135 Abs. 1 Nr. 2 GWB sind öffentliche Aufträge unwirksam, wenn der öffentliche Auftraggeber den Auftrag ohne vorherige Veröffentlichung einer EU-weiten Bekanntmachung vergeben hat, ohne dass dies aufgrund Gesetzes gestattet ist und dieser Verstoß in einem Nachprüfungsverfahren festgestellt worden ist. Es fällt daher in den Bereich der vergaberechtlichen Rechtskontrolle, über einen Verstoß gegen die Bekanntmachungspflicht eines neuen oder eben geänderten Auftrags zu entscheiden. Aufgrund der festgestellten Unwirksamkeit können rechtsschutzsuchende Unternehmen anschließend im Rahmen einer Wiederholung oder Zurückversetzung des Vergabeverfahrens doch noch den Zuschlag auf den ausgeschriebenen öffentlichen Auftrag erhalten. Zur Unwirksamkeit führen dabei zum einen die Anwendungsfälle aus § 132 Abs. 1 GWB, da eine Auftragsänderung ohne Durchführung eines neuen Vergabeverfahrens prinzipiell eine vergaberechtswidrige nicht bekanntgemachte Direktvergabe darstellt.[750] Zum anderen können zulässige Auftragsänderungen nach § 132 Abs. 2 S. 1 Nr. 2 und 3 GWB unwirksam sein, wenn die Vergabekammern einen Verstoß gegen die gesetzlich ausdrücklich begründete Bekanntmachungspflicht feststellen.

Die Regelungen zur Auftragsänderung während der Vertragslaufzeit sind daher als wichtige Vorgaben zum Vergabeverfahren und damit auch als wesentliche Bestimmungen über das Vergabeverfahren i.S. von § 97 Abs. 6 GWB zu qualifizieren.

b) Die Vergabegrundsätze

Unter Bestimmungen über das Vergabeverfahren können die allgemeinen Vergabegrundsätze verstanden werden. Sie stellen die Ziele und Grundsätze des Vergaberechts dar.[751] Sie enthalten rechtlich bindende Anforderungen an das Vergabeverfahren[752]. Das Vergaberecht kennt fünf tragende Grundprinzipien, gemäß § 97 Abs. 1 S. 1 GWB den Wettbewerbs- sowie Transparenzgrundsatz, gemäß S. 2 GWB den wörtlich so betitelten Grundsatz der Wirtschaftlichkeit und Verhältnismäßigkeit und gemäß Abs. 2 den Gleichbehandlungsgrundsatz.[753] Daneben geht es gemäß Abs. 3 um die Berücksichtigung strategischer Ziele, gemäß Abs. 4 S. 1 um die Berücksichtigung mittelständischer Interessen und gemäß Abs. 5 um die Verwendung elektronischer Kommunikationsmittel.

---

749 *Steiff*, in: Heuvels, Heuvels/Höß/Kuß/Wagner, Vergaberecht, § 132 GWB Rn. 47.

750 Vgl. OLG Schleswig, Beschl. v. 28.8.2015, 1 Verg 1/15, NZBau 2015, 718-726 Rn. 34, 68f.; *Dreher/Hoffmann*, in: Burgi/Dreher/Opitz, Beck'scher Vergaberechtskommentar, Bd. 1, § 135 GWB Rn. 31; vgl. auch VK Bund, Beschl. v. 12.11.2012, VK 1 - 109/12; *Burgi*, Vergaberecht, § 10 Rn. 12.

751 Statt vieler nur *Ziekow*, in: Ziekow/Völlink, Vergaberecht, § 97 GWB Rn. 1.

752 *Dörr*, in: Burgi/Dreher/Opitz, Beck'scher Vergaberechtskommentar, Bd. 1, VBem. vor § 97 GWB Rn. 10.

753 *Schneevogl*, in: Heiermann/Zeiss/Summa, jurisPK-Vergaberecht, § 97 GWB Rn. 22.

(1) Die Grundsätze aus § 97 Abs. 1 und 2 GWB

Bereits 2005 hatte der BGH entschieden, dass jedenfalls zur Gewährleistung der damals normierten Grundsätze des Wettbewerbs, der Transparenz und Gleichbehandlung rechtssuchenden Unternehmen im Vergabeverfahren ein durchsetzbarer Anspruch i.S. von § 97 Abs. 6 (Abs. 7 a.F.) GWB zuzuerkennen ist.[754] Nach dem Gericht sind diese drei Grundsätze Bestimmungen i.S. von § 97 Abs. 6 GWB. Nachdem 2016 die zwei weiteren Grundsätze der Wirtschaftlichkeit und Verhältnismäßigkeit in § 97 Abs. 1 GWB eingefügt worden sind[755], ist die Auffassung des BGH fortzuentwickeln. Auch die Grundsätze der Wirtschaftlichkeit und Verhältnismäßigkeit sind als Bestimmung über das Vergabeverfahren zu qualifizieren. Es besteht kein Anlass, diese zwei ausdrücklich so benannten Grundsätze von den anderen Vergabegrundsätzen abzugrenzen und von den Bestimmungen über das Vergabeverfahren auszuklammern. Ausweislich der Gesetzesbegründung sind diese zwei Grundsätze zur Klarstellung in § 97 Abs. 1 GWB eingefügt worden.[756] Der Gesetzgeber hat sich dazu entschieden, die Grundsätze der Wirtschaftlichkeit und Verhältnismäßigkeit an jener Stelle des Gesetzes einzufügen, an der auch die Grundsätze des Wettbewerbs und der Transparenz normiert sind. Dadurch wurden die allgemeinen Grundsätze erweitert. Alle fünf Vergabegrundsätze prägen das gesamte Vergabeverfahren und müssen wegen ihrer grundlegenden Bedeutung als Bestimmungen i.S. von § 97 Abs. 6 GWB qualifiziert werden. Die allgemeinen Grundsätze stehen systematisch in einem Absatz des § 97 GWB und wirken in ihrer Gesamtheit auf das Vergabeverfahren ein. Sie sind eng miteinander verflochten und haben durch ihre hervorgehobene Stellung am Anfang des Kartellvergaberechts weitreichende Geltung.[757] Die Grundsätze verbinden als „Leitidee" einzelne Regelungen und halten die jeweilige Rechtsordnung innerlich zusammen.[758] Obschon dem Wortlaut des § 97 Abs. 1 GWB insgesamt keine im Einzelnen speziell ausgestalteten Regelungen für öffentliche Auftraggeber zu entnehmen sind, kommt ihnen durch ihre rechtlich bindenden Anforderungen ein das Vergabeverfahren insgesamt regulierender Charakter zu. Soweit der Regelungsgehalt und die Bedeutung der Vergabegrundsätze im Hinblick auf die Begründung von Rechten einschränkender bewertet wurde, sollen die Grundsätze dennoch als unmittelbar anwendbare Rechtsquellen herangezogen werden, wenn andernfalls ein vom Unionsrecht vorausgesetzter Rechtszustand nicht erreicht werden kann.[759] Vor diesem Hintergrund müssen Unternehmen sich gemäß § 97 Abs. 6 GWB auf die Einhaltung der Vergabegrundsätze berufen können. Als Bestimmung i.S. von § 97 Abs. 6 GWB werden sie im Vergabeverfahren von den Vergabekammern kontrolliert.[760]

754 BGH, Beschl. v. 01.02.2005, X ZB 27/04, NZBau 2005, 290, 295; zustimmend OLG Düsseldorf, Beschl. v. 28.06.2017, VII-Verg 2/17, NZBau 2018, 54-59 Rn. 17.

755 Gesetzesbegründung zum Vergaberechtsmodernisierungsgesetz v. 08.10.2015, BT-Drs. 18/6281, S. 67f.

756 Gesetzesbegründung zum Vergaberechtsmodernisierungsgesetz v. 08.10.2015, BT-Drs. 18/6281, S. 67f.

757 *Knauff*, in: Säcker/Ganske/Knauff, MüKo zum Wettbewerbsrecht, Bd. 3, § 97 GWB Rn. 1.

758 Zur Bedeutung von Rechtsgrundsätzen *Barczak*, JuS 2021, 1-7.

759 *Burgi*, NZBau 2008, 29, 33.

760 *Dreher*, in: Immenga/Mestmäcker, Wettbewerbsrecht, Bd. 4, § 97 GWB Rn. 245; *Knauff*, in: Säcker/Ganske/Knauff, MüKo zum Wettbewerbsrecht, Bd. 3, § 97 GWB Rn. 2; *Fehling*, in: Pünder/Schellenberg, Vergaberecht, § 97 GWB Rn. 158; *Dörr*, in: Burgi/Dreher/Opitz, Beck'scher Vergaberechtskommentar, Bd. 1, § 97 Abs. 6 GWB Rn. 24; *Kau*, in: Byok/Jäger, Vergaberecht, § 97 GWB Rn 197.

Darüber hinaus werden zum Teil auch die Zielbestimmungen des § 97 Abs. 3 GWB mit in die Bestimmung über das Vergabeverfahren einbezogen[761] sowie § 97 Abs. 4[762] und Abs. 5 GWB.[763]

(2) Die Zielbestimmung aus § 97 Abs. 3 GWB

Die Berücksichtigung der Zielbestimmung aus § 97 Abs. 3 GWB wird nur teilweise und zudem ohne weitere Begründung als Bestimmung i.S. von § 97 Abs. 6 GWB verstanden.[764] Diese Annahme könnte auf eine systematische, einheitliche Betrachtung des § 97 GWB gestützt werden, da diese Regelung in der betitelten Norm „Grundsätze der Vergabe" aufgenommen ist. Gegen diese Annahme sprechen indessen mehrere Gründe. Zum einen fehlt es bereits an einer ausdrücklichen Vorgabe des Richtliniengebers auf Unionsebene. Denn mit § 97 Abs. 3 GWB wird kein Richtlinienrecht umgesetzt.[765] Der Richtliniengeber hat die Berücksichtigung von Aspekten der Qualität und Innovation sowie soziale und umweltbezogene Aspekte in der Richtlinie 2014/24/EU vorgesehen, zum Beispiel unter Art. 67 Abs. 2 (Zuschlagsentscheidung).[766] Gleichwohl ist auf Unionsebene die Berücksichtigung dieser Aspekte nicht als Grundsatz oder als eine das Vergabeverfahren prägende Regelung formuliert worden. Zum anderen lässt sich aus der Gesetzesbegründung zu § 97 Abs. 3 GWB entnehmen, dass strategische Ziele in den einzelnen Phasen des Vergabeverfahrens einbezogen werden können.[767] Verbindliche Vorgaben werden dadurch nicht getroffen.[768] Weiter hat der Gesetzgeber formuliert, dass mit § 97 Abs. 3 GWB „[…] bereits bei den Grundsätzen der Auftragsvergabe auf diese Möglichkeit für den Auftraggeber hingewiesen wird."[769] Diese Begründung verdeutlicht, dass die strategischen Ziele zwar „bei" den Grundsätzen, also in § 97 GWB verortet werden, dass sie gleichwohl aber kein Grundsatz, sondern eben nur eine zentral geregelte Option sind. Vor diesem Hintergrund hat die Regelung unter § 97 Abs. 3 GWB vor allem eine legitimatorische Funktion und rechtfertigt vorrangig die Einbeziehung der strategischen Ziele in sämtliche Verfahrensschritte.[770] Diese Vorschrift kann nicht als Regelung des Vergabeverfahrensrecht zur Auswahl des Vertragspartners eines öffentlichen Auftraggebers für einen konkreten öffentlichen Auftrag qualifiziert werden, deren Einhaltung die Vergabekammern im Nachprüfungsverfahren zu überprüfen haben.

761 *Fehling*, in: Pünder/Schellenberg, Vergaberecht, § 97 GWB Rn. 158.

762 *Dörr*, in: Burgi/Dreher/Opitz, Beck'scher Vergaberechtskommentar, Bd. 1, § 97 Abs. 6 GWB Rn. 24; Kau, in: Byok/Jäger, Vergaberecht, § 97 GWB Rn. 197; *Fehling*, in: Pünder/Schellenberg, Vergaberecht, § 97 GWB Rn. 134.

763 *Kau*, in: Byok/Jäger, Vergaberecht, § 97 GWB Rn. 197; *Fehling*, in: Pünder/Schellenberg, Vergaberecht, § 97 GWB Rn. 147.

764 Dafürsprechend *Fehling*, in: Pünder/Schellenberg, Vergaberecht, § 97 GWB Rn. 158.

765 *Opitz*, in: Burgi/Dreher/Opitz, Beck'scher Vergaberechtskommentar, Bd. 1, § 97 GWB Rn. 3.

766 Abl. der Europäischen Union v. 28.03.2014, L 94/134.

767 Gesetzesbegründung zum Vergaberechtsmodernisierungsgesetz v. 08.10.2015, BT-Drs. 18/6281, S. 68.

768 *Burgi*, NZBau 2015, 597, 599; *Opitz*, in: Burgi/Dreher/Opitz, Beck'scher Vergaberechtskommentar, Bd. 1, § 97 GWB Rn. 12; *Dreher*, in: Immenga/Mestmäcker, Wettbewerbsrecht, Bd. 4, § 97 GWB Rn. 139; vgl. zur Hinweisfunktion *Ziekow*, in: Ziekow/Völlink, Vergaberecht, § 97 GWB Rn. 61.

769 Gesetzesbegründung zum Vergaberechtsmodernisierungsgesetz v. 08.10.2015, BT-Drs. 18/6281, S. 68.

770 *Masing*, in: Reidt/Stickler/Glahs, Vergaberecht, § 97 GWB Rn. 72.

(3) Mittelständische Interessen aus § 97 Abs. 4 GWB

Die Berücksichtigung mittelständischer Interessen aus § 97 Abs. 4 GWB als Bestimmung i.S. von § 97 Abs. 6 GWB zu qualifizieren, ist hingegen zutreffend, da diese Regelung insbesondere in ihren Sätzen 2 und 3 konkrete Rechte und Pflichten formuliert. Nach Satz 2 dieser Regelung sind Leistungen in der Menge aufzuteilen und getrennt nach Art oder Fachgebiet zu vergeben. Nach Satz 3 dürfen mehrere Teil- oder Fachlose zusammen vergeben werden, wenn wirtschaftliche oder technische Gründe dies erfordern. Diese Rechte und Pflichten prägen den Umfang von auszuschreibenden Leistungen und können sich auf die Anzahl der teilnehmenden Unternehmen auswirken. Sie enthalten innerhalb der maßgeblichen vergaberechtlichen Regelung des § 97 GWB insofern konkrete Vorgaben, die öffentliche Auftraggeber im Rahmen ihrer Entscheidung über die Art und Umfang der geplanten öffentlichen Aufträge zu berücksichtigen haben. Missachtet ein öffentlicher Auftraggeber die vergaberechtlichen Vorgaben aus § 97 Abs. 4 S. 2 oder S. 3 GWB, können Unternehmen, die lediglich ein Teil- oder Fachlos bedienen können, von der Vergabe eines öffentlichen Auftrags faktisch ausgeschlossen sein, da sie von der Abgabe eines Angebots auf eine Gesamtvergabe absehen.[771] Die Einhaltung von § 97 Abs. 4 S. 2 und 3 GWB hat mitunter erhebliche Auswirkungen auf das Vergabeverfahren und die teilnehmenden Unternehmen. Vor dem Hintergrund effektiven Rechtsschutzes muss es Unternehmen möglich sein, ein solches missbräuchliches Vorgehen eines öffentlichen Auftraggebers nachprüfen zu lassen. Auch § 97 Abs. 4 GWB kommt durch seine vorangestellte Position im ersten Paragraph zum Kartellvergaberecht große Bedeutung zu, sodass sich systematisch betrachtet kein Grund ergibt, weswegen § 97 Abs. 4 GWB von den Bestimmungen über das Vergabeverfahren ausgeklammert werden sollte. § 97 Abs. 4 GWB wirkt sich zwar nicht auf eine Vielzahl der kartellvergaberechtlichen Regelungen aus, da diese Regelung keinen unverbindlichen Programmsatz enthält.[772] Gleichwohl ist dieser Vorschrift ein unmittelbares Gebot an den öffentlichen Auftraggeber zu entnehmen.[773] § 97 Abs. 4 GWB begründet damit klare Regeln gegenüber öffentlichen Auftraggebern, die wesentlich für das Vergabeverfahren sind. Vor diesem Hintergrund sind die Einhaltung der Vorgaben aus § 97 Abs. 4 GWB dem Prüfungsprogramm der Nachprüfungsinstanzen zuzuordnen. Dabei ist zu beachten, dass die Entscheidung nach § 97 Abs. 4 S. 3 GWB über die Durchführung einer einheitlichen Auftragsvergabe nur unter den Voraussetzungen der Überprüfung eines Beurteilungsspielraums nachgeprüft werden kann.[774] Die Vergabekammern haben daher im Hinblick auf einen Verstoß gegen § 97 Abs. 4 GWB zu überprüfen, ob der öffentliche Auftraggeber zutreffend Teil- oder Fachlose aus technisch oder wirtschaftlich notwendigen Gründen zusammen vergeben kann. Dabei kontrollieren die Vergabekammern insbesondere, ob Verfahrensbestimmungen eingehalten oder verkannt wurden, der öffentliche Auftraggeber von einem richtigen Verständnis des Gesetzesbegriffs ausgegangen ist, einen unrichtigen Sachverhalt angenommen oder den erheblichen Sachverhalt vollständig und zutreffend ermittelt hat. Schließlich prüfen die Vergabekammern, ob der öffentliche Auftraggeber bei seiner Entscheidung allgemein gültige Wertmaßstäbe nicht

771 OLG Düsseldorf, Beschl. v. 08.09.2004, VII Verg 38/04, NZBau 2004, 688-690 juris Rn. 3, 27ff.

772 *Schneevogl*, in: Heiermann/Zeiss/Summa, jurisPK-Vergaberecht, § 97 GWB Rn. 106.

773 *Schneevogl*, in: Heiermann/Zeiss/Summa, jurisPK-Vergaberecht, § 97 GWB Rn. 106.

774 OLG Düsseldorf, Beschl. v. 08.09.2004, VII Verg 38/04, NZBau 2004, 688-690 juris Rn. 29.

beachtet oder sachfremde Erwägungen angestellt oder gegen Verfahrensvorschriften verstoßen hat. Es ist festzuhalten, dass Vergabekammern auf Rüge hin über die rechtmäßige Los- bzw. Nicht-Losaufteilung zu entscheiden haben.

(4) Die Verwendung elektronischer Kommunikationsmittel nach § 97 Abs. 5 GWB

Die Vorschrift des § 97 Abs. 5 GWB betrifft die Verwendung elektronischer Kommunikationsmittel und wird in der vergaberechtlichen Literatur ebenfalls als Bestimmung i.S. von § 97 Abs. 6 GWB genannt.[775] Diese Einordnung ist zutreffend, wenn die Regelung zu den allgemeinen Vergabegrundsätzen gehört und insoweit das Vergabeverfahren (mit-)bestimmt. § 97 Abs. 5 GWB schreibt das Ziel vor, dass öffentliche Auftraggeber im Vergabeverfahren grundsätzlich elektronische Mittel verwenden, wobei die Einzelheiten in §§ 9ff. VgV geregelt sind.[776] Weitere Einzelheiten sind in den weiteren Regelungen der SektVO und KonzVgV geregelt. Teilweise wird darauf verwiesen, § 97 Abs. 5 GWB soll genauso wie Abs. 3 der Vorschrift nur einen Programmsatz enthalten, der jedoch nicht nur eine Möglichkeit, sondern eine Pflicht der öffentlichen Auftraggeber bestimmt.[777] Zutreffend enthält § 97 Abs. 5 GWB eine Pflicht zur Verwendung elektronischer Mittel, wodurch die Form der Vergabeverfahren maßgeblich bestimmt wird. Da § 97 Abs. 5 GWB eine verbindliche Vorgabe für öffentliche Auftraggeber begründet, kann diese Vorschrift von der Zielbestimmung des § 97 Abs. 3 GWB abgegrenzt und anders als ein bloßer Programmsatz qualifiziert werden. Für die Einordnung des § 97 Abs. 5 GWB als allgemeiner Vergabegrundsatz spricht insbesondere die Intention des Gesetzgebers. Der Gesetzgeber hat in seiner Gesetzesbegründung ausdrücklich formuliert, dass § 97 Abs. 5 GWB ein Grundsatz ist, der die Vorgabe zur Nutzung elektronischer Mittel bestimmt.[778] Durch die Einordnung als Grundsatz wird § 97 Abs. 5 GWB auf dieselbe Stufe wie die anderen in § 97 GWB enthaltenen allgemeinen Grundsätze gestellt.[779] Vor diesem Hintergrund besteht kein Anlass, § 97 Abs. 5 GWB von den Bestimmungen i.S. von § 97 Abs. 6 GWB auszuklammern. Vergabekammern haben unter Berücksichtigung der vom Gesetzgeber vorgenommenen Einordnung auf eine Rüge hin zu überprüfen, ob ein öffentlicher Auftraggeber gegen die Pflicht zur Verwendung elektronischer Mittel verstoßen hat, obschon derartige Nachprüfungsverfahren im digitalen Zeitalter unwahrscheinlich sind. Der Grundsatz aus § 97 Abs. 5 GWB ist auch deswegen als Bestimmung des § 97 Abs. 6 GWB einzuordnen, da er die tatsächliche Möglichkeit schafft, dass sich sämtliche Wirtschaftsteilnehmer des gesamten Binnenmarktes an Vergabeverfahren beteiligen können.[780] Durch elektronische Kommunikationsmittel werden einzelne Prozesse wie die Stellung und Beantwortung von Bieterfragen erheblich vereinfacht, was letztlich auch der Beschleunigung des Vergabeverfahrens zugutekommt. Die unionsweite Beteiligung potentieller Auftragnehmer ist essentieller Bestandteil des richtliniengeprägten Vergabeverfahrens. Vorschriften, die diesen Prozess ermöglichen oder fördern, sind als wesentliche Bestimmungen i.S. von § 97 Abs. 6 GWB zu qualifizieren.

---

775 *Kau*, in: Byok/Jäger, Vergaberecht, § 97 GWB Rn. 197; *Fehling*, in: Pünder/Schellenberg, Vergaberecht, § 97 GWB Rn. 147

776 *Ziekow*, in: Ziekow/Völlink, Vergaberecht, § 97 GWB Rn. 105f.

777 *Wagner*, in: Heuvels/Höß/Kuß/Wagner, Vergaberecht, § 97 GWB Rn. 83

778 Gesetzesbegründung zum Vergaberechtsmodernisierungsgesetz v. 08.10.2015, BT-Drs. 18/6281, S. 68.

779 *Koch*, in: Burgi/Dreher/Opitz, Beck'scher Vergaberechtskommentar, Bd. 1, § 97 Abs. 5 GWB Rn. 12.

780 Zum Beteiligungsumfang Erwägungsgrund 52 der RL 2014/24/EU des Europäischen Parlaments und des Rates v. 26.02.2014.

Schließlich kann § 97 Abs. 5 GWB auch systematisch betrachtet im Anschluss an und zur Förderung der übrigen vergaberechtlichen Grundsätze als Bestimmung i.S. von § 97 Abs. 6 GWB qualifiziert werden.[781] Unternehmen haben daher einen Anspruch auf Einhaltung dieses Grundsatzes.[782] Dieser kann vor dem Hintergrund effektiven Rechtsschutzes vor den Vergabekammern geltend gemacht werden.

c) Vorgaben zur Vergabepflichtigkeit

Zu den Bestimmungen über das Vergabeverfahren i.S. von § 97 Abs. 6 GWB könnten des Weiteren die Regelungen über die Vergabepflichtigkeit gehören. In den §§ 97 ff. GWB finden sich Regelungen über die Anwendung des Vergaberechts, deren Verletzung zu einer Umgehung des Vergaberechts führen kann.[783] Hervorzuheben sind insbesondere sogenannte de-facto Vergaben. Dabei wird nicht die Art und Weise eines Vergabeverfahrens gerügt, sondern dass entgegen § 97 Abs. 1 GWB kein geregeltes Vergabeverfahren stattgefunden hat.[784] Insofern wird darauf hingewiesen, dass auch die Nichtdurchführung eines Vergabeverfahrens gegen Bestimmungen i.S. von § 97 Abs. 6 GWB verstoßen kann.[785] Gemäß § 97 Abs. 1 GWB werden öffentliche Aufträge nämlich prinzipiell im Wettbewerb und im Wege transparenter Verfahren vergeben, wenn gemäß § 106 Abs. 1 GWB ein jeweils festgelegter Schwellenwert erreicht oder überschritten wird und insbesondere keine allgemeinen Ausnahmen nach § 107 GWB oder besondere Ausnahmen nach § 116 GWB einschlägig sind. Nach dem BGH wird die Einhaltung dieser Regelungen von den Nachprüfungsinstanzen kontrolliert.[786]

Die Annahme, dass die Nichtdurchführung eines Vergabeverfahrens gegen Bestimmungen i.S. von § 97 Abs. 6 GWB verstoßen kann, knüpft zurecht nicht an die förmliche Einleitung eines Vergabeverfahrens an. Nach der Begriffsbestimmung zum Vergabeverfahren kommt es auf die förmliche Einleitung eines Vergabeverfahrens, etwa im Rahmen einer unionsweiten Auftragsbekanntmachung nicht an. Zutreffend wird daher auch in der Rechtsprechung vertreten, dass, wenn es um die Begründung eines öffentlichen Auftrags i.S. von § 103 GWB geht, die Einhaltung dieser Bestimmung unabhängig von einer bestimmten Förmlichkeit im Vergabenachprüfungsverfahren überprüft werden kann.[787] Entscheidend ist allein der interne Beschaffungsentschluss des öffentlichen Auftraggebers sowie die nach außen erkennbare Umsetzung.[788] Sobald ein öffentlicher Auftraggeber in ein Verfahren eintritt, in dem er beabsichtigt, mit mindestens einem Unternehmen einen entgeltlichen, den maßgeblichen Schwellenwert überschreitenden Vertrag abzuschließen, der nicht vom Vergabe-

781 Zur Förderung des Transparenzgrundsatzes Erwägungsgrund 52 der RL 2014/24/EU des Europäischen Parlaments und des Rates v. 26.02.2014.

782 *Siegel*, LKV 2017, 385, 390; *Dreher*, in: Immenga/Mestmäcker, Wettbewerbsrecht, Bd. 4, § 97 GWB Rn. 193; *Koch*, in: Burgi/Dreher/Opitz, Beck'scher Vergaberechtskommentar, Bd. 1, § 97 Abs. 5 GWB Rn. 12.

783 VK München, Beschl. v. 03.05.2021, 3194.Z3-3_01-21-26, VergabeR 2021, 738-74.

784 BGH, Beschl. v. 01.02.2005, X ZB 27/04, BGHZ 162, 116-136 juris Rn. 12.

785 BGH, Beschl. v. 01.02.2005, X ZB 27/04, BGHZ 162, 116-136 juris Rn. 42; *Fehling*, in: Pünder/Schellenberg, Vergaberecht, § 97 GWB Rn. 159; *Dörr*, in: Burgi/Dreher/Opitz, Beck'scher Vergaberechtskommentar, Bd. 1, § 97 Abs. 6 GWB Rn. 24.

786 BGH, Beschl. v. 01.02.2005, X ZB 27/04, BGHZ 162, 116-136, juris Rn. 13; OLG Düsseldorf, Beschl. v. 18.04.2018, VII-Verg 28/17, NZBau 2018, 486-491 Rn. 60.

787 OLG Sachsen-Anhalt, Beschl. v. 15.04.2016, 7 Verg 1/16 Rn. 53.

788 Ziff. B. IV. 1. b) dieses Kapitels.

recht ausgenommen ist, kann demnach ein Anspruch eines dritten Unternehmens gemäß § 97 Abs. 6 GWB begründet werden.[789]

Diese Annahme steht im Einklang mit dem Unionsrecht. Auf unionsrechtlicher Ebene ist verlangt, dass die Nichtdurchführung eines Vergabeverfahrens und die Nichtanwendung des Kartellvergaberechts im Nachprüfungsverfahren kontrolliert werden kann. Unter Beachtung des Unionsrechts müssen sich Unternehmen gemäß § 97 Abs. 6 GWB auch auf einen Anspruch berufen, mit dem die Nichtdurchführung eines Vergabeverfahrens nachgeprüft wird. Dieses Verständnis kann maßgeblich auf zwei Bestimmungen der Rechtsmittelrichtlinien der Union gestützt werden. Nach Art. 1 RL 89/665/EWG und RL 2007/66/EG soll sichergestellt werden, dass jede Entscheidung einer Vergabebehörde, die in den Bereich des öffentlichen Auftragswesens fällt, kontrolliert werden kann. Durch die Wortwahl „jede" ist keine Beschränkung in Bezug auf Art und Inhalt der Entscheidung vorgesehen.[790] Ohne Beschränkung können auch solche Entscheidungen kontrolliert werden, die vor der Einleitung eines Vergabeverfahrens getroffen worden sind, soweit es um eine Entscheidung des öffentlichen Auftragswesens geht. Darunter sind auch Entscheidungen über den Anwendungsbereich des Kartellvergaberechts zu verstehen, da andernfalls die Anwendung des Vergaberechts nach Belieben des öffentlichen Auftraggebers erfolgen und dadurch wirksamer Vergaberechtsschutz erheblich eingeschränkt werden kann.[791] Das widerspricht dem regulierenden Charakter des Vergaberechts. Darüber hinaus sollen nach Art. 2 Abs. 1 lit. b) RL 89/665/EWG und RL 2007/66/EG im Nachprüfungsverfahren rechtswidrige Entscheidungen aufgehoben werden können. Da es Ziel der Richtlinie 2007/66/EG ist, die Wirksamkeit der Nachprüfungsverfahren bezüglich der Vergabe öffentlicher Aufträge zu verbessern[792], können unter Art. 2 Abs. 1 lit. b) RL 89/665/EWG und RL 2007/66/EG nur Entscheidungen verstanden werden, die sich auf eine Auftragsvergabe beziehen. Dazu gehören nicht nur in einem förmlichen Vergabeverfahren getroffene Entscheidungen eines öffentlichen Auftraggebers, sondern eben auch Entscheidungen eines Auftraggebers, kein Vergabeverfahren durchzuführen.[793] Die unionsrechtliche Vorgabe bezieht sich allgemein auf die Entscheidung eines öffentlichen Auftraggebers, ohne dass es auf den Inhalt der Entscheidung oder den Zeitpunkt ihres Erlasses ankommt.[794] Dieses Verständnis ist vor dem Hintergrund effektiven Rechtsschutzes zwingend zugrunde zu legen, da andernfalls die Missachtung der Anwendungsregeln des Kartellvergaberechts nicht überprüft werden kann. Demnach zutreffend wurde in der vergaberechtlichen Rechtsprechung betont, es würde dem Grundsatz des effektiven Rechtsschutzes zuwiderlaufen, wenn ein öffentlicher Auftraggeber einen Vertrag unter Verstoß gegen die Verpflichtung zur Durchführung eines Vergabeverfahrens schließt, ohne dass dieser im Vergabenachprüfungsverfahren überprüft werden kann.[795]

789 BGH, Beschl. v. 01.02.2005, X ZB 27/04, BGHZ 162, 116-136 juris Rn. 13, 40ff.

790 EuGH, Urt. v. 11.01.2005, Rs. C-26/03, EuZW 2005, 86-90 juris Rn. 30 – *Stadt Halle;* Urt. v. 28.10.1999, Rs. C-81/98, NJW 2000, 569-571 Rn. 35 – *Alcatel Austria.*

791 EuGH, Urt. v. 11.01.2005, Rs. C-26/03, EuZW 2005, 86-90 juris Rn. 36f. – *Stadt Halle*

792 Erwägungsgrund 34 der RL 2007/66/EG des Europäischen Parlaments und des Rates v. 11.12.2007.

793 *Burgi*, NZBau 2003, 16, 19.

794 EuGH, Urt. v. 11.01.2005, Rs. C-26/03, EuZW 2005, 86-90 juris Rn. 28 – *Stadt Halle.*

795 VK München, Beschl. v. 03.05.2021, 3194.Z3-3_01-21-26, VergabeR 2021, 738-74 Rn. 29.

Im Rahmen der Überprüfung der Vergabepflichtigkeit wird von den Vergabekammern zudem kontrolliert, ob ein öffentlicher Auftraggeber die Eigenschaft i.S. des § 99 GWB erfüllt.[796] Und es wird kontrolliert, ob überhaupt ein öffentlicher Auftrag zum Beispiel gemäß § 103 GWB vorliegt. Denkbar sind des Weiteren die Kontrolle von Verstößen im Hinblick auf die Ermittlung des Schwellenwerts[797] oder die Annahme eines Ausnahmetatbestandes[798].

Diese Annahmen zum Umfang der vergaberechtlichen Nachprüfung sind anhand systematischer Erwägungen und anhand der Bedeutung der Vorschriften über die Vergabepflichtigkeit zu bestätigen. Die Vorschriften über die Vergabepflichtigkeit öffentlicher Aufträge (§§ 99-112, 115-118 GWB)[799] sind gesetzlich angeordnet zwischen dem Anspruch aus § 97 Abs. 6 GWB und dem Vergabeverfahrensrecht. Sie stehen – mit Ausnahme von §§ 115-118 GWB – am Anfang des Kartellvergaberechts. §§ 115-118 GWB schließen sich indessen diesen Normen an, obschon sie nach der gesetzlichen Zuordnung bereits zum zweiten Abschnitt des ersten Kapitels des Kartellvergaberechts gehören. Sie sind gleichwohl zentrale Elemente des Vergabeverfahrens im GWB.[800] Systematisch betrachtet fügen sich die Regelungen insgesamt in die allgemeinen Regelungen des Kartellvergaberechts ein, die maßgeblich für die Anwendung der weiteren kartellvergaberechtlichen Bestimmungen sind. Über die systematische Betrachtung hinaus sind die Regelungen über die Vergabepflichtigkeit relevant für das Vergabeverfahren, weil sie letztlich begründen, welche Sachverhalte im Nachprüfungsverfahren überprüft werden können und welche Sachverhalte dem Primärrechtsschutz entzogen sind. Die Regelung des § 99 GWB ist dabei das „zentrale Scharnier" für die Anwendbarkeit der Vorschriften des Kartellvergaberechts.[801] § 103 GWB zeigt ergänzend den objektiven Anwendungsbereich auf.[802] Die Norm ist wesentliche Voraussetzung für die Erlangung von vergaberechtlichem Rechtsschutz.[803] Die allgemeine Ausnahmeregelung des § 107 GWB legt wiederum einzelne Tatbestände fest, die dem Primärrechtsschutz entzogen sind.[804] Schließlich enthalten auch die weiteren Ausnahmetatbestände nach §§ 107-109 und 116-118 GWB allgemeine und besondere Ausnahmen vom Kartellvergaberecht.[805] Die allgemeinen Ausnahmetatbestände des § 107 GWB sollen dabei zwar überwiegend dem Schutz des öffentlichen Auftraggebers dienen.[806] Gleichwohl steht diese mögliche Schutzausrichtung einem Anspruch aus § 97 Abs. 6 GWB nicht entgegen. Die Vergabekammern überprüfen die Begründung eines Ausnahmetatbestandes.[807] Denn im Falle der Begründung ist eine weitergehende Kontrolle

796 OLG Düsseldorf, Beschl. v. 18.04.2018, VII-Verg 28/17, NZBau 2018, 486-491 Rn. 28, 60.
797 OLG Düsseldorf, Beschl. v. 15.07.2020, VII-Verg 40/19 Rn. 15, 17, 28, 32.
798 OLG Hamburg, Beschl. v. 16.04.2020, 1 Verg 2/20, NZBau 2021, 210-212 Rn. 61.
799 Zur Zusammenfassung der Vorschriften *Dörr*, in: Burgi/Dreher/Opitz, Beck'scher Vergaberechtskommentar, Bd. 1, § 97 Abs. 6 GWB Rn. 24.
800 Gesetzesbegründung zum Vergaberechtsmodernisierungsgesetz v. 08.10.2015, BT-Drs. 18/6281, S. 92.
801 *Ziekow*, in: Ziekow/Völlink, Vergaberecht, § 99 GWB Rn. 1.
802 *Heuvels*, in: Heuvels, Heuvels/Höß/Kuß/Wagner, Vergaberecht, § 103 GWB Rn. 1.
803 *Csaki*, in: Byok/Jäger, Vergaberecht, § 103 GWB Rn. 3.
804 *Höß*, in: Heuvels, Heuvels/Höß/Kuß/Wagner, Vergaberecht, § 107 GWB Rn. 3.
805 *Gurlit*, in: Burgi/Dreher/Opitz, Beck'scher Vergaberechtskommentar, Bd. 1, § 107 Abs. 1 GWB, Rn. 5; *Friton/Wolf*, in: Gabriel/Mertens/Prieß/Stein, BeckOK Vergaberecht, § 107 GWB Rn. 1f.
806 *Gurlit*, in: Burgi/Dreher/Opitz, Beck'scher Vergaberechtskommentar, Bd. 1, § 107 Abs. 1 GWB Rn. 6.
807 So etwa VK Rheinland-Pfalz, Beschl. v. 06.01.2018, VK 1 - 31/17 Rn. 34ff.

zugunsten des rechtssuchenden Unternehmens nicht geboten. Diese Nachprüfung dient damit im Ergebnis einer raschen Nachprüfung und einem beschleunigten Verfahren. Die Überprüfungsmöglichkeiten der Vergabekammern sind in den Ausnahmefällen des § 107 GWB indes darauf beschränkt, ob die Voraussetzungen für eine Ausnahme von dem jeweiligen öffentlichen Auftraggeber zutreffend angenommen worden sind.[808] Auf diese Weise erhält das rechtssuchende Unternehmen im Sinne eines beschleunigten Verfahrens möglichst rasch eine Antwort darauf, ob der betroffene Beschaffungsbedarf nach den Regeln des Kartellvergaberechts vergeben werden muss oder nicht. Die vergaberechtliche Rüge wird regelmäßig auf einen Fall erfolgen, in dem ein öffentlicher Aufraggeber wegen der Annahme eines Ausnahmetatbestandes von der Anwendung der Regelungen des Kartellvergaberechts abgesehen hat. Konkrete Verstöße gegen einzelne vergaberechtliche Bestimmungen sind in diesem Kasus ohnehin unwahrscheinlich, da der Auftraggeber gerade losgelöst vom Vergaberecht einen Beschaffungsbedarf realisiert.

Die Regelungen über die Anwendung des Kartellvergaberechts erlangen damit maßgebliche Bedeutung für die Eröffnung des Vergaberechts.

Festzuhalten ist, dass die Vorschriften über den Anwendungsbereich des Kartellvergaberechts Bestimmungen über das Vergabeverfahren i.S. von § 97 Abs. 6 GWB sind, deren Einhaltung von den Vergabekammern kontrolliert wird.

d) Nicht umfasste Bestimmungen

Von dem Anspruch aus § 97 Abs. 6 GWB können einzelne Verletzungen des Kartellvergaberechts ausgenommen sein. Diese Annahme kann nicht auf den prinzipiell offenen Wortlaut gestützt werden. Ebenso wenig helfen systematische Erwägungen weiter, da die Einordnung von § 97 Abs. 6 GWB in den Regelungen zu Vergabegrundsätzen und zu Beginn des normierten Vergabeprimärrechts keine Anhaltspunkte für Einschränkungen gibt.

Nach dem EuGH geht es im Kartellvergaberecht darum, dass die Richtlinien über die Koordination der Verfahren zur Vergabe öffentlicher Aufträge Vorschriften über die Teilnahme und Publizität enthalten, die Bieter vor Willkür der öffentlichen Auftraggeber schützen sollen.[809] Die Richtlinien sollen Vorgaben zum Verfahren zur Auswahl des Vertragspartners eines öffentlichen Auftraggebers bestimmen. Es geht demnach nicht um die vollständige Regulierung öffentlicher Aufträge an sich. Unter Berücksichtigung dieses Maßstabes können zu den Bestimmungen über das Vergabeverfahren i.S. von § 97 Abs. 6 GWB nur Regelungen gehören, die im Speziellen die Auswahl des Vertragspartners, demnach am Vergabeverfahren beteiligte Unternehmen, betreffen. Ferner können einzelne Vorschriften vor allem ihrer Bedeutung nach nicht von den Bestimmungen über das Vergabeverfahren umfasst sein. Nach der ratio legis des § 97 Abs. 6 GWB geht es darum, den Bietern einen Rechtsanspruch auf Einhaltung der Bestimmungen über das Vergabeverfahren zuzusprechen.[810] Es geht auch darum, den unionsrechtlich geprägten subjektiven Rechtsschutz zu

808 *Höß*, in: Heuvels, Heuvels/Höß/Kuß/Wagner, Vergaberecht, § 107 GWB Rn. 3.

809 EuGH, Urt. v. 20.09.1988, Rs. C-31/87, Slg. 1988, I-4635, juris Rn. 42 – *Beentjes*; Urt. v. 11.08.1995, Rs. C-433/93, Slg. 1995, I-2303-2320 juris Rn. 19.

810 *Knauff*, in: Säcker/Ganske/Knauff, MüKo zum Wettbewerbsrecht, Bd. 3, § 97 GWB Rn. 382; *Dörr*, in: Burgi/Dreher/Opitz, Beck'scher Vergaberechtskommentar, Bd. 1, § 97 Abs. 6 GWB Rn. 10.

verbessern.[811] Die Norm begründet die Durchsetzung subjektiver Rechte eines Unternehmens im Vergabeverfahren. Dabei zielt § 97 Abs. 6 GWB auch auf den Schutz des Wettbewerbs ab.[812] Nach dem Sinngehalt sind keine Bestimmungen über das Vergabeverfahren i.S. von § 97 Abs. 6 GWB solche Vorschriften, die lediglich öffentliche Aufträge an sich, nicht aber die Regelung des Vergabeverfahren im engeren Sinne bis zur Begründung des öffentlichen Auftrags betreffen. Diese Vorschriften des Kartellvergaberechts haben weder für die Durchführung eines fairen, wettbewerblichen Vergabeverfahrens noch für die Begründung subjektiver Rechte Bedeutung.

(1) Vorschrift zur Berichtspflicht

Zu denken ist etwa an die Berichtspflicht der obersten Bundesbehörden und der Länder über die Anwendung des Kartellvergaberechts aus § 114 GWB.[813] Sie ist am Anfang des Kartellvergaberechts normiert und hat indes weder irgendeinen Einfluss auf die Durchführung des Vergabeverfahrens noch Bedeutung für die Durchführung des Vergabeverfahrens. Die Überprüfung von nicht das Vergabeverfahren berührenden Regelungen ist im Hinblick auf die Gewähr wirksamen Vergaberechtsschutzes nicht geboten. Es geht im Vergabenachprüfungsverfahren nicht um die Kontrolle, ob einzelne Behörden und Länder ihre Berichtspflichten etwa zwecks Überwachung der öffentlichen Auftragsvergabe und Erhalt eines Überblicks über mögliche strukturelle Probleme[814] erfüllen. Es geht auch nicht darum, Daten über das Einkaufsverhalten der öffentlichen Auftraggeber zu gewinnen[815], um anschließend das Gesamtvolumen des öffentlichen Auftragswesens in der Bundesrepublik und damit die volkwirtschaftliche Bedeutung zu erfassen[816]. Derartige Überprüfungen in einem Nachprüfungsverfahren würden die Vergabe eines öffentlichen Auftrags entgegen dem Beschleunigungsgrundsatz behindern. Es ist festzuhalten, dass sich Rechtssuchende nicht auf sämtliche das Vergaberecht berührende Vorschriften berufen können.

(2) Vorschriften ohne Bezug zur Durchführung eines Vergabeverfahrens

Soweit sich einzelne Vorschriften im Vergaberecht befinden, die nicht per se das Vergabeverfahren ab der Annahme eines Beschaffungsentschlusses eines öffentlichen Auftraggebers bis hin zur Zuschlagserteilung betreffen, sind diese Vorschriften zwar nicht prinzipiell an falscher Stelle verortet. Auch der Richtliniengeber hat in der RL 2014/24/EU Vorgaben aufgenommen, die nicht die Durchführung des Vergabeverfahrens betreffen, sondern zum Beispiel die Durchführung des dem Vergabeverfahren folgenden Auftrags. So sieht Art. 18 Abs. 2 RL 2014/24/EU vor, dass die Mitgliedstaaten geeignete Maßnahmen treffen, um dafür zu sorgen, dass die Wirtschaftsteilnehmer bei der Ausführung öffentlicher Aufträge die geltenden Verpflichtungen, insbesondere einzelstaatliche Rechtsvorschriften einhalten. Hier geht es aber ausschließlich um die Ausführung eines Auftrags und nicht um das zeit-

---

811 OLG Brandenburg, Beschl. v. 03.08.1999, 6 Verg 1/99, NZBau 2000, 39, 42 juris Rn. 134.

812 *Dreher*, in: Immenga/Mestmäcker, Wettbewerbsrecht, Bd. 4, § 97 GWB Rn. 219.

813 *Schneevogl*, in: Heiermann/Zeiss/Summa, jurisPK-Vergaberecht, § 97 GWB Rn. 174; *Dörr*, in: Burgi/Dreher/Opitz, Beck'scher Vergaberechtskommentar, Bd. 1, § 97 Abs. 6 GWB Rn. 25.

814 Zu diesem Zweck *Greb*, in: Ziekow/Völlink, Vergaberecht, § 114 GWB Rn. 1.

815 Zu diesem Zweck Gesetzesbegründung zum Vergaberechtsmodernisierungsgesetz v. 08.10.2015, BT-Drs. 18/6281, S. 91.

816 Zu diesem Zweck *von zur Gathen*, in: Säcker/Ganske/Knauff, MüKo zum Wettbewerbsrecht, Bd. 3, § 114 GWB Rn. 2.

lich vorausgehende Vergabeverfahren. Solche Vorgaben haben eine von der Vielzahl der Vergaberegelungen losgelöste Bedeutung. Der Gesetzgeber hat das Vergaberecht im vierten Teil des GWB nicht ausschließlich als ein Verfahrensrecht gestaltet, sondern an dieser Stelle auch weitere Vorgaben zum Beschaffungswesen aufgenommen. So enthält der erste Abschnitt des ersten Kapitels des vierten Teils des GWB in § 113 GWB etwa auch eine Normierung über die Ermächtigung der Bundesregierung, Rechtsverordnungen zu erlassen, die nicht zu den Bestimmungen des Vergabeverfahrens gehört.[817] Über diese Norm können weiterer Regeln vom Gesetzgeber erlassen werden, die das Vergabeverfahren im Speziellen betreffen und regulieren. Die Norm enthält für sich genommen indessen keine konkrete Regelungsvorgabe für den Vergabeprozess. § 113 GWB kann vor diesem Hintergrund keine Bestimmung i.S. von § 97 Abs. 6 GWB sein.

Festzuhalten ist deswegen, dass nicht zu den Bestimmungen über das Vergabeverfahren solche Normen gehören, die zwar die Durchführung öffentlicher Aufträge, nicht aber im Einzelnen das Verfahren zur Auswahl des Vertragspartners eines öffentlichen Auftraggebers betreffen.[818]

(3) Vorschrift zur Auftragsausführung

Des Weiteren stellt § 128 Abs. 1 GWB keine Bestimmung i.S. von § 97 Abs. 6 GWB dar. Die Norm betrifft lediglich die *Durchführung öffentlicher Aufträge*.[819] Sie betrifft nicht aber die *Durchführung des Vergabeverfahrens* selbst. § 128 Abs. 1 GWB legt von Gesetzes wegen fest, dass Unternehmen alle für sie geltenden rechtlichen Vorgaben einzuhalten haben. Vorgaben für einzelne Vergabeverfahren werden dadurch nicht begründet. Dass es dabei ausschließlich um die Ausführung öffentlicher Aufträge und nicht um ein spezielles Vergabeverfahren geht, folgt aus den unionsrechtlichen Vorgaben, wonach „die Bedingungen für die Auftragsausführung [...] der Festlegung konkreter Anforderungen bezüglich der Ausführung des Auftrags [dienen]. Anders als Zuschlagskriterien, die die Grundlage für eine vergleichende Bewertung der Qualität von Angeboten bilden, sind Bedingungen für die Auftragsausführung festgelegte, objektive Anforderungen, von denen die Bewertung von Angeboten unberührt bleibt."[820] Objektive Regelungen werden von § 97 Abs. 6 GWB nicht erfasst. Die Vorgaben zur Auftragsausführung bestehen losgelöst von konkreten Vorgaben für ein Vergabeverfahren.[821] Es liegt nicht in der Hand der öffentlichen Auftraggeber, diese Vorgaben zu konkretisieren oder die Einhaltung zu kontrollieren.[822] Die rechtlichen, im Einzelnen unterschiedlichen Vorgaben betreffen nicht den jeweiligen Beschaffungsvorgang und können diesen auch nicht regulieren. Die jeweiligen rechtlichen Vorgaben betreffen vielmehr prinzipiell vergaberechtsfremde Sachverhalte wie etwa Vorgaben zu Mindestarbeitsbedingungen.[823] Diese Vorgaben wurden zwar gemäß § 128 Abs. 1

817 *Dörr*, in: Burgi/Dreher/Opitz, Beck'scher Vergaberechtskommentar, Bd. 1, § 97 Abs. 6 GWB Rn. 25.

818 *Dreher*, in: Immenga/Mestmäcker, Wettbewerbsrecht, § 97 GWB Rn. 238; Schneevogl, in: Heiermann/Zeiss/Summa, jurisPK-Vergaberecht, § 97 GWB Rn. 174.

819 *Opitz*, in: Burgi/Dreher/Opitz, Beck'scher Vergaberechtskommentar, Bd. 1, § 128 GWB Rn. 13.

820 Erwägungsgrund 104 der RL 2014/24/EU.

821 *Baumann/Mutschler-Siebert*, in: Heiermann/Zeiss/Summa, jurisPK-Vergaberecht, § 128 GWB Rn. 1.

822 Vgl. *Opitz*, in: Burgi/Dreher/Opitz, Beck'scher Vergaberechtskommentar, Bd. 1, § 128 GWB Rn. 9.

823 *Ziekow*, in: Ziekow/Völlink, Vergaberecht, § 128 GWB Rn. 12; *Kling*, in: Immenga/Mestmäcker, Wettbewerbsrecht, Bd. 4, § 128 GWB Rn. 20; vgl. auch *Opitz*, in: Burgi/Dreher/Opitz, Beck'scher Vergaberechtskommentar, Bd. 1, § 128 GWB Rn. 33.

GWB für einen öffentlichen Auftrag festgelegt, gleichwohl sind sie außerhalb des Vergaberechts verortet und gehören damit nicht zum Vergabeverfahren. Die Einhaltung solcher, vom Vergabeverfahren losgelösten Vorgaben wird dabei auch über die jeweiligen Vorgaben in den einzuhaltenden spezialgesetzlichen Regelungen sichergestellt, da regelmäßig spezialgesetzliche Sanktionsmechanismen vorgesehen sind.[824]

Es widerspricht nicht den Anforderungen an effektiven Rechtsschutz, wenn die Vergabekammern nicht über die Bestimmungen über das Vergabeverfahren hinaus die Einhaltung weiterer rechtlicher Vorgaben überprüfen, soweit sie dadurch nicht willkürlich Rechtsverstöße unberücksichtigt lassen. Effektiver Vergaberechtsschutz wird dadurch nicht unmöglich gemacht, da die Durchführung eines ordnungsgemäßen und rechtsfehlerfreien Vergabeverfahrens vollständig kontrolliert wird und für darüberhinausgehende Rechtskontrollen insbesondere der ordentliche Rechtsschutz offensteht.

Davon losgelöst ist § 128 Abs. 2 GWB zu beachten, der trotz eines systematischen Zusammenhangs zu § 128 Abs. 1 GWB eine Bestimmung über das Vergabeverfahren i.S. von § 97 Abs. 6 GWB ist. Nach § 128 Abs. 2 GWB können öffentliche Auftraggeber besondere Ausführungsbedingungen festlegen, sofern diese mit dem Auftragsgegenstand in Verbindung stehen. Es können individuell Voraussetzungen in einem konkreten Vergabeverfahren festgelegt werden – zum Beispiel Vorgaben zu Anstellungs- und Beschäftigungsverhältnissen für Mitarbeiter der potentiellen Auftragnehmer –, die von den Vergabekammern im Vergabenachprüfungsverfahren überprüft werden.[825] Dafür spricht, dass konkrete Vorgaben von den öffentlichen Auftraggebern zur Beschaffung einer Leistung festgelegt werden und zwingend im Zusammenhang mit dem Beschaffungsbedarf stehen. Solche Vorgaben beziehen sich mithin auf die Auswahl des Vertragspartners eines öffentlichen Auftraggebers und damit auf das Vergabeverfahren. Die Gesetzesbegründung nennt als zulässige Bedingungen etwa den Einsatz von Auszubildenden oder Langzeitarbeitslosen sowie Maßnahmen zur Förderung der Gleichstellung von Frauen und Männern am Arbeitsplatz.[826] Auf Rüge eines Unternehmens im Vergabeverfahren haben die Vergabekammern zu überprüfen, ob die Voraussetzungen für eine zulässige Ausführungsbedingung im Sinne des § 128 Abs. 2 GWB vorliegen und diese in Verbindung mit dem Auftragsgegenstand steht.[827] Dabei kontrollieren die Vergabekammern, ob die von dem öffentlichen Auftraggeber bestimmte Vorgabe innerhalb der Grenzen des Vergaberechts liegt, insbesondere die allgemeinen vergaberechtlichen Grundsätze eingehalten worden sind.[828] Festzuhalten ist, dass sich in Abgrenzung von den gesetzlichen Vorgaben nach § 128 Abs. 1 GBW die Bedingungen nach § 128 Abs. 2 GWB auf ein spezielles Verfahren zur Vergabe eines konkreten Auftrags beziehen und als Bestimmung i.S. von § 97 Abs. 6 GWB zu qualifizieren sind.[829]

---

824 Gesetzesbegründung zum Vergaberechtsmodernisierungsgesetz v. 08.10.2015, BT-Drs. 18/6281, zu § 128 Abs. 1 GWB, S. 113.

825 So etwa VK Bund, Beschl. v. 06.11.2017, VK 1 - 113/17 juris Rn. 44ff.

826 Gesetzesbegründung zum Vergaberechtsmodernisierungsgesetz v. 08.10.2015, BT-Drs. 18/6281, S. 114.

827 VK Bund, Beschl. v. 06.11.2017, VK 1 - 113/17 juris Rn. 46f.

828 VK Bund, Beschl. v. 06.11.2017, VK 1 - 113/17 juris Rn. 48.

829 Vgl. *Ziekow*, in: Ziekow/Völlink, Vergaberecht, § 128 GWB Rn. 41.

(4) Kündigungsregel

Unbeschadet der Einordnung im ersten Kapitel des vierten Teils des GWB ist die Kündigungsregel in § 133 GWB keine Bestimmung über das Vergabeverfahren i.S. von § 97 Abs. 6 GWB. Wird ein öffentlicher Auftrag während der Vertragslaufzeit gekündigt, stellt dies keinen Vorgang *in* einem Vergabeverfahren dar, denn das Verfahren endet mit der Zuschlagserteilung.[830] Gegenstand der Kündigungsregel ist nicht mehr das Verfahren zur Auswahl des Vertragspartners eines öffentlichen Auftraggebers. § 133 GWB regelt vielmehr einen Fall, in dem nach Zuschlagserteilung ein Vertrag mit dem öffentlichen Auftraggeber wieder aufgehoben werden soll. Über § 97 Abs. 6 GWB kann kein Anspruch auf Durchsetzung einer Kündigung im Vergabenachprüfungsverfahren geltend gemacht werde, da § 133 GWB seiner Bedeutung nach nicht zu den Bestimmungen über das Vergabeverfahren gehört. § 133 GWB ist eine schuldrechtliche Regelung, die Bietern selbst keinen eigenen subjektiven Drittschutz vermittelt.[831] Die vergaberechtliche Kündigungsregel bezweckt vielmehr die Einhaltung der aus dem Unionsrecht erwachsenden Verpflichtungen im Bereich der öffentlichen Auftragsvergabe.[832] § 133 GWB reguliert den öffentlichen Auftrag an sich. Ein öffentlicher Auftrag soll nicht unter Verstoß gegen das vergaberechtliche Prinzip zwingend zu Ende geführt werden müssen, sondern rechtlich angreifbar bleiben[833]. Dadurch wird dem Umstand Rechnung getragen, dass möglicherweise erst lange Zeit nach Vertragsschluss schwerwiegende Vergaberechtsmängel erkennbar werden, die innerhalb der im Vergaberecht geltenden Fristen nicht mehr angegriffen werden können.[834] § 133 GWB dient demnach nicht dazu, dass ein neues Vergabeverfahren eröffnet wird. Für ein konkurrierendes Unternehmen steht zudem auch gar nicht fest, dass es nach einer Beendigung des öffentlichen Auftrags zu einer neuen Auftragsvergabe kommen wird. Das Vergaberecht kennt keinen Anspruch auf Durchführung eines Vergabeverfahrens[835] und ebenso wenig einen Anspruch auf Erteilung des Zuschlags, § 63 Abs. 1 S. 2 VgV. Soweit ein öffentlicher Auftrag beendet wird, hat es deswegen nicht zwingend zur Folge, dass der öffentliche Auftraggeber die gleiche Leistung noch einmal ausschreibt. Ob noch einmal ein Vergabeverfahren begründet wird, hängt demnach von dem Beschaffungsentschluss der öffentlichen Auftraggeber ab, der dem Vergabeverfahren vorangeht bzw. mit dem das Vergabeverfahren erst begründet wird. Die davon losgelöste rechtliche Bewertung einer Kündigung eines vorangegangenen öffentlichen Auftrags ist demnach stets ein Vorgang, der allenfalls eine Vorstufe für ein neues Verfahren sein kann, keineswegs aber in einem Vergabeverfahren stattfindet. Die Kündigungsregel kann deswegen nicht den Bestimmungen über das Vergabeverfahren i.S. von § 97 Abs. 6 GWB zugeordnet werden.

Gleichwohl besteht ein wettbewerbliches Interesse an der Überprüfung von vergaberechtlichen Kündigungsgründen. Wird ein öffentlicher Auftrag durch eine Kündigung beendet

830 *Berger*, in: Burgi/Dreher/Opitz, Beck'scher Vergaberechtskommentar, Bd. 1, § 133 GWB Rn. 43; *Mertens/Götze*, in: Gabriel/Mertens/Prieß/Stein, BeckOK Vergaberecht, § 133 GWB Rn. 23; ähnlich auch *Jäger*, in: Säcker/Ganske/Knauff, MüKo zum Wettbewerbsrecht, Bd. 3, § 133 GWB Rn. 17.

831 *Braun*, in: Ziekow/Völlink, Vergaberecht, § 133 GWB Rn. 165.

832 Erwägungsgrund 112 der RL 2014/24/EU des Europäischen Parlaments und des Rates v. 26.02.2014.

833 Vgl. *Kling*, in: Immenga/Mestmäcker, Wettbewerbsrecht, Bd. 4, § 133 GWB Rn. 7.

834 *Steiff*, in: Heuvels, Heuvels/Höß/Kuß/Wagner, Vergaberecht, § 133 GWB Rn. 2.

835 Vgl. OLG Düsseldorf, Beschl. v. 10.02.2021, Verg 22/20 Rn. 25f.

oder liegt ein Kündigungsgrund vor, kann bei fortbestehendem Beschaffungsbedarf eines öffentlichen Auftraggebers ein neues Vergabeverfahren im Raum stehen. In diesem Kasus kann ein mit dem ursprünglichen Auftragnehmer konkurrierendes Unternehmen den Auftraggeber gerichtlich auf Vornahme einer Kündigung verklagen, damit anschließend ein neues Vergabeverfahren in Gang gesetzt wird.[836] Mit dem Ziel, in einem neuen Vergabeverfahren den Zuschlag zu erhalten, kann § 133 GWB insoweit eine drittschützende, wettbewerbsfördernde Funktion erhalten.[837] Allerdings ist für die Überprüfung der Kündigung regelmäßig der ordentliche Rechtsweg eröffnet[838], damit einem Rechtssuchenden effektiver Rechtsschutz gewährt werden kann.[839] Es kommt zur Gewähr effektiven Rechtsschutzes demnach nicht auf die Entscheidung der Vergabenachprüfungsinstanzen an. Das Unionsrecht schreibt insoweit nicht vor, welche nationale Instanz vergaberechtlichen Rechtsschutz gewähren soll.[840] Der ordentliche Rechtsweg genügt den unionsrechtlichen Anforderungen an wirksamem Rechtsschutz.[841] Es besteht zur Gewähr von Rechtsschutz kein Anlass, die Überprüfung oder Durchsetzung einer Kündigung künstlich in ein Vergabenachprüfungsverfahren zu projizieren. Im Gegenteil, Ansprüche im Hinblick auf die Überprüfung oder Durchsetzung einer Kündigung von öffentlichen Aufträgen können den beschleunigten, unionsrechtlich geforderten raschen vergaberechtlichen Rechtsschutz unnötig behindern und erschweren. Denn im Vergabenachprüfungsverfahren sollen langwierige Rechtsstreitigkeiten ausgeschlossen und Investitionshindernisse vermieden werden.[842] Dabei endet der „Sonderrechtsweg" vor den Vergabenachprüfungsinstanzen mit der Zuschlagsentscheidung eines öffentlichen Auftraggebers, es sei denn, es gelten von Gesetzes wegen ausdrückliche Ausnahmen wie bei § 135 GWB.[843] § 135 Abs. 2 S. 1 Hs. 2 GWB ist zu entnehmen, dass nach Abschluss des Vergabeverfahrens öffentliche Aufträge wegen Unwirksamkeit im Nachprüfungsverfahren maximal sechs Monate nach Vertragsschluss von konkurrierenden Unternehmen angegriffen werden können.[844] Diese vergaberechtlich maximal lange Frist dient der Beschleunigung und anschließenden Rechtssicherheit von Beschaffungsvorgängen. Es wäre systemwidrig, wenn Unternehmen nach Abschluss des bewusst unter knappen Fristen geregelten Vergabeverfahrens beliebig lang einen Anspruch auf Einhaltung der Kündigungsregel in § 133 Abs. 1 GWB geltend machen können.[845]

836 *Braun*, in: Ziekow/Völlink, Vergaberecht, § 133 GWB Rn. 162; a. A. ausdrücklich *Steiff*, in: Heuvels, Heuvels/Höß/Kuß/Wagner, Vergaberecht, § 133 GWB Rn. 26.

837 *Braun*, in: Ziekow/Völlink, Vergaberecht, § 133 GWB Rn. 164.

838 *Berger*, in: Burgi/Dreher/Opitz, Beck'scher Vergaberechtskommentar, Bd. 1, § 133 GWB Rn. 44; *Jäger*, in: Säcker/Ganske/Knauff, MüKo zum Wettbewerbsrecht, Bd. 3, § 133 GWB Rn. 17; *Mertens/Götze*, in: Gabriel/Mertens/Prieß/Stein, BeckOK Vergaberecht, § 133 GWB Rn. 23.

839 Vgl. *Steiff*, in: Heuvels, Heuvels/Höß/Kuß/Wagner, Vergaberecht, § 133 GWB Rn. 32.

840 EuGH, Urt. v. 17.09.1997, Rs. C-54/96, Slg 1997, I-4961-4999 juris Rn. 41 – *Dorsch Consult*.

841 VK Bund, Beschl. v. 13.06.2022, VK 1 – 47/22 juris Rn. 31.

842 Gesetzesbegründung zum Vergaberechtsänderungsgesetz v. 03.12.1997, BT-Drs. 13/9340, S. 12.

843 VK Bund, Beschl. v. 13.06.2022, VK 1 – 47/22 juris Rn. 28.

844 *Steiff*, in: Heuvels, Heuvels/Höß/Kuß/Wagner, Vergaberecht, § 133 GWB Rn. 35.

845 *Steiff*, in: Heuvels, Heuvels/Höß/Kuß/Wagner, Vergaberecht, § 133 GWB Rn. 35.

(5) Vorschriften im Vorbereitungsstadium

Nicht zu den Bestimmungen i.S. von § 97 Abs. 6 GWB gehören schließlich auch solche Vorschriften, die lediglich der Vorbereitung eines Vergabeverfahrens dienen. Unter Berücksichtigung des zu Grunde gelegten Verständnisses von einem Vergabeverfahren müssen sich nicht umfasste Bestimmungen auf das Stadium vor dem Beschaffungsentschluss der öffentlichen Auftraggeber beziehen. Sobald der Beschaffungsentschluss feststeht, beginnt das Vergabeverfahren mit der Folge, dass die Einhaltung sich darauf beziehender Bestimmungen gemäß § 97 Abs. 6 GWB geltend gemacht werden können. Nach dem EuGH sind Entscheidungen eines öffentlichen Auftraggebers, die sich auf eine bloße Vorstudie des Marktes oder reine Vorbereitungsmaßnahmen beziehen, nicht im Vergabenachprüfungsverfahren zu kontrollieren, da es in diesen Fällen lediglich um interne Überlegungen öffentlicher Auftraggeber geht.[846] Vorbereitungsmaßnahmen enden und das Vergabeverfahren beginnt in diesen Fällen zu dem Zeitpunkt, in dem die Willensäußerung des öffentlichen Auftraggebers im Zusammenhang mit einem Auftrag über das Stadium interner Überlegungen hinausgegangen ist und Rechtswirkungen entfalten kann, zum Beispiel durch Kontaktaufnahmen zwecks Abschluss eines Vertrages.[847] Ab diesem Zeitpunkt können sich Unternehmen auf die Einhaltung der Bestimmungen i.S. von § 97 Abs. 6 GWB berufen. Unter Berücksichtigung dieser Rechtsprechung können sich Unternehmen daher nicht auf einen Anspruch auf Einhaltung solcher Bestimmungen berufen, die sich gerade auf das vorbereitende Stadium beziehen. Die öffentlichen Auftraggeber sind in dem vorbereitenden Stadium noch nicht dem Vergaberegime unterworfen, sondern regelmäßig an verwaltungs- und haushaltsrechtliche Vorgaben gebunden. Die Einhaltung dieser Bestimmungen wird nicht von den Vergabekammern auf Grundlage von § 97 Abs. 6 GWB kontrolliert. In dem vorbereitenden Stadium ist es daher gar nicht möglich, dass für Unternehmen subjektive Rechte auf Einhaltung konkreter Vergabevorschriften begründet werden.[848]

Einer genaueren Untersuchung bedürfen Bestimmungen, die im Kartellvergaberecht normiert sind und die gleichwohl einen Prozess im Vorbereitungsstadium regeln. Eine solche Vorschrift enthält § 28 Abs. 1 VgV, wonach Markterkundungen vor der Einleitung eines Vergabeverfahrens zur Vorbereitung der Auftragsvergabe und zur Unterrichtung der Unternehmen über Auftragsvergabepläne und -anforderungen durchgeführt werden dürfen. Systematisch fügt sich diese Bestimmung in das Vergabeverfahrensrecht ein, was für eine Überprüfung im Vergabenachprüfungsverfahren sprechen kann. Die Vorschrift regelt die Zulässigkeit von Markterkundungen vor dem Beginn eines Vergabeverfahrens.[849] Die Regelung bezieht sich damit nicht auf die Durchführung eines Verfahrens zur Auswahl des Vertragspartners eines öffentlichen Auftraggebers und kann dem Begriffsverständnis nach nicht zu den Bestimmungen über das Vergabeverfahren i.S. von § 97 Abs. 6 GWB gehören. Demnach können auch die Vergabekammern nicht die Einhaltung von § 28 Abs. 1 VgV im Vergabenachprüfungsverfahren überprüfen. Die vergaberechtliche Literatur spricht sich zum Teil dafür aus, die Rechtmäßigkeit einer Markterkundung im Vergabenachprüfungs-

846 EuGH, Urt. v. 11.01.2005, Rs. C-26/03, EuZW 2005, 86-90 Rn. 35 – *Stadt Halle*.
847 OLG Düsseldorf, Beschl. v. 31.05.2017, Rn. VII-Verg 36/16 Rn. 21.
848 *Kau*, in: Byok/Jäger, Vergaberecht, § 97 GWB Rn. 185.
849 Statt vieler nur *Wagner*, in: Heuvels, Heuvels/Höß/Kuß/Wagner, Vergaberecht, § 28 VgV Rn. 1.

verfahren überprüfen zu lassen.[850] Die Auffassung wird teilweise daran geknüpft, dass nach dem Markterkundungsverfahren ein Vergabeverfahren eingeleitet wird und in diesem die vorangegangene Markterkundung kontrolliert wird.[851] Die Vorschrift wird dadurch an das Vergabeverfahren geknüpft und systematisch hervorgehoben. Vereinzelt wird weiter betont, § 28 Abs. 1 VgV habe bieterschützende Wirkung, wenn der Auftraggeber in Ausnutzung der Gestattung die ihm durch die allgemeinen Vergabegrundsätze gezogenen Grenzen überschreitet.[852] Zwar überzeugt es, dass die allgemeinen Vergabegrundsätze auf ein Markterkundungsverfahren wegen ihrer grundlegenden Bedeutung auch für Vorstufen eines Vergabeverfahrens zur Anwendung kommen. Hingegen kommt es nicht auf den bieterschützenden Charakter einer Norm im Hinblick auf die Frage an, ob eine Vorschrift zu dem Anspruch aus § 97 Abs. 6 GWB gehört. Entscheidend ist die Zuordnung zum Vergabeverfahren, die in § 28 Abs. 1 VgV gerade fehlt. Insoweit verkennen die zuvor genannten Auffassungen die eigenständige Bedeutung des § 28 VgV. Die Erlaubnisvorschrift schreibt vor, was öffentliche Auftraggeber zur Vorbereitung eines Vergabeverfahrens unternehmen dürfen, ohne dass ein Vergabeverfahren bereits begründet wird. Nach dem Wortlaut der Norm findet das Markterkundungsverfahren vor dem Vergabeverfahren statt. Dadurch werden einzelne Maßnahmen eines öffentlichen Auftraggebers, die möglicherweise bereits auf einem Beschaffungsentschluss beruhen und damit ein Vergabeverfahren begründen können, ausdrücklich von dem Vergabeverfahren ausgenommen. Damit steht fest, dass die Markterkundungsmaßnahmen losgelöst von dem nachfolgenden Vergabeverfahren beleuchtet werden müssen. § 28 VgV dient zwar auch dem Schutz der Unternehmen, damit diese nicht ohne konkrete Beschaffungsabsicht einer Markterkundung ausgesetzt werden und sich beteiligen müssen.[853] Gleichwohl ist in diesen Fällen Primärrechtsschutz nicht möglich, da eben gerade kein Vergabeverfahren existiert, in dem ein Vergabenachprüfungsverfahren eingeleitet werden kann.[854] Unternehmen bleibt in diesen Fällen die Möglichkeit, Schadensersatz geltend zu machen.[855]

Festzuhalten ist deswegen, dass die Vergabekammern über § 97 Abs. 6 GWB nicht überprüfen, ob die Regelung über die Durchführung eines Markterkundungsverfahrens vor der Einleitung eines Vergabeverfahrens eingehalten worden ist.

e) Zwischenergebnis

Bestimmungen i.S. von § 97 Abs. 6 GWB sind Vorschriften über die Art und den Ablauf des Vergabeverfahrens inklusive der Regelungen zur Aufhebung eines Vergabeverfahrens sowie über Informationspflichten und die Unwirksamkeit öffentlicher Aufträge. Weiter gehören zu diesen Vorschriften die Vorgaben zur Leistungsbeschreibung, zur Eignung von

850 *Franzius*, in: Pünder/Schellenberg, Vergaberecht, § 28 VgV Rn. 11; *Müller-Wrede*, in: Müller-Wrede, VgV / UVgO - Kommentar, § 28 VgV Rn. 34; *Müller*, in: Säcker/Ganske/Knauff, MüKo zum Wettbewerbsrecht, Bd. 3, § 28 VgV Rn. 19.

851 *Franzius*, in: Pünder/Schellenberg, Vergaberecht, § 28 VgV Rn. 11ff.; *Müller-Wrede*, in: Müller-Wrede, VgV / UVgO - Kommentar, § 28 VgV Rn. 34

852 *Dieckmann*, in: Dieckmann/Scharf/Wagner-Cardenal, VgV, UVgO, § 28 VgV Rn. 16.

853 *Voppel*, in: Voppel/Osenbrück/Bubert, VgV, § 28 Rn. 12; vgl. auch *Trutzel//Meeßen*, in: Ziekow/Völlink, Vergaberecht, § 28 VgV Rn. 15.

854 *Voppel*, in: Voppel/Osenbrück/Bubert, VgV, § 28 Rn. 12.

855 *Trutzel/Meeßen*, in: Ziekow/Völlink, Vergaberecht, § 28 VgV Rn. 15; *Voppel*, in: Voppel/Osenbrück/Bubert, VgV, § 28 Rn. 14; *Franzius*, in: Pünder/Schellenberg, Vergaberecht, § 28 VgV Rn. 13.

Unternehmen und zu Ausschlussgründen. Dabei überprüfen die Vergabekammern ausschließlich die im Kartellvergaberecht ausdrücklich vorgesehenen Tatbestandsmerkmale und berücksichtigen Beurteilungsspielräume der öffentlichen Auftraggeber. Diesen Vorschriften werden ferner die Vorgaben über die Wertung von Angeboten unter Berücksichtigung der Beurteilungsspielräume der öffentlichen Auftraggeber sowie die Regelung zur Auftragsänderung während der Vertragslaufzeit zugeordnet. Zudem gehören Vorgaben zur individuellen Festlegung von Auftragsbedingungen zu den im Vergabenachprüfungsverfahren überprüfbaren Bestimmungen.

Wesentlicher Bestandteil der nachprüfungsfähigen Bestimmungen über das Vergabeverfahren sind die einzelnen Vergabegrundsätze aus § 97 Abs. 1 und 2 GWB, die Regelung zur Berücksichtigung mittelständischer Interessen in § 97 Abs. 4 GWB sowie die Vorgabe zur Verwendung elektronischer Kommunikationsmittel aus § 97 Abs. 5 GWB. Lediglich die legitimierende Zielbestimmung in § 97 Abs. 3 GWB muss von den Bestimmungen über das Vergabeverfahren ausgeklammert werden. Zu diesen Vorschriften gehören des Weiteren die Regelungen, die die Vergabepflichtigkeit und ihre Ausnahmetatbestände betreffen. Schließlich sind auch mittelbar in den Normen des Kartellvergaberechts erfasste Bestimmungen als solche über das Vergabeverfahren zu qualifizieren, soweit diesen durch Verhaltenspflichten gegenüber öffentlichen Auftraggebern eine eigene vergaberechtliche Geltung zukommt.

Nicht zu den Bestimmungen über das Vergabeverfahren gehören zum einen solche Vorschriften, die zwar im Kartellvergaberecht wegen ihrer außerhalb des Vergaberechts begründeten Anwendbarkeit in Bezug genommen werden, jedoch keine eigene vergaberechtliche Pflicht zur Auswahl des Vertragspartners eines öffentlichen Auftraggebers begründen. Zum anderen sind von den Bestimmungen über das Vergabeverfahren solche Regelungen auszuschließen, die lediglich öffentliche Aufträge betreffen oder mit diesen im Zusammenhang stehen, nicht aber die Durchführung des Verfahrens selbst regeln. Das sind Vorschriften zur Auftragsausführung selbst, zur besonderen Kündigungsregel für öffentliche Aufträge und schließlich solche Regelungen, die das Vorbereitungsstadium erfassen.

III. Zwischenfazit zur Bedeutung von § 168 Abs. 1 S. 1 Hs. 1, § 97 Abs. 6 GWB

Der erwähnte bunte Strauß an Entscheidungen wurzelt nicht in den Kernvorschriften § 168 Abs. 1 S. 1 Hs. 1, § 97 Abs. 6 GWB. Diese Prüfungs- und Entscheidungsnormen sind zwar weit gefasst und werden nicht durch ein bieterschützendes Kriterium künstlich in ihrem Geltungsbereich beschränkt. Allerdings ist der gesetzliche Kontrollmaßstab auf die Überprüfung von Verstößen gegen Verfahren zur Auswahl des Vertragspartners eines öffentlichen Auftraggebers ausgelegt. Die Prüfung und Entscheidung auf Grundlage von § 168 Abs. 1 S. 1 Hs. 1, § 97 Abs. 6 GWB setzt die Verletzung subjektiver Rechte voraus. Dazu gehören keine Verstöße gegen Vorschriften, die nicht die Auswahl des Vertragspartners eines öffentlichen Auftraggebers regeln.

Die Prüfung einer Rechtsverletzung im Vergabenachprüfungsverfahren verlangt die Geltendmachung eines Anspruchs auf Einhaltung der Bestimmungen über das Vergabeverfahren, wozu nicht Verstöße gegen Fachrechte wie das Datenschutzrecht, Patentrecht, Wettbewerbsrecht, Kartellrecht, Steuerrecht, Kommunalwirtschaftsrecht, Abfallwirtschaftsrecht, Beilhilferecht, Postrecht, Personenbeförderungsrecht, Straßenverkehrsrecht, Wasserrecht oder eben einzelne Berufsrechte gehören.

B. § 168 GWB im Lichte des Verfassungsrechts

Der dargestellte Kontrollmaßstab könnte dazu führen, dass die Vergabekammern den Schutzbereich des Art. 19 Abs. 4 GG nicht ausreichend berücksichtigen. Art. 19 Abs. 4 GG schützt Rechtssuchende vor Verletzungen subjektiver Rechte durch ein Verhalten der öffentlichen Gewalt, indem der Rechtsweg gegen jede behauptete Verletzung eröffnet wird.[856] Es geht maßgeblich um den Schutz von Personen sowie den mit einer Person verbundenen Rechtsstellungen.[857] Art. 19 Abs. 4 GG sichert jedem Einzelnen zu, seine Rechte auf Augenhöhe gegenüber dem Staat geltend machen zu können.[858]

Nach der insbesondere systematischen Auslegung von § 168 Abs. 1 S. 1 Hs. 1 GWB prüfen die Vergabekammern nicht jede Rechtsverletzung, sondern eben nur Ansprüche aus § 97 Abs. 6 GWB. Dadurch könnte es Rechtssuchenden unmöglich gemacht werden, Rechtsschutz aufgrund anderer Rechtsverletzungen zu erlangen. Denkbar ist, dass die Vergabekammern auf die Prüfung eines Anspruchs verzichten, der nicht primär der Konkretisierung nach § 168 Abs. 1 S. 1 Hs. 1, § 97 Abs. 6 GWB entspricht. Die Folge wäre, dass kein vollumfänglicher Rechtsschutz im Vergabenachprüfungsverfahren von den Vergabekammern gewährt wird.

I. Verfassungsrechtliche Bedenken

Die nicht ausreichende Berücksichtigung des Schutzbereichs von Art. 19 Abs. 4 GG löst Bedenken aus, ob effektiver Rechtschutz im Vergabeverfahren verfassungskonform gewährleistet wird. Art. 19 Abs. 4 GG wird prinzipiell vorbehaltslos gewährt und kann allenfalls aufgrund kollidierenden Verfassungsrechts eingeschränkt werden.[859]

Unabhängig davon fehlen indes auch sachliche Gründe für eine Verkürzung des vergaberechtlichen Rechtswegs. Der Gesetzgeber hat weder ausdrücklich noch auf sonstige Weise erklärt, den Rechtsweg auf Grund konkreter Umstände beschränken zu wollen. Das vergaberechtliche Ziel, Nachprüfungsverfahren zu beschleunigen, kann eine derart gewichtige Beschränkung nicht rechtfertigen. Denn die Beschleunigung des Vergabeverfahrens ist Bestandteil eines effektiven Vergabenachprüfungsverfahren und demnach schon kein geeignetes Kriterium, um Effektivität zu beseitigen.

II. Unzumutbares Erschwernis

Wenn im Vergabeverfahren nicht ausreichend Rechtsschutz gewährt wird, ist der Rechtsweg verkürzt. Dem Rechtssuchenden wird ein Teil des Rechtsschutzes abgeschnitten,

856 BVerfG, Beschl. v. 15.08.2002, 1 BvR 1790/00, NJW 2002, 3691-3692 juris Rn. 12.
857 *Schmidt-Aßmann*, in: Dürig/Herzog/Scholz, GG, Art. 19 Abs. 4 Rn. 8.
858 Ziff. A. I. 1. des ersten Kapitels.
859 Ziff. A. III. 5. des ersten Kapitels.

wenn keine vollumfänglichen Entscheidungen der Vergabekammer getroffen werden. Der Rechtssuchende müsste einen weiteren Rechtsweg beschreiten, beispielsweise zu den Zivilgerichten, um im Ergebnis Abhilfe zu erhalten. In diesem Fall wäre vollständiger Vergaberechtsschutz faktisch ausgeschlossen. Dieses Vorgehen wäre verfassungsrechtlich nicht mehr zulässig.[860] Zudem widerspricht dieses Vorgehen dem Rechtsgedanken von § 17 Abs. 2 S. 1 GVG, wonach das Gericht des zulässigen Rechtsweges einen Rechtsstreit unter allen in Betracht kommenden rechtlichen Gesichtspunkten entscheidet. Für sog. „gemischte Rechtsverhältnisse" ist ein einheitlicher Rechtsweg vorgesehen, in dem ein Rechtsstreit unter sämtlichen rechtlichen Gesichtspunkten entschieden wird.[861] Ziel des § 17 Abs. 2 GVG ist es, das angerufene Gericht zur Entscheidung über sämtliche subjektive Rechte zu verpflichten, sofern für mehrere selbstständige Anspruchsgrundlagen nur der Rechtsweg für einen von ihnen gegeben ist.[862]

Festzuhalten ist, dass nach dem dargestellten Kontrollmaßstab Rechtsschutz in unzumutbarer, durch Sachgründe nicht mehr zu rechtfertigender Weise erschwert und effektiver Vergaberechtsschutz faktisch ausgeschlossen wird.

C. § 168 GWB im Lichte des Unionsrechts

Schließlich darf nicht gegen die unionsrechtlichen Anforderungen an wirksamen Rechtsschutz verstoßen werden, wenn die Vergabekammern im Vergabenachprüfungsverfahren nur subjektive Rechtsverletzungen im Hinblick auf die Einhaltung von Bestimmungen über das Vergabeverfahren prüfen. Nach dem EuGH sollen „[...] die in den Richtlinien über die Koordination der Verfahren zur Vergabe öffentlicher Aufträge enthaltenen Vorschriften über die Teilnahme und die Publizität den Bieter vor Willkür des öffentlichen Auftraggebers schützen [...]."[863] Das verlangt, dass sich rechtssuchende Bieter auf diese Vorschriften berufen und deren Verletzung vor den nationalen Gerichten geltend machen können.[864] Dem Wortsinn dieser Aussagen nach ist es das Verständnis des EuGH, dass im Vergabenachprüfungsverfahren die Verletzung von Vorschriften geltend gemacht wird, die Bietern ein subjektives Recht vermitteln. Damit sind subjektive Rechte gemeint. Denn Sinn und Zweck der Nachprüfungsrichtlinien der Union ist es, ein gerichtliches System zu schaffen, das den Schutz und die Wahrung subjektiver Rechte eines Bieters im öffentlichen Auftragswesen wirksam gewährleistet.[865] Damit sind keine anderen Rechte als die im Verfahren zur Auswahl des Vertragspartners eines öffentlichen Auftraggebers für einen konkreten öffentlichen Auftrag gemeint. Denn unter dem Begriff des öffentlichen Auftragswesens wer-

860 BVerfG, Beschl. v. 29.10.2015, 2 BvR 1493/11, NVwZ 2016, 238, 240 Rn. 33; i. Ü. Ziff. C. I. des ersten Kapitels.

861 *Schenke*, in: Kahl/Waldhoff/Walter, GG, Art. 19 Abs. 4 Rn. 240.

862 BGH, Urt. v. 28.02.1991, III ZR 53/90, NJW 1991, 1686.

863 EuGH, Urt. v. 11.08.1995, Rs. C-433/93, Slg. 1995, I-2303-2320 juris Rn. 19; Urt. v. 20.09.1988, Rs. 31/87, Slg 1988, 4635-4664 juris Rn. 42 – *Beenties*.

864 EuGH, Urt. v. 11.08.1995, Rs. C-433/93, Slg. 1995, I-2303-2320 juris Rn. 19.

865 EuGH, Schlussanträge des Generalanwalts Tesauro v. 15.05.1997, C-54/96, Slg. 1997, I-04961 juris Rn. 44.

den Regelungen zur Vergabe und Nachprüfung von öffentlichen Aufträgen verstanden.[866] Vor diesem Hintergrund ist nichts gegen die Prüfung subjektiver Rechte, beschränkt auf Rechtsverletzung resultierend aus den Regelungen über das Vergabeverfahren durch die Vergabekammern, einzuwenden.

Auch aus unionsrechtlichen Gründen sind indes Effektivitätsanforderungen zu beachten. Die Ausübung der durch das Unionsrecht gewährten Rechte darf nicht praktisch unmöglich gemacht bzw. übermäßig erschwert werden.[867] Es muss also möglich sein, dass die nationalen Gerichte insbesondere alle rechtlichen Gesichtspunkte überprüfen, die für die Gewähr des unionsrechtlichen Rechts auf effektiven Rechtsschutz maßgeblich sind.[868] Rechtsverletzungen außerhalb des Vergaberechts werden auf Grundlage von § 168 Abs. 1 S. 1 Hs. 1, § 97 Abs. 6 GWB nicht im Vergabenachprüfungsverfahren geprüft. In dieser Hinsicht ist der Rechtsschutz verkürzt und kann faktisch unmöglich werden. Der dargestellte Kontrollmaßstab löst daher Bedenken aus, ob der unionsrechtsgeprägte Effektivitätsgrundsatz ausreichend berücksichtig wird.

Die Bedenken hinsichtlich der ausreichenden Berücksichtigung der Effektivitätsanforderungen kann nicht unter Berücksichtigung des Grundsatzes der Verhältnismäßigkeit gerechtfertigt werden. Prinzipiell sind auch auf Unionsebene Rechtfertigungsmöglichkeiten gegeben, wenn Einschränkungen erforderlich sind, die den von der Union anerkannten sowie dem Gemeinwohl dienenden Zielsetzungen oder den Erfordernissen des Schutzes der Rechte und Freiheiten anderer entsprechen und die gesetzlich vorgesehen sind.[869] Dieser Fall liegt nicht vor. Die Beschränkung auf subjektive Rechtsverletzungen, resultierend aus den Regelungen über das Vergabeverfahren, kann nicht als zwingend einziges Mittel qualifiziert werden, um Vergaberechtsschutz überhaupt zu gewähren.

D. Die Entscheidung der Oberlandesgerichte nach § 178 GWB

Soweit ein im Vergabenachprüfungsverfahren Beteiligter, der unterliegende rechtssuchende Bieter oder der rechtssuchende Antragsgegner[870], die Entscheidung der Vergabekammer mit der sofortigen Beschwerde als zulässiges Rechtsmittel[871] anficht, gewinnt § 178 GWB als weitere Entscheidungsnorm an Bedeutung. Hält das Gericht die Beschwerde für begründet, hebt es nach § 178 S. 1 GWB die Entscheidung der Vergabekammer auf. Diese Vorschrift enthält die entscheidende Regelung, wie mit einer begründeten Beschwerde im Vergabenachprüfungsverfahren umgegangen wird.[872] Darüber hinaus stellt das Gericht gemäß § 178 S. 3 GWB auf Antrag fest, ob das Unternehmen, das die Nachprüfung beantragt hat, durch den Auftraggeber *in seinen Rechten verletzt* ist.

866 Vgl. Erwägungsgrund 1 und 122 der RL 2014/24/EU des Europäischen Parlaments und des Rates v. 26.02.2014.
867 Ziff. B. I. 1. des ersten Kapitels.
868 Ziff. B. II. 4. b) des ersten Kapitels.
869 Ziff. B. II. 5. des ersten Kapitels.
870 Zu den Verfahrensbeteiligten im Nachprüfungsverfahren siehe *Burgi*, Vergaberecht, § 20 Rn. 15.
871 Zur sofortigen Beschwerde im Nachprüfungsverfahren vgl. Burgi, Vergaberecht, § 20 Rn. 14ff.
872 *Steck*, in: Ziekow/Völlink, Vergaberecht, § 178 GWB Rn. 1.

Vorbehaltlich einer genauen Deutung ist Ausgangspunkt der Entscheidung der Oberlandesgerichte zunächst ein „für begründet Halten". Zudem kann das Gericht prinzipiell über das Vorliegen einer Rechtsverletzung des Antragstellers urteilen.[873]

Nach einer ersten Lektüre dieser Normierung ist unklar, in welchem Umfang die Oberlandesgerichte entscheiden.

I. Prüfung der Begründetheit, § 178 S. 1 GWB

Die Oberlandesgerichte überprüfen in *zweiter* Instanz die Entscheidungen der Vergabekammern, sofern das Verfahren vor den Vergabekammern als erste Instanz qualifiziert wird. Trotz der gerichtsähnlichen Ausgestaltung des Verfahrens vor den Vergabekammern sind diese Verfahren Verwaltungsverfahren, sodass die Oberlandesgerichte im Beschwerdeverfahren genau genommen gerichtlich erstinstanzlich entscheiden.[874] Hält das Gericht eine Beschwerde für begründet, so hebt es die Entscheidung der Vergabekammer gemäß § 178 S. 1 GWB auf.

Die Regelung zur Beschwerdeentscheidung geht zum einen auf die höherrangigen Anforderungen der Union zurück, insbesondere auf Art. 47 Abs. 1 GRCh und Art. 1 Abs. 1 RL 89/665/EWG bzw. RL 2007/66/EG.[875] Zur Gewähr wirksamen Rechtsschutzes sollen die Gerichte nämlich eine Entscheidung aufheben können. Zum anderen beruht die Überprüfung einer im Vergabenachprüfungsverfahren ergangenen Entscheidung durch die Oberlandesgerichte auf Art. 2 Abs. 2 RL 89/665/EWG bzw. RL 2007/66/EG, wonach u. a. die Befugnis, rechtswidrige Entscheidungen aufzuheben, getrennt mehreren Instanzen übertragen werden kann, die für das Nachprüfungsverfahren unter verschiedenen Gesichtspunkten zuständig sind. Das Unionsrecht hat für die Vergabenachprüfungsverfahren den Instanzenzug vorgesehen, der dem nationalen Recht mitnichten fremd ist. Für die deutschen Fachgerichtsbarkeiten ist insofern der Instanzenzug in den einzelnen Gerichts- und Prozessordnungen normiert. Zudem sind gemäß Art. 95 Abs. 1 GG oberste Gerichtshöfe für fünf Fachgerichtsbarkeiten vorgesehen.

Das Beschwerdeverfahren vor den Oberlandesgerichten sichert die Gewähr effektiven Rechtsschutzes i.S. von Art. 19 Abs. 4 GG.[876] Die im Beschwerdeverfahren vorzunehmende gerichtliche Prüfung und Entscheidung ermöglicht auf nationaler Ebene zweistufigen vergaberechtlichen Primärrechtsschutz, in dem der subjektive Anspruch des Bieters auf Einhaltung der Bestimmungen über das Vergabeverfahren durch den öffentlichen Auftraggeber während eines laufenden Vergabeverfahrens durchgesetzt werden kann[877]. Das Beschwerdeverfahren steht unter dem Grundsatz größtmöglicher Beschleunigung.[878]

Die Oberlandesgerichte prüfen und entscheiden, ob sie ein Rechtsschutzgesuch *für begründet halten*. Wann ein Gericht im Vergabenachprüfungsverfahren etwas prinzipiell für

873 *Dieck-Bogatzke*, in: Pünder/Schellenberg, Vergaberecht, § 178 GWB Rn. 1; *Jeger*, in: Byok/Jäger, Vergaberecht, § 178 GWB Rn. 16.

874 *Dicks/Willner*, in: Ziekow/Völlink, Vergaberecht, Vor § 171 GWB Rn. 1; ähnlich auch *Vavra/Willner*, in: Burgi/Dreher/Opitz, Beck'scher Vergaberechtskommentar, Bd. 1, § 178 GWB Rn. 4.

875 *Vavra/Willner*, in: Burgi/Dreher/Opitz, Beck'scher Vergaberechtskommentar, Bd. 1, § 178 GWB Rn. 3.

876 *Vavra/Willner*, in: Burgi/Dreher/Opitz, Beck'scher Vergaberechtskommentar, Bd. 1, § 171 GWB Rn. 4.

877 BVerfG, Beschl. v. 29.07.2004, 2 BvR 2248/03, NZBau 2004, 564-567, 565.

878 Zum beschleunigten Verfahren Hertwig, Praxis der öffentlichen Auftragsvergabe, S. 194 Rn. 387.

begründet hält, ist weder in der vergaberechtlichen Rechtsprechung noch Literatur dezidiert erläutert. Regelmäßig überprüfen die Oberlandesgerichte das Vorliegen der sachlichrechtlichen Voraussetzungen eines geltend gemachten Anspruchs im Beschwerdeverfahren. Sie prüfen, ob ein Anspruch auf Einhaltung der Bestimmungen über das Vergabeverfahren verletzt wurde.[879]

Regelmäßig geht es um ein Rechtsschutzgesuch eines im Vergabeverfahren in seinen Rechten verletzten Unternehmens. Da die sofortige Beschwerde gemäß § 171 Abs. 1 S. 2 GWB indessen allen am Verfahren Beteiligten zusteht, überprüfen die Oberlandesgerichte auch auf eine Beschwerde des öffentlichen Auftraggebers oder eines konkurrierenden Unternehmens hin, ob der Antragsteller im Vergabeverfahren in seinen Rechten verletzt worden ist. Beteiligte im Beschwerdeverfahren sind sowohl der Antragsteller, der Auftraggeber und als auch solche Unternehmen, die die Vergabekammer zum Verfahren beigeladen hat.[880]

1. Bedeutung des § 178 S. 1 GWB

Die Oberlandesgerichte kontrollieren anknüpfend an die Entscheidung der Vergabekammern nur vergaberechtsrelevante, subjektive Rechtsverletzungen im Rahmen ihrer Begründetheitsprüfung.

a) Wortlaut

Der Wortlaut des § 178 S. 1 GWB lässt weite Interpretationen zu. Seiner Formulierung ist kein Anhaltspunkt zu entnehmen, welche Ansprüche die Gerichte im Einzelnen kontrollieren. Insbesondere ergibt sich aus dem Wortlaut des § 178 S. 1 GWB gerade keine Beschränkung auf die Prüfung von Ansprüchen nach § 97 Abs. 6 GWB, die über § 168 Abs. 1 S. 1 Hs. 1 GWB zum Prüfungsprogramm der Vergabekammer gemacht werden. Soweit ein Gericht die Gründe einer Beschwerde als rechtlich zutreffend beurteilt, könnte es allein auf den Wortlaut des § 178 S. 1 GWB gestützt eine Entscheidung der Vergabekammern aufheben. Vollkommen offen formuliert geht es hier ausschließlich um die Frage der Begründetheit. Dem allgemeinen Wortsinn nach geht es darum, ob ein Gericht ein Rechtsschutzgesuch als berechtigt ansieht, weil die Gründe für die Beschwerde gegeben sind.

b) Intention des Gesetzgebers

Zur Ermittlung des Umfangs der Begründetheitsprüfung lässt sich aus der Gesetzesbegründung kein Rückschluss auf die spezielle Prüfung und Entscheidung durch die Oberlandesgerichte entnehmen. Ausweislich der Gesetzesbegründung zu § 132 GWB a.F., der wortgleich dem heutigen § 178 GWB entspricht, strukturiert diese Vorschrift die Beschwerdeentscheidung, insbesondere wird ermöglicht, falsche Entscheidungen der Vergabekammer aufzuheben.[881] Der Gesetzgeber hat § 178 GWB damit einen ordnenden Charakter zugewiesen, ohne den materiellen Gehalt konkreter auszugestalten. Seine Intention war es, die

---

879 OLG Frankfurt, Beschl. v. 17.02.2022, 11 Verg 8/21, NZBau 2022, 367-373 Rn. 42f.; OLG Düsseldorf, Beschl. v. 27.04.2022, Verg 25/21 Rn. 40.

880 *Dicks/Willner*, in: Ziekow/Völlink, Vergaberecht, § 171 GWB Rn. 10.

881 Gesetzesbegründung zum Vergaberechtsänderungsgesetz v. 03.12.1997 zu § 132 GWB, BT-Drs. 13/9340, S. 22.

gerichtsähnliche Entscheidung der Vergabekammern gerichtlich durch eine weitere Instanz überprüfen zu lassen.

Vor diesem Hintergrund lässt die Gesetzesbegründung zu § 178 GWB prinzipiell mangels dezidierter Erläuterung weite Interpretationsspielräume zu. Gleichwohl ging es dem Gesetzgeber um die Kontrolle der Entscheidungen der Vergabekammern, mithin um die Überprüfung, ob der Rechtssuchende in seinen Rechten aus § 97 Abs. 6 GWB verletzt ist.

c) Systematik

Aus dem Zivilprozessrecht – das die Oberlandesgerichte prinzipiell und im Vergabeverfahren ergänzend anzuwenden haben – kann entnommen werden, dass ein Gericht dann etwas für begründet hält, wenn die sachlich-rechtlichen Voraussetzungen eines geltend gemachten Anspruchs vorliegen.[882] Die Begründetheitsprüfung erstreckt sich demnach auf die Prüfung eines geltend gemachten Anspruchs. Der im Vergabenachprüfungsverfahren vor den Vergabekammern geltend gemachte Anspruch ist § 97 Abs. 6 GWB. Vor diesem Hintergrund prüfen die Oberlandesgerichte im Rahmen ihrer Entscheidung über die Begründetheit, ob die Voraussetzungen des § 97 Abs. 6 GWB vorliegen. Sie prüfen, ob gemäß § 97 Abs. 6, § 168 Abs. 1 S. 1, § 178 GWB der Rechtssuchende in seinen Rechten verletzt ist.[883] Wenn schon § 168 Abs. 1 S. 1 GWB durch § 97 Abs. 6 GWB konkretisiert wird und die Vergabekammern prüfen, ob Bestimmungen über das Vergabeverfahren verletzt worden sind, dann kontrollieren erst recht die Oberlandesgerichte, ob ein Anspruch § 97 Abs. 6 GWB gegeben ist. Danach ist § 178 S. 1 GWB – genauso wie § 168 Abs. 1 S. 1 GWB – im Zusammenhang mit § 97 Abs. 6 GWB zu lesen.

Dazu ist § 178 S. 1 GWB zur Überprüfung und Aufhebung von Entscheidungen der Vergabekammern im vierten Teil des GWB eingefügt worden.[884] Obschon die Entscheidungen der Oberlandesgerichte einen gerichtlich erstinstanzlichen Charakter haben[885], geht es um die Überprüfung der Entscheidung der Vergabekammern, mithin um eine Überprüfung des § 168 Abs. 1 S. 1 Hs. 1, § 97 Abs. 6 GWB. Im zweistufigen Nachprüfungsverfahren reiht sich die Entscheidungsnorm systematisch in das Vergabeverfahrensregime ein, das maßgeblich auf die Überprüfung von Bestimmungen über das Vergabeverfahren ausgerichtete ist.

Ohne einen konkreten systematischen Bezug herzustellen, betont die vergaberechtliche Rechtsprechung jüngst, dass ein Oberlandesgericht nach § 178 GWB dieselben Entscheidungsmöglichkeiten wie die Vergabekammer hat.[886] Diese Entscheidungsbefugnis soll unabhängig von der fehlenden ausdrücklichen Verweisung des § 178 GWB auf § 168 Abs. 1

882 Beispielhaft zur Begründetheit einer positiven Feststellungsklage *Bacher*, in: Vorwerk/Wolf, BeckOK ZPO, § 256 ZPO Rn. 34.

883 OLG Celle, Beschl. v. 02.02.2021, 13 Verg 8/20, NZBau 2021, 554-560 Rn. 68; in der Literatur zustimmend *Summa*, in: Heiermann/Zeiss/Summa, jurisPK-Vergaberecht, § 178 GWB Rn. 1.

884 Vgl. Gesetzesbegründung zum Vergaberechtsänderungsgesetz v. 03.12.1997 zu § 132 GWB, BT-Drs. 13/9340, S. 22. § 132 S. 1 GWB entspricht dem heutigen § 178 S. 1 GWB.

885 Vgl. *Vavra/Willner*, in: Burgi/Dreher/Opitz, Beck'scher Vergaberechtskommentar, Bd. 1, § 178 GWB Rn. 4.

886 OLG Schleswig-Holstein, Beschl. v. 19.09.2022, 54 Verg 3/22 Rn. 210; zuvor bereits OLG Hamburg, Beschl. v. 06.09.2019, 1 Verg 3/19, VergabeR 2020, 220-230 Rn. 107; ebenso *Vavra/Willner*, in: Burgi/Dreher/Opitz, Beck'scher Vergaberechtskommentar, Bd. 1, § 178 GWB Rn. 7; *Dieck-Bogatzke*, in: Pünder/Schellenberg, Vergaberecht, § 178 GWB Rn. 4.

S. 2 GWB gelten, da einem Oberlandesgericht nicht weniger Befugnisse zustehen können als den Vergabekammern.[887] Die Rechtsprechung hebt damit primär hervor, dass den Oberlandesgerichten dieselben Einwirkungsmöglichkeiten wie den Vergabekammern zukommen. Die Einwirkungsmöglichkeiten bestimmen indes nicht den prinzipiellen Prüfungs- und Entscheidungsmaßstab, sondern die sich einer festgestellten Rechtsverletzung anschließenden Folgenentscheidungen. Denn erst wenn die Rechtsverletzung festgestellt ist, hat die Vergabekammer die geeigneten Maßnahmen zu treffen, um unter anderem eine Rechtsverletzung zu beseitigen.[888] Sofern den Oberlandesgerichten ohne ausdrückliche Verweisung auf die Entscheidungsnorm der Vergabekammern dieselben Einwirkungsmöglichkeiten zugesprochen werden, muss dieses Verständnis erst recht für die vorausgehende Prüfung gelten. In der Rechtsprechung wird insoweit in diesem Zusammenhang betont, dass die Oberlandesgerichte im Vergabenachprüfungsverfahren umfassend die Vergaberechtsverstöße prüfen.[889]

Einer Prüfung im Umfang der Vergabekammern könnte indes entgegengehalten werden, dass § 178 GWB nicht wörtlich § 168 Abs. 1 S. 1 Hs. 1 GWB in Bezug nimmt. Die Vorschrift verweist vielmehr ausdrücklich nur auf § 168 Abs. 2 GWB. Unter Berücksichtigung des gesetzlichen Verweises könnte sich der Gesetzgeber bewusst gegen eine vollständige Inbezugnahme des § 168 GWB, mithin den § 168 Abs. 1 S. 1 Hs. 1 GWB entschieden haben. In diesem Fall wäre aber eine Erläuterung in der Gesetzesbegründung zu erwarten gewesen – und diese fehlt. Zudem ist ein gesetzlicher Verweis nicht zwingend erforderlich, um die Prüfungs- und Entscheidungsmaßstab der Vergabekammern im Beschwerdeverfahren aufzugreifen. Der fehlende Verweis auf § 168 Abs. 1 GWB kann ebenso als Versehen gewertet werden oder der Einbezug dieser Regelung als logisch unterstellt worden sein. Es steht jedenfalls nicht fest, dass die fehlende ausdrückliche Anordnung der entsprechenden Geltung des § 168 Abs. 1 in § 178 GWB als konkludenter Ausdruck eines gesetzgeberischen Willens zu interpretieren und die Entscheidungskompetenz der Vergabesenate gegenüber denjenigen der Vergabekammern zu beschneiden ist.[890]

Es ist festzuhalten, dass die Oberlandesgerichte die sofortige Beschwerde nach der Systematik von § 178 GWB in dem Umfang prüfen, in dem die Vergabekammern ihre Entscheidung treffen.

d) Telos

Die Begründetheitsprüfung nach § 178 S. 1 GWB bezieht sich formell und materiell auf die Entscheidung der Vergabekammern sowie Prüfungen, die von den Vergabekammern hätten vorgenommen werden müssen. Die Regelung unter § 178 S. 1 GWB zielt nicht darauf ab, Türen für über § 168 Abs. 1 S. 1 Hs. 1 GWB hinausgehende, umfassende Rechtskontrollen im Vergabenachprüfungsverfahren zu öffnen. Dadurch wird verhindert, dass dem beschleunigten Verfahren zuwiderlaufende Kontrollen stattfinden. Zweck des § 178 GWB

887 OLG Schleswig-Holstein, Beschl. v. 19.09.2022, 54 Verg 3/22 Rn. 210.
888 *Nowak*, in: Pünder/Schellenberg, Vergaberecht, § 168 GWB Rn. 10.
889 OLG Schleswig-Holstein, Beschl. v. 19.09.2022, 54 Verg 3/22 Rn. 210.
890 *Gröning*, in: Säcker/Ganske/Knauff, MüKo zum Wettbewerbsrecht, Bd. 3, § 178 GWB Rn. 8; vgl. auch *Stickler*, in: Reidt/Stickler/Glahs, Vergaberecht, § 178 GWB Rn. 7.

ist es, falsche Entscheidungen einer Vergabeammer aufzuheben.[891] Das verlangt, dass die Entscheidungen der Vergabekammern im Beschwerdeverfahren tatsächlich und rechtlich gerichtlich überprüft werden.[892] § 178 GWB bezweckt in seiner Gesamtheit also, dass sämtliche Rechtsverstöße kontrolliert werden, die eine Vergabekammer zu ihrem Prüfungsmaßstab gemacht hat. Gerade weil in § 178 GWB kein spezieller materieller Rahmen zur Rechtskontrolle bestimmt ist und es im Beschwerdeverfahren um die Aufhebung rechtswidriger Entscheidungen der Vergabekammern geht[893], ist eine Rechtskontrolle im Umfang der Vergabekammer angezeigt. Vor diesem Hintergrund zielt § 178 S. 1 GWB nicht auf eine Begründetheitsprüfung ab, die sich auf sämtliche Ansprüche eines Rechtssuchenden im Vergabenachprüfungsverfahren bezieht.

Die Regelung dient dabei insgesamt der Eröffnung gerichtlichen Rechtsschutzes.[894] Nach Art. 2 Abs. 8 S. 2 RL 89/665/EWG bzw. RL 2007/66/EG müssen behauptete rechtwidrige Maßnahmen der Instanz, die kein Gericht ist, vor einem Gericht als unabhängig Instanz geltend gemacht werden können. Dazu wurde die Regelung zur Begründetheitsprüfung durch die Oberlandesgerichte im Kartellvergaberecht eingeführt. Da die Vergabekammern keine Gerichte nach deutschem Recht sind, bezweckte die Einführung des § 178 GWB bzw. seiner Vorgängerregelungen, die unionsrechtlichen Anforderungen an die Kontrolle durch eine unabhängige Instanz umzusetzen.[895] Unter Berücksichtigung der höherrangigen Anforderungen an wirksamen Rechtsschutz zielt § 178 GWB als maßgebende Vorschrift zur Gewähr gerichtlichen Rechtsschutzes darauf ab, effektiven Rechtsschutz zu ermöglichen. § 178 GWB ist demnach die einfachgesetzliche Umsetzung von Art. 19 Abs. 4 GG im Bereich des Vergaberechtsschutzes.

e) Abwägung

Die systematische Stellung und die Bedeutung des § 178 S. 1 GWB im Normgefüge des Vergabenachprüfungsverfahrens sprechen maßgeblich für eine Überprüfung des Rechtsschutzgesuchs im Umfang der Vergabekammern. Dieser Auslegung stehen zwar der offenen Wortlaut und die fehlenden Begründungen des Gesetzgebers entgegen. Gleichwohl sind den systematischen Erwägungen und dem Telos an dieser Stelle Vorrang einzuräumen. Die fehlenden Spezifikationen und Erläuterungen haben nicht zur Folge, dass die auf § 178 GWB gestützten Prüfungen und Entscheidungen beliebig weit ausgedehnt werden können. Denn die fehlenden gesetzlichen Spezifikationen sowie nationalen Begründungen deuten vor allem auf ein fehlendes Verständnis zum Umfang der Rechtskontrolle hin. Sowohl auf der Unionsebene als auch im nationalen Gesetzgebungsverfahren scheinen sich die Akteure weder der offenen Gestaltung noch der weiten Interpretationsmöglichkeiten des § 178 GWB bewusst gewesen zu sein. Das kann indes nicht zur Folge haben, dass sämtliche Interpretationsmöglichkeiten zugelassen werden.

---

891 Gesetzesbegründung zum Vergaberechtsänderungsgesetz v. 03.12.1997 zu § 132 GWB, BT-Drs. 13/9340, S. 22.

892 *Vavra/Willner*, in: Burgi/Dreher/Opitz, Beck'scher Vergaberechtskommentar, Bd. 1, § 178 GWB Rn. 4.

893 Gesetzesbegründung zum Vergaberechtsänderungsgesetz v. 03.12.1997 zu § 132 GWB, BT-Drs. 13/9340, S. 22.

894 *Anger*, in: Müller-Wrede, GWB, § 178 Rn. 2.

895 *Anger*, in: Müller-Wrede, GWB, § 178 Rn. 2.

Schließlich würde keine vollständige Rechtskontrolle im Beschwerdeverfahren gelingen, wenn die Oberlandesgerichte einzelne Rechtsverstöße, über die eine Vergabekammer befunden hat, nicht kontrollieren würden.

§ 178 S. 1 GWB ist daher unter Berücksichtigung der systematischen und teleologischen Auslegung zu verstehen.

Festzuhalten ist, dass die Oberlandesgerichte im Beschwerdeverfahren ihre Begründetheitsprüfung an den Ansprüchen im Vergabenachprüfungsverfahren ausrichten.

f) Zwischenergebnis

Die Begründetheitsprüfung nach § 178 S. 1 GWB greift den Maßstab auf, den die Vergabekammern ihrer Entscheidung zugrunde legen. Es geht um die Überprüfung von Bestimmungen über das Vergabeverfahren. Die Einhaltung eines Anspruchs aus § 97 Abs. 6 GWB wird in seinen jeweiligen Ausprägungen vollumfänglich von den Oberlandesgerichten kontrolliert. Das Tatbestandsmerkmal des *Fürbegründethaltens* in § 178 S. 1 GWB setzt die Überprüfung einer Rechtsverletzung voraus.

2. Keine Bindung an die Feststellungen der Vergabekammer

Die Überprüfung von Rechtsverletzungen im Umfang der Vergabekammer führt nicht zu einer Bindung der Oberlandesgerichte an den von den Vergabekammern angelegten Maßstab. Auch wenn die Vergabekammern als gerichtsähnliche Instanz den Oberlandesgerichten vorgeschaltet sind[896], sind die Oberlandesgerichte als erste unabhängige gerichtliche Instanz nicht an die Feststellungen der Vergabekammer gebunden. Der *gerichtliche* Rechtsschutz beginnt und endet beim Oberlandesgericht.[897] Demnach haben die Oberlandesgerichte zur Gewähr effektiven Rechtschutzes i.S. von Art. 19 Abs. 4 GG sowie zur Gewähr der unionsrechtlichen Anforderungen vollumfänglich und unabhängig eine Entscheidung zu treffen. Eine Bindung der Oberlandesgerichte ist mit den Anforderungen an effektiven Rechtsschutz nicht zu vereinbaren. Denn die Gerichte sind im Rahmen der Prüfung eines Rechtsschutzbegehrens nicht an die Wertungen der Ausgangsbehörde gebunden.[898] Die Oberlandesgerichte haben also selbstständig zu prüfen, auf welcher rechtlichen Grundlage die gerügte Rechtsverletzung beruht.[899] Unter Berücksichtigung von Art. 19 Abs. 4 GG dürfen die Oberlandesgerichte selbst dann keine vollumfängliche Prüfung unterlassen, wenn die Prüfung auf besonders vagen Rechtsbegriffen beruht.[900]

Die Regelungen zum vergaberechtlichen Beschwerdeverfahren kennen auch keine den Prüfungsumfang im Einzelnen bestimmende Regelung, aus der sich – wie etwa aus § 529 Abs. 1 Nr. 1 ZPO – ergibt, dass die Gerichte die im ersten Rechtszug festgestellten Tatsa-

896 Gesetzesbegründung zum Vergaberechtsänderungsgesetz v. 03.12.1997 zur Sofortigen Beschwerde, BT-Drs. 13/9340, S. 20.

897 Gesetzesbegründung zum Vergaberechtsänderungsgesetz v. 03.12.1997 zur Sofortigen Beschwerde, BT-Drs. 13/9340, S. 20.

898 BVerfG, Beschl. v. 17.04.1991, 1 BvR 419/81, 1 BvR 213/83, BVerfGE 84, 34-58 juris Rn. 46; Beschl. v. 27.10.1999, 1 BvR 385/90, BVerfGE 101,106-132 juris Rn. 67; Beschl. v. 31.05.2011, 1 BvR 857/07, BVerfGE 129, 1-37 juris Rn. 68.

899 Ziff. A. III. 3. a) des ersten Kapitels.

900 Ziff. A. III. 3. a) des ersten Kapitels.

chen zugrunde zu legen haben.[901] Die fehlende gesetzliche Bestimmung ist vor allem dem Umstand geschuldet, dass dem Oberlandesgericht als erste unabhängige, gerichtliche Instanz noch keine gerichtlich festgestellten Tatsachen vorliegen. Es liegen lediglich die Tatsachen der Vergabekammer vor. § 529 Abs. 1 Nr. 1 ZPO ist auch nicht entsprechend für die von den Vergabekammern festgestellten Tatsachen anzuwenden.[902] Denn diese Vorschrift wird auch nicht nach § 72 Nr. 2 GWB im vergaberechtlichen Beschwerdeverfahren angewendet. Der Gesetzgeber hat sich in § 72 Nr. 2 GWB insoweit ausdrücklich für die Anwendung bestimmter Vorschriften entschieden. Da die Oberlandesgerichte schon nicht an die Tatsachen der Vergabekammern gebunden sind, sind sie erst recht nicht an darauf gestützte rechtliche Bewertungen gebunden.

Ferner setzt der im vergaberechtlichen Beschwerdeverfahren geltende Untersuchungsgrundsatz aus §§ 175 Abs. 2, 75 Abs. 1 GWB voraus, dass die Oberlandesgerichte im Sachverhalt erkannte Lücken selbst durch entsprechende Sachverhaltsermittlungen schließen.[903] Der Untersuchungsgrundsatz als prägende Abweichung von dem sonst im Zivilprozess geltenden Verhandlungs- oder Beibringungsgrundsatz[904] erfordert eine umfassende Aufklärung der relevanten Tatsachen. Eine Bindung der Gerichte an einmal festgestellte Tatsachen durch die Vergabekammer widerspricht dem Untersuchungsgrundsatz. Diese im Vergabeverfahren besondere Geltung des Untersuchungsgrundsatzes ist bei der Ermittlung der Bedeutung der Entscheidungsnormen zu berücksichtigen. Auch vor diesem Hintergrund gilt daher, dass die Oberlandesgerichte bereits mangels ihrer Bindung an Tatsachen ebenso wenig an eine rechtliche Würdigung gebunden sein können.

Der Zweck des § 178 GWB, falsche Entscheidungen der Vergabeammern aufzuheben[905], verlangt weiter die Überprüfung sämtlicher von den Vergabekammern getroffenen Feststellungen. Auch vor diesem Hintergrund scheidet eine Bindung der Oberlandesgerichte an die Entscheidung der Vergabekammern aus. Andernfalls können die Gerichte nicht Fehler der Vergabekammern und damit *falsche* Entscheidungen prüfen. Die auf die Aufhebung falscher Entscheidungen gerichtete Begründetheitsprüfung würde nicht gelingen, wenn die Oberlandesgerichte an Feststellungen der Vergabekammern gebunden wären. Denn soweit einer Feststellung unzutreffende Tatsachen oder Würdigungen zu Grunde liegen, beziehungsweise Tatsachen oder Würdigungen teilweise oder vollständig fehlen, können diese Fehler oder Lücken nicht durch die Gerichte überprüft werden. Folglich kann keine entsprechende Abhilfe geschaffen werden. Dieses Risiko widerspricht dem Zweck des § 178 GWB und verlangt eine Überprüfung ohne Bindung an die im Nachprüfungsverfahren bereits getroffenen Feststellungen.

Schließlich entsteht die Bindungswirkung im Hinblick auf die tatsächlichen Feststellungen zum behaupteten Verstoß sowie die entsprechende rechtliche Würdigung erst mit der Bestandskraft einer Entscheidung.[906]

901 *Vavra/Willner*, in: Burgi/Dreher/Opitz, Beck'scher Vergaberechtskommentar, Bd. 1, § 178 GWB Rn. 7.
902 *Vavra/Willner*, in: Burgi/Dreher/Opitz, Beck'scher Vergaberechtskommentar, Bd. 1, § 178 GWB Rn. 7.
903 Ziff. B. III. des zweiten Kapitels.
904 Zum Regel-Ausnahme-Verhältnis *Musielak*, in: Musielak/Voit, ZPO, Einleitung Rn. 37.
905 Gesetzesbegründung zum Vergaberechtsänderungsgesetz v. 03.12.1997 zu § 132 GWB, BT-Drs. 13/9340, S. 22.
906 OLG Celle, Beschl. v. 17.06.2021, 13 Verg 2/21, NZBau 2022, 189-192 Rn. 35.

3. Keine Bindung an die Anträge

In Anknüpfung an die Überprüfung im Umfang der Vergabekammern sind die Oberlandesgerichte auch nicht an Anträge des Rechtssuchenden gebunden. Das folgt – anders als aus der Entscheidungsnorm der Vergabekammern § 168 Abs. 1 S. 2 Hs. 1 GWB, wonach die Vergabekammer nicht an die Anträge gebunden ist – nicht aus dem Wortlaut der Norm. Nach einem strengen Vergleich zu § 168 Abs. 1 GWB sowie einer isolierten Betrachtung beider Entscheidungsnormen könnte § 178 GWB zwar auch so gedeutet werden, dass die Oberlandesgerichte mangels ausdrücklich gegenteiliger gesetzlicher Regelung an Anträge gebunden sind. § 178 S. 4 GWB verweist auf die Anwendbarkeit des § 168 Abs. 2 GWB, indes nicht auch auf § 168 Abs. 1 S. 2 GWB. Aufgrund des eingeschränkten Verweises könnte der Gesetzgeber davon ausgegangen sein, die Oberlandesgerichte nicht – wie die Vergabekammern – ausdrücklich gesetzlich von einer Bindung an Anträge zu befreien. Dem stehen indes maßgeblich der Zweck sowie die höherrangigen Anforderungen entgegen. § 178 GWB dient insgesamt der Eröffnung gerichtlichen Rechtsschutzes.[907] Dieser wird nur durch die Oberlandesgerichte selbst und nicht schon durch die gerichtsähnliche Instanz gewährt. Hätte der Gesetzgeber die Prüfung der Oberlandesgerichte derart beschränken wollen, wäre eine ausdrückliche gesetzliche Regelung zu erwarten gewesen. Ohne eine konkret normative Vorgabe fehlt es – losgelöst von der Vereinbarkeit mit höherrangigen Anforderungen – ohnehin schon an einem Sachgrund, weswegen den Oberlandesgerichten im Beschwerdeverfahren ein im Vergleich zu den Vergabekammern eingeschränkter Entscheidungsspielraum zukommen soll.[908] Aus der fehlenden, § 168 Abs. 1 S. 2 GWB entsprechenden Verweisung folgt demnach nicht, dass die Oberlandesgerichte strenger als die Vergabekammern an die Anträge eines Rechtssuchenden gebunden sind.[909]

Darüber hinaus sind die Vorschriften über die Entscheidung der Vergabekammern sowie der Oberlandesgerichte systematisch zusammenhängend zu betrachten. Sowohl das Verfahren vor den Vergabekammern als auch vor den Gerichten sichert Rechte der Bieter im Vergabeverfahren.[910] Es soll Rechtsverstößen wirksam Abhilfe verschaffen. Im Hinblick auf das Ziel des Vergabeverfahrens findet keine Differenzierung statt. Eine beschränkte Prüfung der Oberlandesgerichte entsprechend der vorgebrachten Anträge ist deswegen auch im Gesamtvergleich und im Zusammenhang mit der Entscheidung der Vergabekammer betrachtet, nicht gerechtfertigt.

Schließlich gewährt das Vergabenachprüfungsverfahren wirksamen Rechtsschutz, dessen Verfahren in weiteren Vorschriften normiert ist. § 178 GWB steht im engen Zusammenhang insbesondere mit § 175 Abs. 2 i.V.m. § 75 Abs. 1 GWB. Danach erforschen die Oberlandesgerichte den Sachverhalt von Amts wegen. Diese Untersuchung hat nur dann einen

907 *Anger*, in: Müller-Wrede, GWB, § 178 Rn. 2.

908 OLG Düsseldorf, Beschl. v. 13.06.2007, VII-Verg 2/07, NZBau 2007, 530, 536.

909 So auch OLG Celle, Beschl. v. 08.11.2001, 13 Verg 9/01, NZBau 2002, 400, 402; OLG Düsseldorf, Beschl. v. 13.06.2007, VII-Verg 2/07, NZBau 2007, 530, 536; *Gröning*, in: Säcker/Ganske/Knauff, MüKo zum Wettbewerbsrecht, Bd. 3, § 178 GWB Rn. 8; *Vavra/Willner*, in: Burgi/Dreher/Opitz, Beck'scher Vergaberechtskommentar, Bd. 1, § 178 GWB Rn. 7; *Stockmann*, Immenga/Mestmäcker, Wettbewerbsrecht, § 178 GWB Rn. 3.

910 OLG Düsseldorf, Beschl. v. 13.06.2007, VII-Verg 2/07, NZBau 2007, 530, 536.

Sinn, wenn die Gerichte anschließend auf der ermittelten Grundlage den Tatbestand eines Rechtsschutzgesuchs vervollständigen, revidieren oder neu bestimmen können. Eine strenge Bindung an Anträge würde diesem Vorgehen entgegenstehen. Die Oberlandesgerichte sind daher unabhängig von der Umgrenzung der Beschwerdebegründung durch den Rechtssuchenden nicht an Anträge der Beschwerdebegründung gebunden.[911]

4. Einfluss der Beschwerdebegründung, § 172 Abs. 2 GWB

Unabhängig von der fehlenden zwingenden Bindung an die Anträge des Rechtssuchenden wird der Umfang der Beschwerdeprüfung und -entscheidung regelmäßig zur Beschleunigung des Verfahrens am Vortrag des Rechtssuchenden ausgerichtet. Die Entscheidung der Oberlandesgerichte bezieht sich auf den vom Rechtssuchenden nach § 172 Abs. 2 GWB bestimmten Beschwerdeinhalt.[912] Dieser spiegelt das Rechtsschutzgesuch wider. Nach § 172 Abs. 2 S. 2 Nr. 1 GWB muss der Rechtssuchende u.a. in der Beschwerdebegründung erklären, inwieweit die Entscheidung der Vergabekammer angefochten wird. Ausweislich der Gesetzesbegründung von 1997 zu § 127 Abs. 2 GWB a.F., dem heute § 172 Abs. 2 GWB entspricht, dienen die zwingenden Vorgaben zur Beschwerdebegründung der möglichst zügigen Entscheidung.[913] Durch diese Vorgaben soll der Streitstoff soweit wie möglich und in der Weise aufbereitet sein, dass eine rasche Entscheidung ermöglicht wird.[914] Nach der Intention des Gesetzgebers soll die Beschwerdebegründung also der Beschleunigung des Verfahrens dienen.[915] Sinn und Zweck des § 172 Abs. 2 S. 2 Nr. 1 GWB ist daher die Eingrenzung des Beschwerdebegehrens.[916] Der Umfang der Prüfung und Entscheidung der Oberlandesgerichte wird also durch den vorgetragenen Streitgegenstand der Beschwerde konkretisiert.[917] Die Gerichte haben nur die im Einzelnen erläuterten Beanstandungen des Rechtssuchenden zu überprüfen und darüber zu entscheiden.[918] Diese Prüfung dient effektiv der Beseitigung der sich aus der angegriffenen Entscheidung ergebenden Beschwer.[919]

Aus dieser Prüfung folgt auch kein erschwertes Rechtsschutzgesuch. Im Gegenteil, das Rechtsschutzgesuch wird gerade am Maßstab des Rechtssuchenden bestimmt und legt den Umfang in seine Hände. Eine unzumutbare Erschwernis wird sich daraus regelmäßig nicht ergeben. Darüber hinaus werden die unionsrechtlichen Vorgaben hinreichend beachtet. Insbesondere steht das öffentliche Interesse an einem möglichst raschen Abschluss des Beschaffungsvorhabens[920] nicht entgegen. Es entsteht kein Konflikt, wenn sich der Rechts-

911 *Dieck-Bogatzke*, in: Pünder/Schellenberg, Vergaberecht, § 178 GWB Rn. 3.

912 *Neun*, in: Gabriel/Krohn/Neun, Handbuch Vergaberecht, § 43, Rn. 10; *Vavra/Willner*, in: Burgi/Dreher/Opitz, Beck'scher Vergaberechtskommentar, Bd. 1, § 178 GWB Rn. 5.

913 Gesetzesbegründung zum Vergaberechtsänderungsgesetz v. 03.12.1997 zu § 127 Abs. 2 GWB, BT-Drs. 13/9340, S. 21.

914 Gesetzesbegründung zum Vergaberechtsänderungsgesetz v. 03.12.1997 zu § 127 Abs. 2 GWB, BT-Drs. 13/9340, S. 21.

915 *Dicks/Willner*, in: Ziekow/Völlink, Vergaberecht, § 172 GWB Rn. 1; *Stickler*, in: Reidt/Stickler/Glahs, Vergaberecht, § 172 GWB Rn 11.

916 *Gröning*, in: Säcker/Ganske/Knauff, MüKo zum Wettbewerbsrecht, Bd. 3, § 172 GWB Rn. 31.

917 OLG Düsseldorf, Beschl. v. 16.05.2018, VII-Verg 24/17, NZBau 2019, 68, 69 Rn. 25.

918 Vgl. *Neun*, in: Gabriel/Krohn/Neun, Handbuch Vergaberecht, § 43 Sofortige Beschwerde Rn. 10.

919 *Summa*, in: Heiermann/Zeiss/Summa, jurisPK-Vergaberecht, § 178 GWB Rn. 2.

920 Ziff. B. II. 3. dieses Kapitels.

suchende ausschließlich auf Grundlage von § 97 Abs. 6 GWB auf die Einhaltung von Bestimmungen über das Vergabeverfahren beruft. In diesem Fall begünstigt die beschränkte Überprüfung den zügigen Abschluss eines Vergabeverfahrens. Sobald die Oberlandesgerichte über Verstöße gegen Bestimmungen über das Vergabeverfahren entschieden haben, kann das Beschaffungsvorhaben unter Berücksichtigung der Entscheidung des Gerichts realisiert werden.

Gleichwohl können die Gerichte im Rahmen ihrer Prüfung und Entscheidung über den Vortrag des Rechtssuchenden hinausgehen.[921] Davon ist jedenfalls dann auszugehen, wenn eine weitergehende Prüfung und Entscheidung in Hinblick auf die Gewähr effektiven Rechtsschutzes geboten ist. Es ist also nicht ausgeschlossen, dass die Oberlandesgerichte eine darüberhinausgehende Prüfung vornehmen müssen, um im Ergebnis willkürliche oder offensichtlich fehlerhafte Entscheidungen zu vermeiden.[922]

5. Volle Tatsacheninstanz

Unter Berücksichtigung des bereits dargestellten Umfangs ist hervorzuheben, dass die Oberlandesgerichte im Rahmen der sofortigen Beschwerde vollständig den Tatbestand eines Rechtsschutzgesuchs überprüfen, soweit dazu Anlass besteht.[923] Anlass besteht im Rahmen der erhobenen Rüge und im Umfang der geltend gemachten Beschwer. Das verlangt das vom Unionsrecht vorausgesetzte rasche Nachprüfungsverfahren. Das rasche Verfahren ist in Einklang zu bringen mit den Anforderungen an wirksamen Rechtsschutz. Im Rahmen der erhobenen Rüge ist die volle Tatsacheninstanz geboten, damit effektiver Rechtsschutz gewährt werden kann. Ohne vollständige Überprüfung des einer Entscheidung zugrunde gelegten Tatbestandes können die Oberlandesgerichte nicht die jeweiligen Rechtsnormen adäquat auf einen Sachverhalt anwenden. Unter Beachtung der höherrangigen Anforderung, neben der wirksamen eine zugleich rasche Nachprüfung durchzuführen, haben die Oberlandesgerichte nicht sämtliche Sachverhaltsaufklärungen durchzuführen. Sachverhaltsermittlungen, die für den Ausgang des Verfahrens unerheblich sind, behindern die zügige Nachprüfung. Vor diesem Hintergrund können einzelne Tatsachen unberücksichtigt bleiben. Eine umfassende Tatsachenkontrolle kommt indes in Betracht, wenn während des Vergabenachprüfungsverfahrens deutlich wird, dass ein Rechtssuchender keine Kenntnis von konkreten Tatsachen hat.[924] Ferner kommt eine umfassende Tatsachenkontrolle in Betracht, wenn nicht auszuschließen ist, dass dadurch eine andere rechtliche Bewertung zu treffen ist. Die Oberlandesgerichte ermitteln von Amts wegen in diesem Fall die dem Rechtssuchenden unbekannt gebliebenen Tatsachen und erweitern in diesem Umfang ihre Kontrolle. Andernfalls würde effektiver Rechtsschutz nicht erreicht werden. Die im Einzelfall angezeigte vollständige Tatsachenkontrolle findet in diesen Fällen losgelöst vom Vortrag des Rechtssuchenden statt. Die – insbesondere aufgrund der fehlenden

921 *Gröning*, in: Säcker/Ganske/Knauff, MüKo zum Wettbewerbsrecht, Bd. 3, § 178 GWB Rn. 8; *Jäger*, in: Byok/Jäger, Vergaberecht, § 178 GWB Rn. 4.

922 Ähnlich auch *Vavra/Willner*, in: Burgi/Dreher/Opitz, Beck'scher Vergaberechtskommentar, Bd. 1, § 178 GWB Rn. 7.

923 *Dieck-Bogatzke*, in: Pünder/Schellenberg, Vergaberecht, § 178 GWB Rn. 3; Einschränkender bezogen auf das Beschwerdebegehren: *Jäger*, in: Byok/Jäger, Vergaberecht, § 178 GWB Rn. 4.

924 OLG Düsseldorf, Beschl. V. 05.05.2008, VII-Verg 5/08, NZBau 2009, 269, 271.

Bindung an den Vortrag mögliche – Vervollständigung, Revision oder vollkommen neue Bestimmung des Sachverhalts hat zur Folge, dass ein Rechtsschutzgesuch im Beschwerdeverfahren auch auf neue Tatsachen gestützt werden kann.[925] Neue, im Rahmen der Sachverhaltsermittlung von Amts wegen aufgenommene Tatsachen sind denklogisch nicht zum Gegenstand einer Rüge geworden. Folglich kann ein Antrag des Rechtssuchenden auch nicht auf diese Tatsachen gestützt werden. Unter Berücksichtigung des Untersuchungsgrundsatzes und zur Vermeidung willkürlicher Entscheidungen können die Oberlandesgerichte ihre Prüfung und Entscheidung auch auf neue Tatsachen stützen. Vor diesem Hintergrund unterbleibt also eine strenge Bindung an den Vortrag des Rechtssuchenden.

6. Einzelheiten zur Rechtmäßigkeitskontrolle

Über die Entscheidung der Oberlandesgerichte im Umfang der Vergabekammern hinaus stellt sich die Frage, ob der Prüfungs- und Entscheidungsmaßstab der Oberlandesgerichte weiterreichen kann als derjenige der Vergabekammern.

Die Oberlandesgerichte können im Beschwerdeverfahren eine umfassende Rechtmäßigkeitskontrolle durchführen, indem sie die Begründung eines Anspruchs aus § 97 Abs. 6 GWB sowie neue und weitere Ansprüche im Rahmen des Vergabeverfahrens prüfen. Dann müsste § 178 S. 1 GWB nicht nur die Überprüfung der Entscheidung der Vergabekammern nach § 168 Abs. 1 S. 1 Hs. 1, § 97 Abs. 6 GWB, sondern auch ein neuer sowie darüber hinausgehender Entscheidungsmaßstab entnommen werden.

a) Überprüfung der Bestimmungen des Vergabenachprüfungsverfahrens

Im zweiten Abschnitt des zweiten Kapitels finden sich die Vorschriften über das Verfahren vor den Vergabekammern. Diesen Regelungen schließt sich die Beschwerdeentscheidung auf Grundlage von § 178 S. 1 GWB in einem dritten Abschnitt dieses Kapitels an. Die Begründetheitsprüfung nach § 178 S. 1 GWB umfasst die Kontrolle von Verstößen gegen diese Regelungen zum Vergabenachprüfungsverfahren.[926] Davon erfasst sind mit Ausnahme von §§ 155 – 159 GWB die Vorschriften des zweiten Kapitels des vierten Teils des GWB, nämlich §§ 160 – 170 GWB.

Für eine Überprüfung der Einhaltung der Bestimmungen über das Vergabenachprüfungsverfahren spricht zum einen auch an dieser Stelle die prinzipiell offene Ausgestaltung des § 178 S. 1 GWB. Die Norm stellt weder dem Wortlaut nach noch unter Berücksichtigung der Gesetzesbegründung oder der Vorgaben in den Vergaberichtlinien einen Bezug zu den einzuhaltenden Bestimmungen her.

Darüber hinaus gehören §§ 160 – 170 GWB aber auch zu den Bestimmungen über das Vergabeverfahren i.S. von § 97 Abs. 6 GWB, deren Einhaltung das Oberlandesgericht kontrolliert. Die Vorschriften zum Verfahren vor den Vergabekammern betreffen im Grunde genommen die Auswahl des Vertragspartners eines öffentlichen Auftraggebers, denn sie regeln den Prozess zur Nachprüfung von Verstößen auf dem Weg zur finalen Auswahl des Vertragspartners und Zuschlagserteilung. Nicht umfasst sind indes §§ 155 – 159 GWB, da diese Vorschriften nicht das Verfahren über die Auswahl des Vertragspartners eines öffent-

925 *Dieck-Bogatzke*, in: Pünder/Schellenberg, Vergaberecht, § 178 GWB Rn. 3.
926 *Dörr*, in: Burgi/Dreher/Opitz, Beck'scher Vergaberechtskommentar, Bd. 1, § 97 Abs. 6 GWB Rn. 26.

lichen Auftraggebers regeln, sondern Grundsätze zu den Vergabekammern, insbesondere deren Besetzung, Einrichtung und Organisation.

Da die Oberlandesgerichte nicht streng an den Umfang der Vergabekammern gebunden sind, überprüfen sie auch die Verstöße gegen §§ 160 – 170 GWB. Im Vergleich zu dem Verfahren vor den Vergabekammern kann diese Überprüfung nicht mit dem Argument ausgeschlossen werden, dass zum Zeitpunkt des Beschwerdeverfahrens diese Vorschriften noch gar nicht verletzt sein können. Denn aufgrund der Durchführung eines Vergabenachprüfungsverfahrens vor den Vergabekammern sind die speziellen Vorgaben zur Regelung des Verfahrens zur Anwendung gekommen. Rechtsverletzungen in Form von Verstößen gegen Bestimmungen dieses Verfahrens sind demnach möglich. Damit auch diesbezüglich effektiver Rechtsschutz gewährt werden kann, muss die Einhaltung der Bestimmungen über das Vergabenachprüfungsverfahren kontrolliert werden können.

Teilweise sind dazu ausdrücklich Befugnisse im Gesetz aufgenommen. So ist unter § 165 Abs. 4 GWB vorgesehen, dass die Versagung der Akteneinsicht nur im Zusammenhang mit der sofortigen Beschwerde in der Hauptsache angegriffen werden kann. In diesem Fall geht die vergaberechtliche Kontrolle der Oberlandesgerichte über diejenige der Vergabekammern hinaus. Davon abzugrenzen sind die Bestimmungen, die ausschließlich für die Oberlandesgerichte selbst gelten. Die Einhaltung dieser Bestimmungen nach §§ 171 ff. GWB werden nicht von den Oberlandesgerichten überprüft, da zum Zeitpunkt der zweitinstanzlichen Prüfung diese Vorschriften noch nicht verletzt sein können.

Für die Überprüfung einer Rechtsverletzung im Vergabenachprüfungsverfahren vor den Vergabekammern spricht schließlich auch, dass über § 175 Abs. 2 GWB die Abhilferegelung des § 69 GWB wegen einer Verletzung des Anspruchs auf rechtliches Gehör im Beschwerdeverfahren – und damit im Rahmen der Prüfung und Entscheidung der Oberlandesgerichte – zur Anwendung kommt. Die Gerichte haben danach die Verletzung dieses Anspruchs auf eine Rüge hin zu prüfen und bei Bejahung ein Verfahren fortzuführen. Damit wird deutlich, dass die Oberlandesgerichte auch Verfahrensrechte kontrollieren. Sie haben deswegen bei Anlass auch das von den Vergabekammern einzuhaltende Verfahrensrecht zu überprüfen. Ohne die Überprüfung dieses Rechts würde das förmliche und zugleich beschleunigte Verfahren vor den Vergabekammern keiner vom Unionsrechts geforderten raschen Rechtskontrolle unterworfen sein. Das wäre mit der Gewähr effektiven Rechtsschutzes nicht vereinbar. Der Umstand, dass § 178 S. 1 GWB keinen ausdrücklichen Bezug zur Überprüfung der §§ 160 ff. GWB herstellt, ist dabei unschädlich, da § 178 S. 1 GWB ebenso wenig einen konkreten Bezug zur Überprüfung des § 97 Abs. 6 GWB begründet. Schließlich folgt aus der Funktion der Beschwerde, *falsche* Entscheidungen der Vergabekammer aufzuheben[927], dass auch Verfahrensentscheidungen kontrolliert und aufgehoben werden. Das Ziel, verfehlte Entscheidungen zu beheben, würde nicht erreicht werden, wenn lediglich die Hauptentscheidung einer Vergabekammer überprüft wird. Das jeweils durchgeführte Verfahren muss ebenso kontrolliert und mithin falsche Entscheidungen über das Verfahren aufgehoben werden können.

927 Gesetzesbegründung zum Vergaberechtsänderungsgesetz v. 03.12.1997 zu § 132 GWB, BT-Drs. 13/9340, S. 22.

Soweit die Oberlandesgerichte im Rahmen einer sofortigen Beschwerde mit Rügen im noch laufenden Vergabenachprüfungsverfahren konfrontiert werden, prüfen sie daher die Begründetheit dieser Verstöße.[928] Die Gerichte überprüfen also nach § 97 Abs. 6 GWB auch Rechtsverletzungen, die im Vergabenachprüfungsverfahren durch die Vergabekammern begangen werden.

b) Berücksichtigung von Verstößen ohne Rüge

Die Oberlandesgerichte können unter bestimmten Voraussetzungen im Beschwerdeverfahren Vergaberechtsverstöße sowie Rechtsverletzungen im Nachprüfungsverfahren ohne Rüge des Rechtssuchenden prüfen. In der vergaberechtlichen Rechtsprechung ist insoweit anerkannt, dass die Oberlandesgerichte von Amts wegen nicht gerügte Verstöße zu überprüfen haben, soweit aufgrund eines Vergaberechtsverstoßes ein Zuschlag gar nicht vergaberechtskonform erteilt werden kann.[929] Dieser Rechtsprechung kann prinzipiell zugestimmt werden, da Gerichte nicht sehenden Auges eine Entscheidung treffen sollen, nach der ein rechtswidriger Zustand bestehen bliebe.[930] Die Aufgabe der Gerichte als rechtsprechende Gewalt verlangt, dass Entscheidungen getroffen werden, die eine offenkundig rechtswidrige Rechtslage beseitigen.

Einer genaueren Betrachtung bedarf hingegen die Frage, ob die Gerichte auch darüber hinaus Verstöße ohne Rüge zu berücksichtigen haben. Den Vorgaben der Union sowie der Intention des Gesetzgebers kann dazu nichts entnommen werden.

Für die Berücksichtigung nicht gerügter Vergaberechtsverstöße sprechen der offene Wortlaut von § 178 GWB sowie die fehlende Rügevorschrift im Beschwerdeverfahren. Allerdings baut das gesamte Vergabenachprüfungsverfahren darauf auf, dass Unternehmen in einem Vergabeverfahren Verstöße rügen und auf diese Weise zunächst ein öffentlicher Auftraggeber selbst die Möglichkeit erhält, Abhilfe zu leisten. Diesem System würde es widersprechen, wenn vor den Oberlandesgerichte jeder Verstoß ohne Rüge vorgetragen und von den Gerichten überprüft werden müsste. Deswegen prüft die Rechtsprechung Rügen im Beschwerdeverfahren auch nur unter Berücksichtigung u.a. der Rügevorschrift nach § 160 Abs. 3 GWB.[931] Hintergrund dieser Auffassung ist, dass vor den Vergabekammern präkludierte Verstöße nicht in das Beschwerdeverfahren transportiert werden sollen.[932] Dieses Vorgehen würde der Prozessökonomie schaden und dem Beschleunigungsgrundsatz zuwiderlaufen. Vor diesem Hintergrund führt die fehlende Regelung zur Rügepräklusion im Beschwerdeverfahren nicht dazu, dass im Verfahren vor den Vergabekammern präkludierte Verstöße im Beschwerdeverfahren kontrolliert werden.

Gegen die Berücksichtigung nicht gerügter Verstöße spricht demnach der stets zu beachtende Beschleunigungsgrundsatz. Die Oberlandesgerichte haben zügig über ein Vergabenachprüfungsverfahren zu entscheiden. Unter Beachtung der speziellen vergaberechtli-

928 Vgl. auch *Gröning*, in: Säcker/Ganske/Knauff, MüKo zum Wettbewerbsrecht, Bd. 3, § 178 GWB Rn. 1.

929 OLG Brandenburg, Urt. v. 28.03.2017, 6 Verg 5/16, VergabeR 2017, 482-488 juris Rn. 37; OLG Frankfurt, Beschl. v. 24.07.2012, 11 Verg 6/12, NZBau 2012, 726-728 juris Rn. 65.

930 KG Berlin, Beschl. v. 15.04.2004, 2 Verg 22/03.

931 Aus der Rechtsprechung OLG Düsseldorf, Beschl. v. 28.06.2017, Verg 24/17, VergabeR 2018, 86-90 juris Rn. 20. Aus der Literatur etwa *Steck*, in: Ziekow/Völlink, Vergaberecht, § 178 GWB Rn. 7a; *Summa*, in: Heiermann/Zeiss/Summa, jurisPK-Vergaberecht, § 178 GWB Rn. 18.

932 *Summa*, in: Heiermann/Zeiss/Summa, jurisPK-Vergaberecht, § 178 GWB Rn. 18.

chen Anforderungen an das Rechtsschutzverfahren haben die Oberlandesgerichte nicht jeden Verstoß von Amts wegen ohne Rüge aufzugreifen, damit ein zügiges Verfahren gelingt. Soweit keine offensichtlich schwerwiegende Folge wie die rechtswidrige Zuschlagsentscheidung droht, haben die Gerichte im Beschwerdeverfahren keine Verstöße ohne Rüge zu überprüfen. Die vollumfängliche Prüfung weiterer Rechtsverstöße widerspräche eklatant dem Beschleunigungsgrundsatz.

Schließlich kann die Überprüfung nicht gerügter Vergabeverstöße dazu führen, dass der Auftraggeber zu einer Maßnahme verpflichtet wird, die sich im Ergebnis negativ für den Rechtssuchenden auswirkt.[933] Es können Gründe aus der Perspektive des Rechtssuchenden bestehen, weswegen Vergaberechtsverstöße – unabhängig von der Schwere des Verstoßes und den Auswirkungen auf ein rechtmäßiges oder rechtswidriges Vergabeverfahren – nicht gerügt worden sind. Eine dennoch stattfindende Nachprüfung würde das Interesse an effektivem Rechtsschutz übergehen. Zwar leuchtet ein, dass die Gerichte im Beschwerdeverfahren nicht über selbst erkannte, erhebliche Mängel im Vergabeverfahren hinwegsehen und sehenden Auges eine Entscheidung auf einer rechtswidrigen Grundlage treffen sollen.[934] Allerdings kann ohne rechtliche Grundlage auch nicht von den Gerichten verlangt werden, dass diese einzelne Vergaberechtsverstöße in Schweregraden einordnen und anschließend entscheiden[935]. Eine Klassifizierung einzelner Vergaberechtsverstöße ist dem Nachprüfungsverfahren insoweit fremd.

Über den offenen Wortlaut und die fehlenden Vorschriften zur Rüge im Beschwerdeverfahren hinaus sprechen demnach maßgebende Gründe gegen die Berücksichtigung von Verstößen ohne Rüge.

c) Neue Vergaberechtsverstöße

Fraglich ist, ob die Oberlandesgerichte neue Vergaberechtsverstöße kontrollieren. Gemeint sind solche Verstöße, die bereits gerügt und auf den Anspruch aus § 97 Abs. 6 GWB gestützt worden sind, jedoch nicht bereits im Nachprüfungsverfahren vor den Vergabekammern überprüft worden sind. Dann müsste sich die Begründetheitsprüfung nach § 178 S. 1 GWB nicht nur auf den Umfang der Entscheidung der Vergabekammern, sondern unter Berücksichtigung dieses Maßstabes auch auf neue Vergaberechtsverstöße beziehen.

Für die Berücksichtigung neuer, im Vergabenachprüfungsverfahren bislang nicht gerügter Verstöße spricht der offene Wortlaut des § 178 S. 1 GWB, wonach die Oberlandesgerichte lediglich eine Beschwerde für begründet halten müssen. Ob sich das *Fürbegründethalten* auf einen Verstoß bezieht, der bereits im Verfahren vor den Vergabekammern geprüft oder außer Acht gelassen worden ist, ergibt sich nicht wörtlich aus dem Gesetz. Der Gesetzgeber hat auch keinen Bezug zu anderen Normen hergestellt, über die Regelungen zu einem neuem Vorbringen im Beschwerdeverfahren angewendet werden können.[936]

In den Richtlinien der Union sowie der Gesetzesbegründung sind keine Vorgaben für die Prüfung *neuer* Vergaberechtsverstöße im Beschwerdeverfahren aufgenommen worden.

---

933 *Summa*, in: Heiermann/Zeiss/Summa, jurisPK-Vergaberecht, § 178 GWB Rn. 15.

934 Ebenso *Summa*, in: Heiermann/Zeiss/Summa, jurisPK-Vergaberecht, § 178 GWB Rn. 12.

935 Vgl. *Summa*, in: Heiermann/Zeiss/Summa, jurisPK-Vergaberecht, § 178 GWB Rn. 13.

936 *Vavra/Willner*, in: Burgi/Dreher/Opitz, Beck'scher Vergaberechtskommentar, Bd. 1, § 178 GWB Rn. 7.

Allerdings folgt aus den Intentionen des Gesetzgebers, dass die Oberlandesgerichte jedenfalls falsche Entscheidungen der Vergabekammer aufzuheben haben.[937] Das kann bedeuten, dass sich die Begründetheitsprüfung nur auf die Verstöße bezieht, über die die Vergabekammern entschieden haben. Andererseits kann eine *falsche* Entscheidung der Vergabekammern auch dann vorliegen, wenn diese eine Prüfung von Rechtsverletzung unterlassen hat. In diesem Fall wäre die Entscheidung der Vergabekammer aufzuheben und eine neue Prüfung erforderlich. Dann würden die Oberlandesgerichte ihre Entscheidung um neue Prüfungen zu Rechtsverletzungen ergänzen. Vor diesem Hintergrund kann jedenfalls nicht ausgeschlossen werden, dass es auch Intention des Gesetzgebers war, mit der Begründetheitsprüfung der Oberlandesgerichte neue Vergaberechtsverstöße zu umfassen.

Die systematische Stellung der sofortigen Beschwerde als Entscheidungsnorm im laufenden Vergabenachprüfungsverfahren verlangt, dass neue Verstöße vollumfänglich kontrolliert werden, soweit die Vergabekammer diese Rechtskontrolle unterlassen hat. Die Begründetheitsprüfung ist Teil des Vergabenachprüfungsverfahrens, in dem es maßgeblich um die Einhaltung des Anspruchs aus § 97 Abs. 6 GWB geht. Würde ein neuer Verstoß im Beschwerdeverfahren außer Acht gelassen werden, bestünde die Gefahr, dass im Vergabenachprüfungsverfahren insgesamt kein umfassender effektiver Rechtsschutz von den Oberlandesgerichten gewährt würde. Die Begründetheitsprüfung ist zur Umsetzung der höherrangigen Anforderungen an effektiven Rechtsschutz im Kartellvergaberecht aufgenommen worden. Im Beschwerdeverfahren soll eine rasche und wirksame Überprüfung des Rechtsschutzgesuchs stattfinden. Die wirksame Überprüfung verlangt von den Oberlandesgerichten, dass auch Rechtsverstöße kontrolliert werden, die nicht bereits von den Vergabekammern geprüft worden sind. Schließlich verlangt vor diesem Hintergrund auch der Grundsatz der Verfahrensökonomie die Überprüfung neuer Verstöße, da andernfalls ein neues Vergabenachprüfungsverfahren eingeleitet werden müsste.[938]

Nach der Ratio legis spricht nichts gegen die Überprüfung neuer Vergaberechtsverstöße durch die Oberlandesgerichte. § 178 GWB dient insgesamt der Eröffnung gerichtlichen Rechtsschutzes und zielt im Sinne der Rechtsmittelrichtlinien auf eine wirksame, unabhängige gerichtliche Prüfung ab.[939] Die Vorschrift bezweckt die Umsetzung der höherrangigen Effektivitätsanforderungen. Im Sinne einer vollumfänglichen, gerichtlichen Rechtskontrolle zur Gewähr wirksamen Rechtsschutzes ist diese Prüfung nicht auf Verstöße begrenzt, die vorinstanzlich vor den gerichtsähnlichen Vergabekammern geprüft worden sind.

Entscheidende Gründe gegen die Prüfung neuer Vergaberechtsverstöße fehlen. Stattdessen sprechen neben dem uneingeschränkten Wortlaut und der gesamtsystematischen Stellung von § 178 GWB sein Sinn und Zweck für die Überprüfung neuer Vergaberechtsverstöße durch die Oberlandesgerichte. Festzuhalten ist, dass die Oberlandesgerichte im Beschwerdeverfahren neben der Kontrolle eines im Verfahren vor den Vergabekammern

937 Gesetzesbegründung zum Vergaberechtsänderungsgesetz v. 03.12.1997 zu § 132 GWB, BT-Drs. 13/9340, S. 22.

938 *Summa*, in: Heiermann/Zeiss/Summa, jurisPK-Vergaberecht, § 178 GWB Rn. 17.

939 *Anger*, in: Müller-Wrede, GWB, § 178 Rn. 2.

geltend gemachten Anspruchs aus § 97 Abs. 6 GWB auch neue Vergaberechtsverstöße auf derselben Grundlage prüfen.

7. Zwischenergebnis

§ 178 S. 1 GWB ist weiter gefasst als die Entscheidungsnorm der Vergabekammern. Über § 178 S. 1 GWB wird die von den Vergabekammern rechtmäßige oder rechtswidrige Anwendung der Vorschriften über die Einhaltung der Bestimmungen über das Vergabeverfahren kontrolliert. Dabei gilt der Maßstab, den auch die Vergabekammern anzuwenden haben. Die Oberlandesgerichte sind nicht an den Vortrag des Rechtssuchenden oder den der Vergabekammern gebunden. So können auch neue Ansprüche auf Grundlage von § 97 Abs. 6 GWB sowie die Einhaltung der Vorschriften des Vergabeverfahrensrecht in §§ 160 – 170 GWB überprüft werden. Damit geht der Prüfungs- und Entscheidungsmaßstab der Oberlandesgerichte über den Maßstab der Vergabekammern hinaus.

Die Oberlandesgerichte überprüfen im Beschwerdeverfahren jedoch regelmäßig die Begründetheit nur im Umfang der erhobenen Rügen. Die Gerichte prüfen nicht von Amts wegen Verstöße ohne Rüge. Die Oberlandesgerichte richten ihre Begründetheitsprüfung dabei an der Beschwerdebegründung des Rechtssuchenden aus, die sich nach der Natur der Sache auf die Entscheidung der Vergabekammer bezieht. Die Gerichte kontrollieren ebenso wie die Vergabekammern keine Rechtsverstöße, die außerhalb des Vergaberechts angesiedelt sind.

II. Feststellung der Rechtsverletzung auf Antrag, § 178 S. 3 GWB

Der gesetzliche Prüfungs- und Entscheidungsauftrag der Oberlandesgerichte im Beschwerdeverfahren wird komplettiert durch § 178 S. 3 GWB. Danach stellen die Gerichte im Beschwerdeverfahren auf Antrag fest, ob das rechtssuchende Unternehmen, das die Nachprüfung beantragt hat, durch den Auftraggeber in seinen Rechten verletzt ist.

1. Wortlaut

In § 178 S. 3 GWB wird anders als nach Satz 1 dieser Vorschrift die Wortwahl des § 168 Abs. 1 S. 1 Hs. 1 GWB aufgegriffen. Die Oberlandesgerichte haben zu prüfen, ob ein rechtssuchendes Unternehmen „in seinen Rechten verletzt ist". Diese Wortwahl ist mit der Inbezugnahme von Rechtsverletzungen genauer gefasst als § 178 S. 1 GWB. Nach der für die Vergabekammern vorgenommenen Begriffsbestimmung *Rechtsverletzung*[940] geht es um Verstöße gegen subjektive Rechte i.S. von § 97 Abs. 6 GWB, die im Beschwerdeverfahren festgestellt werden. § 178 S. 3 GWB verweist indes ebenso wenig wie § 168 Abs. 1 S. 1 Hs. 1 GWB wörtlich auf die maßgebende Anspruchsgrundlage § 97 Abs. 6 GWB.

2. Fehlende Vorgaben in der Gesetzesbegründung und den Rechtsmittelrichtlinien

Was unter der Verletzung „in seinen Rechten" i.S. von § 178 S. 3 GWB im Speziellen zu verstehen ist, ergibt sich weder aus der Gesetzesbegründung noch aus den Rechtsmittel-

940 Dazu unter Ziff. B. I. dieses Kapitels.

richtlinien. Es ist darauf verzichtet worden, Vorgaben zur Entscheidung der Oberlandesgerichte zu präzisieren. Der Gesetzgeber hat – anders als zu § 168 Abs. 1 GWB – in seiner Gesetzesbegründung zu § 132 GWB a.F., der dem heutigen § 178 GWB entspricht, kein erläuterndes Wort zu dem Merkmal der Rechtsverletzung verloren.[941] Er hat lediglich betont, dass die Feststellung für ein anschließendes Schadensersatzverfahren von Bedeutung ist.[942] Auf die Bedeutung im Vergabeverfahren selbst ist der Gesetzgeber nicht eingegangen. Ebenso wenig lassen sich aus den Richtlinien und entsprechenden Erwägungsgründen der Union Erklärungen zum Umfang des Feststellungsbeschlusses im Beschwerdeverfahren entnehmen.

Im Gesamtkontext kann es aber nicht um einen anderen als auf § 97 Abs. 6 GWB gestützten Prüfungsumfang gehen, da andernfalls entsprechende Erläuterungen insbesondere auf nationaler Ebene dazu zu erwarten gewesen wären. Hätte der Gesetzgeber § 178 S. 3 GWB einen vollkommen neuen materiellen Inhalt geben wollen, der von dem Prüfungsmaßstab der Vergabekammern grundlegend abweicht, wäre eine Erläuterung in den Gesetzesmaterialien zu erwarten gewesen. Es ist daher zu unterstellen, dass die Regelung zum Feststellungsbeschluss keinen von § 97 Abs. 6 GWB abweichenden Prüfungsumfang im Beschwerdeverfahren begründen soll. Aus den fehlenden Vorgaben in der Gesetzesbegründung sowie den Rechtsmittelrichtlinien ist mithin der Schluss zu ziehen, dass die Feststellung einer Rechtsverletzung nach § 178 S. 3 GWB genauso wie die Entscheidung über eine Rechtsverletzung nach § 168 Abs. 1 S. 1 Hs. 1 GWB die Prüfung eines Anspruchs aus § 97 Abs. 6 GWB umfasst.

3. Systematik und Vergleich zu 168 Abs. 1 S. 1 Hs. 1 GWB

Die Regelung zur Feststellung einer Rechtsverletzung durch die Oberlandesgerichte ist in der Entscheidungsnorm des Beschwerdeverfahrens selbst verortet und steht mit Blick auf den materiellen Inhalt im Zusammenhang mit § 178 S. 1 GWB. Da § 178 S. 3 GWB unter der gemeinsamen Überschrift „Beschwerdeentscheidung" in einem unmittelbaren Zusammenhang mit § 178 S. 1 GWB steht, ist per se nicht davon auszugehen, dass der Umfang des Feststellungsbeschlusses ein anderer ist als der Umfang der Hauptentscheidung. Demnach geht es in § 178 S. 3 GWB maßgeblich um die Feststellung vergaberechtsrelevanter Rechtsverletzungen i.S. von § 97 Abs. 6 GWB, denn hinsichtlich der Entscheidung nach § 178 S. 1 GWB steht fest, dass die Gerichte im Beschwerdeverfahren prinzipiell denselben Maßstab wie die Vergabekammern anwenden. Soweit § 168 Abs. 1 S. 1 Hs. 1 GWB durch § 97 Abs. 6 GWB konkretisiert wird, werden ebenfalls § 178 S. 1 und S. 3 GWB durch den maßgebenden Anspruch aus § 97 Abs. 6 GWB konkretisiert. Für § 178 S. 3 GWB folgt das insbesondere auch aus der sich § 168 Abs. 1 S. 1 Hs. 1 GWB angleichenden Formulierung der Norm. Beide Entscheidungsnormen nehmen Bezug auf eine *Verletzung seiner Rechte*, womit im Vergabeverfahren der zentrale, subjektive Anspruch aus § 97 Abs. 6 GWB verstanden wird. Die Verwendung derselben Formulierung spricht für die Annahme desselben Regelungsgehalts. In der vergaberechtlichen Literatur wird zutreffend angenommen – ob-

941 Gesetzesbegründung zum Vergaberechtsänderungsgesetz v. 03.12.1997 zu § 132 GWB, BT-Drs. 13/9340, S. 22.

942 Gesetzesbegründung zum Vergaberechtsänderungsgesetz v. 03.12.1997 zu § 132 GWB, BT-Drs. 13/9340, S. 22.

schon erschöpfende Erläuterungen dazu fehlen –, dass es bei der gerichtlichen Feststellung darum geht, ob der Rechtssuchende in seinen Rechten i.S. von § 97 Abs. 6 GWB verletzt worden ist.[943] § 178 S. 3 GWB fügt sich damit systematisch in den Prüfungs- und Entscheidungsmaßstab der Nachprüfungsinstanzen ein, ohne diesen zu verändern.

4. Ratio legis

Schließlich sprechen Sinn und Zweck des § 178 S. 3 GWB für die Annahme, dass im Rahmen des Feststellungsbeschlusses Rechtsverletzungen i.S. von § 97 Abs. 6 GWB geprüft werden. Die Vorschrift zielt allein darauf ab, Verstöße gegen die Bestimmungen über das Vergabeverfahren von den Gerichten feststellen zu lassen. Damit wird erreicht, dass im Schadensersatzprozess nicht abweichend über den Streitstoff des Vergabeverfahrens entschieden wird.[944] § 178 S. 3 GWB dient dabei der Prozessökonomie, denn wenn ein Rechtssuchender keinen Vergaberechtsschutz im Nachprüfungsverfahren mehr erlangen kann, etwa weil der Zuschlag inzwischen erteilt worden ist, soll ihm Klarheit darüber verschafft werden, ob er in seinen Rechten aus § 97 Abs. 6 verletzt worden ist.[945] Daran anknüpfend geht es in § 178 S. 3 GWB nicht darum, den Prüfungs- und Entscheidungsmaßstab zu erweitern, sondern Klarheit über verletzte Bestimmungen i.S. von § 97 Abs. 6 GWB zu schaffen. Ausweislich der Gesetzesbegründung dient der Feststellungsbeschluss einem *anschließenden* Schadensersatzverfahren, also einem dem Vergabenachprüfungsverfahren folgenden Verfahren.[946] Der Schadensersatzprozess findet dabei als Sekundärrechtsschutz statt. In diesem Prozess geht es nicht mehr um den Erhalt des öffentlichen Auftrags, vielmehr nur noch um einen finanziellen Ausgleich für einen zu Unrecht nicht erlangten Auftrag.[947] Die Feststellung einer Rechtsverletzung ist daher zur Vorbereitung dieses Schadensersatzprozesses von Bedeutung, da die ordentlichen Gerichte gemäß § 179 Abs. 1 GWB an diese Entscheidung gebunden sind.[948]

Die Oberlandesgerichte können allenfalls dann gemäß § 178 S. 3 GWB weitergehende Rechtsverletzungen, zum Beispiel Verstöße gegen außerhalb des Vergaberechts angesiedelte Ansprüche prüfen, wenn dafür argumentiert wird, dass der Zweck – die Bindung der ordentlichen Gerichte im Schadensersatzprozesses – gerade auch die vollumfängliche Prüfung sämtlicher Ansprüche verlangt. Dafür spricht, dass § 178 S. 3 GWB nicht unter den Grundsatz der größtmöglichen Beschleunigung fällt, da es mit dem Feststellungsbeschluss nicht mehr um den zügigen Abschluss der Auftragsvergabe geht. Insoweit findet der Beschleunigungsgrundsatz im Verfahren über den Feststellungsbeschluss keine Anwendung.[949] Das ergibt sich eindeutig aus dem Gesetz. Nach § 178 S. 4 i.V.m. § 168 Abs. 2 S. 3

943 *Stickler*, in: Reidt/Stickler/Glahs, Vergaberecht, § 178 GWB Rn. 14; *Stockmann*, in: Immenga/Mestmäcker, Wettbewerbsrecht, Bd. 4, § 178 GWB Rn. 13; *Gröning*, in: Säcker/Ganske/Knauff, MüKo zum Wettbewerbsrecht, Bd. 3, § 178 GWB Rn. 22; *Dieck-Bogatzke*, in: Pünder/Schellenberg, Vergaberecht, § 178 GWB Rn. 13, 18; *Steck*, in: Ziekow/Völlink, Vergaberecht, § 178 GWB Rn. 18.

944 Vgl. *Dieck-Bogatzke*, in: Pünder/Schellenberg, Vergaberecht, § 178 GWB Rn. 13.

945 *Gröning*, in: Säcker/Ganske/Knauff, MüKo zum Wettbewerbsrecht, Bd. 3, § 178 GWB Rn. 22.

946 Gesetzesbegründung zum Vergaberechtsänderungsgesetz v. 03.12.1997 zu § 132 GWB, BT-Drs. 13/9340, S. 22.

947 *Burgi*, Vergaberecht, Vierter Teil: Rechtsschutz Rn. 1.

948 *Jäger*, in: Byok/Jäger, Vergaberecht, § 178 GWB Rn. 12.

949 *Stickler*, in: Reidt/Stickler/Glahs, Vergaberecht, § 178 GWB Rn. 15.

i.V.m. § 167 Abs. 1 GWB gilt der Beschleunigungsgrundsatz nicht für die Feststellungsentscheidung, ob eine Rechtsverletzung vorgelegen hat. Vor diesem Hintergrund können die Oberlandesgerichte weitergehende Rechtsverletzungen prüfen und über diese entscheiden.

Gegen eine erweitere Prüfung spricht indes, dass die dem Festsetzungsbeschluss anschließende Bindungswirkung des § 179 Abs. 1 GWB[950] nicht darauf abzielt, Fragen des Schadensersatzrechts aus dem Sekundärrechtsschutz in das Nachprüfungsverfahren zu verlagern.[951] Sekundärrechtsschutz knüpft an Primärrechtsschutz an, ohne dass letzterer durch nachfolgenden Rechtsschutz beeinflusst wird. Vor diesem Hintergrund kann Zweck der Feststellung im Vergabenachprüfungsverfahren keine Erweiterung des Umfangs der Rechtskontrolle mit Blick auf einen umfassenden Schadensersatzprozess sein. Einer solchen Auffassung ist entgegenzuhalten, dass es in § 178 S. 3 GWB nicht darum geht, einen umfassenden Schadensersatzprozess zu ermöglichen, sondern darum, dass die im Vergabeverfahren begründeten Rechtsverletzungen, die nicht mehr beseitigt werden können, dennoch ausgeglichen werden. Insoweit soll der Rechtssuchende nicht um die „Früchte" des ursprünglich anvisierten Vergabenachprüfungsverfahren gebracht werden.[952] Soweit der Rechtssuchende im Primärrechtsschutzverfahren nicht mehr auf ein laufendes Vergabeverfahren Einfluss nehmen kann, soll er aus Gründen der Verfahrensökonomie die Prüfung in einem Feststellungsverfahren fortsetzen können.[953] Es überzeugt daher nicht, die Entscheidung über den Festsetzungsbeschluss mit neu zu prüfenden Rechtsverletzungen anzureichern.

5. Auswirkung

Die Bedeutung von § 178 S. 3 GWB wirkt sich – die Auslegung des § 178 S. 1 GWB bestätigend – auf das Verständnis von § 178 S. 1 GWB aus. Wenn § 178 S. 3 GWB zur Gewähr sekundären Rechtsschutzes Klarheit über eine im Vergabeverfahren aufgetretene Rechtsverletzung i.S. von § 97 Abs. 6 GWB schaffen soll, kann sich die Begründetheitsprüfung nach S. 1 ebenfalls nur auf diese Rechtsverletzungen beziehen. Andernfalls hätte § 178 S. 3 GWB für den Sekundärrechtsschutz keinen Sinn. Es ist nicht davon auszugehen, dass der Gesetzgeber mit § 178 S. 3 GWB einen anderen, sich widersprechenden Prüfungsmaßstab im engeren Sinne als § 178 S. 1 GWB anlegen wollte.

6. Zwischenergebnis

Die Feststellung nach § 178 S. 3 GWB, ob ein Unternehmen, das die Nachprüfung beantragt hat, in seinen Rechten verletzt ist, verändert nicht den Prüfungs- und Entscheidungsmaßstab im Beschwerdeverfahren. Die Normierung steht im unmittelbaren Zusammenhang mit § 178 S. 1 GWB. Sie bestätigt, dass es in § 178 GWB insgesamt um die Überprüfung subjektiver Rechte i.S. von § 97 Abs. 6 GWB geht. Mithin öffnet § 178 S. 3 GWB nicht

950 Zur bindenden Wirkung des Feststellungsbeschlusses *Dieck-Bogatzke*, in: Pünder/Schellenberg, Vergaberecht, § 178 GWB Rn. 11, 13.

951 *Wirner*, in: Gabriel/Mertens/Prieß/Stein, BeckOK Vergaberecht, § 179 GWB Rn. 60.

952 Unter Bezugnahme der entsprechenden Regelung für die Vergabekammern *Dieck-Bogatzke*, in: Pünder/Schellenberg, Vergaberecht, § 178 GWB Rn. 11.

953 *Summa*, in: Heiermann/Zeiss/Summa, jurisPK-Vergaberecht, § 178 GWB Rn. 45.

die Tür für die Prüfung sämtlicher Rechtsverletzungen, die über den Maßstab des 178 S. 1 GWB hinausgehen, sondern konkretisiert die Begründetheitsprüfung.

E. § 178 GWB im Lichte der höherrangigen Anforderungen

§ 178 GWB greift den Maßstab von §§ 168 Abs. 1, 97 Abs. 6 GWB zur Überprüfung von Rechtverletzungen auf. Vor diesem Hintergrund begegnen der Vorschrift ebenfalls Bedenken, ob effektiver Rechtsschutz ausreichend gewährt wird. Die vorausgesetzte umfassende Rechtmäßigkeitskontrolle wird insbesondere nicht dadurch begründet, dass die Oberlandesgerichte Verstöße gegen das Vergabeverfahrensrecht (§§ 160 – 170 GWB) sowie neue, von der Vergabekammer noch nicht überprüfte Vergaberechtsverstöße prüfen. Die Erweiterung des Prüfungsmaßstabes reicht nicht aus, um der Rechtskontrolle im Sinne der höherrangigen Anforderungen zu genügen. Denn auch diese Prüfung der Oberlandesgerichte erfolgt auf Grundlage der Prüfung einer Rechtsverletzung nach § 97 Abs. 6 GWB. Darüberhinausgehende Rechtskontrollen finden auch nicht im Beschwerdeverfahren durch die Oberlandesgerichte statt.

F. Zwischenfazit zum dritten Kapitel

Die Vergabekammern prüfen im Vergabenachprüfungsverfahren gemäß § 168 Abs. 1 S. 1 Hs. 1 GWB, ob ein Rechtssuchender in subjektiven Rechten i.S. von § 97 Abs. 6 GWB verletzt ist, da mit der Geltendmachung von Rechten i.S. von § 168 Abs. 1 S. 1 GWB die Erhebung des Anspruchs aus § 97 Abs. 6 GWB gemeint ist. Dieser ist auf die Geltendmachung subjektiver Rechte ausgerichtet. Zwischen § 168 Abs. 1 S. 1 Hs. 1 und § 97 Abs. 6 GWB besteht ein sachlicher Zusammenhang. Die Entscheidungsnorm wird konkretisiert, sodass ein Anspruch auf Einhaltung der Bestimmungen über das Vergabeverfahren im Vergabenachprüfungsverfahren geprüft wird.

Bestimmungen über das Vergabeverfahren i.S. von § 97 Abs. 6 GWB sind Vorschriften betreffend die Verfahrensregelungen sowie die Verfahrensgestaltung zur Auswahl des Vertragspartners eines öffentlichen Auftraggebers für einen konkreten öffentlichen Auftrag.

Zu den Bestimmungen über das Vergabeverfahren i.S. von § 97 Abs. 6 GWB gehören die Normen des Kartellvergaberechts, zum einen §§ 97 ff. GWB und zum anderen die Regelungen in den Vergabeverordnungen (VgV, VSvgV, KonzVgV, SektVO nebst Abschnitt 2 der VOB/A).

Nicht zu den Bestimmungen über das Vergabeverfahren gehören solche Normen, die zwar die Durchführung öffentlicher Aufträge, nicht aber im Einzelnen das Verfahren zur Auswahl des Vertragspartners eines öffentlichen Auftraggebers betreffen. Rechtssuchende können sich nicht auf sämtliche das Vergaberecht berührende Vorschriften berufen.

§ 97 Abs. 6 GWB enthält entgegen zahlreichen Stimmen getreu dem Wortlaut sowie richtlinienkonform ausgelegt kein Bieterschutzkriterium. Ein bieterschützendes, einschränkendes Verständnis von § 97 Abs. 6 GWB missachtet den konkreten Normtext und Telos der Vorschrift und auch die Tatsache, dass die deutsche Schutznormlehre die unionsrechtlichen Anforderungen an Vergaberechtsschutz einschränkt.

Das Beschwerdeverfahren vor den Oberlandesgerichten sichert die Gewähr effektiven Rechtsschutzes i.S. von Art. 19 Abs. 4 GG. Die Einführung des § 178 GWB bzw. seiner Vorgängerregelungen bezweckt die Umsetzung der unionsrechtlichen Anforderungen an die Kontrolle durch eine unabhängige Instanz und zielt als maßgebende Vorschrift zur Gewähr gerichtlichen Rechtsschutzes gleichzeitig darauf ab, effektiven Rechtsschutz zu ermöglichen. § 178 GWB ist die einfachgesetzliche Umsetzung von Art. 19 Abs. 4 GG im Bereich des Vergaberechtsschutzes.

Die Oberlandesgerichte prüfen gemäß § 178 S. 1 GWB die sofortige Beschwerde in dem Umfang, in dem die Vergabekammern ihre Entscheidung treffen. Sie prüfen, ob Bestimmungen über das Vergabeverfahren i.S. von § 97 Abs. 6 GWB verletzt worden sind. Das wird durch § 178 S. 3 GWB bestätigt, dessen Formulierung sich § 168 Abs. 1 S. 1 Hs. 1 GWB im Hinblick auf das Vorliegen einer Rechtsverletzung annähert.

Die Oberlandesgerichte sind als erste unabhängige gerichtliche Instanz nicht an die Feststellungen der Vergabekammer gebunden. Unter Berücksichtigung des Untersuchungsgrundsatzes und zur Vermeidung willkürlicher Entscheidungen können die Oberlandesgerichte ihre Prüfung und Entscheidung auf neue Tatsachen stützen und damit einer umfassenden Prüfung i.S. von Art. 19 Abs. 4 GG gerecht werden. Da die Oberlandesgerichte nur ergänzend neue Tatsachen ermitteln, ist die Aufnahme neuer Tatsachen regelmäßig dann erforderlich, wenn der Vortrag der Beteiligten oder der Sachverhalt als solcher Anlass zur weiteren Ermittlung geben.

Über die Prüfung der Vergabekammern hinaus kontrollieren die Oberlandesgerichte im Beschwerdeverfahren gemäß § 97 Abs. 6 GWB auch das Vorliegen neuer Vergaberechtsverstöße, die auf derselben Grundlage beruhen.

Feststellungen von Rechtsverletzungen nach § 178 S. 3 GWB verändern nicht den Prüfungs- und Entscheidungsmaßstab im Beschwerdeverfahren, da die Normierung im unmittelbaren Zusammenhang mit § 178 S. 1 GWB steht und die Begründetheitsprüfung konkretisiert.

Beide Entscheidungen der Nachprüfungsinstanzen greifen subjektive Rechte im Vergabeverfahren auf, unabhängig ob diese im Einzelnen bieterschützend sind oder nicht. Vor ihrer Entscheidung in der Hauptsache haben die Nachprüfungsinstanzen daher ihrer Tatsachenermittlung zum Vergabeverfahren auf subjektive Rechte i.S. von § 97 Abs. 6 GWB auszurichten. Das Verfahren zur Auswahl des Vertragspartners eines öffentlichen Auftraggebers für einen konkreten öffentlichen Auftrag muss vollumfänglich ermittelt und anschließend auf die Verletzung subjektiver Rechte eines Rechtssuchenden überprüft werden.

Entscheidungen der Vergabekammern können von den Oberlandesgerichten ergänzt werden. Unabhängig von der Sachverhaltsermittlung zur Vorbereitung der Prüfung und Entscheidung in der Hauptsache lassen die Entscheidungsnormen die Prüfung außervergaberechtlicher Vorschriften sowie zwingende Vorfragen nach ihrer Auslegung am Gesetz offen. Soweit die Nachprüfungsinstanzen subjektive Rechte ermitteln, die sich auf außervergaberechtliche Vorschriften beziehen, steht nicht fest, ob und wie über diese Rechtsverstöße gemäß § 168 Abs. 1 S. 1 Hs. 1, § 178 S. 1 GWB entschieden wird.

Viertes Kapitel: Erweiterung des Prüfungsmaßstabes

Zur Gewähr effektiven Rechtsschutzes im Sinne der höherrangen Anforderungen, muss der Prüfungs- und Entscheidungsmaßstab der Nachprüfungsinstanzen erweitert werden. Im Rahmen einer vollständigen Rechtmäßigkeitskontrolle könnten die Nachprüfungsinstanzen zu weiteren Prüfungen verpflichtet sein.

A. Bedeutung einzelner Normen außerhalb des Kartellvergaberechts für das Vergabeverfahren

Im Vergabenachprüfungsverfahren stellen sich im Zusammenhang mit möglichen Rechtsverstößen nicht selten Fragen nach der Vereinbarkeit einer Maßnahme im Vergabeverfahren mit den Vorgaben aus anderen Rechtsgebieten.[954] Es zeigen sich zahlreiche Fälle, in denen es geboten ist, Rechtsfragen zu Verstößen gegen Vorschriften außerhalb des Kartellvergaberechts zu beantworten. Normen außerhalb des Vergaberechts werden für die Nachprüfung zum Beispiel relevant, wenn es um die Frage geht, ob die Inanspruchnahme einer Leistung überhaupt ausschreibungspflichtig ist oder einzelne Vorgaben in den Vergabeunterlagen sachlich begründet sind.[955] Aufgrund des Vergabeverfahrens können durch einzelne Maßnahmen des öffentlichen Auftraggebers Vorschriften anderer Rechtsmaterien betroffen sein, deren Einhaltung maßgebend für die Auswahl des Vertragspartners sind.

I. Konfliktlage

Ohne die Überprüfung von Rechtsverstößen, die nicht im Wesentlichen die Auswahl des Vertragspartners eines öffentlichen Auftraggebers betreffen, entsteht eine Konfliktlage, in der möglicherweise umfassender Rechtsschutz nicht gewährt wird. Es kann ein Normkonflikt entstehen, wenn neben den Bestimmungen über das Vergabeverfahren ebenso Bestimmungen zum Abfallwirtschaftsrecht[956] oder zum Patentrecht Anwendung finden. Ein Rechtssuchender kann sich darauf berufen, dass mehrere Bieter ihre Angebote unter Verstoß gegen das Verbot von Kartellabsprachen kalkuliert haben oder dass Bieter deswegen nicht am Verfahren teilnehmen dürfen, weil sie mit ihrer Teilnahme gegen Vorschriften des kommunalen Wirtschaftsrechts verstoßen.[957] Es geht um einzelne Regelungen, die erst in einzelnen Beschaffungsvorhaben für den öffentlichen Auftraggeber und Teilnehmer des Vergabeverfahrens an Bedeutung gewinnen. In diesen Fällen besteht die Besonderheit, dass die Erfolgsaussichten eines Rechtsschutzgesuchs davon abhängen, ob gesetzliche Re-

954 *Burgi*, Vergaberecht, § 2 Rn. 16.
955 *Schneevogl*, in: Heiermann/Zeiss/Summa, jurisPK-Vergaberecht, § 97 GWB Rn. 175.
956 OLG Karlsruhe, Beschl. v. 01.04.2011, 15 Verg 1/11 juris Rn. 42.
957 *Burgi*, Vergaberecht, § 2 Rn. 16.

gelungen zu prüfen sind, die selbst nicht unmittelbar zu den Bestimmungen über das Vergabeverfahren i.S. von § 97 Abs. 6 GWB gehören.[958]

1. Das Abfallwirtschaftsrecht im Vergabeverfahren

Die vergaberechtliche Pflicht, einzelne Entsorgungsdienstleistungen auszuschreiben, kann mit rechtsverbindlichen Vorgaben einzelner Beseitigungsanlagen kollidieren.[959] Zum Beispiel macht ein öffentlicher Auftraggeber die Einhaltung bestimmter abfallrechtlicher bzw. entsorgungsrechtlicher Vorgaben zu einer Bedingung für die Auftragsdurchführung. Ein Unternehmen, das diese Vorgaben nicht einhält, kann dadurch benachteiligt werden und den Vergaberechtsweg beschreiten. Sucht ein rechtssuchendes Unternehmen im Wege des Vergabenachprüfungsverfahrens Rechtsschutz, kann es sich in diesem Fall auf eine Verletzung des Abfallwirtschaftsrechts berufen, um umfassend Abhilfe zu erlangen. Nach dem OLG Karlsruhe sind Vorschriften aus dem Abfallrecht nicht im Rahmen des Vergabeverfahrens zu prüfen, da diese keine Bestimmungen über das Vergabeverfahren i.S. von § 97 Abs. 6 GWB seien.[960]

> „Zu den Vergabevorschriften gehören alle Regelungen, die mit dem formellen und materiellen Vergaberecht in Zusammenhang stehen. Bestimmungen aus dem Bereich der Abfallwirtschaft zählen hierzu nicht. Durch den Hinweis auf [eine Regelung des Abfallwirtschaftsrechts] […] wird diese nicht zu einer Vergabevorschrift. Vielmehr wird im Vergabeverfahren auf ein zusätzliches öffentlich-rechtliches Erfordernis hingewiesen. […] Aus dem Zusammenspiel zwischen dem Vergaberecht und den öffentlich-rechtlichen Bestimmungen zur Abfallwirtschaftsplanung ergibt sich vielmehr ein Normenkonflikt zwischen den vergaberechtlichen Bestimmungen einerseits und den abfallrechtlichen Bindungen […] andererseits. Sowohl die Pflicht zur Ausschreibung einzelner Entsorgungsdienstleistungen als auch die rechtsverbindliche Vorgabe einzelner Beseitigungsanlagen beruhen auf bundesrechtlichen Vorschriften, die ihre Grundlage im europäischen Recht haben. Infolgedessen gebührt keiner der Normen der prinzipielle Vorrang. […] Dieses Nebeneinander von Vergaberecht und Abfallwirtschaftsplanung führt […] nicht dazu, dass abfallrechtliche Bestimmungen damit zu Bestimmungen des Vergaberechts werden, auf die sich der einzelne Bieter berufen kann. Insbesondere kommt derartigen Abfallwirtschaftsplänen keine drittschützende […] Wirkung zu."[961]

Dem rechtssuchenden Unternehmen ging es nicht um ein Vorgehen gegen die abfallrechtliche bzw. entsorgungsrechtliche Vorgabe an sich oder eine auf dieser Grundlage getroffenen Maßnahme, beispielsweise einer Abfallbehörde, sondern um die Bedingung und Teilnahme im Vergabeverfahren. Der Rechtssuchende begehrte in diesem Fall die Kontrolle einer außervergaberechtlichen Maßnahme eines öffentlichen Auftraggebers im Vergabeverfahren, die einen konkreten Bezug zum Vergaberecht hat. Ausgehend von § 168 Abs. 1 S. 1 Hs. 1, § 178 S. 1, § 97 Abs. 6 GWB besteht indes keine Grundlage für eine vergaberechtliche Prüfung und Entscheidung, da Verstöße gegen das Abfallwirtschaftsrecht nicht zu den Bestimmungen über das Vergabeverfahren gehören. Das kann mit den höherrangi-

958 Vgl. BGH, Beschl. v. 18.06.2012, X ZB 9/11, NZBau 2012, 586, 588 juris Rn. 14.
959 OLG Karlsruhe, Beschl. v. 01.04.2011, 15 Verg 1/11 juris Rn. 42.
960 OLG Karlsruhe, Beschl. v. 01.04.2011, 15 Verg 1/11 juris Rn. 39, 46.
961 OLG Karlsruhe, Beschl. v. 01.04.2011, 15 Verg 1/11 juris Rn. 30-43.

gen Anforderungen an effektiven Rechtsschutz nicht zu vereinbaren sein, wenn es im Rechtsschutzgesuch möglicherweise auf die Prüfung eigener Rechte in Bezug auf die Verletzung des Abfallwirtschaftsrechts entscheidend ankommt.

Aufgrund der nicht wegzudenkenden Schnittstellen, die das Vergaberecht zu anderen Rechtsgebieten aufweist, kann es daher gleichwohl geboten sein, Rechtsverstöße außerhalb des Vergaberechts in die vergaberechtliche Überprüfung zu integrieren und in diesem Umfang effektiven Rechtsschutz zu gewähren.

2. Das Patentrecht im Vergabeverfahren

Ebenso kann es um die Ausschreibung eines durch ein Patent geschütztes Erzeugnisses oder geschützten Verfahrens gehen, in der patentrechtliche Vorgaben das Vergabeverfahren maßgeblich beeinflussen. Durch die Ausschreibung einer in den Patentanspruch fallenden Leistung ohne entsprechende Patentlizenz, kann eine Patentverletzung drohen.[962] In der Rechtsprechung ist insoweit vertreten worden, dass die Vergabekammern im Vergabenachprüfungsverfahren *inzident* Patentverletzungen zu überprüfen haben.[963] Das OLG Düsseldorf hat einmal vertreten, dass ein Unternehmen in einem Vergabeverfahren, das nach § 9 Abs. 1 S. 2 Nr. 1 PatG verbotswidrig eine patentierte Leistung anbietet, rechtlich nicht leistungsfähig ist, was zwar nicht im Rahmen einer Verletzung von Vergabevorschriften, wohl aber innerhalb der vergaberechtlichen Eignungsprüfung zu kontrollieren sei.[964] Heute weist das Gericht darauf hin, dass Patentrechtsverletzungen jedenfalls *inzident* als schwere Verfehlung und möglicher Ausschlussgrund gemäß § 124 Abs. 1 Nr. 3 GWB von den Vergabekammern geprüft werden müssen.[965] Nach dieser Rechtsprechung gehört ein behaupteter Verstoß gegen die außerhalb des Vergaberechts stehende, und die Wirkung eines Patentverstoßes regelnde, Norm des § 9 PatG zum Prüfungsprogramm der Vergabekammern.[966] Zudem kann durch die Ausschreibung einer patentgeschützten Leistung eine unzulässigerweise objektiv nicht erfüllbare Bedingung im Vergabeverfahren aufgestellt werden, was eine Rechtsverletzung eines Unternehmens i.S. von § 97 Abs. 6 GWB begründen kann.[967] Denkbar ist ein Kasus, in dem sich ein Unternehmen gegen eine Ausschreibung wendet, in der Angebote nur unter Begehung von Patentverletzungen ausgeführt werden können. Eine Patentverletzung als Rechtsverstoß gegen Bestimmungen außerhalb des Vergaberechts kann im Vergabeverfahren begründet werden. Zwar wird in diesem Fall eine Patentverletzungsklage oder die Geltendmachung eines zivilrechtlichen Unterlassungsanspruchs des Patentinhabers gegen ein konkurrierendes Unternehmen vor den Zivilgerichten angezeigt sein, da es insoweit um ein vom Vergabeverfahren losgelöstes, weiteres Geschehen geht. Gleichwohl kann dieses Vorgehen nicht die rechtswidrige Beteiligung oder Zuschlagserteilung an das konkurrierende Unternehmen beseitigen, das im Vergabeverfahren das Patent rechtswidrig nutzt. Darüber hinaus stellt sich die Frage, wie

962 OLG Düsseldorf, Beschl. v. 01.12.2015, VII-Verg 20/15 juris Rn. 29.
963 BGH, Beschl. v. 18.06.2012, X ZB 9/11, NZBau 2012, 586-588 juris Rn. 14; OLG Düsseldorf, Beschl. v. 01.12.2015, VII-Verg 20/15 juris Rn. 23.
964 OLG Düsseldorf, Beschl. v. 01.12.2015, VII-Verg 20/15 juris Rn. 23.
965 OLG Düsseldorf, Beschl. v. 23.03.2022, I-15 W 14/21, NZBau 2022, 356-363 Rn. 25.
966 OLG Düsseldorf, Beschl. v. 23.03.2022, I-15 W 14/21, NZBau 2022, 356-363 Rn. 25.
967 OLG Düsseldorf, Beschl. v. 14.09.2016, VII-Verg 13/16 Rn. 20.

die Nachprüfungsinstanzen zu entscheiden haben, wenn sich ein Unternehmen im Vergabenachprüfungsverfahren auf diese Rechtsverletzung beruft.

Streng genommen fehlt es mit § 168 Abs. 1 S. 1 Hs. 1, § 178 S. 1, § 97 Abs. 6 GWB an einer Grundlage für eine vergaberechtliche Prüfung und Entscheidung, da Verstöße gegen das Patentrecht nicht zu den Bestimmungen über das Vergabeverfahren gehören. Das kann mit den, aus höherrangigem Recht resultierenden Anforderungen an eine vollumfängliche Rechtskontrolle nicht zu vereinbaren sein, wenn es im Gesuch eines rechtssuchenden Unternehmens auf die Prüfung der Verletzung des Patentrechts ankommt. Denn in diesem Fall wird aufgrund einer Rechtswegverkürzung effektiver Rechtsschutz nicht gewährt.

3. AGB-Kontrollen im Vergabeverfahren

Ferner können AGB-Kontrollen den Prüfungsmaßstab der Nachprüfungsinstanzen beeinflussen. Denkbar sind Fälle, in denen sich ein Unternehmen auf zivilrechtliche Bestimmungen, etwa auf unangemessene vertragliche Regelungen beruft, die die Durchführung eines öffentlichen Auftrags betreffen.[968] So haben Vergabekammern einzelne zivilrechtliche AGB-Kontrollen zur Überprüfung der Wirksamkeit von Vertragsklauseln, die ein öffentlicher Auftraggeber im Vergabeverfahren aufgestellt hat, durchgeführt.[969] Dabei zielen AGB-Kontrollen im Grunde genommen auf zivilrechtliche Rechtsverstöße ab. In einem Verfahren vor den Vergabekammern des Bundes ging es um die Frage, ob eine Klausel nicht nur gegen zivilrechtliche Bestimmungen verstoße, sondern auch einen Bieter im Vergabeverfahren unangemessen benachteilige und vergaberechtswidrig sei.[970] Die Vergabekammer ist dieser Frage nachgegangen und hat unter Berücksichtigung der AGB-Kontrolle ihre Entscheidung über das Vergabeverfahren getroffen. Die Überprüfung einzelner Klauseln durch ein Zivilgericht hätte für das Vergabenachprüfungsverfahren und die Feststellung der Vergaberechtswidrigkeit keinen Sinn ergeben. Die Vergabekammer hätte in diesem Fall nämlich ohne Berücksichtigung der Auswirkungen einzelner AGB-Klauseln auf das Vergabeverfahren eine Entscheidung mit einem möglicherweise anderen Ergebnis getroffen. Eine aufgeteilte Rechtskontrolle hätte die Vergabebedingungen und damit das Vergabeverfahren wesentlich verändern können. Die Vergabekammer hätte in diesem Fall – soweit die Klauseln rechtswidrig gewesen wären[971] – den Auftraggeber nicht zur Beseitigung dieser Rechtswidrigkeit verpflichtet. Deswegen hat die Vergabekammer das Rechtsschutzgesuch auch unter Berücksichtigung von Verstößen, die außerhalb des Vergaberechts angesiedelt sind und vor einem Zivilgericht hätten überprüft werden können, bewertet.

Im Grunde genommen gehört eine AGB-Kontrolle anhand bürgerlich-rechtlicher Vorschriften nicht zu den Bestimmungen über das Vergabeverfahren. Denn die maßgebenden Vorschriften regeln nicht die Auswahl des Vertragspartners eines öffentlichen Auftraggebers, sondern die Bedingungen, die nach Zuschlagserteilung für die Durchführung des Auftrags

968 VK Leipzig, Beschl. v. 21.04.2015, 1/SVK/010-15.

969 Vgl. BKartA Bonn, Beschl. v. 10.02.2017, VK 1 - 3/17, Rn. 65f.

970 Vgl. BKartA Bonn, Beschl. v. 10.02.2017, VK 1 - 3/17, Rn. 25 und 58ff.

971 In dem Verfahren vor den Vergabekammern des Bundes hat das BKartA nach seiner Prüfung im Ergebnis die Vergaberechtswidrigkeit einzelner Klauseln abgelehnt, BKartA Bonn, Beschl. v. 10.02.2017, VK 1 - 3/17.

gelten. Demnach fehlt es mit § 168 Abs. 1 S. 1 Hs. 1, § 178 S. 1, § 97 Abs. 6 GWB an einer Grundlage für eine vergaberechtliche Prüfung von AGB. Das kann mit den höherrangigen Anforderungen an effektiven Rechtsschutz nicht zu vereinbaren sein, wenn im Gesuch eines rechtssuchenden Unternehmens möglicherweise die AGB-Kontrolle entscheidend für die Frage ist, ob auch ein Vergaberechtsverstoß vorliegt.

4. Vergaberechtsfremde Prüfungen im Kartellvergaberecht

Schließlich können die Vergabekammern im Rahmen der unmittelbaren Anwendung von kartellvergaberechtlichen Vorschriften damit konfrontiert sein, über nicht vergaberechtliche Rechtsfragen entscheiden zu müssen. Die Bestimmungen des Kartellvergaberechts sind ihrerseits geprägt durch viele Tatbestände, die im Vergabeverfahren einzuhalten sind. Die einzelnen Tatbestände des Kartellvergaberechts beinhalten zum Teil Rechtsprüfungen, die nicht per se die Auswahl des Vertragspartners eines öffentlichen Auftraggebers betreffen, allerdings das Verfahren zur Auswahl des Vertragspartners. Exemplarisch ist auf § 124 GWB zu verweisen, der viele Tatbestände über generelle Ausschlussgründe eines Unternehmens vom Vergabeverfahren enthält[972]. So kann gemäß § 124 Abs. 1 Nr. 7 GWB die Rechtmäßigkeit einer Kündigung wegen Pflichtverletzungen zum Maßstab einer vergaberechtlichen Prüfung werden, da Vergabekammern bei der Überprüfung von Ausschlussgründen auf diese Frage stoßen können. Ausweislich der Gesetzesbegründung zu § 124 Abs. 1 Nr. 7 GWB kommt es bei der Prüfung dieses Tatbestandes darauf an, ob ein Unternehmen einen früheren öffentlichen Auftrag erheblich oder fortdauernd mangelhaft erfüllt hat, wobei eine erhebliche Schlechterfüllung einer wesentlichen Anforderungen ausreichend ist.[973] Vor diesem Hintergrund müssen die Nachprüfungsinstanzen nach § 124 Abs. 1 Nr. 7 GWB zwar keine streng zivilrechtliche Prüfung zur mangelhaften Erfüllung durchführen.[974] § 124 Abs. 1 Nr. 7 GWB soll keine neue Bühne schaffen, um im Vergabeverfahren über Schlechtleistungen und Mängel, deren objektive Ursachenzuordnung sowie die Rechtmäßigkeit einer Rechtsfolge zu entscheiden.[975] Dieser Umstand hat indes zur Folge, dass die Nachprüfungsinstanzen unter Anwendung der Bestimmungen des Kartellvergaberechts regelmäßig materiell-rechtliche Prüfungen vornehmen müssen, die einer anderen Rechtsmaterie als dem Vergaberecht zugeordnet sind.

Diese Prüfung kann zur Gewähr effektiven Rechtsschutzes in einem Vergabeverfahren zwingend erforderlich sein. Dabei dürfen die Nachprüfungsinstanzen nicht nur eine oberflächliche, lediglich auf den Ausschluss eines Rechtsmissbrauchs gerichtete Entscheidung treffen.[976]

5. Zwischenergebnis

Die Fälle zeigen, dass die Prüfung der Nachprüfungsinstanzen nicht oder nicht ausschließlich auf den Anspruch auf Einhaltung der Bestimmungen über das Vergabeverfahren ge-

---

972 *Opitz*, in: Burgi/Dreher/Opitz, Beck'scher Vergaberechtskommentar, Bd. 1, § 124 GWB Rn. 10; Kaufmann, in: Pünder/Schellenberg, Vergaberecht, § 124 GWB Rn. 5.

973 Gesetzesbegründung zum Vergaberechtsmodernisierungsgesetz v. 08.10.2015, BT-Drs. 18/6281, S. 106.

974 OLG Düsseldorf, Beschl. v. 11.07.2018, Verg 7/18, ZfBR 2019, 184, 186.

975 *Conrad*, NZBau 2019, 431, 433.

976 OLG Celle, Beschl. v. 09.01.2017, 13 Verg 9/16, ZfBR 2017, 407-412 Rn. 19.

stützt werden kann. Es stellt sich indes die Frage nach der dogmatischen Grundlage dieser Entscheidungen.

II. Konnexität

Bei der Prüfung von Ansprüchen aus anderen Rechtsmaterien, deren Einhaltung maßgebend für die Auswahl des Vertragspartners eines öffentlichen Auftraggebers ist, geht es um Regelungen, die eine Konnexität zum Vergaberecht aufweisen. Konnexität ist bei einem einheitlichen Lebenssachverhalt anzunehmen, wenn die Rechtsfragen in einem natürlichen und wirtschaftlichen Zusammenhang stehen und demnach rechtlich zusammenhängend zu beurteilen sind. Im hiesigen Zusammenhang ist Konnexität also dann anzunehmen, wenn die jeweils betroffene Regelung im Vergabenachprüfungsverfahren selbst entscheidungsrelevant ist. Denkbar ist auch, dass die Regelung indirekt an zwingender Relevanz gewinnt.[977] Es muss ein innerer Zusammenhang bestehen. Konnexität ergibt sich in diesen Fällen daraus, dass ein öffentlicher Auftraggeber vergaberechtsfremde Regelungen zu Grundlagen oder deren Einhaltung zu Voraussetzungen des Vergabeverfahrens macht. Das trifft zum Beispiel auf abfallrechtliche bzw. entsorgungsrechtliche Vorschriften als Bedingungen für eine Auftragsdurchführung zu, die zum einen außerhalb des Vergaberechts angesiedelt sind und zum anderen im Hinblick auf ein konkretes Beschaffungsvorhaben eine Rechtsfrage im Vergabeverfahren zur Auswahl des Vertragspartners eines öffentlichen Auftraggebers darstellen.[978]

Zum Teil wurde in der vergaberechtlichen Literatur das Merkmal der „Voraussetzungsabhängigkeit" herangezogen, wonach Rechtsfragen, die außerhalb des Kartellvergaberechts angesiedelt sind, zwingend von den Nachprüfungsinstanzen zu klären sind, um eine vergaberechtliche Entscheidung zu treffen.[979] Das Merkmal der Voraussetzungsabhängigkeit wird an dieser Stelle jedoch verkürzt dazu genutzt, um allein anhand der Zuständigkeitsnorm § 156 Abs. 2 GWB (§ 104 Abs. 2 GWB a.F.) den Prüfungs- und Entscheidungsmaßstab der Nachprüfungsinstanzen zu begründen. § 156 Abs. 2 GWB sei der zentrale Maßstab für die Reichweite vergaberechtlicher Ansprüche im Hinblick auf Vorfragen aus anderen Rechtsgebieten.[980] Dieser Ansicht muss entgegengehalten werden, dass eine Zuständigkeitsnorm nicht den materiellen Inhalt von Ansprüchen konkretisieren kann. Losgelöst von der rechtlichen Einordnung zielt die Voraussetzungsabhängigkeit aber zutreffend auf einen zwingenden Zusammenhang zwischen Rechtsfragen aus verschiedenen Rechtsmaterien sowie der vergaberechtlichen Entscheidung ab. Die Voraussetzungsabhängigkeit ist insofern ein unter Berücksichtigung der höherrangigen Anforderungen nachvollziehbarer Ansatzpunkt, der indes in einen falschen Kontext gesetzt wird.

Festzuhalten ist, dass es ein Kriterium für die Einbeziehung von Bestimmungen außerhalb des Vergaberechts in den Prüfungs- und Entscheidungsmaßstab der Nachprüfungsinstanzen gibt. Dieses Kriterium ist die Konnexität, der innere Zusammenhang zwischen Bestim-

977 Vgl. *Schneevogl*, in: Heiermann/Zeiss/Summa, jurisPK-Vergaberecht, § 97 GWB Rn. 174f.; vgl. *Dörr*, in: Burgi/Dreher/Opitz, Beck'scher Vergaberechtskommentar, Bd. 1, § 97 Abs. 6 GWB Rn. 31.

978 OLG Düsseldorf, Beschl. v. 01.08.2012, VII-Verg 105/11, ZfBR 2012, 826-830 juris Rn. 32, 40.

979 *Dreher*, NZBau 2013, 665-674, S. 670, 674.

980 *Dreher*, NZBau 2013, 665-674, S. 666.

mungen über das Vergabeverfahren sowie Rechtsfragen außerhalb des Kartellvergaberechts.

III. Folgen und Lösungsansatz

Konflikte resultieren aus den zahlreichen Schnittstellen des Vergaberechts zu anderen Rechtsgebieten. Im Hinblick auf die nationale Ausgestaltung des Umfangs effektiven Rechtsschutzes sind sie als unklare Rechtslage zu identifizieren. Es ist Aufgabe des Gesetzgebers, das Rechtsschutzsystem auszuformen und sicherzustellen, dass effektiver Rechtsschutz für den einzelnen Rechtsuchenden besteht, wobei das Interesse des Rechtsuchenden an einem effektiven Schutz seiner subjektiven Rechte stets einzubeziehen ist.[981] Der Konflikt kann durch eine schärfere Fassung des Wortlauts des Gesetzes gelöst werden. Dabei hätte der Gesetzgeber die Interessen des Rechtsuchenden an einem effektiven Schutz seiner Rechte zu berücksichtigen und bei der Ausgestaltung des Rechtsschutzes die miteinander kollidierenden und verflochtenen Interessen in einen Ausgleich zu bringen.[982] Einer legislativen Klarstellung oder Korrektur müsste eine umfassende Auseinandersetzung mit Einzelfallfragen zum vergaberechtlichen Prüfungs- und Entscheidungsmaßstab vorausgehen. Ob sich die Masse an Einzelfragen generalisierend in einer Norm zusammenfassen lässt, ist unklar. Der nationale Gesetzgeber zeigt bisher weder die Intention noch Anstrengungen, um diesen Konflikt als gesetzgebende Gewalt zu beheben. Die ausbleibende Gesetzesnovelle gebietet eine dezidierte Auseinandersetzung mit dem normierten Prüfungs- und Entscheidungsmaßstab unter Berücksichtigung des maßgebenden Anspruchs auf Einhaltung der Bestimmungen über das Vergabeverfahren.

Ohne legislative Maßnahme kann der Konflikt durch eine weitere dogmatische Durchdringung des § 97 Abs. 6 GWB unter Beachtung der höherrangigen Anforderungen gelöst werden.

B. Erweiterung des Kontrollmaßstabes durch Inzidentkontrollen

Vereinzelt wurde in der vergaberechtlichen Rechtsprechung betont, dass die Nachprüfungsinstanzen die für die Rechtsmäßigkeit ihrer Entscheidung maßgeblichen Vorfragen aus anderen Rechtsgebieten grundsätzlich inzident zu entscheiden haben.[983] In seiner Entscheidung zu Patentverletzungen im Vergabeverfahren hat das OLG Düsseldorf auch Verstöße gegen das Patentrecht inzident geprüft.[984] Nach dem Gericht sind außerhalb des Vergaberechts normierte Regelungen im Vergabeverfahren zu überprüfen, wenn es „gewissermaßen eine rechtliche Einbruchsstelle" für eine Inzidentprüfung gibt.[985] Auch nach dem BGH ist die Frage, ob Bestimmungen des Kreislaufwirtschaftsgesetzes im Rahmen der

981 BVerfG, Beschl. v. 13.06.2006, 1 BvR 1160/03, BVerfGE 116, 135-163 juris Rn. 67, 69.
982 BVerfG, Beschl. v. 13.06.2006, 1 BvR 1160/03 BVerfGE 116, 135-163 juris Rn. 69.
983 VK Südbayern, Beschl. v. 03.05.2016, Z3-3-3194-1-61-12/15 Leitsatz 1; vgl. auch OLG Düsseldorf, Beschl. v. 21.02.2005, VII-Verg 91/04, NJOZ 2005, 2672-2689, 2679f.
984 OLG Düsseldorf, Beschl. v. 23.03.2022, I-15 W 14/21, NZBau 2022, 356-363 Rn. 25.
985 OLG Düsseldorf, Beschl. v. 09.01.2013, VII-Verg 26/12, NZBau 2013, 120-128 Rn. 68.

Vergabe eines Dienstleistungsauftrages zu berücksichtigen sind bzw. dem Abschluss des Dienstleistungsvertrages nicht entgegenstehen, inzident von den Nachprüfungsinstanzen zu beantworten.[986] Diese Prüfung und Entscheidung durch die Nachprüfungsinstanzen muss auf einer rechtlichen Grundlage beruhen. Die inzidente Entscheidung der Nachprüfungsinstanzen könnte auf sogenannte „Anknüpfungsnormen" gestützt werden oder eine über § 97 Abs. 6 GWB zwingend zu prüfende Vorfrage sein.[987]

I. Anwendung von Anknüpfungsnormen

Über „Anknüpfungsnormen" können Regelungen außerhalb des Vergaberechts in die Prüfung der Nachprüfungsinstanzen ausnahmsweise integriert werden.[988] Im Hinblick auf spezielle außervergaberechtliche Bestimmungen, wie Verstöße gegen das Kartellrecht, wird sogar angenommen, dass diese im Vergabenachprüfungsverfahren grundsätzlich inzident innerhalb einer Anknüpfungsnorm zu überprüfen sind.[989] Werden sie dadurch entscheidungsrelevant, soll den Nachprüfungsinstanzen die Überprüfung nicht verwehrt sein.[990] Die Herleitung einer Grundlage für diese Entscheidungen lassen die Gerichte bislang offen.

2008 hat das OLG Düsseldorf erstmals Rechtsverstöße außerhalb des Vergabeverfahrens und des Anwendungsbereichs vergaberechtlicher Vorschriften als „vergaberechtliche Anknüpfungsnormen" im Nachprüfungsverfahren geprüft.[991] Obschon die vergaberechtliche Rechtsprechung in der Vergangenheit und auch weiterhin betont, außerhalb des Vergaberechts liegende Rechtsverstöße sind im Vergabenachprüfungsverfahren grundsätzlich nicht zu überprüfen[992], haben sich zahlreiche Anwendungsfälle entwickelt, in denen über Anknüpfungsnormen außervergaberechtliche Verstöße kontrolliert werden.[993]

Zum Teil wird der Beschleunigungsgrundsatz als nötiges Korrektiv zu einer vollumfänglichen Inzidentprüfung genannt.[994] Das allein genügt indes nicht für eine dogmatische Begründung von Inzidentprüfungen.

986 BGH, Beschl. v. 18.06.2012, X ZB 9/11, NZBau 2012, 586, 588 juris Rn. 14. Die Entscheidung nimmt Bezug auf das Kreislaufwirtschafts- und Abfallgesetz, das von dem Kreislaufwirtschaftsgesetz ersetzt worden ist.

987 *Dörr*, in: Burgi/Dreher/Opitz, Beck'scher Vergaberechtskommentar, Bd. 1, § 97 Abs. 6 GWB Rn. 29, 31; vgl. auch OLG Düsseldorf, Beschl. v. 01.08.2012, VII-Verg 105/11, VergabeR 2013, 71-77 juris Rn. 32.

988 *Dörr*, in: Burgi/Dreher/Opitz, Beck'scher Vergaberechtskommentar, Bd. 1, § 97 Abs. 6 GWB Rn. 29; *Fett*, in: Gabriel/Mertens/Prieß/Stein, BeckOK Vergaberecht, § 156 GWB Rn. 23; vgl. auch Dreher, NZBau 2013, 665-674, S. 668.

989 OLG Celle, Beschl. v. 08.07.2016, 13 Verg 2/16 NZBau 2016, 783-787 Rn. 11.

990 VK Hamburg, Beschl. v. 05.06.2014, VgK FB 6/14 juris Rn. 67.

991 OLG Düsseldorf, Beschl. v. 13.08.2008, VII 42/07 juris Rn. 22.

992 Statt vieler nur OLG Karlsruhe, Beschl. v. 01.04.2011, 15 Verg 1/11 juris Rn. 41.

993 OLG Düsseldorf, Beschl. v. 13.08.2008, VII 42/07 juris Rn. 22; Beschl. v. 04.05.2009, VII-Verg 68/08, VergabeR 2009, 905-920 juris Rn. 109; Beschl. v. 19.10.2015, V II-Verg 30/13, NZBau 2016, 50-55; Beschl. v. 11.05.2016, VII-Verg 2/16, Beschl. v. 06.09.2017, VII-Verg 9/17, VergabeR 2019, 128-136 juris Rn. 74f.; Beschl. v. 21.04.2021, VII-Verg 1/20, NZBau 2022, 611-615 Rn. 40; Beschl. v. 25.05.2022, VII-Verg 33/21, NZBau 2023, 60-65; OLG Celle, Beschl. v. 08.07.2016, 13 Verg 2/16; Beschl. v. 19.03.2019, 13 Verg 7/18, NZBau 2019, 462-471 Rn. 102; OLG München, Beschl. v. 28.09.2020, Verg 3/20; VK Leipzig, Beschl. v. 07.07.2021, 1/SVK/007-21; OLG Rostock, Beschl. v. 01.09.2022, 17 Verg 2/22, Rn. 62.

994 OLG Celle, Beschl. v. 09.01.2017, 13 Verg 9/16, ZfBR 2017, 407-412 Rn. 21.

1. Annäherung an den Begriff Anknüpfungsnorm

Die Begrifflichkeit „Anknüpfungsnorm" ist der deutschen Sprache zunächst einmal fremd. Nach einer losgelösten, juristischen Betrachtung der Begriffe „Anknüpfung" und „Norm" geht es um eine rechtliche Regel, die etwas fortführt oder an etwas anschließt. Die rechtliche Regel soll mit Blick auf die wirksame Durchführung von Vergabenachprüfungsverfahren in der vergaberechtlichen Rechtsprechung und Literatur als Anspruchsgrundlage verstanden werden. Dabei geht es stets um eine „vergaberechtliche Anknüpfungsnorm".[995] Sie soll an den Anspruch aus § 97 Abs. 6 GWB anknüpfen und die „Bestimmungen über das Vergabeverfahren" weiter ausgestalten. Vor diesem Hintergrund werden im Vergaberecht unter Anknüpfungsnormen Rechtsgrundlagen verstanden, die den Anspruch auf Einhaltung der Bestimmungen über das Vergabeverfahren nach § 97 Abs. 6 GWB erweitern.

2. Herleitung

Damit das Rechtsinstitut der Anknüpfungsnormen angewendet werden kann, bedarf es einer Herleitung und rechtlichen Einordnung. Es muss eine Anspruchsgrundlage gegeben sein oder eine verfassungsrechtliche Pflicht bestehen, damit über § 97 Abs. 6 GWB hinaus weitere Normen außerhalb des Vergaberechts in das Vergabenachprüfungsverfahren rechtssicher integriert werden können. In der vergaberechtlichen Rechtsprechung wird de facto auf eine rechtliche Einordnung verzichtet.

a) Gewohnheitsrecht

Die Anwendung von Anknüpfungsnormen könnte gewohnheitsrechtlich anerkannt sein. Wenn ein Rechtsgrundsatz nicht nur über längere Zeit praktisch angewendet, sondern auch in den beteiligten Rechtskreisen anerkannt wird, kann Gewohnheitsrecht entstehen.[996] Vorausgesetzt ist eine *„[...] längere tatsächliche Übung, die eine dauernde und ständige, gleichmäßige und allgemeine ist und von den Beteiligten als verbindliche Rechtsnorm anerkannt wird."*[997]

Die allgemeine Anerkennung von Gewohnheitsrecht kann zum Beispiel aus Art. 20 Abs. 3 GG folgen, wonach unter anderem die Rechtsprechung an Gesetz und „Recht" gebunden ist.[998] Unter materiellem Recht wird mitunter neben dem Verfassungsrecht, förmlichen Gesetzen, Rechtsverordnungen und autonomen Satzungen auch das Gewohnheitsrecht verstanden.[999] Vor diesem Hintergrund könnte Gewohnheitsrecht neben dem geschriebenen Gesetz angewendet werden.[1000] Teilweise wird Gewohnheitsrecht auch als eine unge-

---

995 Im Folgenden werden unter Anknüpfungsnormen immer „vergaberechtliche" Anknüpfungsnormen verstanden, auch wenn die ausdrückliche Inbezugnahme „vergaberechtlich" fehlt.

996 *Barczak*, JuS 2021, 1-7, S. 6; BVerfG, Beschl. v. 14.02.1973, 2 BvR 667/72, BVerfGE 34, 293-307 juris Rn. 23; Beschl. v. 28.06.1967, 2 BvR 143/61, BVerfGE 22, 114-124 juris Rn. 25; Beschl. v. 08.01.1959, 1 BvR 296/57, BVerfGE 9, 109-119 juris Rn. 21.

997 Statt vieler nur BVerfG, Beschl. v. 14.02.1973, 2 BvR 667/72, BVerfGE 34, 293-307 juris Rn. 23; Beschl. v. 28.06.1967, 2 BvR 143/61, BVerfGE 22, 114-124 juris Rn. 25.

998 *Sachs*, in: Sachs, GG, Art. 20 Rn. 106; BVerfG, Beschl. v. 31.05.1988, 1 BvR 520/83, BVerfGE 78, 214-232 juris Rn. 37.

999 BVerfG, Beschl. v. 31.05.1988, 1 BvR 520/83, BVerfGE 78, 214-232 juris Rn. 37.

1000 *Schmidt*, NVwZ 2004, 930-934, S. 932.

schriebene, auf gleichem Rang wie das Gesetz stehende Rechtsquelle verstanden[1001], was sich nicht zuletzt auch in der Rechtsprechung des BVerfG[1002] gezeigt hat und vom BGH übernommenen worden ist[1003]. Soweit Anknüpfungsnormen Gewohnheitsrecht und damit Recht i. S. von Art. 20 Abs. 3 GG sein sollen, würden darauf gestützte Entscheidungen der Nachprüfungsinstanzen auf eine verfassungsrechtliche Grundlage zurückzuführen sein. Allerdings drängt sich sodann die Frage auf, ob gewohnheitsrechtlich anerkannte Anknüpfungsnormen hinreichend bestimmt sind. Insofern könnte auf die Bestimmtheitsanforderungen aus Art. 80 Abs. 1 S. 2 GG (Gebot der hinreichenden Bestimmtheit von Inhalt, Zweck und Ausmaß einer Ermächtigung) oder Art. 20 Abs. 3 GG (Gebot der hinreichenden Bestimmtheit des Rechts) zurückgegriffen werden. Nicht nur Regelungen sind „so bestimmt zu fassen, wie dies nach der Eigenart der zu ordnenden Lebenssachverhalte und mit Rücksicht auf den Normzweck möglich ist."[1004] Auch Ermächtigungsnormen zum Erlass von Rechtsverordnungen müssen hinsichtlich ihres Inhalts, Zwecks und Ausmaßes bestimmt sein. Vor dem Hintergrund dieser grundlegenden Anforderungen müssen Bestimmtheitsanforderungen ebenso für Gewohnheitsrecht gelten. Bei fehlender Bestimmtheit kann es zu Unklarheiten insbesondere über den Inhalt sowie Umfang eines Gewohnheitsrechts kommen. Letzten Endes entsteht dadurch Rechtsunsicherheit. Die Anwendung eines Gewohnheitsrechts im Vergabenachprüfungsverfahren ist ferner bedenklich, weil in diesem Fall die Vergabekammern als Behörden wie ein Ersatzgesetzgeber auftreten und das Ungeschriebene maßgeblich in ihre eigenen Worte fassen würden. Das hätte zur Folge, dass sich insbesondere die Beschwerdegerichte einer Übung unterwerfen, die nicht von einem Organ der Gesetzgebung i.S. von Art. 20 Abs. 2 S. 2 GG ausgeht. Es ist äußerst fragwürdig, ob gerichtsähnlich ausgestaltete Vergabekammern Recht schaffen können sollten, obwohl die Gesetzgebung in der parlamentarischen Demokratie dem Parlament als Legislative vorbehalten ist.

Ungeachtet dieser Bedenken, ergeben sich Anzeichen für gegebenes Gewohnheitsrecht aus der vergaberechtlichen Rechtsprechung. Die Anwendung von Anknüpfungsnormen wird nunmehr seit über 15 Jahren praktiziert.[1005] Im Laufe der Zeit hat sich die Anwendung von Anknüpfungsnornen gefestigt. Gleichwohl wendet nicht die gesamte vergaberechtliche Rechtsprechung Anknüpfungsnormen an[1006], sodass jedenfalls auch die praktische Anwendung nicht konstant ist. Insbesondere der BGH hat sich nicht wörtlich auf Anknüp-

1001 *Krebs/Becker*, JuS 2013, 97-103, S. 97.

1002 BVerfG, Beschl. v. 14.02.1973, 2 BvR 667/72, BVerfGE 34, 293-307 juris Rn. 23; Beschl. v. 28.06.1967, 2 BvR 143/61, BVerfGE 22, 114-124 juris Rn. 25; BGH, Urt. v. 24.01.2020, V ZR 155/18, NJW 2020, 1360 ff. Rn. 8.

1003 Statt vieler nur BGH, Urt. v. 24.01.2020, V ZR 155/18, NJW 2020, 1360 ff. Rn. 8.

1004 BVerfG, Beschl. v. 26.09.1978, 1 BvR 525/77, BVerfGE 49, 168-188 juris Rn. 34.

1005 Ziff. B. I. dieses Kapitels; OLG Düsseldorf, Beschl. v. 13.08.2008, VII 42/07 juris Rn. 22; Beschl. v. 04.05.2009, VII-Verg 68/08, VergabeR 2009, 905-920 juris Rn. 109; Beschl. v. 19.10.2015, V II-Verg 30/13, NZBau 2016, 50-55; Beschl. v. 11.05.2016, VII-Verg 2/16, Beschl. v. 06.09.2017, VII-Verg 9/17, VergabeR 2019, 128-136 juris Rn. 74f.; Beschl. v. 21.04.2021, VII-Verg 1/20, NZBau 2022, 611-615 Rn. 40; Beschl. v. 25.05.2022, VII-Verg 33/21, NZBau 2023, 60-65; OLG Celle, Beschl. v. 08.07.2016, 13 Verg 2/16; Beschl. v. 19.03.2019, 13 Verg 7/18, NZBau 2019, 462-471 Rn. 102; OLG München, Beschl. v. 28.09.2020, Verg 3/20; VK Leipzig, Beschl. v. 07.07.2021, 1/SVK/007-21; OLG Rostock, Beschl. v. 01.09.2022, 17 Verg 2/22, Rn. 62.

1006 Zum Konflikt zwischen Vergabe- und Abfallwirtschaftsrecht ohne Bezugnahme auf Anknüpfungsnormen etwa OLG Karlsruhe, Beschl. v. 01.04.2011, 15 Verg 1/11; BGH, Beschl. v. 18.06.2012, X ZB 9/11.

fungsnormen bezogen, sondern im Grunde genommen nur die inzidente Prüfung außervergaberechtlicher Bestimmungen bejaht.[1007]

Darüber hinaus ist die Anwendung von Anknüpfungsnormen als Anspruchsgrundlage nicht anerkannt. Für die Anerkennung eines Gewohnheitsrechts ist Rechtsgeltungswille bzw. Rechtsüberzeugung der beteiligten Verkehrskreise erforderlich, mithin die Überzeugung, dass etwas positives Recht ist.[1008] Die Beteiligten – gemeint sind diejenigen, die die Übung praktizieren und auch diejenigen, die von ihr betroffen sind – müssen also überzeugt sein, dass diese Übung rechtlich verbindlich geboten ist.[1009] Ein Großteil der vergaberechtlichen Rechtsprechung von 2008 bis heute hat sich der Anwendung von Anknüpfungsnormen angenommen. In der neueren vergaberechtlichen Rechtsprechung wird insoweit betont, dass Vorschriften, die nicht unmittelbar dem Vergaberecht zuzuordnen sind, „anerkanntermaßen" inzident geprüft werden.[1010] In der vergaberechtlichen Literatur wird ebenfalls vermehrt die Anwendung von Anknüpfungsnormen herangezogen.[1011] Von rechtlicher Verbindlichkeit bzw. einem Gewohnheitsrecht zugunsten Rechtssuchender wird indes nicht gesprochen. Insofern ist nicht ermittelt, ob die Beteiligten eines Vergabeverfahrens überzeugt davon sind, dass insbesondere entscheidungsrelevante, außervergaberechtliche Rechtsverletzungen rechtsverbindlich unter Anwendung einer Anknüpfungsnorm von den Nachprüfungsinstanzen geprüft werden. Vor diesem Hintergrund kann nicht von einer Anerkennung der Anknüpfungsnormen als Gewohnheitsrecht ausgegangen werden.

Festzuhalten ist, dass sich die Rechtsprechung zur Anwendung von Anknüpfungsnormen festigt. Es fehlt aber bislang an einem feststehenden Rechtsgeltungswillen bzw. an der erforderlichen Rechtsüberzeugung. In diesem Fall liegt nur eine verbreitete Gewohnheit ohne verbindlichen Rechtscharakter vor. Schließlich muss der Begründung eines Gewohnheitsrechts durch Vergabekammern widersprochen werden, da sie sich als Behörden nicht zu einem Organ der Gesetzgebung aufschwingen dürfen.

b) Analoge Anwendung des § 97 Abs. 6 GWB

§ 97 Abs. 6 GWB könnte analog angewendet werden, wenn es um die Prüfung außervergaberechtlicher Bestimmungen auf Grundlage einer Anknüpfungsnorm geht. Prinzipiell können jedenfalls die Oberlandesgerichte den Anspruch aus § 97 Abs. 6 GWB über den Wortsinn „Bestimmung über das Vergabeverfahren" hinaus durch Rechtsfortbildung auf weitere Tatbestände anwenden. Denn die Pflicht der rechtsprechenden Gewalt im Rahmen der Gewähr von Individualrechtsschutz ist untrennbar mit der Aufgabe zur Fortbildung des Rechts verbunden, insbesondere wenn die Auslegung einer Norm endet.[1012] Dies folgt aus

1007 BGH, Beschl. v. 18.06.2012, X ZB 9/11.

1008 *Krebs/Becker*, JuS 2013, 97-103, S. 100.

1009 *Krebs/Becker*, JuS 2013, 97-103, S. 100.

1010 Unter Bezugnahme auf „Brückennormen" statt „Anknüpfungsnormen" OLG München, Beschl. v. 09.03.2018, Verg 10/17, NVwZ 2018, 995-999 Rn. 41; OLG Frankfurt, Beschl. v. 21.07.2020, 11 Verg 9/19 VergabeR 2021, 86-109, Rn. 113.

1011 *Burgi*, Vergaberecht, § 2 Rn. 17; im Rahmen der Zuständigkeitsregelung auch *Fett*, in: Gabriel/Mertens/Prieß/Stein, BeckOK Vergaberecht, § 156 GWB Rn. 23; *Neun*, in: Gabriel/Krohn/Neun, Handbuch Vergaberecht, § 41 Rn. 20.

1012 *Jachmann-Michel*, in: Dürig/Herzog/Scholz, GG, Art. 95 Rn. 13f.

dem Rechtsverweigerungsverbot.[1013] Zudem verbieten es die Verfassungsgrundsätze nicht den Gerichten, das Recht fortzuentwickeln.[1014] Insbesondere vor dem Hintergrund „des beschleunigten Wandels der gesellschaftlichen Verhältnisse und der begrenzten Reaktionsmöglichkeiten des Gesetzgebers sowie der offenen Formulierung zahlreicher Normen gehört die Anpassung des geltenden Rechts an veränderte Verhältnisse zu den Aufgaben der Dritten Gewalt".[1015] So hat auch der BGH bereits 1951 entschieden, dass einzelne gesetzliche Bestimmungen im Wege der Rechtsprechung angepasst, neu ausgelegt oder ausgedehnt werden können.[1016] Dass die Fortbildung des Rechts prinzipiell möglich ist, folgt schließlich auch aus dem einfachen Recht selbst. § 132 Abs. 4 GVG bestimmt, dass ein erkennender Senat eine Frage von grundsätzlicher Bedeutung dem Großen Senat zur Entscheidung vorlegen kann, wenn das nach seiner Auffassung *„zur Fortbildung des Rechts"* oder zur Sicherung einer einheitlichen Rechtsprechung erforderlich ist. Nach dem BGH darf „die „Fortbildung des Rechts durch die Rechtsprechung [...] aber nicht so weit gehen, dass dadurch ein ganzes Rechtsgebiet, dessen Neuregelung der Gesetzgeber sich vorbehalten hat, in erheblichen Teilen umgestaltet würde."[1017] Eine Begrenzung ergibt sich dabei aus dem in Art. 20 Abs. 3 GG verankerten Rechtsstaatsprinzip, nämlich aus dem Vorrang des Gesetzes.[1018] „[Soweit] der Gesetzgeber eine eindeutige Entscheidung getroffen [hat], darf der Richter diese nicht aufgrund eigener rechtspolitischer Vorstellungen verändern und durch eine Judikative Lösung ersetzen, die so im Parlament nicht erreichbar war."[1019] Darüber hinaus folgt aus dem in Art. 20 Abs. 3 GG verankerten Vorrang des Gesetzes aber kein prinzipielles Verbot für den Richter, gegebenenfalls vorhandene gesetzliche Lücken im Wege richterlicher Rechtsfortbildung zu schließen.[1020] Im Gegenteil, „die Grenzen richterlicher Rechtsfortbildung sind weiter, soweit die vom Gericht im Wege der Rechtsfortbildung gewählte Lösung dazu dient, der Verfassung, insbesondere verfassungsmäßigen Rechten des Einzelnen, zum Durchbruch zu verhelfen, da insoweit eine auch den Gesetzgeber treffende Vorgabe der höherrangigen Verfassung konkretisiert wird."[1021]

Unter Beachtung dieser Grundsätze könnte analog § 97 Abs. 6 GWB eine Anspruchsgrundlage für die Anwendung von Anknüpfungsnormen hergeleitet werden. Die analoge Anwendung einer Norm setzt voraus, dass nach der umfassenden Auslegung eines abstrakten Prüfungsmaßstabes eine planwidrige Regelungslücke vorliegt.[1022] Zudem müssen wertungsgleiche Tatbestände gegeben sein, die es rechtfertigen, einen weiteren Sachverhalt auf eine Norm anzuwenden und dadurch eine Regelungslücke zu schließen.[1023]

1013 *Jachmann-Michel*, in: Dürig/Herzog/Scholz, GG, Art. 95 Rn. 14.
1014 BVerfG, Beschl. v. 31.10.2016, 1 BvR 871/13, NVwZ 2017, 617-622 Rn. 19.
1015 Statt vieler nur BVerfG, Beschl. v. 31.10.2016, 1 BvR 871/13, NVwZ 2017, 617-622 Rn. 19.
1016 BGH, Urt. v. 21.03.1951, IV ZR 96/50, BGHZ 1, 313-318 juris Rn. 12.
1017 BGH, Urt. v. 21.03.1951, IV ZR 96/50, BGHZ 1, 313-318 juris Rn. 12.
1018 BVerfG, Beschl. v. 03.04.1990, 1 BvR 1186/89, BVerfGE 82, 6-18.
1019 BVerfG, Beschl. v. 03.04.1990, 1 BvR 1186/89, BVerfGE 82, 6-18.
1020 Statt vieler nur BVerfG, Beschl. v. 31.10.2016, 1 BvR 871/13, 1 BvR 1833/13, NVwZ 2017, 617-622 Rn. 19.
1021 BVerfG, Beschl. v. 24.02.2015, 1 BvR 472/14, BVerfGE 138, 377-397 Rn. 41; Beschl. v. 31.10.2016, 1 BvR 871/13, 1 BvR 1833/13, NVwZ 2017, 617-622 Rn. 20.
1022 Vgl. *Jachmann-Michel*, in: Dürig/Herzog/Scholz, GG, Art. 95 Rn. 14.
1023 Vgl. *Maus*, ZfPW 2023, 25-33, S. 26f.

(1) Keine planwidrige Regelungslücke

Im Hinblick auf die Prüfung außervergaberechtlicher Bestimmungen im Vergabenachprüfungsverfahren liegt eine Regelungslücke vor, da § 97 Abs. 6 GWB nur Bestimmungen über das Vergabeverfahren erfasst. Die Überprüfung von Rechtsverstößen gegen außervergaberechtliche Bestimmungen wurde nicht geregelt. Der Wortlaut nimmt Vergabeverfahrensbestimmungen in Bezug und richtet sich nicht auf außervergaberechtliche Vorschriften, sondern nur auf Bestimmungen über das Vergabeverfahren. Aus den unionsrechtlichen Vorgaben, RL 89/665/EWG, RL 2007/66/EG, RL 2014/24/EU, geht nicht hervor, dass der vergaberechtliche Anspruch außervergaberechtliche Bestimmungen einbeziehen soll. Auch folgt aus keiner Gesetzesbegründung zu § 97 Abs. 6 GWB oder seiner Vorgängerregelung, dass außervergaberechtliche Vorschriften im Vergabeverfahren eine Bedeutung erlangen und einen Anspruch begründen. Der Gesetzgeber hat sich mit der Einführung des § 97 Abs. 6 GWB (§ 106 Abs. 6 GWB a.F.) auf die Einführung eines Anspruchs beschränkt, mit dem Bieter sich gegenüber öffentlichen Auftraggebern auf Vorschriften vor allem über die Teilnahme an Vergabeverfahren berufen und gegebenenfalls deren Verletzung geltend machen können.[1024] Die gesetzgeberische Intention war die Geltendmachung einer Vergaberechtsverletzung. § 97 Abs. 6 GWB zielt darauf ab, dass sich Bieter eines Vergabeverfahrens gegenüber dem Auftraggeber auf Vorschriften über die Koordination der Verfahren zur Vergabe öffentlicher Aufträge berufen und gegebenenfalls deren Verletzung vor nationalen Gerichten geltend machen können müssen. Der Anspruch bezweckt – auch in seiner heutigen Gestalt – die Gewähr wirksamen Vergaberechtsschutzes. Inhaltlich umfasst sind die im dritten Kapitel dargestellten Regelungen, die des Vergaberechts selbst. Zu den Bestimmungen über das Vergabeverfahren gehören nach der Auslegung weder Vorschriften, die keine eigene vergaberechtliche Pflicht begründen noch Regelungen, die lediglich öffentliche Aufträge betreffen, mit diesen im Zusammenhang stehen, nicht aber das Verfahren zur Auswahl des Vertragspartners eines öffentlichen Auftraggebers selbst regeln. Insoweit konnte § 97 Abs. 6 GWB nicht auf Rechtsverletzungen außerhalb des Vergaberechts angewendet werden, auch wenn außervergaberechtliche Bestimmungen für die Durchführung des Vergabeverfahrens relevant sind.

Vor diesem Hintergrund ist die Regelungslücke nicht planwidrig, auch wenn dem Gesetzgeber diese Lücke nicht bewusst war. Die für eine Analogie erforderliche, erkennbare planwidrige Regelungslücke liegt nur vor, wenn das Gesetz, gemessen an seiner eigenen Absicht, unvollständig ist, wovon sogenannte rechtspolitische Fehler zu unterscheiden sind.[1025] Ein solcher Fehler liegt vor, wenn sich eine gesetzliche Regelung zwar als rechtspolitisch verbesserungsbedürftig, aber unter Berücksichtigung des Telos sowie der Entstehungsgeschichte des Gesetzes nicht planwidrig unvollständig und ergänzungsbedürftig erweist.[1026] Seit der Begründung des § 97 Abs. 6 GWB folgt zwar aus keiner Gesetzesbegründung, dass außervergaberechtliche Vorschriften im Vergabeverfahren Bedeutung erlangen und einen Anspruch begründen sollen. Es ist aber auch nicht ersichtlich, dass es

1024 Unter Inbezugnahme des Urteils des EuGH v. 11.08.1995, Rs. C-433/93, Slg. 1995, 1-2303-2320: Gesetzesbegründung zum Vergaberechtsänderungsgesetz v. 03.12.1997 zu § 106 GWB a.F., BT-Drs. 13/9340, S. 14.

1025 BFH, Urt. v. 26.08.2021, V R 11/20, DStR 2022, 196-199 Rn. 25.

1026 BFH, Urt. v. 26.08.2021, V R 11/20, DStR 2022, 196-199 Rn. 25.

sich dabei um eine vom Gesetzgeber unbeabsichtigte Regelungslücke handelt. Der Gesetzgeber hat diesen Anspruch eingeführt, weil er nach der „grundsätzlichen Anerkennung von subjektiven Rechten für Teilnehmer an einem Vergabeverfahren [...] der jüngeren Rechtsprechung des EuGH zum Vergaberecht Rechnung [...] tragen [wollte] (vgl. Urteil des EuGH gegen Deutschland vom 11. August 1995 in der Rechtssache C-433/93 Slg. 1995, I - 2303 ff.)".[1027] Das fehlende Verständnis zur Bedeutung außervergaberechtlicher Vorschriften im Vergabeverfahren ist dem Umstand geschuldet, dass dieser Konflikt ebenso wenig auf Unionsebene identifiziert worden ist. Der Konflikt rund um außervergaberechtliche Vorschriften im Vergabeverfahren und ihr Regelungsbedarf hat sich erst nach der Einführung des kartellvergaberechtlichen Primärrechtsschutzes, unabhängig von den unionsrechtlichen Vorgaben gezeigt. Vor diesem Hintergrund ist nicht davon auszugehen, dass der Gesetzgeber versehentlich die Wirkung des § 97 Abs. 6 GWB verkannt hat. Vielmehr ist es Ausdruck der Gewährleistung spezieller subjektiver Rechte, dass der Gesetzgeber rechtssuchenden Unternehmen im Vergabeverfahren einen originären vergaberechtlichen Anspruch einräumt und ihre Rechtsstellung auf das Wesentliche beschränkt regelt. Nach dem Telos des § 97 Abs. 6 GWB geht es schließlich darum, subjektiven Rechtsschutz zu verbessern, indem die unionsrechtlichen Vorgaben in das nationale Recht integriert werden.[1028] Die Regelung dieses subjektiven Anspruchs sollte zu einer besseren Rechtsschutzmöglichkeit wegen der im Vergabeverfahren erlittenen Rechtsverletzungen führen. Vor diesem Hintergrund hat der Gesetzgeber eine abschließende Entscheidung zur Regelung eines vergaberechtlichen Anspruchs getroffen. Es gibt keine Anhaltspunkte dafür, dass der Gesetzgeber unbeabsichtigt von seinem, dem konkreten Gesetzgebungsvorhaben zugrundeliegenden Regelungsplan, abgewichen ist. Es ist nicht von planwidriger Unvollständigkeit auszugehen.

(2) Zwischenergebnis

Es liegt keine planwidrige Regelungslücke in § 97 Abs. 6 GWB vor. Mangels planwidriger Regelungslücke kommt eine Lückenschließung durch einen Analogieschluss nicht in Betracht. § 97 Abs. 6 GWB bietet sich also nicht für eine Rechtsfortbildung an. Die Geltendmachung eines Anspruchs auf Einhaltung einer vergaberechtlichen Anknüpfungsnorm in Verbindung mit außervergaberechtlichen Bestimmungen kann mithin nicht auf § 97 Abs. 6 GWB analog gestützt werden.

c) Ausfluss grundrechtlicher Ansprüche unter Berücksichtigung von Art. 19 Abs. 4 GG

Die Pflicht zur Prüfung von Anknüpfungsnormen könnte Ausfluss grundrechtlicher Ansprüche unter Berücksichtigung von Art. 19 Abs. 4 GG sowie der Funktion der Grundrechte als subjektiver Rechte sein.

Grundrechte schützen Bürger vor rechtswidrigen Beeinträchtigungen jeder Art, insbesondere auch vor Beeinträchtigungen durch schlichtes Verwaltungshandeln.[1029] Infolgedessen kann der Bürger, wenn ihm eine Rechtsverletzung droht, gestützt auf das jeweils berührte

1027 Gesetzesbegründung zum Vergaberechtsänderungsgesetz v. 03.12.1997 zu § 106 GWB a.F., BT-Drs. 13/9340, S. 14.

1028 OLG Brandenburg, Beschl. v. 03.08.1999, 6 Verg 1/99, NZBau 2000, 39, 42 juris Rn. 134.

1029 BVerwG, Urt. v. 23.05.1989, 7 C 2/87, BVerwGE 82, 76-97 juris Rn. 48.

Grundrecht, jedenfalls Unterlassung verlangen.[1030] Das gilt gerade für den Fall, in dem eine zugunsten Dritter wirkende Schutznorm des einfachen Rechts fehlt, da aus den Grundrechten Abwehransprüche gegen rechtswidrige Entscheidungen einer Behörde oder deren Ausnutzung durch einen anderen folgen.[1031] Nach dem Bundesverfassungsgericht schützen Grundrechte prinzipiell „vor nicht gerechtfertigten Eingriffen des Staates in Freiheit und Gleichheit der Bürgerinnen und Bürger und sind insoweit Grundlage für Unterlassungs- und Beseitigungsansprüche, die die Effektivität des Grundrechtsschutzes sicherstellen".[1032] Dabei sind sie als subjektive Rechte zu qualifizieren, wenn dem Grundrechtsinhaber eine effektive Abwehrmöglichkeit gegenüber rechtswidrigen Beeinträchtigungen zukommt.[1033] Eine effektive Abwehrmöglichkeit wird Rechtssuchenden mit dem Vergabenachprüfungsverfahren gegeben, das auf die Gewähr effektiven Rechtsschutzes i.S. von Art. 19 Abs. 4 GG abzielt und dazu einen subjektiven Anspruch in § 97 Abs. 6 GWB normiert. Im Vergabenachprüfungsverfahren können daher die betroffenen Grundrechte als subjektive Abwehrrechte gegen den Staat herangezogen werden.[1034]

Wenn einem Rechtssuchenden ein aus den Grundrechten folgender subjektiver Anspruch gegenüber dem Staat auf Unterlassung und Beseitigung einer rechtswidrigen Maßnahme zusteht, muss dem Rechtssuchenden erst recht die Möglichkeit zugesprochen werden, auf den Erlass einer rechtmäßigen Maßnahme hinzuwirken. Wenn schon rechtswidrige Maßnahmen des Staates aufgrund der Verletzung subjektiver Rechte beseitigt werden können, dann müssen ebenso Rechtsverletzungen durch staatliche Maßnahmen aktiv verhindert werden können. Es geht also darum, den Staat von Anfang an zu einem rechtskonformen Verhalten anzuhalten, ähnlich wie es § 97 Abs. 6 GWB vorsieht. Im Vergabenachprüfungsverfahren machen Rechtssuchende eine Verletzung ihrer Rechte geltend mit dem Ziel, Abhilfe zu erhalten. Aus der Funktion der Grundrechte, als zum einen Abwehrrechte und zum anderen subjektiver Rechte, erwächst Rechtssuchenden ein durchsetzbarer Anspruch darauf, dass Rechtsverletzungen beseitigt werden.[1035] Dieser Anspruch setzt notwendigerweise die Prüfung einer Rechtsverletzung voraus.

Übertragen auf das Vergaberecht kann dieser grundrechtliche Anspruch herangezogen werden, um die Nachprüfungsinstanzen zu einer vollständigen Überprüfung rechtswidriger Maßnahmen eines öffentlichen Auftraggebers zu verpflichten. Anders als § 97 Abs. 6 GWB ist ein aus den Grundrechten hergeleiteter Anspruch nicht auf die Einhaltung konkreter Vorschriften beschränkt, sondern auf die den Einzelfall entscheidenden rechtlichen Vorgaben zum Schutz eines konkreten Grundrechts. Ziel eines auf Grundrechte gestützten Rechtsschutzgesuchs ist die Beseitigung sämtlicher rechtswidriger Maßnahmen, welche die Grundrechte beeinträchtigen. Im Vergaberecht können dazu Maßnahmen gehören, die auf Vorschriften außerhalb des Vergaberechts beruhen. Der grundrechtliche Anspruch korrespondiert mit Art. 19 Abs. 4 GG. Zu einer umfassenden, lückenlosen Rechtskontrolle i.S. von Art. 19 Abs. 4 GG gehört die Entscheidung über alle aufgeworfenen Rechtsfra-

1030 BVerwG, Urt. v. 23.05.1989, 7 C 2/87, BVerwGE 82, 76-97 juris Rn. 48.
1031 Bezogen auf Art. 14 GG BVerwG, Urt. v. 14.12.1973, IV C 50.71, BVerwGE 44, 235-244 juris Rn. 18.
1032 BVerfG, Beschl. v. 30.06.2022, 2 BvR 737/20, BVerfGE 162, 325-357 Rn. 86.
1033 *Remmert*, in: Dürig/Herzog/Scholz, GG, Art. 19 Abs. 2 Rn. 43.
1034 BVerfG, Beschl. v. 13.06.2006, 1 BvR 1160/03, BVerfGE 116, 135-163 juris Rn. 55.
1035 Vgl. Mazur, ZJS 4-5/2011, S. 322.

gen.[1036] Das sind insbesondere auch rechtswegfremde Vorfragen.[1037] Wenn Nachprüfungsinstanzen auf die Prüfung rechtswegfremder, hier außervergaberechtlicher Rechtsfragen verzichten, findet keine vollständige Rechtskontrolle statt. Art. 19 Abs. 4 GG wäre in diesem Fall verletzt. Die Nachprüfungsinstanzen sind aufgrund ihrer Bindung an die Verfassung verpflichtet, effektiven Rechtsschutz zu gewähren. Sie können unter Berücksichtigung von Art. 19 Abs. 4 GG keine Rechtskontrolle auslassen, nur weil sich diese auf eine Rechtsfrage außerhalb des Vergaberechts bezieht. Art. 19 Abs. 4 GG ist nicht durch einfaches, nationales Recht, mithin nicht durch den dargestellten Kontrollmaßstab, einschränkbar. Rechtsverletzungen im Vergabeverfahren müssen daher ohne materielle Beschränkung auf vergaberechtliche Bestimmungen von den Nachprüfungsinstanzen überprüft werden. Andernfalls würden die Nachprüfungsinstanzen die verfassungsrechtlichen Anforderungen bei der Anwendung des einfachen, nationalen Rechts nicht ausreichend beachten. Ebenso wenig würde eine vollumfängliche wirksame Rechtskontrolle i.S. von Art. 47 Abs. 1 GRCh stattfinden. Art. 47 Abs. 1 GRCh verlangt, dass die Nachprüfungsinstanzen jedenfalls die Stichhaltigkeit der Gründe einer Ausgangsentscheidung überprüfen können, die einen öffentlichen Auftraggeber zu seiner Entscheidung bewogen haben.[1038] Zu der Stichhaltigkeit gehört, dass die Nachprüfungsinstanzen auf alle Rechtsfragen eingehen.

Vor diesem Hintergrund bilden Anknüpfungsnormen die Rechtsgrundlage für einen subjektiven Anspruch im Vergabenachprüfungsverfahren, der unter Berücksichtigung der höherrangigen Anforderungen aus Art. 19 Abs. 4 GG eine vollständige Rechtskontrolle der im Einzelfall für das Rechtsschutzgesuch maßgeblichen Rechtsverletzungen verlangt.

Festzuhalten ist, dass die Pflicht zur Prüfung von außervergaberechtlichen Vorschriften anhand von Anknüpfungsnormen aus dem Verfassungsrecht hergeleitet wird. Der Pflicht zur Prüfung von außervergaberechtlichen Vorschrift stehen die unionsrechtlichen Effektivitätsanforderungen nicht entgegen. Sie setzen ebenfalls eine umfassende Rechtskontrolle voraus.

d) Zwischenergebnis

Anknüpfungsnormen werden im Vergaberecht angewendet, um entscheidungsrelevante Vorschriften außerhalb des Vergaberechts in die Nachprüfung zu integrieren. Die Prüfpflicht ist verfassungsrechtlich hergeleitet. Sie folgt aus den grundrechtliche Geltungsansprüchen unter Berücksichtigung von Art. 19 Abs. 4 GG sowie der Funktion der Grundrechte als subjektive Rechte. Das steht im Einklang mit den unionsrechtlichen Vorgaben.

Darauf gestützte Ansprüche haben die Nachprüfungsinstanzen im Rahmen der zu prüfenden Rechtsverletzung i.S. von § 168 Abs. 1 S. 1 Hs. 1 GWB sowie der Begründetheitsprüfung nach § 178 S. 1 GWB zu kontrollieren.

1036 Ziff. A. III. 3. b) des ersten Kapitels.
1037 *Sachs*, in: Sachs, GG, Art. 19 Rn. 146.
1038 Vgl. Ziff. B. II. 3. d) des ersten Kapitels.

3. Voraussetzungen für die Prüfung von Anknüpfungsnormen

Aus der Herleitung der Prüfpflicht folgen keine konkreten Voraussetzungen für die Geltendmachung von Anknüpfungsnormen. Anknüpfungsnormen sind insofern abstrakt. Das Prüfprogramm von Anknüpfungsnormen ist abhängig von dem jeweiligen Rechtsschutzgesuch. Gleichwohl lassen sich für die verfassungsrechtlich hergeleitete Prüfung konkrete Voraussetzungen ableiten, die bei der Entscheidung über die Einhaltung außervergaberechtlicher Bestimmungen auf Grundlage einer Anknüpfungsnorm erfüllt sein müssen.

a) Rechtsnorm

Die Prüfung einer Anknüpfungsnorm setzt prinzipiell das Vorliegen einer Rechtsnorm voraus. Ungeschriebenes, etwa gewohnheitsrechtlich anerkanntes Recht kommt nicht zur Anwendung. Deswegen konnte das Oberlandesgericht Düsseldorf einen Verstoß gegen das Patentgesetz durch einen Bieter im Vergabeverfahren nicht auf das ungeschriebene Kriterium der „rechtlichen Leistungsfähigkeit", in Ergänzung zu § 122 GWB, stützen.[1039]

b) Aus dem Kartellvergaberecht

Die Prüfung einer Anknüpfungsnorm setzt weiter voraus, dass die Rechtsnorm eine solche des Kartellvergaberechts i.S. von § 97 Abs. 6 GWB ist. Denn die Anknüpfungsnorm verbindet gerade außervergaberechtliche Vorschriften mit den Bestimmungen über das Vergabeverfahren. Zumindest der Anknüpfungspunkt muss dem Verfahren zur Auswahl des Vertragspartners eines öffentlichen Auftraggebers für einen konkreten öffentlichen Auftrag zugeordnet werden.

c) Integration eines außervergaberechtlichen Tatbestandes

Die Prüfung einer Anknüpfungsnorm setzt die Integration außervergaberechtlichen Vorschriften in die vergaberechtliche Prüfung voraus. Insofern muss ein offener Tatbestand einer Norm vorliegen, der konkretisiert werden kann. Ein abschließender Tatbestand einer Norm ist nicht geeignet, außervergaberechtliche Vorschriften in das Vergabeverfahren zu integrieren. Der offene Tatbestand darf auch nicht konkret eine außervergaberechtliche Norm in Bezug nehmen. Soweit in einer Bestimmung über das Vergabeverfahren außervergaberechtliche Vorschriften in Bezug genommen werden, liegt eine mittelbar erfasste außervergaberechtliche Bestimmung vor, die nicht zur Integration eines weiteren außervergaberechtlichen Tatbestandes geeignet ist. In diesem Fall ist die außervergaberechtliche Bestimmung bereits in das Vergaberecht integriert. Dadurch wird die vergaberechtliche Kontrolle im Grunde genommen nicht um die Prüfung außervergaberechtlicher Vorschriften erweitert. Vor diesem Hintergrund hat zum Beispiel § 123 GWB, der viele Tatbestände außervergaberechtlicher Vorschriften in Bezug nimmt, keinen offenen Tatbestand. Diese einzelnen Tatbestände sind abschließend und können nicht um außervergaberechtliche Fragestellungen ergänzt werden. Die Vorschrift scheidet daher schon als Anknüpfungsnorm aus.

1039 OLG Düsseldorf, Beschl. v. 01.12.2015, VII-Verg 20/15; OLG München, Beschl. v. 28.09.2020, Verg 3/20.

d) *Subjektives Recht*

Schließlich muss die Anknüpfungsnorm selbst als subjektives Recht zu qualifizieren sein, da nur subjektive Rechte Gegenstand von Vergabenachprüfungsverfahren sind. Es geht grundlegend darum, dass gerichtlicher Schutz der Rechte des Bürgers auf dem Gebiet der Vergabe öffentlicher Aufträge verstärkt werden.[1040] Da die außervergaberechtlichen Vorschriften, die im Einzelfall in die Vergabenachprüfung integriert werden, keine originären Bestimmungen i.S. von § 97 Abs. 6 GWB sind, kann nicht auf die Subjektivität des § 97 Abs. 6 GWB zurückgegriffen werden. Entscheidend ist, dass die Anknüpfungsnorm selbst Schutzwirkung für ein rechtssuchendes Unternehmen entfaltet.

4. Einzelne Anknüpfungsnormen

Im Anwendungsbereich des Vergaberechts haben sich Anknüpfungsnormen herausgebildet, die anhand der Prüfungsvoraussetzungen einer Kontrolle zu unterziehen sind.

a) *Die Vergabegrundsätze*

Bei der Anwendung von Anknüpfungsnormen im Vergabenachprüfungsverfahren gewinnen die Vergabegrundsätze und Bestimmungen aus § 97 Abs. 1 – 5 GWB an Bedeutung. § 97 GWB enthält insgesamt eine Zusammenfassung der elementaren Prinzipien des Vergaberechts und wird als Grundsatznorm bezeichnet.[1041] Die Vergabegrundsätze stehen prägend[1042] für das Vergabeverfahren sowie systematisch betrachtet im Zusammenhang mit dem Anspruch auf Einhaltung der Bestimmungen über das Vergabeverfahren aus § 97 Abs. 6 GWB.

(1) Rechtsnormen des Kartellvergaberechts

Die Vergabegrundsätze sind Rechtsnormen des Kartellvergaberechts und mit Ausnahme von § 97 Abs. 3 GWB Bestimmungen i.S. von § 97 Abs. 6 GWB.[1043] Als Bestimmung über das Vergabeverfahren können sie mit Ausnahme der Zielbestimmung aus § 97 Abs. 3 GWB als Anknüpfungsnorm herangezogen werden.

(2) Eignung zur Integration eines außervergaberechtlichen Tatbestandes

Die Vergabegrundsätze als Bestimmungen i.S. von § 97 Abs. 6 GWB sind geeignet, außervergaberechtliche Tatbestände in die vergaberechtliche Prüfung zu integrieren. Sie sind tragende Prinzipien und enthalten vergaberechtliche Ziele.[1044] Sie sind allgemein und zugleich wesentlich und sollen die unionsrechtlich verlangte weitere Entwicklung der Vergabevorschriften ermöglichen.[1045] Ihre Einhaltung ist im gesamten Vergaberecht geboten. Auf diese Weise fungieren die Vergabegrundsätze als allgemeine, kartellvergaberechtliche Maßstäbe.[1046] Sie haben grundlegende Bedeutung. Die grundlegende Bedeutung der Ver-

1040 EuGH, Schlussanträge des Generalanwalts Tesauro v. 15.05.1997, C-54/96, Slg. 1997, I-04961 juris Rn. 44.
1041 *Boesen*, Vergaberecht, Allgemeines zu § 97 GWB Rn. 1.
1042 Ziff. A. II. 2. b) des dritten Kapitels.
1043 Ziff. A. II. 2. b) des dritten Kapitels.
1044 Ziff. A. II. 2. b) des dritten Kapitels.
1045 *Kau*, in: Byok/Jäger, Vergaberecht, § 97 GWB Rn. 12.
1046 *Dreher*, in: Immenga/Mestmäcker, Wettbewerbsrecht, § 97 GWB Rn. 3.

gabegrundsätze zeigt sich nicht nur durch ihre vorangestellte Position zu Beginn des vierten Teils des GWB, sondern auch durch ihre Wiederholung im Regelungsbereich der Bauvergaben (§ VOB/A und EU-VOB/A) sowie des nationalen Vergaberechts (§ 2 UVgO). Sie haben tragende Kraft und ihre Reichweite dringt in sämtliche Anwendungsbereiche des Vergaberechts. Dabei haben die Vergabegrundsätze einen materiellen Charakter, der sich durch rechtlich bindende Anforderungen sowie Verhaltensweisen im Vergabeverfahren zeigt.[1047] Die Ausgestaltung als materielle Rechtsgrundsätze bezweckte zum einen die Hervorhebung der Bedeutsamkeit der Vergabegrundsätze als elementare Prinzipien.[1048] Zum anderen bezweckte § 97 GWB mit seiner Einführung, verbindliche Vorgaben aus dem Unionsrecht und bestehende Prinzipien des Vergaberechts in das formelle Gesetz zu verankern.[1049] Losgelöst von ihrer prägenden Bedeutung[1050] bleiben die Vergabegrundsätze indessen hinter konkreten Regeln zurück[1051].

Vergabegrundsätze haben eine generalisierende Ausgestaltung. Da dem Normgehalt der Vergabegrundsätze regelmäßig konkret ausgestaltete Ansprüche fehlen, verlangt ihre grundlegende Bedeutung, dass die Vergabegrundsätze im gesamten Vergaberechtsregime ihre Inhalte entfalten. Insofern soll das Vergaberecht ergänzend an den Vergabegrundsätzen ausgelegt werden.[1052]

Die Vergabegrundsätze fungieren in sämtlichen Anwendungsfällen insbesondere des Kartellvergaberechts als Leitlinien für die Auslegung des Vergaberechts.[1053] So werden die Vergabegrundsätze zum Beispiel zur Ermittlung des Zwecks des Gesetzes bzw. einzelner Regelungen herangezogen.[1054] Dabei gelten die Vergabegrundsätze jedoch nur dann als Auslegungsdirektive, wenn einzelne Vergaberegeln unbestimmte Rechtsbegriffe oder ein Ermessen enthalten.[1055] In diesem Fall helfen die Vergabegrundsätze, Klarheit in das Verständnis einer Norm zu bringen. Auf diese Weise dienen die Vergabegrundsätze der Ausfüllung etwaiger gesetzlicher Spielräume.[1056] Die Vergabegrundsätze können insofern genutzt werden, um im Ergebnis den Prüfungs- und Entscheidungsmaßstab der Nachprüfungsinstanzen zu konkretisieren. Sie dienen insofern auch als Reserve, wenn die Vergaberegeln lückenhaft sind und ohne ihre Anwendung ein unionsrechtswidriger Zustand droht.[1057]

1047 *Dreher*, in: Immenga/Mestmäcker, Wettbewerbsrecht, § 97 GWB Rn 2.

1048 Bezogen auf die erstmalige Einführung des Wettbewerbs-, Transparenz- und Gleichbehandlungsgrundsatzes: *Summann*, Vergabegrundsätze und Vergabeverfahren im Rechtsvergleich Deutschland – U.S.A., S. 29.

1049 *Boesen*, Vergaberecht, Allgemeines zu § 97 GWB Rn. 4.

1050 Ziff. B. III. 3. und B. IV 4. c) des dritten Kapitels.

1051 Burgi, NZBau 2008, 29-34, 31; ders., in: Vergaberecht, § 6 Rn. 15.

1052 Vgl. Dreher, in: Immenga/Mestmäcker, Wettbewerbsrecht, § 97 GWB Rn 3; *Weiner*, in: Gabriel/Krohn/Neun, Handbuch Vergaberecht, § 1 Rn. 5.

1053 *Fehling*, in: Pünder/Schellenberg, Vergaberecht, § 98 Rn. 45; *Dörr*, in: Burgi/Dreher/Opitz, Beck'scher Vergaberechtskommentar, Bd. 1, Vor § 97 GWB Rn. 15; *Weiner*, in: Gabriel/Krohn/Neun, Handbuch Vergaberecht, § 1 Rn. 5; vgl. auch *Menke*, Infobrief Wissenschaftlicher Dienst des deutschen Bundestages, WD 7-3000-107/21, S. 9.

1054 BGH, Beschl. v. 01.12.2008, X ZB 31/08, NVwZ 2009, 605 juris Rn. 22

1055 *Burgi*, NZBau 2008, 29-34, 32; ders., in: Vergaberecht, § 6 Rn. 15.

1056 *Burgi*, NZBau 2008, 29, 32.

1057 Unter Hinweis auf einen absoluten Ausnahmefall, *Burgi*, NZBau 2008, 29, 32; ders., Vergaberecht, § 6 Rn. 16.

Es ist festzuhalten, dass sich die einzelnen Vergabegrundsätze als Anknüpfungsnormen anbieten, da sie offene Tatbestände enthalten, die durch Vorschriften aus anderen Rechtsgebieten ausgefüllt werden können. Dadurch können außervergaberechtliche Vorschriften in die Prüfung integrieret werden.[1058] Die Vergabegrundsätze leben als allgemeine Prinzipien gerade davon, im Einzelnen konkretisiert zu werden.

Vor diesem Hintergrund werden die Vergabegrundsätze zur Begründung von Anknüpfungsnormen herangezogen.

(3) Subjektive Rechte

Die Vergabegrundsätze müssten schließlich subjektive Rechte sein, um als Anknüpfungsnorm für die Prüfung und Entscheidung nach § 168 Abs. 1 S. 1 Hs. 1, § 178 S. 2 i.V.m. § 97 Abs. 6 GWB herangezogen werden zu können. Im Vergleich zu § 97 Abs. 6 GWB fehlt dem Wortlaut der Vergabegrundsätze in § 97 Abs. 1 – 5 GWB ein speziell formulierter Anspruch. Dennoch werden die Vergabegrundsätze – zum Teil ohne entsprechende Begründung – als subjektive Rechte bezeichnet, die als Bestimmung i. S. von § 97 Abs. 6 GWB geltend gemacht werden können.[1059]

Zum Teil wird unter Hinweis auf die Gesetzgebung zum Grundsatz der Wirtschaftlichkeit und Verhältnismäßigkeit vertreten, die Vergabegrundsätze hätten keinen unmittelbaren Regelungsgehalt, da diese Funktion „laut Gesetzesbegründung ausdrücklich nicht gewollt" sei.[1060] Diese Annahme wurde jedoch losgelöst von der Funktion der Vergabegrundsätze als Anknüpfungsnormen aufgestellt. Weder der nationalen Gesetzesbegründung noch den Vorgaben der Union kann entnommen werden, ob die Vergabegrundsätze im Vergabenachprüfungsverfahren ein subjektives Recht begründen können. Es kommt daher entscheidend auf den Zweck der einzelnen Vergabegrundsätze an. Dabei ist jeder Vergabegrundsatz für sich zu beleuchten.[1061]

(i) Wettbewerbsgrundsatz, § 97 Abs. 1 S. 1 Alt. 1 GWB

Der Wettbewerbsgrundsatz kann eine vergaberechtliche Anknüpfungsnorm sein, wenn aus § 97 Abs. 1 S. 1 Alt. 1 GWB ein subjektives Recht hergeleitet werden kann. Neben der Integration einer außervergaberechtlichen Vorschriften in die vergaberechtliche Nachprüfung, muss sich ein Rechtssuchender auf dessen Einhaltung berufen können.

(a.) Kartellvergaberechtliches Verständnis

Nach § 97 Abs. 1 S. 1 Alt. 1 GWB werden öffentlichen Aufträge im Wettbewerb vergeben. Dieser Grundsatz geht maßgeblich auf die Vergaberechtsrichtlinien der Union zurück.

> „Die Vergabe von Aufträgen in den Mitgliedstaaten auf Rechnung des Staates, der Gebietskörperschaften und anderer Einrichtungen des öffentlichen Rechts ist an die Einhaltung der

---

1058 *Dörr*, in: Burgi/Dreher/Opitz, Beck'scher Vergaberechtskommentar, Bd. 1, Vor § 97 GWB Rn. 11.

1059 *Dreher*, in: Immenga/Mestmäcker, Wettbewerbsrecht, Bd. 4, § 97 GWB Rn. 245; *Knauff*, in: Säcker/Ganske/Knauff, MüKo zum Wettbewerbsrecht, Bd. 3, § 97 GWB Rn. 2; *Fehling*, in: Pünder/Schellenberg, Vergaberecht, § 97 GWB Rn. 158; *Dörr*, in: Burgi/Dreher/Opitz, Beck'scher Vergaberechtskommentar, Bd. 1, § 97 Abs. 6 GWB Rn. 24; *Kau*, in: Byok/Jäger, Vergaberecht, § 97 GWB Rn 197.

1060 *Weiner*, in: Gabriel/Krohn/Neun, Handbuch Vergaberecht, § 1 Rn. 5.

1061 Vgl. zur differenzierten Betrachtung von Wettbewerb, Gleichbehandlung und Transparenz *Ziekow*, in: Ziekow/Völlink, Vergaberecht, § 97 Rn. 4.

im Vertrag niedergelegten Grundsätze gebunden, insbesondere des Grundsatzes des freien Warenverkehrs, des Grundsatzes der Niederlassungsfreiheit und des Grundsatzes der Dienstleistungsfreiheit sowie der davon abgeleiteten Grundsätze wie z.B. des Grundsatzes der Gleichbehandlung, des Grundsatzes der Nichtdiskriminierung, des Grundsatzes der gegenseitigen Anerkennung, des Grundsatzes der Verhältnismäßigkeit und des Grundsatzes der Transparenz. Für öffentliche Aufträge, die einen bestimmten Wert überschreiten, empfiehlt sich indessen die Ausarbeitung von auf diesen Grundsätzen beruhenden Bestimmungen zur gemeinschaftlichen Koordinierung der nationalen Verfahren für die Vergabe solcher Aufträge, um die Wirksamkeit dieser Grundsätze und die Öffnung des öffentlichen Beschaffungswesens für den Wettbewerb zu garantieren. Folglich sollten diese Koordinierungsbestimmungen nach Maßgabe der genannten Regeln und Grundsätze sowie gemäß den anderen Bestimmungen des Vertrags ausgelegt werden."[1062]

An dieser Erwägung hat die Union in der letzten Vergaberechtsrichtlinie von 2014 festgehalten und die Gewährleistung, dass die Grundsätze praktische Geltung erlangen und das öffentliche Auftragswesen für den Wettbewerb geöffnet wird, betont.[1063] Öffentliche Auftragsvergaben haben schon in ihrer frühen unionsrechtlichen Entwicklung stets auf die Schaffung eines fairen Wettbewerbs abgezielt.[1064] Damit ein unionsweiter Wettbewerb um das öffentliche Auftragswesen entsteht, hat der Richtliniengeber die Einführung von Vorschriften für Vergabenachprüfungsverfahren mit der Bedeutung des Wettbewerbs begründet.[1065] Aus den Erwägungsgründen folgt insoweit: Die konkrete Umsetzung zur Öffnung des öffentlichen Auftragswesens für den Wettbewerb setzt eine beträchtliche Verstärkung der Garantien im Bereich der Transparenz und der Nichtdiskriminierung voraus und verlangt, dass bei Verstößen gegen das öffentliche Auftragswesen Möglichkeiten einer wirksamen und raschen Nachprüfung bestehen.[1066] Der Richtliniengeber hat das Vergabenachprüfungsverfahren mithin unter die praktische Bedeutung des Wettbewerbsgrundsatzes gestellt.

Vor diesem Hintergrund ist der Wettbewerbsgrundsatz das „Kernprinzip des europäischen Vergaberechts"[1067]. Der Wettbewerbsgrundsatz leitet sich aus den unionsrechtlichen Marktfreiheiten und dem allgemeinen Diskriminierungsverbot ab.[1068] Der freie Wettbewerb im Bereich des öffentlichen Auftragswesens soll dazu dienen, jedem potentiellen Bieter oder Teilnehmer an einem Vergabeverfahren freien Zugang zu Beschaffungsmärkten der öffentlichen Hand zu gewähren.[1069]

Im gesamten Vergabeverfahren ist der Wettbewerbsgrundsatz in allen Phasen zu berücksichtigen.[1070] Da der Wettbewerbsgrundsatz insofern uneingeschränkt gilt und die Einfüh-

1062 Erwägungsgrund 2 der RL 2004/181/EG.
1063 Erwägungsgrund 1 der RL 2014/24/EU.
1064 *Mader*, EuZW 1999, 331-340, 340.
1065 Abs. 3 der Erwägungsgründe der RL 1989/665/EWG.
1066 Abs. 3 der Erwägungsgründe der RL 1989/665/EWG.
1067 *Summann*, Vergabegrundsätze und Vergabeverfahren im Rechtsvergleich Deutschland – U.S.A., S. 31.
1068 *Boesen*, Vergaberecht, § 97 Abs. 1 GWB Rn. 6.
1069 *Summann*, Vergabegrundsätze und Vergabeverfahren im Rechtsvergleich Deutschland – U.S.A., S. 30; Boesen, Vergaberecht, § 97 Abs. 1 GWB Rn. 6.
1070 *Boesen*, Vergaberecht, § 97 Abs. 1 GWB Rn. 11; *Dörr*, in: Burgi/Dreher/Opitz, Beck'scher Vergaberechtskommentar, Bd. 1, § 97 Rn. 10.

rung des Vergabenachprüfungsverfahrens begründet hat, findet er gerade auch im vergaberechtlichen Rechtsschutzverfahren Anwendung.

(b.) Subjektivität

Dem Wortlaut des § 97 Abs. 1 S. 1 Alt. 1 GWB lässt sich im Vergleich zu § 97 Abs. 6 GWB nicht buchstäblich ein Anspruch entnehmen. Gegen die Annahme eines subjektiven Rechts spricht daher, dass es in § 97 Abs. 1 GWB an einer konkreten Prüfpflicht fehlt, die unionsbedingt auch nicht zwingend hergeleitet werden müsste.[1071] Zum Teil wird die *Notwendigkeit* zur Annahme eines eigenständigen normativen Gehalts deswegen abgesprochen, weil im Kartellvergaberecht vorrangig die Gebote der Gleichbehandlung, Nichtdiskriminierung und Transparenz heranzuziehen seien.[1072] Dieser beschränkt systematische Ansatz lässt die Bedeutung des Wettbewerbsgrundsatzes genauso wie seine tatsächlich systematische Stellung neben den weiteren Vergabegrundsätzen außer Acht. Zutreffend fehlt die Notwendigkeit, wenn einzelne vergaberechtlichen Vorschriften keine Anknüpfungspunkte für eine wettbewerbsbezogene Auslegung bereithalten.[1073] Dann geht es jedoch gar nicht um die Frage, ob das Wettbewerbsprinzip ein eigenes subjektives Recht begründen kann und außervergaberechtliche Bestimmungen in die Nachprüfung integriert. Das Argument der fehlenden Notwendigkeit überzeugt schließlich nicht, weil die Tatsache, ob etwas notwendig – oder dem Wortsinn nach zwingend, erforderlich, geboten oder unerlässlich – ist, nichts über die Begründung normativer Rechtsfolgen aussagt. Auf die fehlende Notwendigkeit kommt es an dieser Stelle mithin nicht an. Dem fehlenden „Prüfprogramm" und der fehlenden wörtlich formulierten Rechtsfolge kann im Wege der Auslegung des § 97 Abs. 1 S. Alt. 1 GWB Abhilfe verschafft und eine Anspruchsgrundlage begründet werden.

Weder aus den unionsrechtlichen Vorgaben noch der Gesetzesbegründung ist zu entnehmen, ob der Wettbewerbsgrundsatz ein eigenes subjektives Recht begründen kann oder nicht. Auf nationaler Ebene geht es primär darum, die Bedeutung des Wettbewerbsgrundsatzes für das haushaltsrechtlich geprägte Vergaberecht hervorzuheben. So betont der Gesetzgeber, dass die Schaffung eines größtmöglichen Wettbewerbs eine „breite Beteiligung der Wirtschaft an der Versorgung der öffentlichen Hand" gewährt und einen „sparsamen, effizienten und effektiven Einsatz von öffentlichen Mitteln" ermöglicht.[1074] Die Begründung eines subjektiven Rechts wurde nicht in Bezug genommen. Die Intention des Gesetzgebers kann daher nicht zur Begründung einer aus dem Wettbewerbsgrundsatz resultierenden Rechtsfolge und damit zur Herleitung eines subjektiven Rechts herangezogen werden.

Für die Annahme eines eigenen subjektiven Rechts aus § 97 Abs. 1 S. 1 Alt. 1 GWB kommt es daher maßgeblich auf die Bedeutung des Wettbewerbsgrundsatzes an.

Die Bedeutung des Wettbewerbsgrundsatzes könnte allein darin liegen, sämtliche Beteiligte im Vergabeverfahren zu konsequent wettbewerblichem Denken anzuhalten.[1075]

1071 *Burgi*, NZBau 2008, 29, 33.
1072 *Ziekow*, in: Ziekow/Völlink, Vergaberecht, § 97 GWB Rn. 6, 8.
1073 Darauf hinweisend *Ziekow*, in: Ziekow/Völlink, Vergaberecht, § 97 GWB Rn. 8.
1074 Gesetzesbegründung zum Vergaberechtsmodernisierungsgesetz v. 08.10.2015, BT-Drs. 18/6281, S. 67.
1075 *Ziekow*, in: Ziekow/Völlink, Vergaberecht, § 97 GWB Rn. 4.

Dann würde dem Wettbewerbsgrundsatz keine Prüfpflicht zukommen und kein subjektives Recht begründet werden. Prinzipiell ist ein konsequent wettbewerbliches Denken zu begrüßen, allerdings bleibt bei dieser Annahme unklar, zu welchen praktischen Maßnahmen und Verhaltensweisen das wettbewerbliche Denken führt. Eine wettbewerbstreue Einstellung führt nicht zwingend zu wettbewerbskonformem Verhalten aller Teilnehmer einer Vergabeverfahrens. Die Bedeutung des Kernprinzips sollte sich daher nicht auf den individuell geistigen Anspruch der am Vergabeverfahren Beteiligten beschränken, sondern allgemeingültige Wirkung entfalten.

Gegen das beschränkte Verständnis vom Wettbewerbsgrundsatz spricht die Rechtsnatur der Vergabegrundsätze. Diese geht über die Festlegung von Vergabezielen hinaus.[1076] Im rechtsmethodischen Sinne enthalten die Vergabegrundsätze an sich bindende Anforderungen, ohne dass es auf weitere normative Anknüpfungspunkte ankommt.[1077] Unbestimmte Rechtsbegriffe werden regelmäßig in verfassungsrechtlich unbedenklicher Weise durch die Rechtsprechung ausgestaltet.[1078] Darüber hinaus werden in der Rechtsprechung aus verschiedenen Normen Ansprüche entwickelt und ausgeformt.[1079] In der vergaberechtlichen Rechtsprechung haben sich zum Beispiel Ansprüche aus dem Wettbewerbsgrundsatz gebildet. So folgt aus der Rechtsprechung des BGH zu § 97 Abs. 1 GWB, dass u.a. aus dem Wettbewerbsgrundsatz die Pflicht öffentlicher Auftraggeber folgt, zur Beschaffung von Leistungen ein Vergabeverfahren einzuleiten.[1080] In dem Vergabenachprüfungsverfahren hatte sich ein Rechtssuchender darauf berufen, aufgrund des in § 97 Abs. 1 GWB niedergelegten Wettbewerbsgrundsatzes müsse ein Dienstleistungsauftrag über den Verkauf von Altpapier öffentlich ausgeschrieben werden; daraufhin wurde der Wettbewerbsgrundsatz als Rechtsgrundlage für einen Anspruch auf Durchführung eines Vergabeverfahrens qualifiziert.[1081]

Für die Begründung eines subjektiven Rechts spricht daher, dass der normative Inhalt von § 97 Abs. 1 GWB konkretisiert werden kann.[1082] „Kann" meint in diesem Zusammenhang, dass aus dem Wettbewerbsgrundsatz nur dann ein subjektives Recht folgt, wenn im Einzelfall eine Konkretisierung vorliegt. Die Begründung eines subjektiven Rechts ist also an die Bedingung der Konkretisierung geknüpft, da ansonsten das jeweilige Prüfprogramm fehlt.[1083]

Gerade weil der Wettbewerbsgrundsatz vielfältige Ausprägungen im Vergaberecht erfährt, ist seine eigenständige Geltendmachung geboten. Es würde eine erhebliche, kaum normativ umsetzbare Herausforderung für den Gesetzgeber darstellen, sämtliche Ausprägungen des Wettbewerbsgrundsatzes als eigene Anspruchsgrundlagen zu formulieren.

1076 *Dreher*, in: Immenga/Mestmäcker, Wettbewerbsrecht, § 97 GWB Rn. 2.

1077 *Plauth*, Die Rechtspflicht zur Transparenz im europäischen Vergaberecht, S. 103.

1078 BVerfG, Beschl. v. 08.08.1978, 2 BvL 8/77, BVerfGE 49, 89-147 juris Rn. 101.

1079 Vgl. nur BVerfG, Beschl. v. 14.01.1998, 1 BvR 1861/93, BVerfGE 97, 125-156 juris Rn. 122f.

1080 BGH, Beschl. v. 01.02.2005, X ZB 27/04, BGHZ 162, 116-136 juris Rn. 42.

1081 BGH, Beschl. v. 01.02.2005, X ZB 27/04, BGHZ 162, 116-136.

1082 Zum Konkretisierungsspielraum vgl. auch *Fehling*, in: Pünder/Schellenberg, Vergaberecht, § 97 GWB Rn. 44.

1083 Zum fehlenden Anspruchsgehalt des § 97 Abs. 1 GWB als solchem: Vgl. OLG Düsseldorf, Beschl. v. 14.10.2020, VII-Verg 36/19, NZBau 2020, 732-739 Rn. 84f.; i. Ü. vgl. auch *Schneevogl*, in: Heiermann/Zeiss/Summa, Vergaberecht, § 97 GWB Rn. 36.

Eine umfassende normative Ausgestaltung des Wettbewerbsgrundsatzes widerspricht auch dem Sinn und Zweck der Grundsätze. Sie bezwecken gerade umfassende Geltung und sollen nicht nur konkrete Einzelfälle regeln.[1084] Durch seine Konkretisierung in der Rechtsprechung wird § 97 Abs. 1 GWB mit normativen Inhalten gefüllt, die ein Grundsatz in seiner allgemeinen Formulierung wörtlich nicht bieten kann. Das entspricht dem vom Unionsrecht ausgehenden Verständnis, dass insbesondere der Wettbewerbsgrundsatz praktische Geltung erlangen soll.

Festzuhalten ist, dass der offene Wortlaut des § 97 Abs. 1 S. 1 Alt. 1 GWB unter Beachtung der Bedeutung sowie des Sinn und Zwecks, nicht der Funktion einer Anknüpfungsnorm entgegensteht. Richtigerweise können aus dem Wettbewerbsgrundsatz subjektive Rechte entstehen.[1085]

(c.) Zwischenergebnis

Der Wettbewerbsgrundsatz aus § 97 Abs. 1 GWB ist in seiner jeweils konkreten Ausgestaltung ein subjektives Recht, das außervergaberechtliche Vorschriften in die vergaberechtliche Prüfung integrieren kann. Damit liegen alle Voraussetzungen für eine Anknüpfungsnorm vor.

(ii) Transparenz- und Gleichbehandlungsgrundsatz, § 97 Abs. 1 und Abs. 2 GWB

Der Transparenzgrundsatz und das Gleichbehandlungsgebot können subjektive Rechte sein, wenn sich ein Rechtssuchender auf die Einhaltung der Konkretisierung nach § 97 Abs. 1 S. 1 Alt. 2, Abs. 2 GWB berufen kann. Nach § 97 Abs. 1 S. 1 Alt. 2 GWB werden öffentliche Aufträge im transparenten Verfahren vergeben. Nach § 97 Abs. 2 GWB sind Teilnehmer an einem Vergabeverfahren gleich zu behandeln, es sei denn, eine Ungleichbehandlung ist aufgrund dieses Gesetzes ausdrücklich geboten oder gestattet.

(a.) Zusammenhang der Grundsätze

Die beiden Grundsätze sind gemeinsam zu betrachten, denn nach dem EuGH ergibt sich die unionsrechtlich geprägte Transparenzpflicht aus dem Gleichbehandlungsgrundsatz.[1086] Der Transparenz- und Gleichbehandlungsgrundsatz bilden die Grundlage der Unionsvorschriften über die Verfahren zur Vergabe öffentlicher Aufträge.[1087] Durch die Sicherstellung von Transparenz im Vergabeverfahren soll überprüft werden können, ob der Grundsatz der Gleichbehandlung eingehalten wurde.[1088]

Durch den Transparenzgrundsatz soll Schutz vor staatlicher Willkür und Korruption geschaffen werden.[1089] In einem transparenten Verfahren können die Maßnahmen eines öffentlichen Auftraggebers nachvollzogen werden.[1090] Der Transparenzgrundsatz steht im

1084 Ziff. B. I. 3. a) dieses Kapitels.

1085 *Knauff*, in: Säcker/Ganske/Knauff, MüKo zum Wettbewerbsrecht, Bd. 3, § 97 GWB Rn. 14; *Dreher*, in: Immenga/Mestmäcker, Wettbewerbsrecht, § 97 GWB Rn. 2.

1086 EuGH, Urt. v. 24.05.2016, Rs. C-396/14, EuZW 2016, 509-511 Rn. 36 – *MT Hojgaard*; Urt. v. 29.03.2012, Rs. C-599/10, NZBau 2012, 376-380 juris Rn. 25 – *NDS*; Urt. v. 12.11.2009, Rs. C-199/07 Rn. 37; Urt. v. 08.06.2002, Rs. C-92/00 juris Rn. 45 – *Hospital Ingenieure*.

1087 EuGH, Urt. v. 24.05.2016, Rs. C-396/14, EuZW 2016, 509 – 511 Rn. 37 – *MT Hojgaard*.

1088 Erwägungsgrund 58 der RL 2014/24/EU des Europäischen Parlaments und des Rates v. 26.02.2014.

1089 *Summann*, Vergabegrundsätze und Vergabeverfahren im Rechtsvergleich Deutschland – U.S.A., S. 32.

1090 Vgl. *Boesen*, Vergaberecht, § 97 Abs. 1 GWB Rn. 16.

Komplementärverhältnis mit dem Wettbewerbsgrundsatz, da ohne eine gewisse Transparenz freier Wettbewerb kaum denkbar wäre.[1091]

Der Gleichbehandlungsgrundsatz verlangt die Gleichbehandlung der Beteiligten im Vergabeverfahren eines öffentlichen Auftraggebers.[1092] Das Vergabeverfahren muss so ausgestaltet sein, dass sich jedes Unternehmen zu gleichen Bedingungen am Verfahren beteiligen kann und alle Bieter die gleichen Chancen auf die Erteilung des Zuschlags haben.[1093]

Der Transparenz- und Gleichbehandlungsgrundsatz gewinnen im gesamten Vergabeverfahren, in jeder Phase des Vergabeverfahrens an Bedeutung.[1094]

(b.) Subjektivität

Die Grundsätze der Transparenz und Gleichbehandlung können subjektive Rechte im Vergabenachprüfungsverfahren sein. Dem steht nicht entgegen, dass beide Grundsätze ihrem Wortlaut nach weit formuliert sind und keine konkreten Rechtspflichten enthalten. So begründet der Gleichbehandlungsgrundsatz eine gesetzliche Pflicht, gestaltet indes keine einzelnen Anwendungsfälle aus. Beide Grundsätze können jedenfalls mit Tatbeständen konkretisiert werden.

Für die Begründung einer eigenen Anspruchsgrundlage spricht maßgeblich, dass der Gleichbehandlungsgrundsatz neben der einfach gesetzlichen Ausgestaltung auf einer verfassungsrechtlichen Grundlage, auf Art. 3 Abs. 1 GG beruht.[1095] Art. 3 Abs. 1 GG selbst begründet ein subjektives Recht, im Speziellen einen Anspruch auf Gleichbehandlung bei Vergabeentscheidungen gegen den Staat, auf dessen Verletzung sich der Rechtssuchende im Rahmen der Gewähr effektiven Rechtsschutzes berufen kann.[1096] Insbesondere dürfen auf Grundlage von Art. 3 Abs. 1 GG öffentliche Auftraggeber bei der Vergabe von öffentlichen Aufträgen weder das Verfahren noch die Kriterien willkürlich bestimmen.[1097] Sie können auch durch ihre tatsächliche Vergabepraxis verbindliche Rechtslagen schaffen (Selbstbindung der Verwaltung).[1098] Vor diesem Hintergrund steht jedem Teilnehmer am Vergabeverfahren bei einer Verletzung des Gleichheitsgrundsatzes ein subjektives Recht zu, bei dessen Verletzung effektiver Rechtsschutz zu gewähren ist.[1099] Vergabeentscheidungen sind demnach prinzipiell an Art. 3 Abs. 1 GG zu messen.[1100] Da der vergaberechtliche Gleichheitsgrundsatz eine einfachgesetzliche Ausgestaltung der maßgebenden verfassungsrechtlichen Grundlage – die ein subjektives Recht beinhaltet – ist, kann diesem nicht

1091 *Boesen*, Vergaberecht, § 97 Abs. 1 GWB Rn. 16.

1092 *Summann*, Vergabegrundsätze und Vergabeverfahren im Rechtsvergleich Deutschland – U.S.A., S. 34.

1093 *Summann*, Vergabegrundsätze und Vergabeverfahren im Rechtsvergleich Deutschland – U.S.A., S. 35.

1094 Zum Gleichbehandlungsgrundsatz *Boesen*, Vergaberecht, § 97 Abs. 2 GWB Rn. 30; VK Kiel, Beschl. v. 17.02.2003, VK-SH 15/02 juris Rn. 96; Zum Transparenzgrundsatz *Knauff*, in: Säcker/Ganske/Knauff, MüKo zum Wettbewerbsrecht, Bd. 3, § 97 GWB Rn. 22; *Dörr*, in: Burgi/Dreher/Opitz, Beck'scher Vergaberechtskommentar, Bd. 1, § 97 Abs. 1 GWB Rn. 34; Unter Bezugnahme auf jedenfalls sämtliche Abschnitte im Verfahren zum Vergleich der Angebote auch EuGH, Urt. v. 25.04.1996, Rs. C-87/94, Slg. 1996 I-2043-2096 juris Rn. 54 – *Wallonische Busse*.

1095 VK Kiel, Beschl. v. 17.02.2003, VK-SH 15/02 juris Rn. 96.

1096 BVerfG, Beschl. v. 13.06.2006, 1 BvR 1160/03 BVerfGE 116, 135-163 juris Rn. 55.

1097 BVerfG, Beschl. v. 13.06.2006, 1 BvR 1160/03 BVerfGE 116, 135-163 juris Rn. 65.

1098 BVerfG, Beschl. v. 13.06.2006, 1 BvR 1160/03 BVerfGE 116, 135-163 juris Rn. 65.

1099 BVerfG, Beschl. v. 13.06.2006, 1 BvR 1160/03 BVerfGE 116, 135-163 juris Rn. 65.

1100 Ziekow, in: Ziekow/Völlink, Vergaberecht, § 97 GWB Rn. 18.

seine subjektive Funktion abgesprochen werden. Dem steht nicht entgegen, dass § 97 Abs. 2 GWB selbst keine konkreten Anwendungsfälle und Rechtsfolgen formuliert. Denn der Grundsatz wird aufgrund seiner allgemeinen Funktion weiter konkretisiert durch Bestimmungen, die sich in den Normgehalt des § 97 Abs. 2 GWB einfügen. Zum Beispiel wurden von der vergaberechtlichen Rechtsprechung landesweite Tarifregelungen, im Speziellen Vorschriften aus dem TVgG (Tariftreue- und Vergabegesetz) NRW und die RepTVVO (Repräsentative Tarifverträge Verordnung) inzident über § 97 Abs. 2 GWB im Vergabenachprüfungsverfahren überprüft.[1101] Das OLG Düsseldorf urteilte über die Nichtigkeit einzelner Tarifregelungen mit der Folge, dass der öffentliche Auftraggeber eine auf der nichtigen Tarifregelung beruhende Tariftreueerklärung in den Vergabeunterlagen nicht hätte fordern dürfen.[1102] Das rechtssuchende Unternehmen, das eine entsprechende Tariftreueerklärung nicht abgegeben hatte, durfte nicht vom Vergabeverfahren ausgeschlossen werden. Das OLG Düsseldorf hat den Verstoß gegen das Gleichbehandlungsgebot zwar nicht explizit hervorgehoben, etwa indem es eine Ungleichbehandlung ausdrücklich festgestellt hat. Es hat jedoch herausgearbeitet, dass der öffentliche Auftraggeber, der eine auf einer nichtigen Rechtsgrundlage beruhende tarifrechtliche Erklärung verlangt, ein Unternehmen nicht vom Vergabeverfahren ausschließen darf, wenn dieses die Erklärung nicht abgibt.[1103] Auch ohne ausdrückliche Aussprache kann das nur bedeuten, dass der Ausschluss des Unternehmens zu einer Ungleichbehandlung geführt hat. Durch den Ausschluss ist das rechtssuchende Unternehmen in diesem Vergabeverfahren unzulässigerweise ungleich anderer Unternehmen behandelt worden. Die Ungleichbehandlung hat sich *erst* durch die rechtliche Überprüfung der tarifrechtlichen Grundlage zur Abgabe einer geforderten Erklärung gezeigt. Der geltend gemachte Anspruch war § 97 Abs. 2 GWB, der in diesem Fall zugleich Anknüpfungsnorm für die tarifrechtlichen Fragegestellungen gewesen wäre.

Es ist festzuhalten, dass der Gleichheitsgrundsatz in seiner Ausgestaltung in § 97 Abs. 2 GWB ein eigenes subjektives Recht ist.[1104] Das subjektive Recht wird durch einzelne Bestimmungen näher ausgestaltet. Vor dem Hintergrund, dass der Transparenzgrundsatz im Vergaberecht aus dem Gleichbehandlungsgrundsatzes abgeleitet wird[1105], enthält § 97 Abs. 1 S. 1 Alt. 2 in konsequenter Anwendung des Art. 3 Abs. 1 GG ebenso ein subjektives Recht. Zutreffend wird in der vergaberechtlichen Rechtsprechung festgehalten, dass Art. 3 Abs. 1 GG im Vergaberecht durch das Transparenz- und Gleichbehandlungsgebot konkretisiert wird.[1106] Es besteht kein rechtlicher Grund, den Transparenzgrundsatz im Hinblick auf seine Funktion künstlich vom Gleichbehandlungsgrundsatz zu trennen. Die Tatsache, dass die Grundsätze der Transparenz und Gleichbehandlung in zwei Absätzen des § 97 GWB normiert sind, steht dem nicht entgegen. Es fehlt bereits an irgendeiner dahingehenden Intention des Gesetzgebers, die Vergabegrundsätze in einzelnen Absätzen und einer Rangfolge anzuordnen.

1101 OLG Düsseldorf, Beschl. v. 19.10.2015, V II-Verg 30/13, NZBau 2016, 50-55 Rn. 60.
1102 OLG Düsseldorf, Beschl. v. 19.10.2015, V II-Verg 30/13, NZBau 2016, 50-55 Rn. 57.
1103 OLG Düsseldorf, Beschl. v. 19.10.2015, V II-Verg 30/13, NZBau 2016, 50-55.
1104 Bayerisches OLG, Beschl. v. 11.01.2023, Verg 2/21, NZBau 2023, 621-630 Rn. 117.
1105 *Dörr*, in: Burgi/Dreher/Opitz, Beck'scher Vergaberechtskommentar, Bd. 1, § 97 Abs. 1 GWB Rn. 31.
1106 OLG Schleswig-Holstein, Beschl. v. 04.11.2014, 1 Verg 1/14, NZBau 2015, 186-192 Rn. 89.

(c.) Zwischenergebnis

Der Transparenz- und Gleichbehandlungsgrundsatz sind subjektive Rechte, die außervergaberechtliche Vorschriften in die vergaberechtliche Prüfung integrieren. Damit liegen alle Voraussetzungen für eine Anknüpfungsnorm vor.

(iii) Grundsatz der Wirtschaftlichkeit

Nach § 97 Abs. 1 S. 2 Alt. 1 GWB wird bei der Vergabe öffentlicher Aufträge der Grundsatz der Wirtschaftlichkeit gewahrt. Fraglich ist, ob auch dieser Grundsatz ein subjektives Recht sein kann. Dann müsste sich ein Rechtssuchender auf die Einhaltung der Konkretisierung nach § 97 Abs. 1 S. 2 Alt. 1 GWB berufen können.

(a.) Allgemeines Verständnis von Wirtschaftlichkeit

Im Allgemeinen ist unter Wirtschaftlichkeit ein angemessenes Verhältnis von Aufwand und Nutzen zu verstehen, im Speziellen ein geringer Aufwand bei gleichem Nutzen oder ein größerer Nutzen bei gleichem Aufwand.[1107] Die maximale Effizienz an Wirtschaftlichkeit ist erreicht, wenn unter geringstem Einsatz von Mitteln ein bestimmtes Ergebnis oder unter Verwendung von bestimmten Mitteln das bestmögliche Ergebnis erzielt wird.[1108] Im öffentlichen Auftragswesen gewinnt der Grundsatz der Wirtschaftlichkeit an Bedeutung, da der Staat bestimmte Aufgaben zu erfüllen und dabei staatliche Mittel zum Wohle der Bürger einzusetzen hat.[1109]

Im Vergabeverfahren verpflichtet der Grundsatz der Wirtschaftlichkeit Auftraggeber und Bieter, das effiziente Verhältnis von Kosten und Nutzen bei der Gestaltung des Vergabeverfahrens zu beachten.[1110] Im Vergabeverfahren sind öffentliche Auftraggeber also gehalten, sparsam und wirtschaftlich zu handeln – Ausgaben müssen angemessen und sinnvoll sein, damit öffentliche Mittel stets effizient und effektiv eingesetzt werden.[1111]

(b.) Subjektivität

Es bestehen Zweifel, ob der Wirtschaftlichkeitsgrundsatz ein subjektives Recht sein kann, da es nicht nur nach dem Wortlaut an einem Prüfungsprogramm fehlt. Intention des Gesetzgebers war es, den Grundsatz der Wirtschaftlichkeit zur Klarstellung aufzunehmen.[1112] Die Einordnung des Grundsatzes der Wirtschaftlichkeit bedeutet aber im Ergebnis mehr als die vom Gesetzgeber behauptete „Klarstellung".[1113]

Der Grundsatz der Wirtschaftlichkeit ist verfassungsrechtlich geprägt durch Art. 114 Abs. 2 GG, wonach unter anderem die Wirtschaftlichkeit der Haushalts- und Wirtschaftsführung des Bundes vom Bundesrechnungshof geprüft wird. Art. 114 Abs. 2 GG enthält einen-Wirtschaftlichkeitsmaßstab, der nicht nur für den Bundesrechnungshof als Prüfungsorgan, sondern darüber hinaus auch als ein umfassend geltendes Prinzip für alle staatlichen Ein-

1107 *Jarass*, in: Jarass/Pieroth, GG, Art. 114 Rn. 8.
1108 *Opitz*, NZBau 2001, 12-16, 13; Siekmann, in: Sachs, GG, Art. 114 Rn. 12b.
1109 *Pollmann*, Schriften zum Öffentlichen Recht, Bd. 1136, S. 44.
1110 *Dörr*, in: Burgi/Dreher/Opitz, Beck'scher Vergaberechtskommentar, Bd. 1, § 97 Abs. 1 GWB Rn. 53.
1111 VK Mecklenburg-Vorpommern, Beschl. v. 07.07.2021, 2 VK 2/21 juris Rn. 43.
1112 Gesetzesbegründung zum Vergaberechtsmodernisierungsgesetz v. 08.10.2015, BT-Drs. 18/6281, S. 67.
1113 *Dreher*, in: Immenga/Mestmäcker, Wettbewerbsrecht, Bd. 4, § 97 GWB Rn. 113.

richtungen gilt.[1114] Der Grundsatz der Wirtschaftlichkeit bindet damit auch öffentliche Auftraggeber und erhält uneingeschränkte Geltungskraft. Aufgrund dieser starken Geltungskraft könnte aus § 97 Abs. 1 S. 2 Alt. 1 GWB ein spezielles vergaberechtliches subjektives Recht hergeleitet werden. Das im Grundgesetz verankerte *Prinzip* der Wirtschaftlichkeit wird zwar nur als „[...] formales, inhaltsarmes und offenes Optimierungsgebot [...]" verstanden.[1115] Von Verfassungs wegen ist demnach kein konkretes Prüfprogramm vorgegeben. Auf grundgesetzlicher Ebene fehlt es insofern an der Begründung eines subjektiven Rechts. Auf der Ebene des Vergaberechts erfährt § 97 Abs. 1 S. 2 Alt. 1 GBW indes vielfache Konkretisierungen.[1116] Zahlreiche Regelungen des Kartellvergaberechts knüpfen an das wirtschaftliche Element und die wirtschaftliche Funktion an.[1117] So verlangt die Eignungsprüfung im Vergabeverfahren regelmäßig die Überprüfung der wirtschaftlichen Leistungsfähigkeit nach § 122 Abs. 2 S. 2 Nr. 2 GWB. Der Grundsatz der Wirtschaftlichkeit wirkt prägend auf zahlreiche Bestimmungen des Vergaberechts ein. Er bezweckt nicht weniger als generalisierend die angemessene, zweckorientierte, effiziente und effektive Verwendung öffentlicher Mittel.[1118] Die konkrete Verwendung kann vielfach und individuell konkret ausgestaltet werden. Vor diesem Hintergrund hat § 97 Abs. 1 S. 2 Alt. 1 GWB die Funktion, Prüfungsprogramme für jeden Einzelnen im Vergabeverfahren aufzustellen. Aufgrund dieser Funktion ist es geboten, aus dem Grundsatz der Wirtschaftlichkeit ein subjektives Recht abzuleiten. Dabei sind Konkretisierungen nicht auf das Vergaberecht im engeren Sinne beschränkt, sondern können ebenso außervergaberechtliche Vorschriften umfassen. Entscheidend ist, dass die außervergaberechtlichen Vorschriften dem vergaberechtlichen Verständnis von Wirtschaftlichkeit entsprechen und auf diese Weise im Vergabeverfahren relevant und integriert werden.

(c.) Zwischenergebnis

Der Grundsatz der Wirtschaftlichkeit ist ein subjektives Recht, das außervergaberechtliche Vorschriften in die vergaberechtliche Prüfung integriert. Damit liegen alle Voraussetzungen für eine Anknüpfungsnorm vor.

(iv) Verhältnismäßigkeitsgrundsatz, § 97 Abs. 1 S. 2 Alt. 2 GWB

Nach § 97 Abs. 1 S. 2 Alt. 2 GWB wird bei der Vergabe öffentlicher Aufträge der Grundsatz der Verhältnismäßigkeit gewahrt. Er kann nur dann ein subjektives Recht sein, wenn aus § 97 Abs. 1 S. 2 Alt. 2 GWB ein zu konkretisierender Anspruch bzw. Recht folgt, auf dessen Einhaltung sich ein Rechtssuchender im Vergabenachprüfungsverfahren berufen kann.

(a.) Ergänzende Funktion und kein subjektives Recht

Gemeinsam mit dem Grundsatz der Wirtschaftlichkeit hat der Gesetzgeber auch den Grundsatz der Verhältnismäßigkeit zur Klarstellung im Kartellvergaberecht eingeführt.[1119] Der Verhältnismäßigkeitsgrundsatz ist generell im Vergaberecht zu beachten.[1120] Das folgt

1114 *Kube*, in: Dürig/Herzog/Scholz, GG, Art. 114 Rn. 111.
1115 *Heun/Thiele*, in: Dreier, GG, Bd. 3, Art. 114 Rn. 3.
1116 *Knauff*, in: Säcker/Ganske/Knauff, MüKo zum Wettbewerbsrecht, Bd. 3, § 97 GWB Rn. 34.
1117 *Dreher*, in: Immenga/Mestmäcker, Wettbewerbsrecht, Bd. 4, § 97 GWB Rn. 120.
1118 Vgl. *Knauff*, in: Säcker/Ganske/Knauff, MüKo zum Wettbewerbsrecht, Bd. 3, § 97 GWB Rn. 36f.
1119 Gesetzesbegründung zum Vergaberechtsmodernisierungsgesetz v. 08.10.2015, BT-Drs. 18/6281, S. 67.
1120 *Ziekow*, in: Ziekow/Völlink, Vergaberecht, § 97 GWB Rn. 58.

etwa aus Art. 18 Abs. 1 RL 2014/24/EU. Danach behandeln öffentliche Auftraggeber alle Wirtschaftsteilnehmer nicht nur in gleicher und nichtdiskriminierender Weise, sondern handeln auch transparent und verhältnismäßig. Der Verhältnismäßigkeitsgrundsatz gilt ohnehin im deutschen Rechtsstaat von Verfassungs wegen für jedes staatliche Handeln und damit auch für öffentliche Auftraggeber im Vergabeverfahren.[1121] Der aus dem in Art. 20 Abs. 3 GG verankerten Rechtsstaatsprinzip resultierende Grundsatz soll in den Fällen, in denen dem Staat Handlungsspielräume eingeräumt werden, eine Kontrollmöglichkeit eröffnen, ob alle betroffenen Interessen sachlich gerecht berücksichtigt wurden.[1122] Er gewinnt damit von Verfassungs wegen an Bedeutung, allerdings wird er nicht im einfachen Recht weiter konkretisiert. Es werden lediglich – und wie im Vergaberecht – Anwendungsfälle für diesen Grundsatz bestimmt. Anders als der Grundsatz der Wirtschaftlichkeit wird der Verhältnismäßigkeitsgrund auch gar nicht oft im Regime des Kartellvergaberechts in Bezug genommen.[1123] Er hat vielmehr eine allgemein ergänzende Funktion für den Verfahrensablauf.[1124] Vor diesem Hintergrund könnte der Verhältnismäßigkeitsgrundsatz anders als die übrigen Vergabegrundsätze kein subjektives Recht begründen. Dem Wortlaut nach fehlt es an einem Prüfungsprogramm. Auch aus den Vorgaben und Intentionen des Richtlinien- und Gesetzgebers lassen sich keine Anhaltspunkte für die Begründung eines subjektiven Rechts aus § 97 Abs. 1 S. 2 Alt. 2 GWB finden. Da die Vergabegrundsätze selbständig im Hinblick auf die Funktion als Anknüpfungsnorm zu untersuchen sind, lässt sich auch kein systematischer Rückschluss aus den anderen Vergabegrundsätzen ziehen. Soweit die anderen Vergabegrundsätze ein subjektives Recht begründen, gilt das nicht automatisch auch für den Verhältnismäßigkeitsgrundsatz. In der Rechtsprechung hat sich teilweise eine andere Auffassung gezeigt. Es wurde zur Begründung eines Anspruchs auf Grundlage einer Anknüpfungsnorm ergänzend auf den Verhältnismäßigkeitsgrundsatz hingewiesen, ohne dass diese Inbezugnahme weiter erläutert worden ist.[1125] Dadurch zeigt sich gerade nur die ergänzende Funktion des § 97 Abs. 1 S. 2 Alt. 2 GWB. Der Grundsatz der Verhältnismäßigkeit beeinflusst einzelne Maßnahmen im Vergabeverfahren. So können öffentliche Auftraggeber nach § 124 Abs. 1 GWB nur unter Berücksichtigung des Grundsatzes der Verhältnismäßigkeit ein Unternehmen zu jedem Zeitpunkt des Vergabeverfahrens von der Teilnahme an einem Vergabeverfahren ausschließen. Der Ausschluss eines Unternehmens vom Vergabeverfahren durch den öffentlichen Auftraggeber setzt demnach voraus, dass ein legitimer Zweck verfolgt wird und der Ausschluss zur Erreichung dieses Zwecks geeignet, erforderlich und angemessen ist.[1126] Der Verhältnismäßigkeitsgrundsatz bindet also öffentliche Auftraggeber.[1127] Indes kann nicht jede rechtliche Bindung des öffentlichen Auftraggebers ein subjektives Recht begründen, insbesondere auch nicht der Grundsatz der Gesetzmäßigkeit (Art. 20 Abs. 3 GG).[1128] Der Verhältnismäßig-

1121 *Knauff*, in: Säcker/Ganske/Knauff, MüKo zum Wettbewerbsrecht, Bd. 3, § 97 GWB Rn. 38.
1122 *Michaelis*, JA 2021, 573-579.
1123 *Knauff*, in: Säcker/Ganske/Knauff, MüKo zum Wettbewerbsrecht, Bd. 3, § 97 GWB Rn. 41.
1124 *Knauff*, in: Säcker/Ganske/Knauff, MüKo zum Wettbewerbsrecht, Bd. 3, § 97 GWB Rn. 42.
1125 OLG Düsseldorf, Beschl. v. 21.04.2021, VII-Verg 1/20, NZBau 2022, 611-615 Rn. 40; Beschl. v. 06.09.2017, VII-Verg 9/17, VergabeR 2019, 128-136 juris Rn. 74f.; OLG Celle, Beschl. v. 19.03.2019, 13 Verg 7/18, NZBau 2019, 462-471 Rn. 102.
1126 *Kaufmann*, in: Pünder/Schellenberg, Vergaberecht, § 124 Rn. 103.
1127 *Burgi*, Vergaberecht, § 6 Rn. 25.
1128 VK Kiel, Beschl. v. 12.07.2016, VK-SH 09/16 juris Rn. 54.

keitsgrundsatz im Vergabeverfahren ist daher als Korrektiv zu verstehen, mit dem Maßnahmen öffentlicher Auftraggeber im Einzelfall gesteuert und kontrolliert werden. Eine darüberhinausgehende, eigene subjektive Bedeutung lässt sich nicht feststellen. Mithin ist § 97 Abs. 1 S. 2 Alt. 2 GWB kein subjektives Recht.

(b.) Zwischenergebnis

Der Verhältnismäßigkeitsgrundsatz ist kein subjektives Recht, das außervergaberechtliche Vorschriften in das Vergabenachprüfungsverfahren integriert.

(v) Die Zielbestimmung aus § 97 Abs. 3 GWB

Die Zielbestimmung aus § 97 Abs. 3 GWB ist prinzipiell nicht den Bestimmungen über das Vergabeverfahren zuzuordnen.[1129] Sie ist gleichwohl eine Vorschrift des Kartellvergaberechts. Es fehlt damit bereits eine Voraussetzung zur Qualifikation als Anknüpfungsnorm. Darüber hinaus ist die Schutzwirkung der Vorschrift und damit die Begründung eines subjektiven Rechts für rechtssuchende Unternehmen im Vergabenachprüfungsverfahren zweifelhaft. Nach dem Gesetzgeber wird mit § 97 Abs. 3 GWB auf die Möglichkeit der Einbeziehung bestimmter Aspekte und Innovationen hingewiesen.[1130] Die Einbeziehung dieser Aspekte und Innovationen ist für den Auftraggeber nicht zwingend.[1131] Öffentliche Auftraggeber haben vielmehr die Wahl, Aspekte nach § 97 Abs. 3 GWB bei der Vergabe zu berücksichtigen. In dem Fall, in dem sich ein öffentlicher Auftraggeber für die Berücksichtigung dieser Aspekte entscheidet, folgt auch nicht aus der Bedeutung des § 97 Abs. 3 GWB ein subjektives Recht. Die Vorschrift stellt lediglich die Befugnis zur Einbeziehung bestimmter Aspekte und Innovationen dar. Die Rechtmäßigkeit wird regelmäßig auf Grundlage anderer vergaberechtlicher Vorschriften zu beurteilen sein.[1132] Zudem wird die Rechtmäßigkeit auch vor dem Hintergrund der Verhältnismäßigkeit beurteilt werden. Ein subjektives Recht kann vor diesem Hintergrund nicht angenommen werden. Für die Nachprüfungsinstanzen wird über § 97 Abs. 3 GWB daher kein weiteres Prüfprogramm unter Einbezug außervergaberechtlicher Vorschriften begründet.

Die Voraussetzungen für die Qualifikationen als Anknüpfungsnorm liegen mit § 97 Abs. 3 GWB nicht vor.

(vi) Die Interessen aus § 97 Abs. 4 GWB

Fraglich ist, ob auch die Interessen aus § 97 Abs. 4 GWB subjektive Rechte enthalten, auf die sich ein Rechtssuchender im Vergabenachprüfungsverfahren berufen kann. Daran bestehen Zweifel, soweit § 97 Abs. 4 GWB kein elementares Gewicht wie den Vergabegrundsätzen zukommt und es an einem Prüfprogramm fehlt.

Nach § 97 Abs. 4 S. 1 und 2 GWB sind mittelständische Interessen vornehmlich zu berücksichtigen, Leistungen in der Menge aufzuteilen sowie getrennt nach Art oder Fachgebiet zu vergeben. Mit der Berücksichtigung mittelständischer Interessen werden Rechtspflich-

1129 Ziff. B. II. 2. b) (2) des dritten Kapitels.

1130 Gesetzesbegründung zum Vergaberechtsmodernisierungsgesetz v. 08.10.2015, BT-Drs. 18/6281, S. 68.

1131 *Ziekow*, in: Ziekow/Völlink, Vergaberecht, § 97 GWB Rn. 61; *Schneevogl*, in: Heiermann/Zeiss/Summa, jurisPK-Vergaberecht, § 97 GWB Rn. 67.

1132 *Kühnast*, in: Säcker/Ganske/Knauff, MüKo zum Wettbewerbsrecht, Bd. 3, § 97 GWB Rn. 107.

ten begründet. § 97 Abs. 4 GWB formuliert insoweit konkrete Rechte und Pflichten.[1133] Daraus könnten subjektive Rechte entwickelt werden. Diese Annahme wird unterstrichen durch das Zusammenspiel des Wettbewerbsgrundsatzes sowie der Bedeutung des § 97 Abs. 4 GWB für Unternehmen als potentielle Teilnehmer des Vergabeverfahrens. § 97 Abs. 4 GWB hat das Ziel, den Mittelstand bei der Vergabe öffentlicher Aufträge besonders zu berücksichtigen, insbesondere die Interessen der vorwiegend mittelständisch strukturierten Wirtschaft.[1134] Die Aufteilung in Lose ermöglicht einen größeren Wettbewerb für mittelständische Unternehmen und stellt damit ein unionsrechtlich geprägtes elementares Ziel dar. Soweit in diesem Zusammenhang außervergaberechtliche Vorschriften relevant werden, muss verfassungs- und unionsrechtlich gebotener effektiver Vergaberechtsschutz gewährt werden. Regelmäßig wird ein Verstoß gegen die Pflicht, den Auftragsgegenstand losweise zu vergeben, schon im Rahmen des Anspruchs aus § 97 Abs. 6 GWB von den Nachprüfungsinstanzen zu überprüfen sein. Soweit darüber hinaus ein solcher Verstoß dazu führt, dass außervergaberechtliche Regelungen relevant werden, kann § 97 Abs. 4 GWB außervergaberechtliche Vorschriften in die vergaberechtliche Prüfung integrieren und zu einem subjektiven Recht werden. Eine Anknüpfungsnorm aus § 97 Abs. 4 GWB hat das OLG Düsseldorf zum Beispiel angenommen, als es um den Umfang eines Fachloses auf Grundlage des Rechtsdienstleistungsgesetzes sowie einen Verstoß gegen die Pflicht zur Bildung gebotener Fachlose ging.[1135] Das Gericht hat zunächst betont, dass die Bildung von Fachlosen nach § 97 Abs. 4 GWB als bieterschützendes und justiziables, vergaberechtliches Gebot die Regel ist.[1136] Anschließend hat es auf Grundlage des Rechtsdienstleistungsgesetzes geprüft, welche Leistungen unter Fachlosen zu fassen waren und ein Fachlos bilden konnten.[1137] Das Gericht hat dadurch zutreffend außervergaberechtliche Vorschriften in das Prüfungsprogramm integriert. Die Entscheidung zeigt, dass die Aufteilung eines öffentlichen Auftrags in Lose nach § 97 Abs. 4 GWB eine Prüfung außervergaberechtlicher Rechtsfragen verlangen kann. § 97 Abs. 4 GWB ist daher als subjektives Recht zu verstehen, das außervergaberechtliche Tatbestände in die vergaberechtliche Prüfung integriert.

b) Zwischenergebnis

Der Wettbewerbsgrundsatz, der Gleichbehandlungs- und Transparenzgrundsatz, der Grundsatz der Wirtschaftlichkeit sowie die Interessensvorschrift aus § 97 Abs. 4 GWB sind Anknüpfungsnormen.

c) Weitere Vorschriften aus dem Kartellvergaberecht mit Bezug zu Bestimmungen außerhalb des Kartellvergaberechts

Neben den Vergabegrundsätzen könnten weitere Vorschriften des Kartellvergaberechts Anknüpfungsnormen sein. Es geht um solche Bestimmungen, die Bezug auf Vorschriften außerhalb des Vergaberechts nehmen. Solche Bestimmungen integrieren einzelne Vorgaben systematisch in das Kartellvergaberecht. Ohne Inbezugnahme außervergaberechtli-

1133 Vgl. Ziff. B. 4. c) (4) des dritten Kapitels.

1134 *Knauff*, in: Säcker/Ganske/Knauff, MüKo zum Wettbewerbsrecht, Bd. 3, § 97 GWB Rn. 218; *Dreher*, in: Immenga/Mestmäcker, Wettbewerbsrecht, § 97 GWB Rn. 144.

1135 OLG Düsseldorf, Beschl. v. 25.05.2022, VII-Verg 33/21, NZBau 2023, 60-65 Rn. 23.

1136 OLG Düsseldorf, Beschl. v. 25.05.2022, VII-Verg 33/21, NZBau 2023, 60-65 Rn. 21.

1137 OLG Düsseldorf, Beschl. v. 25.05.2022, VII-Verg 33/21, NZBau 2023, 60-65 Rn. 32ff.

cher Vorschriften müssten diese, um denselben Regelungsgehalt zu erreichen, im GWB selbst aufgenommen werden. Die unmittelbare Aufnahme solcher bzw. vergleichbarer Regelungen im Kartellvergaberecht würde dabei aber die Gefahr begründen, dass gesetzliche Widersprüche entstehen. Eine Inbezugnahme gewährleistet deswegen eine rechtssichere Anwendung der Regelungen im Vergabeverfahren.

(1) Verbindliche Vorschriften zur Preisgestaltung

Nach § 127 Abs. 2 GWB sind verbindliche Vorschriften zur Preisgestaltung bei der Ermittlung des wirtschaftlichsten Angebots zu beachten. Die Vorschrift müsste die Voraussetzungen einer Anknüpfungsnorm erfüllen, um außervergaberechtliche Vorschriften in den Prüfungsmaßstab der Nachprüfungsinstanzen zu integrieren. Die Vorschrift ist eine Rechtsnorm des Kartellvergaberechts. Sie gehört zu den Bestimmungen über das Vergabeverfahren i.S. von § 97 Abs. 6 GWB, da die Regelung den Zuschlag betrifft, der das Verfahren zur Auswahl des Vertragspartners eines öffentlichen Auftraggebers maßgeblich bestimmt. § 127 Abs. 2 GWB ist geeignet, außervergaberechtliche Vorschriften in das Vergabeverfahren zu integrieren, da über § 127 Abs. 2 GWB einzelne Vorschriften zur Preisgestaltung – losgelöst vom Kartellvergaberecht – in die Auswertung der Angebote einbezogen werden. Da der Wortlaut des § 127 Abs. 2 GWB dabei offen formuliert ist und sich nicht auf bestimmte Vorschriften beschränkt, ist der Tatbestand auch konkretisierungsfähig.

(i) Gegenstand der Preisgestaltung

Zu den Vorschriften zur Preisgestaltung gehören zum Beispiel die Honorarordnung für Architekten und Ingenieure (HOAI), die Vorgaben aus dem Buchpreisbindungsgesetz (BuchPrG)[1138], die Regelungen aus dem Rechtsanwaltsvergütungsgesetz (RVG)[1139] sowie die entgeltregulierten Postdienstleistungen[1140]. Eine verbindliche Preisvorgabe kann ferner die Preisrechtsverordnung VO PR Nr. 30/53 sein, die gemäß ihrer Eingangsformel erlassen wurde, um marktwirtschaftliche Grundsätze auf dem Gebiet des öffentlichen Auftragswesens verstärkt durchzusetzen. § 1 VO PR Nr. 30/53 legt den Grundsatz fest, nach dem für Leistungen auf Grund öffentlicher Aufträge bei der Vereinbarung von Preisen grundsätzlich Marktpreisen vor Selbstkostenpreisen der Vorzug zu geben ist. Die Preisrechtsverordnung ist ein spezielles Preisrecht, das bei öffentlichen Aufträgen zur Anwendung kommt. In der Gesetzesbegründung wird vor allem auf die HOAI Bezug genommen.[1141] Aus der Gesetzesbegründung von 2015 folgt, dass in Fällen, in denen die HOAI für die betreffende Leistung keine Schwankungsbreite zulässt, öffentliche Auftraggeber das vorgegebene Honorar als fixe Position anzuwenden haben.[1142] Nachdem der EuGH im Jahr 2019 allerdings festgestellt hat, dass das zwingende Preisrechts der HOAI mit Art. 15 der Dienstleistungsrichtlinie 2006/123/EG unvereinbar ist[1143], muss die Begründung des Gesetzgebers überdacht werden. Denn öffentliche Auftraggeber können nunmehr, wenn sie Preisangebote für Architekten- und Ingenieurleistungen einholen, Preise auch unterhalb der Mindest-

1138 *Renner*, in: Pünder/Schellenberg, Vergaberecht, § 127 GWB Rn. 14; *Opitz*, in: Burgi/Dreher/Opitz, Beck'scher Vergaberechtskommentar, Bd. 1, § 127 GWB Rn. 94f.

1139 *Hövelberndt*, in: Reidt/Stickler/Glahs, Vergaberecht, § 127 GWB Rn. 114.

1140 *Opitz*, in: Burgi/Dreher/Opitz, Beck'scher Vergaberechtskommentar, Bd. 1, § 127 GWB Rn. 93.

1141 Gesetzesbegründung zum Vergaberechtsmodernisierungsgesetz v. 08.10.2015, BT-Drs. 18/6281, S. 112.

1142 Gesetzesbegründung zum Vergaberechtsmodernisierungsgesetz v. 08.10.2015, BT-Drs. 18/6281, S. 112.

1143 EuGH, Urt. v. 04.07.2019, Rs. C-377/17, NJW 2019, 2529-2532.

und oberhalb der Höchstsätze der HOAI zulassen.[1144] Da die HOAI nur ein Beispiel für zwingendes Preisrecht war, ändert die Entscheidung des EuGH indes nichts an dem Umstand, dass über § 127 Abs. 2 GWB verbindliche Preisvorschriften im Vergaberecht berücksichtig werden und insofern § 127 Abs. 2 GWB konkretisieren.

(ii) Kein subjektives Recht

Damit aus § 127 Abs. 2 GWB eine Anknüpfungsnorm entstehen kann, müsste die Vorschrift auch ein subjektives Recht enthalten. Das ist bereits deswegen fraglich, weil verbindliche Preisvorschriften außerhalb des Vergaberechts regelmäßig objektiv-rechtliche Regelungen sind[1145]. Soweit diese also den Tatbestand des § 127 Abs. 2 GWB als Anknüpfungsnorm konkretisieren sollen, helfen sie zur Begründung eines subjektiven Rechts nicht weiter. § 127 Abs. 2 GWB selbst bestimmt lediglich, dass verbindliche Preisvorschriften „zu beachten sind". Eine Schutzwirkung zugunsten Rechtssuchender wird dadurch nicht deutlich. Die Begründung eines subjektiven Rechts ist unter Beachtung des Unionsrechts zweifelhaft. Aus den unionsrechtlichen Vorgaben folgt, dass die Zuschlagskriterien keinerlei Auswirkungen auf die Anwendung von nationalen Bestimmungen zur Festlegung der Vergütung für bestimmte Lieferungen haben.[1146] Nach der Vorstellung des Richtliniengebers soll also zwischen den Regelungen des Kartellvergaberechts sowie nationalen Preisregelungen differenziert werden. Dem Richtliniengeber ging es nicht darum, dass sich Bieter im Vergabeverfahren auf nationale Preisrechte berufen können sollen. Art. 67 Abs. 1 RL 2014/24/EU setzt weiter voraus, dass öffentliche Auftraggeber den Zuschlag auf das wirtschaftlich günstigste Angebot erteilen, und zwar unbeschadet der für den Preis bestimmter Lieferungen oder für die Vergütung bestimmter Dienstleistungen geltenden nationalen Rechts- und Verwaltungsvorschriften. Zuschlagskriterien sollten demnach insbesondere nicht abhängig von nationalen Vergütungsregelungen sein. Die unionsrechtlichen Vorgaben und Intentionen sprechen daher gegen die Annahme eines subjektiven Rechts in § 127 Abs. 2 GWB. Die Begründung eines subjektiven Rechts folgt auch weder aus der Gesetzesbegründung noch aus systematischen Erwägungen. Die Schutzwirkung des § 127 Abs. 2 GWB kann allenfalls aus dem Sinn und Zweck der Regelung folgen. Der Gesetzgeber hat in seiner Gesetzesbegründung verdeutlicht, dass öffentliche Auftraggeber an Preisvorschriften gebunden sind. Öffentliche Auftraggeber müssen bei der Angebotsprüfung kontrollieren, ob die durch eine Gebühren- oder Honorarordnung vorgegebenen Schranken für zulässige Entgelte eingehalten sind.[1147] Aus der Bindung öffentlicher Auftraggeber entsteht kein subjektives Recht. Zudem werden keine neuen Pflichten begründet. Vor diesem Hintergrund hat § 127 GWB lediglich deklaratorischen Charakter.[1148] Ein darüber hinaus gehender Zweck besteht nicht. Die Einbeziehung verbindlicher Preisvorgaben in das Kartellvergaberecht dient nur dem Zweck, ohnehin bestehende Pflichten aus den nationalen Preisrech-

---

1144 *Opitz*, in: Burgi/Dreher/Opitz, Beck'scher Vergaberechtskommentar, Bd. 1, § 127 GWB Rn. 94; Fuchs/van der Hout/Opitz, NZBau 2019, 483, 488.

1145 Bezogen auf die PreisVO *Dörr*, in: Burgi/Dreher/Opitz, Beck'scher Vergaberechtskommentar, Bd. 1, Einl. Rn. 145, 147.

1146 Erwägungsgrund 92 Abs. 3 der RL 2014/24/EU.

1147 *Hölzl*, in: Säcker/Ganske/Knauff, MüKo zum Wettbewerbsrecht, Bd. 3, § 127 GWB Rn. 65.

1148 *Csaki*, in: Byok/Jäger, Vergaberecht, § 127 GWB Rn. 37; *Hölzl*, in: Säcker/Ganske/Knauff, MüKo zum Wettbewerbsrecht, Bd. 3, § 127 GWB Rn. 63; zur deklaratorischen Bedeutung auch *von Bechtolsheim*, in: Gabriel/Mertens/Prieß/Stein, BeckOK Vergaberecht, § 127 GWB Rn. 15.

ten selbst aufrechtzuerhalten. Vor diesem Hintergrund kann nicht aus dem Sinn und Zweck der Regelung ein subjektives Recht folgen, auf dessen Einhaltung sich Rechtssuchende berufen können. In § 127 Abs. 2 GWB fehlt es an einer Schutzwirkung zugunsten Rechtssuchender, sodass eine Voraussetzung zur Qualifikation als Anknüpfungsnorm fehlt.

(iii) Zwischenergebnis

§ 127 Abs. 2 GWB enthält kein subjektives Recht und ist daher keine Anknüpfungsnorm. Ohne Anknüpfungsnorm werden verbindliche Preisvorgaben nicht im Vergabenachprüfungsverfahren von den Nachprüfungsinstanzen gemäß § 168 Abs. 1 S. 1 Hs. 1, § 178 S. 1 i.V.m. § 97 Abs. 6 GWB kontrolliert.

(2) Vorschriften aus dem Behindertengleichstellungsgesetz

§ 11 Abs. 1 S. 3 VgV könnte eine Anknüpfungsnorm sein, wenn für die Norm die dafür erforderlichen Voraussetzungen erfüllt sind. Nach § 11 Abs. 1 S. 3 VgV gewährleistet der öffentliche Auftraggeber die barrierefreie Ausgestaltung der elektronischen Mittel nach den §§ 4, 12a und 12b des Behindertengleichstellungsgesetzes in der jeweils geltenden Fassung. Damit nimmt § 11 Abs. 1 S. 3 VgV nicht nur außervergaberechtliche Vorschriften in Bezug, sondern reguliert das Verhalten öffentlicher Auftraggeber im Vergabeverfahren. Die Vorschrift soll sicherstellen, dass kein Unternehmen von der Nutzung einer elektronischen Umgebung im Vergabeverfahren ausgeschlossen wird und diese von allen gleichermaßen genutzt werden kann[1149]. Die Regelungen enthalten selbstständige Verhaltenspflichten für öffentliche Stellen. Durch die Inbezugnahme einzelner Vorschriften des Behindertengleichstellungsgesetzes werden diese vollständig in das Vergabeverfahren projiziert.

(i) Rechtsnorm des Kartellvergaberechts

§ 11 Abs. 1 S. 3 VgV ist eine Rechtsnorm des Kartellvergaberechts, die gerade auch das Verfahren zur Auswahl des Vertragspartners eines öffentlichen Auftraggebers betrifft. Diese Vorschrift stellt Voraussetzungen auf, wie eine elektronische Umgebung im Verfahren zur Auswahl des Vertragspartners genutzt werden können muss. Die Vorschrift ist deswegen dem Ablauf des Vergabeverfahrens zuzuordnen und als Bestimmung i.S. von § 97 Abs. 6 GWB zu qualifizieren.

(ii) Subjektives Recht

§ 11 Abs. 1 S. 3 VgV begründet auch ein subjektives Recht, da Sinn und Zweck der Vorschrift insgesamt die Gewährleistung des Gleichbehandlungs- und Transparenzgrundsatzes ist.[1150] Kein Unternehmen soll von der Nutzung einer elektronischen Umgebung im Vergabeverfahren ausgeschlossen werden, sondern alle Unternehmen sollen eine elektronische Umgehung gleich nutzen können.[1151] Die Vorschrift schützt also jedes am Vergabeverfahren teilnehmende Unternehmen. In diesem Sinne müssen sich Rechtssuchende auf die Einhaltung der Vorschriften des Behindertengleichstellungsgesetzes berufen können.

1149 *Säcker*, in: Säcker/Ganske/Knauff, MüKo zum Wettbewerbsrecht, Bd. 3, § 11 VgV Rn. 15.

1150 *Jauch*, in: Dieckmann/Scharf/Wagner-Cardenal, VgV, UVgO, § 11 VgV Rn. 25; *Säcker*, in: Säcker/Ganske/Knauff, MüKo zum Wettbewerbsrecht, Bd. 3, § 11 VgV Rn. 2,

1151 *Säcker*, in: Säcker/Ganske/Knauff, MüKo zum Wettbewerbsrecht, Bd. 3, § 11 VgV Rn. 15.

Die Vorschrift hätte keinen Sinn, wenn die Einhaltung dieser Bestimmungen nicht zugunsten betroffener Unternehmen von den Nachprüfungsinstanzen kontrolliert würde.

(iii) Eignung zur Integration eines außervergaberechtlichen Tatbestandes

§ 11 Abs. 1 S. 3 VgV ist indes nicht geeignet, über die wörtlich in Bezug genommenen Regelungen des Behindertengleichstellungsgesetzes außervergaberechtliche Vorschriften in die Prüfung und Entscheidung der Nachprüfungsinstanzen zu integrieren. Die Bestimmung nimmt drei Vorschriften des Behindertengleichstellungsgesetzes in Bezug und gibt damit vor, welche außervergaberechtlichen Regelungen im Einzelnen auf ihre Einhaltung zu überprüfen sind. Anders als die Vergabegrundsätze ist der Tatbestand nicht offen formuliert für die Integration beliebiger außervergaberechtlicher Bestimmungen. Der materielle Inhalt dieser Vorschrift ist insoweit abschließend. § 11 Abs. 1 S. 3 VgV integriert also seinem Tatbestand nach außervergaberechtliche Bestimmungen in die Nachprüfung, ohne dass es dazu einer speziellen Anknüpfung bedarf. § 11 Abs. 1 S. 3 GWB ist darüber hinaus nicht geeignet, weitere Bestimmungen außerhalb des Vergaberechts in die Prüfung und Entscheidung der Nachprüfungsinstanzen zu integrieren.

(iv) Zwischenergebnis

§ 11 Abs. 1 S. 3 VgV ist über seinen Tatbestand hinaus nicht konkretisierungsfähig. Die Voraussetzungen einer Anknüpfungsnorm werden nicht erfüllt. § 11 Abs. 1 S. 3 VgV integriert lediglich die in seinem Normtext ausdrücklich in Bezug genommenen außervergaberechtlichen Bestimmungen in den Prüfungsmaßstab der Nachprüfungsinstanzen. Eine Anknüpfungsnorm ist § 11 Abs. 1 S. 3 VgV indes nicht.

d) Allgemeine Rechtsgrundsätze als Anknüpfungsnormen

Neben den Vergabegrundsätze könnten allgemeine Rechtsgrundsätze Anknüpfungsnormen sein. Allgemeine Rechtsgrundsätze gehen über die Vergabegrundsätze hinaus und erfahren grundlegende Bedeutung in der gesamten Rechtsordnung. Sie verbinden einzelne Gesetze sowie Rechtsgebiete, begründen übergreifende Leitideen und prägen auf diese Weise das Gesamtbild der Rechtordnung, insbesondere soweit es an einem besonderen-Rechtssatz fehlt.[1152] Allgemeine Rechtsgrundsätze sind für eine ausgewogene Rechtsordnung unverzichtbar, können in verschiedenen gesetzlichen Bestimmungen zum Ausdruck kommen oder ergeben sich aus dem „Geist der Gesetze" selbst.[1153] Zu den allgemeinen Rechtsgrundsätzen gehören zum Beispiel der Grundsatz von Treu und Glauben (§ 242 BGB), das Schikaneverbot (§ 226 BGB), das Verbot des Handelns gegen die guten Sitten (§ 138 Abs. 1, §§ 817, 826 BGB, § 44 Abs. 2 Nr. 6 VwVfG).[1154] Ferner das Gebot der Verfahrensfairness, Pacta sunt servanda, Lex specialis derogat legi generali oder Venire contra factum proprium.

1152 *Barczak*, JuS 2021, 1-7, S. 2, 7.
1153 *Barczak*, JuS 2021, 1-7, S. 2.
1154 *Barczak*, JuS 2021, 1-7, S. 2.

(1) Rechtsnormen des Kartellvergaberechts

Die allgemeinen Rechtsgrundsätze sind nicht unmittelbar im Kartellvergaberecht angesiedelt. Sie finden aber aufgrund ihrer übergreifenden Bedeutung im Vergaberecht Anwendung. Da sie die gesamte deutsche Rechtsordnung prägen, besteht kein Grund, allgemeine Grundsätze aus dem Vergaberecht auszuklammern. Im Gegenteil, eine beschränkte Anwendbarkeit dieser Grundsätze würde ihre vereinende Funktion missachten. Vor diesem Hintergrund sind allgemeine Rechtsgrundsätze mittelbar in ihrer Funktion als übergreifende Rechtssätze auch als Rechtsnormen des Kartellvergaberechts zu qualifizieren. Ferner können die allgemeinen Grundsätze in ihrer Funktion als übergreifende Leitsätze auch das Verfahren zur Auswahl des Vertragspartners eines öffentlichen Auftraggebers für einen konkreten öffentliche Auftrag betreffen. Mit ihnen kann regulierend auf die Auswahl des Vertragspartners eingewirkt werden. Dabei ist entscheidend, ob den allgemeinen Rechtsgrundsätzen im Vergabeverfahren ein eigener Regelungsgehalt zukommt, der sich zum einen auf eine außervergaberechtliche Prüfung bezieht und zum anderen das Verfahren zur Auswahl des Vertragspartners eines öffentlichen Auftraggebers betrifft. Das trifft jedenfalls nicht auf den Grundsatz Pacta sunt servanda zu, da im Vergabeverfahren noch kein Vertrag geschlossen worden ist, auf den sich ein im Vergabeverfahren in Rechten verletztes Unternehmen berufen kann. Ebenso wenig trifft das auf den Grundsatz Lex specialis derogat legi generali zu, wonach ein spezielles Gesetz dem allgemeineren Gesetz vorangeht. Diese Regeln haben keinen Bezug zur Durchführung des Verfahrens zur Auswahl des Vertragspartners eines öffentlichen Auftraggebers für einen konkreten öffentlichen Auftrag. Sie scheiden daher als Bestimmung über das Vergabeverfahren i.S. von § 97 Abs. 6 GWB aus.

Fraglich ist, ob ein Verstoß gegen die guten Sitten i.S. von § 138 Abs. 1 BGB eine Bestimmung i.S. von § 97 Abs. 6 GWB sein kann. Insoweit soll in der vergaberechtlichen Rechtsprechung anerkannt sein, dass Verstöße gegen das Vergaberecht ohne ausdrückliche Regelung nicht als Fälle von Sittenwidrigkeit anzusehen sind.[1155] Davon losgelöst ist indes nicht ausgeschlossen, dass ein durch den Zuschlag geschlossener Vertrag sittenwidrig ist und zur Nichtigkeit führt.[1156] Diese Frage stellt sich jedoch erst nach dem Verfahren zur Auswahl des Vertragspartners eines öffentlichen Auftraggebers für einen konkreten öffentlichen Auftrag. Die Sittenwidrigkeitsprüfung ist daher eine von der Auswahl des Vertragspartners losgelöste Rechtskontrolle, die ohne Normierung im Vergaberecht – wie etwa die Unwirksamkeitskontrolle[1157] – nicht von den Nachprüfungsinstanzen durchgeführt wird. Diese Rechtskontrolle findet unabhängig von der Konfliktlage über außervergaberechtliche Bestimmungen im Vergabenachprüfungsverfahren statt. Vor diesem Hintergrund scheidet § 138 Abs. 1 BGB daher als Bestimmung über das Vergabeverfahren i.S. von § 97 Abs. 6 GWB aus.

1155 OLG Schleswig, Beschl. v. 04.11.2014, 1 Verg 1/14, NZBau 2015, 186-192, 190.

1156 *Dreher/Hoffmann*, in: Burgi/Dreher/Opitz, Beck'scher Vergaberechtskommentar, Bd. 1, § 135 GWB Rn. 90; vgl. auch OLG Düsseldorf 03.12.2003, Verg 37/03, NZBau 2004, 113-116, S. 116.

1157 Vgl. Ziff. A. II. 2. a) (2) des dritten Kapitels.

Die weiteren allgemeinen Rechtsgrundsätze können indes im konkreten Einzelfall auch Bestimmungen über das Vergabeverfahren i.S. von § 97 Abs. 6 GWB sein.[1158] Sie finden unmittelbar im Verfahren zur Auswahl des Vertragspartners eines öffentlichen Auftraggebers Anwendung.

(2) Eignung zur Integration eines außervergaberechtlichen Tatbestandes

Allgemeine Rechtsgrundsätze sind geeignet, außervergaberechtliche Tatbestände in das Vergabeverfahren zu integrieren. Sie enthalten übergreifende, tragende Prinzipien, die offene Tatbestände enthalten. Die offenen Tatbestände der Rechtsgrundsätze können durch Vorschriften aus sämtlichen Rechtsgebieten ausgefüllt und konkretisiert werden. Auf diese Weise können sie außervergaberechtliche Tatbestände in die vergaberechtliche Prüfung einfügen. Was im Einzelnen unter „Treu und Glauben" oder „Zuwiderhandlung gegen das eigene Vorverhalten" zu fassen ist, ergibt sich nämlich nicht unmittelbar aus den Rechtsgrundsätzen. Allgemeine Rechtsgrundsätze müssen daher im Einzelnen konkret ausgestaltet werden. Nach dem BVerfG und BGH ist jedenfalls § 242 BGB eine „ausfüllungsbedürftige Generalklausel."[1159]

Im Vergabeverfahren können allgemeine Rechtsgrundsätze aufgrund ihrer Funktion als übergreifende und umfassende Leitideen ein Prüfprogramm mit außervergaberechtlichen Vorschriften ausgestalten.

(3) Subjektives Recht

Die allgemeinen Rechtsgrundsätze müssten subjektive Rechte sein, um als Anknüpfungsnorm für die Prüfung und Entscheidung nach § 168 Abs. 1 S. 1 Hs. 1, § 178 S. 2 i.V.m. § 97 Abs. 6 GWB herangezogen werden zu können. Den Grundsätzen selbst fehlt es an einem speziell dazu formulierten Anspruch, sodass es entscheidend auf die jeweilige Deutung der allgemeinen Rechtsgrundsätze ankommt. Dabei ist jeder Rechtsgrundsatz für sich zu beleuchten.

Dem vorangestellt haben alle allgemeinen Rechtsgrundsätze die Gemeinsamkeit, jeden Einzelnen vor unfairen Maßnahmen zu schützen. Vor diesem Hintergrund muss es jedem Rechtssuchenden möglich sein, sich auf eine Verletzung der allgemeinen Rechtsgrundsätze zu berufen. Hervorzuheben ist vor allem das Gebot der Verfahrensfairness, dessen Einhaltung oder Verletzung aufgrund eines entsprechenden Rechtsschutzgesuchs regelmäßig von den Nachprüfungsinstanzen überprüft wird.[1160] Ferner ist es das Verbot Venire contra factum proprium[1161], das jedenfalls als Einwand gegen die Zulässigkeit eines Nachprüfungsverfahrens wegen widersprüchlichem Verhalten geprüft wird[1162].

1158 Zum Grundsatz von Treu und Glauben BGH, Beschl. v. 26.09.2006, X ZB 14/06, NZBau 2006, 800-809, 801.

1159 BGH, Urt. v. 10.04.1980, III ZR 47/79, NJW 1980, 2136f., S. 2137.

1160 OLG Düsseldorf, Beschl. v. 28.06.2017, VII-Verg 2/17, NZBau 2018, 54-59 Rn. 20; Beschl. v. 11.05.2016, VII-Verg 2/16, BeckRS 2016, 13255 Rn. 22; Beschl. v. 22.05.2002, Verg 6/02, NZBau 2002, 583, 584; *Dörr*, in: Burgi/Dreher/Opitz, Beck'scher Vergaberechtskommentar, Bd. 1, § 97 Abs. 6 GWB Rn. 24; *Ziekow*, in: Ziekow/Völlink, Vergaberecht, § 97 GWB Rn. 110.

1161 *Ziekow*, in: Ziekow/Völlink, Vergaberecht, § 97 GWB Rn. 110.

1162 OLG Karlsruhe, Beschl. v. 09.10.2012, 15 Verg 12/11, ZfBR 2013, 285-287.

(i) Normatives Prinzip von Treu und Glauben

Das Verbot Venire contra factum proprium, im Speziellen das normative Prinzip von Treu und Glauben kann in seiner gesetzlichen Ausgestaltung eine Anknüpfungsnorm sein, wenn aus § 242 BGB ein subjektives Recht folgt. Neben der Integration einer außervergaberechtlichen Vorschrift in die vergaberechtliche Nachprüfung, muss sich ein Rechtssuchender auf dessen Einhaltung im Einzelfall im Vergabeverfahren berufen können.

§ 242 BGB ist nicht auf zivilrechtliche Anwendungsfälle beschränkt, sondern beruht auf einem allgemeinen Rechtsgedanken und erstreckt sich folglich auch auf das öffentliche Recht.[1163] Insoweit erhält die Vorschrift vor allem auch für das Verhalten von Hoheitsträgern gegenüber Privaten Bedeutung.[1164] Maßnahmen öffentlicher Auftraggeber werden demnach unter Beachtung von § 242 BGB gemessen. Dabei sind verschiedene außervergaberechtliche Rechtsverstöße als Prüfungsprogramm denkbar.

Nach dem OLG Düsseldorf kann eine vergaberechtliche Anknüpfungsnorm aus dem Rechtsgedanken von Treu und Glauben und dem Verhältnismäßigkeitsgrundsatz aus § 97 Abs. 1 S. 2 GWB hergeleitet werden.[1165] Das Gericht hat in seiner Entscheidung ein Verbot über die Unzumutbarkeit einer für den Bieter kaufmännisch vernünftigen Kalkulation wie folgt hergeleitet: „Unzumutbar ist eine kaufmännisch vernünftige Kalkulation, wenn Preis- und Kalkulationsrisiken über das Maß, das Bietern typischerweise obliegt, hinausgehen und damit den Bieter entgegen dem Grundsatz von Treu und Glauben (§ 242 BGB), der auch im Vergaberecht und im Stadium der Vertragsanbahnung Anwendung findet, unangemessen belasten."[1166] Mit dieser Entscheidung hat das Gericht das normative Prinzip von Treu und Glauben in Verbindung mit dem Verhältnismäßigkeitsgrundsatz als Anknüpfungsnorm herangezogen. § 242 BGB konkretisiert in diesem Zusammenhang die Angemessenheitsprüfung, die unter Berücksichtigung von § 97 Abs. 1 S. 2 GWB stattfindet. Da der Verhältnismäßigkeitsgrundsatz indes nicht als Anknüpfungsnorm qualifiziert ist, hätte sich das Gericht allein auf die Bedeutung des § 242 BGB als maßgebliche Anknüpfungsnorm berufen müssen.

Ebenfalls nach dem OLG Düsseldorf kann eine Anknüpfungsnorm auch ausschließlich aus dem aus § 242 BGB abzuleitenden normativen Rechtsprinzip, wonach Vertragspartner auch schon bei der Vertragsanbahnung zur gegenseitigen Rücksichtnahme verpflichtet sind, hergeleitet werden.[1167] Nach dem Gericht haben sich (potentielle) Vertragspartner im Vergabeverfahren so zu verhalten, dass insbesondere sonstige Rechtsgüter des anderen Teils – wie Schutzpflichten – nicht verletzt werden.[1168] In dem Fall ging es um drohende Patentverletzungen und die Einordnung, ob eine Gefahr einer Patentverletzung besteht bzw. wie dieser begegnet werden kann. Die Nachprüfungsinstanz hatte bei einer drohenden Patentverletzung im Vergabeverfahren zu überprüfen, ob der öffentliche Auftraggeber bereits bei der Ausschreibung seines Beschaffungsvorhabens dafür Sorge getragen hat, dass der Bieter, sollte er den Zuschlag auf sein Angebot erhalten, durch die Erfüllung

1163 Statt vieler nur BVerwG, Urt. v. 22.01.1993, 8 C 46/91, NVwZ 1993, 1102-1105.
1164 *Schubert*, in: Säcker/Rixecker/Oetker/Limperg, MüKo BGB, Bd. 2, § 242 Rn. 67.
1165 OLG Düsseldorf, Beschl. v. 22.12.2021, VII-Verg 16/21, NZBau 2023, 194-200 Rn. 48f.
1166 OLG Düsseldorf, Beschl. v. 22.12.2021, VII-Verg 16/21, NZBau 2023, 194-200 Rn. 49.
1167 OLG Düsseldorf, Beschl. v. 11.05.2016, VII-Verg 2/16 Rn. 31.
1168 OLG Düsseldorf, Beschl. v. 11.05.2016, VII-Verg 2/16 Rn. 31, 35.

des Auftrags nicht gegen das Gesetz oder Rechte Dritter verstößt und Gefahr läuft, wegen dieser Verstöße in Anspruch genommen zu werden.[1169] Nachprüfungsinstanzen haben zwar nicht wie ein Patentgericht maßgeblich über das Vorliegen einer Patentverletzung zu entscheiden. Nach dem Gericht haben sie indes über die Gefahren einer Patentverletzung und mögliche Abhilfemaßnahmen zu entscheiden. Insoweit kann § 242 BGB Verhaltenspflichten betreffend Patentverletzungen im Vergabeverfahren begründen.

Nach dem BGH ist der Grundsatz von Treu und Glauben, der allgemein gilt, „selbstverständliche" Grundlage eines jeden Vergabeverfahrens.[1170] Die vom BGH formulierte Selbstverständlichkeit folgt letztlich aus der Funktion des allgemeinen Rechtsgrundsatzes Venire contra factum proprium selbst, der eine Ausgestaltung in § 242 BGB erfährt. Aufgrund der allgemeinen Geltung wird nicht differenziert, in welcher Rechtsmaterie der Grundsatz normiert und geltend gemacht wird.

Beschränkt auf die einfachgesetzliche Ausgestaltung, ist im Wortlaut des § 242 BGB kein konkreter Anspruch formuliert, was gegen die Annahme eines subjektiven Rechts sprechen könnte. In der zivilrechtlichen Literatur wird insoweit auch betont, § 242 BGB stelle als allgemeiner Grundsatz prinzipiell keine eigene Anspruchsgrundlage dar.[1171] Fehlende Tatbestandsmerkmale zur Begründung einer Anspruchsgrundlage schließen die Annahme eines subjektiven Rechts indes nicht aus, da aus § 242 BGB jedenfalls einzelne Ansprüche hergeleitet werden[1172]. In seiner Gestalt als konkretisierungsbedürftiger allgemeiner Rechtsgrundsatz ist über § 242 BGB hinaus das Verbot Venire contra factum proprium indes entscheidender Anknüpfungspunkt für die Begründung einzelner Pflichten und insbesondere für die Ableitung von Schutzpflichten.[1173] Im vorvertraglichen Bereich – wie dem des Vergabeverfahrens, in dem es um die Auswahl des Vertragspartners eines öffentlichen Auftraggebers geht – entstehen zwischen den beteiligten Personen Risiken für die Rechtsgütersphäre der Beteiligten, die über den eigentlichen Gegenstand des Schuldverhältnisses hinausgehen.[1174] Der Abwehr und Verhinderung der Verwirklichung dieser Risiken dienen Schutzpflichten:[1175] Die Beteiligten haben sich im Rahmen des vorvertraglichen Schuldverhältnisses so zu verhalten, dass Person, Eigentum und sonstige Rechtsgüter des anderen Teils nicht verletzt werden.[1176] Der Grundsatz von Treu und Glauben schützt demnach den Einzelnen im Rechtsverkehr vor unfairen Behandlungen. Die Einräumung von Schutzpflichten im Rahmen eines auch schon vorvertraglichen Schuldverhältnisses sind mitunter als Telos von § 242 BGB zu qualifizieren. Dieser Telos spricht entscheidend für die Begründung eines subjektiven Rechts, da andernfalls die sich aus der Schutzwirkung ergebenden Pflichten nicht effektiv durchgesetzt werden können. Folglich kann aus der Schutzwirkung des § 242 BGB für das Vergabenachprüfungsverfahren ein subjektives Recht abgeleitet werden.

1169 OLG Düsseldorf, Beschl. v. 11.05.2016, VII-Verg 2/16 Rn. 36.

1170 BGH, Beschl. v. 26.09.2006, X ZB 14/06, NZBau 2006, 800-809 Rn. 23.

1171 *Mansel*, in: Jauernig, BGB, § 242 Rn. 2; *Sutschet*, in: Hau/Poseck, BeckOK BGB, § 242 Rn. 29.

1172 *Sutschet*, in: Hau/Poseck, BeckOK BGB, § 242 Rn. 29.

1173 *Schubert*, in: Säcker/Rixecker/Oetker/Limperg, MüKo BGB, Bd. 2, § 242 Rn. 163.

1174 *Böttcher*, in: Erman, BGB, § 242 Rn. 87.

1175 *Böttcher*, in: Erman, BGB, § 242 Rn. 87.

1176 BGH, Urt. v. 10.03.1983, III ZR 169/81, NJW 1983, 2813-2815 juris Rn. 12; OLG Düsseldorf, Beschl. v. 28.06.2017, VII-Verg 2/17, NZBau 2018, 54-59 Rn. 22.

Festzuhalten ist, dass mit dem Verbot Venire contra factum proprium, in seiner Ausgestaltung des § 242 BGB, außervergaberechtliche Tatbestände in die vergaberechtliche Nachprüfung integriert werden, soweit ein Verstoß gegen § 242 BGB im Vergabenachprüfungsverfahren begründet wird. Rechtssuchende können sich auf die Einhaltung von § 242 BGB berufen. In diesem Zusammenhang ist Verbot Venire contra factum proprium, in seiner Ausgestaltung des § 242 BGB, eine Anknüpfungsnorm.

(ii) Grundsatz der Verfahrensfairness

Der Grundsatz der Verfahrensfairness ist nicht einfachgesetzlich, als ein konkreter Anspruch, normiert. Er ist aus dem Rechtsstaatsprinzip in Verbindung mit den Freiheitsgrundrechten (Art. 2 Abs. 1 i.V.m. Art. 20 Abs. 3 GG) abzuleiten.[1177] Er im Vergaberecht als ungeschriebener Grundsatz über § 97 GWB hinaus anerkannt.[1178] Als allgemeiner Grundsatz des Vergaberechts könnte er ebenso wie § 97 Abs. 1 und Abs. 2 GWB als subjektives Recht zu qualifizieren sein. Dagegen spricht, dass der Grundsatz der Verfahrensfairness im Vergaberecht keine gesetzliche Ausgestaltung erfährt. Es fehlt an einer geschriebenen Rechtsnorm. Der Grundsatz enthält insofern kein konkretes vergaberechtliches Gebot oder Verbot. Der Gesetzgeber hat dafür Sorge zu tragen, den Grundsatz der Verfahrensfairness einfachgesetzlich auszugestalten.[1179] Der Grundsatz könnte indes aufgrund seiner über § 97 GWB hinausgehenden Anerkennung als Vergabegrundsatz zur Begründung eines subjektiven Rechts im Vergabeverfahren und damit im Ergebnis zur Begründung einer Anknüpfungsnorm herangezogen werden. Dafür spricht, dass der aus dem Grundgesetz resultierende Grundsatz für das gesamte Vergabeverfahren auch ohne Normierung grundlegende Bedeutung erfährt.[1180] Diese grundlegende Bedeutung könnte verloren gehen, wenn der Grundsatz nicht auch wirksam durchgesetzt werden könnte. Dabei ist zu beachten, dass der Grundsatzes der Verfahrensfairness im Verfassungsrecht wurzelt und nicht etwa als Gewohnheitsrecht zu qualifizieren ist. Er unterscheidet sich insofern von ausschließlich anerkannten, ungeschriebenen Regelungen. Schließlich lässt sich der Grundsatz der Verfahrensfairness im Vergabenachprüfungsverfahren konkretisieren. Es ist denkbar, dass durch eine Konkretisierung des Grundsatzes außervergaberechtliche Vorschriften in die vergaberechtliche Nachprüfung integriert werden und sich ein Rechtssuchender auf dessen Einhaltung im Einzelfall beruft. Nicht nur in Gerichtsverfahren, sondern auch in anderen Verwaltungsverfahren[1181], und folglich auch Vergabeverfahren, können Beteiligte darauf hinwirken, die Entscheidung einer staatlichen Stelle zu ihren Gunsten zu beeinflussen. Das Recht auf ein faires Verfahren gewährleistet insofern aktive verfahrensrechtliche Befugnisse, die einem Beteiligten die Möglichkeit geben, nicht nur auf das Ergebnis eines Verfahrens Einfluss zu nehmen, sondern auch eigene Rechte durchzusetzen.[1182] Übertragen auf das Vergabeverfahren, folgt daraus, dass alle am Vergabeverfahren teilnehmenden Unternehmen gegenüber einem öffentlichen Auftraggeber ihre Rechte aktiv durchset-

---

1177 *Ziekow*, in: Ziekow/Völlink, Vergaberecht, § 97 GWB Rn. 110, vgl. statt vieler nur zuletzt BVerfG, Beschl. v. 20.12.2023, 2 BvR 2103/20, ECLI:DE:BVerfG:2023:rk20231220.2bvr210320 Rn. 43.

1178 So z.B. OLG Düsseldorf, Beschl. v. 22.05.2002, Verg 6/02, NZBau 2002, 583, 584 juris Rn. 10; *Kau*, in: Byok/Jäger, Vergaberecht, § 97 GWB Rn. 14.

1179 BVerfG, Beschl. v. 14.06.2000, 2 BvR 993/94, ZBR 2001, 208-210 juris Rn. 5.

1180 Vgl. OLG Düsseldorf, Beschl. v. 22.05.2002, Verg 6/02, NZBau 2002, 583, 584 juris Rn. 10.

1181 *Schmitz*, in: Stelkens/Bonk/Sachs, VwVfG, § 9 Rn. 60.

1182 Bezogen auf das Verwaltungsverfahren *Schmitz*, in: Stelkens/Bonk/Sachs, VwVfG, § 9 Rn. 60.

zen können. Dazu können außervergaberechtliche Rechte und Pflichten gehören, die im Sinne eines effektiven Rechtsschutzverfahrens nach Art. 19 Abs. 4 GG durchgesetzt werden. Welche Rechte im Einzelfall zu einer fairen Behandlung gehören, muss insofern nicht abschließend geklärt sein. Vor diesem Hintergrund kommt dem verfassungsrechtlichen Grundsatz der Verfahrensfairness aufgrund seiner Bedeutung und auch seiner Vergleichbarkeit mit den Vergabegrundsätzen Subjektivität zu.

Das Gebot der Verfahrensfairness kann demnach als Anknüpfungsnorm herangezogen werden.

(4) Zwischenergebnis zu den allgemeinen Rechtsgrundsätzen als Anknüpfungsnormen

Insbesondere der Grundsatz von Treu und Glauben sowie der Grundsatz der Verfahrensfairness sind als allgemeine Rechtsgrundsätze Anknüpfungsnormen. Sie sind von den Nachprüfungsinstanzen in ihre Entscheidung zu integrieren.

5. Zwischenergebnis

Über vergaberechtliche Anknüpfungsnormen werden außervergaberechtliche Vorschriften inzident von den Nachprüfungsinstanzen im Vergabenachprüfungsverfahren überprüft. Anknüpfungsnormen sind mit Ausnahme des Verhältnismäßigkeitsgrundsatzes die allgemeinen, stets zu berücksichtigenden Vergabegrundsätze aus § 97 Abs. 1 und 2 GWB genauso wie § 97 Abs. 4 GWB. Die Vergabegrundsätze enthalten offene Tatbestände, die außervergaberechtliche Vorschriften in die vergaberechtliche Prüfung integrieren können. Dem Wettbewerbsgrundsatz kommt in diesem Zusammenhang uneingeschränkte Geltungskraft zu. Der Grundsatz der Gleichbehandlung und Transparenz folgt der subjektiven Ausgestaltung im Verfassungsrecht und entfaltet seine subjektive Wirkung daher auch im Vergaberecht. Der ebenfalls verfassungsrechtlich verankerte Grundsatz der Wirtschaftlichkeit wird vielfach im Kartellvergaberecht in Bezug genommen und im Einzelnen konkretisiert. Die Zielbestimmung aus § 97 Abs. 4 GWB formuliert schließlich selbst konkrete Rechte und Pflichten.

Der Verhältnismäßigkeitsgrundsatz ist keine Anknüpfungsnorm, sondern wird im Einzelfall als eigenes Rechtsinstitut angewendet.

Keine Anknüpfungsnorm ist schließlich die Zielbestimmung aus § 97 Abs. 3 GWB, weil die Einbeziehung der Ziele aus § 97 Abs. 3 GWB nicht zwingend ist. Darüber hinaus kann dieser Regelung kein Prüfprogramm zu außervergaberechtlichen Vorschriften entnommen werden.

Weitere Vorschriften aus dem Kartellvergaberecht können als Anknüpfungsnormen herangezogen werden, wenn diese ein subjektives Recht zugunsten der im Vergabenachprüfungsverfahren rechtssuchenden Unternehmen enthalten sowie konkretisierungsfähig sind. Auf diese Weise können sie außervergaberechtliche Tatbestände in die vergaberechtliche Prüfung integrieren. In diesem Fall entsteht aufgrund der Schutzwirkung der einzelnen Vorschriften ein außervergaberechtliches Prüfungsprogramm. Keine Anknüpfungsnormen in diesem Sinne sind verbindliche Vorschriften zur Preisgestaltung, da es an subjektiven Rechten fehlt. Vorschriften zum Umgang mit elektronischen Mitteln sind trotz Inbezugnahme des außervergaberechtlichen Behindertengleichstellungsgesetzes keine geeigneten Anknüpfungsnormen, da es an der Konkretisierungsfähigkeit fehlt.

Die in der gesamten Rechtsordnung geltenden allgemeinen Rechtsgrundsätze finden im Vergaberecht Anwendung. Allgemeine Rechtsgrundsätze wie der Grundsatz von Treu und Glauben oder der Verfahrensfairness können als Anknüpfungsnormen herangezogen werden. Sie können offene Tatbestände enthalten, die außervergaberechtliche Vorschriften in die vergaberechtliche Prüfung integrieren. Sie werden dadurch mit einem über den allgemeinen Rechtsgrundsatz hinausgehenden Prüfungsprogramm ausgestaltet.

II. Zwingende Vorfragen

Ohne die Inbezugnahme einer Anknüpfungsnorm können die Nachprüfungsinstanzen ihre Prüfung und Entscheidung dann auf Bestimmungen außerhalb des Vergaberechts stützen, wenn diese zwingend zu prüfende Vorfragen sind. Vorfragen sind prinzipiell solche Fragen, die der Anwendung und Auslegung einer Norm entspringen, die im Einzelfall nicht die einschlägige Anspruchsgrundlage ist.[1183] Im Vergabenachprüfungsverfahren geht es demnach um Vorfragen, die ihrer Rechtsnatur nach keine Bestimmungen über das Vergabeverfahren i.S. von § 97 Abs. 6 GWB sind. Ohne Anwendung einer Anknüpfungsnorm fehlt es an einer gesetzlichen Grundlage für die Prüfung von Vorfragen. Unter Berücksichtigung der verfassungsrechtlichen Gesetzesbindung des Richters nach Art. 20 Abs. 3, 97 GG sowie der Gesetzesbindung der Verwaltung nach Art. 20 Abs. 3 GG ist eine gesetzliche Grundlage oder Herleitung einer Rechtsgrundlage erforderlich. Es fragt sich daher, auf welcher dogmatischen Grundlage die inzidente Vorfragenkontrolle stattfindet.

1. Dogmatische Grundlage

a) Verfassungsrechtliche Verankerung

Die Pflicht zur inzidenten Entscheidung über zwingende Vorfragen im Vergabenachprüfungsverfahren kann aus der Verfassung selbst folgen. Jedenfalls in der zivilrechtlichen bzw. steuerrechtlichen Rechtsprechung heißt es insoweit:

> „Nach der Rechtsprechung des Bundesgerichtshofs sind die steuerrechtlichen Vorfragen grundsätzlich von den Zivilgerichten selbstständig zu beantworten. Die angerufenen Gerichte haben über den Streitgegenstand regelmäßig eine einheitliche und endgültige Entscheidung zu treffen und die sich hierbei stellenden Vorfragen unabhängig davon zu klären, welchem Rechtsgebiet diese zuzuordnen sind. Dies ist zur Gewährleistung eines wirkungsvollen Rechtschutzes geboten."[1184]

Diese Entscheidung bezieht sich auf wesentliche, aus der Verfassung folgende Grundsätze, ohne diese konkret zu benennen. Es wird indirekt auf die richterliche Unabhängigkeit aus Art. 97 Abs. 1 GG sowie das Gebot effektiven („wirkungsvollen") Rechtsschutzes aus Art. 19 Abs. 4 GG Bezug genommen. Aufgrund des verfassungsrechtlichen Bezugs könnte der Entscheidung ein allgemeiner, auch in anderen Rechtsgebieten zu beachtender Grundsatz zu entnehmen sein.

Nach Art. 97 Abs. 1 GG sind Richter unabhängig und nur dem Gesetz unterworfen. Aus der Unabhängigkeit des Richters wird zum Teil der Schluss gezogen, wegen der Unabhän-

1183 *Reimer*, in: Posser/Wolff/Decker, BeckOK VwGO, § 40 Rn. 229.
1184 OLG Naumburg, Urt. v. 29.06.2007, 10 U 7/07, BeckRS 2008, 7267 Rn. 29.

gigkeit des Richters sei keine einfachgesetzliche Bindung des Richters gerechtfertigt.[1185] In der Folge würde die fehlende Bindung des Richters die Überprüfung sämtlicher Rechtsfragen rechtfertigen, auch wenn alle anderen Gerichte, sogar wenn diese im Rechtszug übergeordnet sind, den gegenteiligen Standpunkt einnehmen würden.[1186] Im Vergabenachprüfungsverfahren kann die Pflicht zur inzidenten Entscheidung über zwingende Vorfragen unter Berücksichtigung des vergabespezifischen Sonderrechtswegs jedoch nicht auf Art. 97 Abs. 1 GG gestützt werden. Richter im Sinne von Art. 97 Abs. 1 GG sind nämlich nicht die Spruchkörper der Vergabekammern, da diese gemäß § 157 Abs. 2 GWB nicht zwingend mit Richtern besetzt sind. Nach § 157 Abs. 2 S. 2 und S. 3 GWB müssen der Vorsitzende und der hauptamtliche Beisitzer lediglich Beamte auf Lebenszeit mit der Befähigung zum höheren Verwaltungsdienst oder vergleichbar fachkundige Angestellte sein. Der Vorsitzende oder der hauptamtliche Beisitzer muss die Befähigung zum Richteramt haben; in der Regel soll dies der Vorsitzende sein. Die Befähigung zum Richteramt ist demnach für die Besetzung der Vergabekammern ausreichend, ohne dass es auf die Qualifikation als Richter i.S. von Art. 97 Abs. 1 GG ankommt. Grundsätze, die für Richter i.S. des Verfassungsrechts gelten, werden demnach nicht auf die Entscheidung der Vergabekammern angewendet. Daran ändert sich nichts, nur weil die Vergabekammern als „gerichtsähnlich" handelndes Organ[1187] qualifiziert werden. Der Grundsatz über die Unabhängigkeit der Richter ist vor diesem Hintergrund nicht geeignet, als Grundlage für die Prüfung der Vergabekammern zu fungieren. Für die Entscheidung der Oberlandesgerichte kann die Herleitung herangezogen werden, da für die Spruchkörper der Vergabesenate Art. 97 Abs. 1 GG Anwendung findet. Es widerspricht indes dem Sinn und Zweck des Vergabenachprüfungsverfahrens, wenn erst die Oberlandesgerichte inzident über zwingende Vorfragen aufgrund ihrer richterlichen Unabhängigkeit entscheiden. Denn das Vergabenachprüfungsverfahren ist so ausgestaltet, dass die Vergabekammern bereits, wie vom EuGH zur Vergabenachprüfung ausdrücklich anerkannt[1188], gerichtsähnlich erstinstanzlich eine Entscheidung treffen. Für beide Instanzen sollte derselbe Maßstab gelten, selbst wenn im Grund genommen erst die Oberlandesgerichte effektiven Rechtsschutz i.S. von Art. 19 Abs. 4 GG gewähren. Derselbe Maßstab würde indes nicht angewendet werden, wenn ausschließlich auf Grundlage von Art. 97 Abs. 1 GG zwingende Vorfragen geprüft werden würden. In diesem Fall müssten Rechtssuchende zwingend zwei Instanzen durchlaufen, um effektiven Rechtsschutz zu erhalten. Dieser Prozess missachtet den Beschleunigungsgrundsatz des Vergabenachprüfungsverfahrens. Es ist demnach nicht folgerichtig, wenn die Oberlandesgerichte ihre inzidente Entscheidung über zwingenden Vorfragen auf die richterliche Unabhängigkeit stützen und für die Vergabekammern diese Grundlage nicht herangezogen werden kann.

1185 *Classen*, in: Huber/Voßkuhle, GG, Bd. 3, Art. 97 Abs. 1 Rn. 21.

1186 BVerfG, Beschl. v. 14.07.2016, 2 BvR 661/16, NJW 2016, 3711-3713 Rn. 16.

1187 EuGH, Urt. v. 18.09.2014, Rs. C-549/13, ECLI:EU:C:2014:2235 Rn. 22 – *Bundesdruckerei;* OLG Düsseldorf, Beschl. v. 05.09.2001, Verg 18/01, IBRRS 2003, 1489 Rn. 19.
BVerfG, Beschl. v. 24.10.2006, 2 BvR 30/06, BVerfGK 9, 390-399 juris Rn. 24; Beschl. v. 23.01.2017, 2 BvR 2584/12, NJW 2017, 1731-1735 Rn. 18; Beschl. v. 20.04.2017, 2 BvR 1754/14, ECLI:DE:BVerfG:2017:rk20170420.2bvr175414 Rn. 44.

1188 EuGH, Urt. v. 18.09.2014, Rs. C-549/13, ECLI:EU:C:2014:2235 Rn. 22 – Bundesdruckerei.

Vor diesem Hintergrund scheidet Art. 97 Abs. 1 GG zur verfassungsrechtlichen Herleitung der Pflicht zur inzidenten Entscheidung über zwingende Vorfragen aus.

Die inzidente Entscheidung über zwingende Vorfragen kann aber aus Art. 19 Abs. 4 GG hergeleitet werden. Diese gesamte Vergabenachprüfung wird an Art. 19 Abs. 4 GG gemessen. Zu einer umfassenden, lückenlosen Rechtskontrolle i.S. von Art. 19 Abs. 4 GG gehört die Entscheidung über alle aufgeworfenen Rechtsfragen, also auch eine Entscheidung über alle sich aufdrängenden rechtswegfremden Vorfragen.[1189] Gerichte haben im Sinne einer umfassenden rechtlichen Nachprüfung alle in Deutschland geltenden Rechtsnormen zu beachten, auch wenn eine Rechtsfrage vorliegt, die, wäre sie das Hauptbegehren, in den Zuständigkeitsbereich eines anderen Gerichts fallen würde.[1190] Im Sinne von Art. 19 Abs. 4 GG müssen die Nachprüfungsinstanzen über Vorfragen entscheiden, wenn diese entscheidungserheblich sind.[1191] Entscheidungserheblichkeit ist für die Nachprüfungsinstanzen zum Beispiel gegeben, wenn eine Vorfrage der Auslegung oder Anwendung einer das Hauptbegehren betreffende Regelung dient. In diesem Fall beruft sich der Rechtssuchende nicht nur auf eine Vorschrift außerhalb des Vergaberechts, sondern zugleich auf einen Anspruch auf Einhaltung der Bestimmungen über das Vergabeverfahren, § 97 Abs. 6 GWB.[1192] Weigert sich ein Gericht, im Rahmen einer Kontrolle inzident die Rechtmäßigkeit einer Vorfrage zu überprüfen, verletzt es seine Pflicht zu einer in rechtlicher Hinsicht umfassenden Nachprüfung.[1193] Gerade wenn sich der Gesetzgeber dafür entscheidet, einem Gericht im Rahmen der Sonderzuweisung einen speziellen Rechtsschutz anzuvertrauen, muss das Gericht im Rahmen dieser Sonderzuweisung vollumfänglich insbesondere in rechtlicher Hinsicht ein Rechtsschutzgesuch prüfen.[1194]

Für eine Sonderzuweisung der Vergabenachprüfung hat sich der Gesetzgeber entschieden, indem er mit § 156 Abs. 2 GWB eine Regelung eingeführt hat, nach der Rechte aus § 97 Abs. 6 GWB sowie sonstige Ansprüche gegen öffentliche Auftraggeber, die auf die Vornahme oder das Unterlassen einer Handlung in einem Vergabeverfahren gerichtet sind, nur vor den Vergabekammern und dem Beschwerdegericht geltend gemacht werden können. Im Rahmen dieser Zuweisung haben die Nachprüfungsinstanzen unter Berücksichtigung der Anforderungen an effektiven Rechtsschutz ein Rechtsschutzgesuch zum einen hinsichtlich der Verletzung von § 97 Abs. 6 GWB inklusive sämtlicher entscheidungsrelevanter Vorfragen und zum anderen hinsichtlich sonstiger Ansprüche gegen Auftraggeber in einem Vergabeverfahren zu prüfen.

Die Zuweisung zu den Vergabekammern und den Beschwerdegerichten nach § 156 Abs. 2 GWB sieht dem Wortlaut nach die Prüfung von Ansprüchen „in einem Vergabeverfahren" vor. Damit ist eine inhaltliche und zeitliche Begrenzung zur Gewähr effektiven Rechtsschutzes bezweckt.[1195] Ähnlich wie § 97 Abs. 6 GWB nimmt die Vorschrift Bezug zum Vergabe-

1189 Ziff. A. III. 3. b) des ersten Kapitels.
1190 Ziff. A. III. 3. b) des ersten Kapitels.
1191 Ziff. A. III. 3. b) des ersten Kapitels.
1192 OLG Sachsen-Anhalt, Beschl. v. 14.07.2017, 7 Verg 1/17 Rn. 71.
1193 BVerfG, Beschl. v. 29.07.2010, 1 BvR 1634/04, NVwZ 2010, 1482-1485 juris Rn. 51.
1194 Vgl. BVerfG, Beschl. v. 29.07.2010, 1 BvR 1634/04, NVwZ 2010, 1482-1485 juris Rn. 52.
1195 *Stockmann*, in: Immenga/Mestmäcker, Wettbewerbsrecht, § 156 GWB Rn. 8; *Dittmann*, in: Ziekow/Völlink, Vergaberecht, § 156 GWB Rn. 14;

verfahren, also zum Verfahren zur Auswahl des Vertragspartners eines öffentlichen Auftraggebers für einen konkreten öffentlichen Auftrag. Der Gesetzgeber hat damit eine Sonderzuweisung nicht nur für Ansprüche aus § 97 Abs. 6 GWB geschaffen, sondern auch für sonstige Ansprüche im Vergabeverfahren. Entscheidend ist, dass die zu prüfenden Rechtsverletzungen einen Bezug zu einem Vergabeverfahren haben.[1196] Erfasst sind Vorschriften, die in irgendeiner Weise das Verfahren oder die Ausgestaltung des Verfahrens zur Vergabe öffentlicher Aufträge regeln.[1197] Aus dieser prozessualen Zuweisung folgt indes nicht mehr, als dass die Nachprüfungsinstanzen ohnehin i.S. einer vollumfänglichen Rechtskontrolle nach Art. 19 Abs. 4 GG zu prüfen und zu entscheiden haben. Unter Berücksichtigung des Verständnisses über das *Vergabeverfahren*, also das Verfahren zur Auswahl des Vertragspartners eines öffentlichen Auftraggebers, haben die Nachprüfungsinstanzen daher sämtliche Rechtsfragen zu klären, die genau dieses Verfahren zur Auswahl betreffen.

Zutreffend, wenn auch losgelöst von den Anforderungen an zwingend zu prüfende Vorfragen, hat das OLG Düsseldorf resümiert, vergaberechtlicher Primärrechtsschutz gebiete, dass auch Teilentscheidungen im Sinne von rechtlichen Vorfragen durch die Nachprüfungsinstanzen unumgänglich zu klären und zu beantworten sind.[1198] Das gilt unabhängig davon, ob vergaberechtliche Vorschriften ausdrücklich zu einer solchen Prüfung auffordern oder nicht.[1199] Richtigerweise hätte das Gericht Art. 19 Abs. 4 GG als Ausgangspunkt für eine vollumfängliche Rechtskontrolle mitzitieren sollen. Aus der verfassungsrechtlich gebotenen vollständigen Rechtmäßigkeitskontrolle nach Art. 19 Abs. 4 GG folgt ohne ausdrückliche einfachgesetzliche Normierung die Pflicht zur Überprüfung zwingender außervergaberechtlicher Vorfragen im Rahmen der Hauptsacheentscheidung. Aus Art. 19 Abs. 4 GG folgt in diesem Kontext ein ungeschriebener Grundsatz, nachdem die Nachprüfungsinstanzen die damit verbundenen inzidenten Fragestellungen lösen müssen, selbst wenn diese in die Zuständigkeit eines anderen Gerichts fallen können.

Die verfassungsrechtliche Verankerung einer vollständigen Überprüfung unter Einbezug von außervergaberechtlichen Vorfragen steht im Einklang mit Art. 47 Abs. 1 GRCh. Die Nachprüfungsinstanzen müssen unter Berücksichtigung des Unionsrechts jedenfalls die Stichhaltigkeit der Gründe einer Ausgangsentscheidung überprüfen können, die einen öffentlichen Auftraggeber zu seiner Entscheidung bewogen haben.[1200] Das schließt rechtswegfremde Vorfragen ein, wenn diese die Ausgangsentscheidung betreffen. Andernfalls würden nicht sämtliche Gründe für eine Entscheidung vollständig überprüft werden können. Insofern legt das Unionsrecht nicht konkret die Prüfung rechtswegfremder Vorfragen fest. Allerdings deckt sich die Prüfung rechtswegfremder Vorfragen mit den Anforderungen an eine vollständige Rechtskontrolle. Ferner wird im Unionsrecht nicht im Hinblick auf etwaige Zuständigkeiten und dem sich daraus ergebenden Umfang wirksamen Rechtsschutzes differenziert. Schließlich kann nur mit einer Überprüfung zwingender Vorfragen außerhalb des Vergaberechts von den Vergabenachprüfungsinstanzen kontrolliert werden, ob die von einem öffentlichen Auftraggeber aufgeführten Gründe – soweit diese Vor-

1196 *Dittmann*, in: Ziekow/Völlink, Vergaberecht, § 156 GWB Rn. 14.
1197 *Dittmann*, in: Ziekow/Völlink, Vergaberecht, § 156 GWB Rn. 14.
1198 OLG Düsseldorf, Beschl. v. 21.02.2005, VII-Verg 91/04, NJOZ 2005, 2672-2689, 2679f.
1199 OLG Düsseldorf, Beschl. v. 21.02.2005, VII-Verg 91/04, NJOZ 2005, 2672-2689, 2680.
1200 Vgl. Ziff. B. II. 3. d) des ersten Kapitels.

schriften außerhalb des Vergaberechts betreffen – die angenommene rechtliche Annahme stützen können.

b) Ergänzend prozessuale Herleitung

Die Pflicht zur inzidenten Entscheidung über zwingende Vorfragen im Vergabenachprüfungsverfahren kann unter Berücksichtigung der Sonderzuweisung nach § 156 Abs. 2 GWB auch ergänzend aus der allgemeinen Prüfungskompetenz der Nachprüfungsinstanzen hergeleitet werden. Die Herleitung erfolgt nur ergänzend, weil sie im Ergebnis auch auf Art. 19 Abs. 4 GG zurückgeht und demnach nur eine nachrangige Bedeutung hat. Die Nachprüfungsinstanzen haben unter Berücksichtigung von Art. 19 Abs. 4 GG ihre Zuständigkeit kraft Sachzusammenhangs anzunehmen, wenn andernfalls der bestehende Prüfungsmaßstab verengt ist und das Rechtsschutzbegehren des Betroffenen nur unzureichend erfasst wird.[1201] Mit den Anforderungen an eine effektive, vollumfängliche Rechtskontrolle ist es nicht zu vereinbaren, einzelne Vorfragen mangels hinreichender gesetzlicher Grundlage vom Prüfungsmaßstab auszuklammern. Es ist daher anzunehmen, dass die Nachprüfungsinstanzen grundsätzlich befugt sind, das Rechtsschutzgesuch unter allen Aspekten und damit auch im Hinblick auf alle inzidenten Rechtsfragen zu prüfen, soweit diese das Vergabeverfahren i.S. von § 156 Abs. 2 und § 97 Abs. 6 GWB, zur Auswahl des Vertragspartners eines öffentlichen Auftraggebers betreffen. Systematisch betrachtet schließt sich die Entscheidung nach § 168 Abs. 1 S. 1 Hs. 1, § 178 S. 1 i.V.m. § 97 Abs. 6 GWB im zweiten Kapitel des vierten Teils des GWB der Zuständigkeit nach § 156 Abs. 2 GWB an. Es wäre widersinnig, wenn Prüfungskompetenzen für die Nachprüfungsinstanzen begründet werden, die anschließend im Rahmen der Begründetheit nicht überprüft werden. Die zur Nachprüfung berufenen Vergabekammern und Beschwerdegerichte müssen demnach sämtliche Rechtsfragen prüfen, auch wenn sich inzident Fragen anderer Gerichtsbarkeiten stellen, soweit gesetzlich nichts anderes bestimmt ist.[1202] Zu dieser Problematik hat das BVerwG bereits 1960 erläutert:

> „Ist in […] teils nach öffentlichem, teils nach privatem Recht zu beurteilenden Rechtsverhältnissen ein bestimmter Rechtsweg vorgeschrieben, so ist schon wegen der Vereinfachung und Beschleunigung der Rechtspflege und der grundsätzlichen Gleichwertigkeit der verschiedenen Gerichtszweige die Annahme gerechtfertigt, dass die Zuständigkeit des vom Gesetzgeber vorgeschriebenen Gerichts umfassend und erschöpfend ist. Eine Beschränkung auf die schon nach den allgemeinen Rechtswegvorschriften gegebene Zuständigkeit ist in der Regel nur gerechtfertigt, wenn dies ausdrücklich vorgeschrieben ist oder sich unabweisbar aus anderen Umständen ergibt, wie dies z.B. bei den privatrechtlichen Einwendungen gegen ein Baugesuch angenommen wird."[1203]

§ 156 Abs. 2 GWB enthält eine ausdrückliche Rechtswegbestimmung. Die Vergabekammern und Beschwerdegerichte sind dazu berufen, über Ansprüche i.S. von § 97 Abs 6 GWB sowie sonstige Ansprüche gegen öffentliche Auftraggeber in einem Vergabeverfahren zu prüfen. Damit wird eine umfassende Zuständigkeit begründet. Dem Wortsinn nach

1201 BVerfG, Beschl. v. 20.05.2015, 2 BvR 1834/12, NVwZ-RR 2015, 881f. Rn. 16f.; vgl. Ziff. A. III. 3. b) des ersten Kapitels.

1202 Vgl. zu nicht vergaberechtlichen, aber zu Streitigkeiten zu teils öffentlichen, teils privatrechtlichen Rechtsverhältnissen, bereits BVerwG, Urt. v. 09.03.1960, V C 198.57, BVerwGE 10, 209-213 juris Rn. 22.

1203 BVerwG, Urt. v. 09.03.1960, V C 198.57, BVerwGE 10, 209-213 juris Rn. 22.

geht es auch um weitere, zusätzliche oder vorausgehende Ansprüche, soweit sie die Auswahl des Vertragspartners eines öffentlichen Auftraggebers betreffen. Aufgrund der ausdrücklichen gesetzlichen Vorgabe besteht kein Grund zur Annahme, die Nachprüfungsinstanzen seien ausschließlich für die Prüfung des Anspruchs aus § 97 Abs. 6 GWB zuständig. Festzuhalten ist, dass auch die aus der Zuständigkeitsnorm folgende Entscheidungskompetenz die Pflicht zur inzidenten Entscheidung über zwingende Vorfragen im Vergabenachprüfungsverfahren einschließt.

c) Zwischenergebnis

Die Pflicht zur inzidenten Entscheidung über zwingende Vorfragen im Vergabenachprüfungsverfahren folgt aus der Verfassung selbst sowie ferner aus einer prozessualen Zuordnung.

2. Voraussetzungen für die Vorfragenprüfung

Die Nachprüfungsinstanzen haben im Rahmen ihrer Prüfung und Entscheidung gleichwohl nur über diejenigen Vorfragen zu entscheiden, deren Prüfung nach Art. 19 Abs. 4 GG i.V.m. § 168 Abs. 1 S. 1 Hs. 1, § 178 S. 1, § 97 Abs. 6 GWB geboten ist. Hauptgegenstand der Rechtskontrolle muss eine vergaberechtliche Prüfung bleiben. Die Vorfragen müssen im Zusammenhang mit dem Vergabeverfahren, also dem Verfahren zur Auswahl des Vertragspartners eines öffentlichen Auftraggebers, stehen. Dieser Zusammenhang ist gegeben, wenn sich die Vorfrage unmittelbar aufgrund der Auswahl des Vertragspartners eines öffentlichen Auftraggebers stellt oder in diesem Zusammenhang Auswirkungen auf das Vergabeverfahren hat. Dabei muss die inzidente Vorfrage selbst ein subjektives Recht sein, da andernfalls die vergaberechtliche Ausrichtung des Nachprüfungsverfahrens an § 97 Abs. 6 GWB konteragiert wird. Für die Integration außervergaberechtlicher Vorschriften in den Prüfungs- und Entscheidungsmaßstab der Nachprüfungsinstanzen muss die Vorfrage daher erstens sachlich nicht die Hauptfrage des Rechtsschutzgesuchs, zweitens ein subjektives Recht sein, drittens einen unmittelbaren Bezug zu einer vergaberechtlichen Vorschrift aufweisen[1204] und viertens die Durchführung des Verfahrens zur Auswahl des Vertragspartners beeinflussen[1205]. Diese Voraussetzungen müssen kumulativ vorliegen.

a) Vergaberechtliche Hauptsache und subjektives Recht

Die Nachprüfungsinstanzen haben nur dann eine außervergaberechtliche Vorfrage im Rahmen des Vergabenachprüfungsverfahrens zu prüfen, wenn die Vorfrage nicht die Rechtsfrage in der Hauptsache ist. Entscheidend ist, dass im Wesentlichen eine vergaberechtliche Prüfung nach § 97 Abs. 6 GWB stattfindet, innerhalb derer sich eine außervergaberechtliche Fragestellung aufdrängt.[1206] Da der maßgebende Anspruch im Vergabenachprüfungsverfahren § 97 Abs. 6 GWB ist, muss seine Prüfung in der Hauptsache erfolgen. Andernfalls würde das Vergabenachprüfungsverfahren als Sonderverfahrensrecht nur noch die förmliche Hülle für ein Rechtsschutzgesuch darstellen, für das ein anderer Rechtsweg be-

1204 OLG Sachsen-Anhalt, Beschl. v. 14.07.2017, 7 Verg 1/17 juris Rn. 73.
1205 OLG Sachsen-Anhalt, Beschl. v. 14.07.2017, 7 Verg 1/17 juris Rn. 74.
1206 Vgl. OLG Sachsen-Anhalt, Beschl. v. 14.07.2017, 7 Verg 1/17 juris Rn. 71.

gründet ist. In diesem Fall würde es auch gar nicht mehr um eine *Inzidentkontrolle* gehen, also eine dem Wortsinn nach „nebenbei" auftretende Fragestellung.

Dabei muss die Vorfrage außerhalb des Vergaberechts selbst ein subjektives Recht sein, da nur diese Rechte Gegenstand von Vergabenachprüfungsverfahren sind. Da Vorfragen außerhalb des Vergaberechts keine originären Bestimmungen i.S. § 97 Abs. 6 GWB sind, genügt das Merkmal der Subjektivität aus § 97 Abs. 6 GWB nicht für die Prüfung subjektiver, außervergaberechtlicher Vorschriften. Entscheidend ist, dass die Vorfragen außerhalb des Vergaberechts selbst Schutzwirkung für ein rechtssuchendes Unternehmen entfalten.

b) Unmittelbarer Bezug zu einer vergaberechtlichen Vorschrift

Die inzidente Prüfung außervergaberechtlicher Rechtsverstöße muss einen unmittelbaren Bezug zu einer vergaberechtlichen Vorschrift aufweisen. Ohne unmittelbaren Bezug zu einer vergaberechtlichen Vorschrift fehlt ein sachlicher Zusammenhang und die Vorfrage wäre nicht vergaberelevant. Der unmittelbare Bezug zu einer vergaberechtlichen Vorschrift ist anzunehmen, wenn die Vorfrage das Verfahren zur Vergabe eines öffentlichen Auftrags sowie die Rechtsstellung der an einem solchen Verfahren Beteiligten betrifft. Diese Anforderung an den unmittelbaren Bezug zu einer vergaberechtlichen Vorschrift gilt jedenfalls für die Geltendmachung „sonstiger Ansprüche" i.S. von § 156 Abs. 2 GWB.[1207] Die Anforderung wird an dieser Stelle aufgrund ihrer Vergleichbarkeit entsprechend auf außervergaberechtliche Vorfragen übertragen. Die Ausgangslage von § 156 Abs. 2 GWB sowie davon losgelöst zwingenden Vorfragen sind vergleichbar, da es in beiden Fällen neben § 97 Abs. 6 GWB um weitere Ansprüche im Vergabenachprüfungsverfahren geht, die für eine vollumfängliche Vergaberechtskontrolle zu prüfen sind. Schließlich ist § 156 Abs. 2 GWB neben seiner ergänzenden Heranziehung zur Herleitung auch seinem materiellrechtlichen Inhalt nach ergänzend zu berücksichtigen. Vor diesem Hintergrund besteht kein unmittelbarer Bezug zu einer vergaberechtlichen Vorschrift, wenn die Bestimmung die spätere Abwicklung eines öffentlichen Auftrags betrifft oder es um Vorschriften geht, die Unternehmen nicht in ihrer Rolle als Teilnehmer an einem Vergabeverfahren, sondern als Marktteilnehmer im Übrigen betreffen.[1208]

Mit dieser Voraussetzung wird sichergestellt, dass die Nachprüfungsinstanzen im Sinne ihrer Zuständigkeit ein Rechtsschutzgesuch vollumfänglich prüfen. Ferner wird sichergestellt, dass die Nachprüfungsinstanzen nicht in unzulässiger Weise Entscheidung über zivil- oder verwaltungsgerichtliche Rechtsfragen treffen, die also über Rechtsfragen betreffend die Auswahl des Vertragspartners eines öffentlichen Auftraggebers hinausgehen.

c) Beeinflussung der Durchführung des Verfahrens zur Auswahl des Vertragspartners

Eine außervergaberechtliche Vorfrage muss die Durchführung des Verfahrens zur Auswahl des Vertragspartners beeinflussen, da ihre Prüfung andernfalls zur Gewähr effektiven *Vergabe*rechtsschutzes nicht erforderlich wäre. Die Durchführung des Verfahrens wird beeinflusst, wenn die außervergaberechtliche Vorfrage einzelne Maßnahmen und Entscheidungen zur konkreten Auswahl des Vertragspartners im Einzelfall verändern kann. Es geht um

1207 *Dittmann*, in: Ziekow/Völlink, Vergaberecht, § 156 GWB Rn. 14.

1208 In Bezug auf „sonstige Ansprüche" i.S. von § 156 Abs. 2 GWB *Dittmann*, in: Ziekow/Völlink, Vergaberecht, § 156 GWB Rn. 14.

Fälle, in denen die außervergaberechtliche Vorfrage die Beteiligung des Rechtssuchenden sowie die Zuschlagserteilung an ihn betrifft.[1209] Die Prüfung der Vorfrage muss sich insbesondere auf die Beteiligung einzelner Unternehmen an einem konkreten Vergabeverfahren oder ihre Stellung in einem Vergabeverfahren, den vom öffentlichen Auftraggeber gewählten Ablauf des Vergabeverfahrens oder seine abschließende Entscheidung auswirken. Von der VK Südbayern wurde diese Voraussetzung als Ausschlusskriterium für eine Nachprüfung angesehen. Nach der VK Südbayern entscheidet die Nachprüfungsinstanz nur ausnahmsweise dann nicht über Vorfragen aus anderen Rechtsgebieten, wenn die Tatsachen, die der außervergaberechtlichen Fragestellung zugrunde liegen, nicht Gegenstand des Vergabeverfahrens sind.[1210] Diese Auffassung ist zutreffend, da sich in diesem Fall die Vorfrage nicht mehr auf das Vergabeverfahren zur Auswahl des Vertragspartners eines öffentlichen Auftraggebers bezieht. Effektiver Rechtsschutz darf nicht überspannt werden, indem ohne sachlichen Bezug sämtliche Rechtsfragen geprüft werden.

Mit dieser Voraussetzung wird sichergestellt, dass die Prüfung der Vorfrage für das Vergaberechtsschutzgesuch zwingend ist. Nur in diesem Zusammenhang ist die umfassende Rechtskontrolle i.S. von Art. 19 Abs. 4 GG sowie Art. 47 Abs. 1 GRCh angezeigt. Ohne Beeinflussung der Durchführung des Verfahrens zur Auswahl des Vertragspartners besteht kein Anhaltspunkt für eine Nachprüfung oder es würde gar nicht um eine *Inzidentkontrolle* gehen. Außervergaberechtliche Vorfragen, die nicht die Auswahl des Vertragspartners beeinflussen, also nicht zwingend zu prüfen sind, haben für das vergaberechtliche Rechtsschutzgesuch keine Bedeutung. In diesen Fällen ist die Gewähr effektiven Rechtsschutzes im Vergabeverfahren nicht mehr geboten und der Rechtsweg zu den Nachprüfungsinstanzen endet.

Unter Berücksichtigung des Beschleunigungsgrundsatzes gewähren die Nachprüfungsinstanzen schließlich durch die Prüfung nur zwingender Vorfragen eine effektive Rechtmäßigkeitskontrolle, die weder künstlich verengt und aufgespalten noch maßlos erweitert wird.

3. Inkonsistente Rechtsanwendung

Bislang wird zurückhaltend[1211] über zwingende Vorfragen im Rahmen von § 168 Abs. 1 S. 1 Hs. 1, § 178 S. 1 i.V.m. § 97 Abs. 6 GWB entschieden. Die Entscheidungen der Nachprüfungsinstanzen zeichnen sich bislang durch unterschiedliche Prüfungsmaßstäbe bzw. die Vermischung von Prüfungsmaßstäben aus. Zwingende Vorfragen werden regelmäßig losgelöst vom Prüfungs- und Entscheidungsmaßstab und zudem nur rudimentär geprüft.

a) Vermischung des Prüfungsmaßstabes

Die Überprüfung außervergaberechtlicher Vorschriften des Kreislaufwirtschaftsgesetzes wurde inzident vom OLG Düsseldorf erstens über § 97 Abs. 6 GWB, zweitens als Anknüpfungs- oder Brückennorm und drittens als vorgelagerte Rechtsfrage vorgenommen.[1212] Das Gericht hat auf drei unterschiedliche Grundlagen gesetzt, die jeweils den Prüfungs-

1209 Siehe Ziff. A. I. 2. dieses Kapitels.
1210 VK Südbayern, Beschl. v. 03.05.2016, Z3-3-3194-1-61-12/15 Leitsatz 1 und Rn. 192f.
1211 *Dörr*, in: Burgi/Dreher/Opitz, Beck'scher Vergaberechtskommentar, Bd. 1, § 97 Abs. 1 GWB Rn. 32.
1212 OLG Düsseldorf, Beschl. v. 01.08.2012, Verg 105/11, VergabeR 2013, 71-77, juris Rn. 32.

und Entscheidungsmaßstab bilden. Die Anwendung sämtlicher, den Kontrollmaßstab bildender Grundlagen ist inkonsequent, auch wenn sich dadurch das Ergebnis nicht verändert. § 97 Abs. 6 GWB fungiert insoweit zum einen schon nicht als Brückennorm, sondern ermöglicht originär die Überprüfung von Bestimmungen über das Vergabeverfahren. Zum anderen hebt das Gericht in seiner Entscheidung weder die Vorfragenrelevanz hervor noch die konkrete Anknüpfungsnorm. Im Ergebnis lag eine zwingende Vorfrage vor, die über § 97 Abs. 6 GWB mitzuentscheiden war. Das OLG Düsseldorf hat in seiner Entscheidung den Bezug zu einzelnen Bestimmungen über das Vergabeverfahren hergestellt, indem es seinerzeit auf geltende Vorgaben zur Leistungsbeschreibung (§ 8 VOL/A-EG, Art. 23 Richtlinie 2004/18), zu Bedingungen zur Auftragsausführung (Art. 26 Richtlinie 2004/18) sowie zur Zuschlagsentscheidung (§ 19 Abs. 9 VOL/A-EG, Art. 53 Abs. 1 lit. a) Richtlinie 2004/18) hingewiesen hat.[1213] Da es insoweit um die Zulässigkeit der Vergabeunterlagen ging, anhand derer Angebote bewertete werden, haben die Vorfragen zum KrWG die Auswahl des Vertragspartners beeinflusst. Sie waren entscheidungsrelevant und damit von den Nachprüfungsinstanzen zwingend zu prüfen. Das OLG Düsseldorf hätte demnach allein auf die zwingende Vorfrage beziehen sollen, um außervergaberechtliche Vorschriften überprüfen zu können. Um etwaige Anknüpfungsnormen ging es an dieser Stelle jedenfalls nicht.

b) Keine hinreichende Vorfragenprüfung

Auch das OLG München hat vor der Prüfung eines Anspruchs aus § 97 Abs. 6 GWB bzw. dem Verhältnismäßigkeitsgrundsatz aus § 97 Abs. 1 S. 2 GWB in einer Entscheidung zum Kreislaufwirtschaftsgesetz vorab die rechtmäßige Berücksichtigung der Vorgaben aus dem KrWG geprüft.[1214] Das Gericht hat es als zentralen Streitpunkt des Verfahrens erachtet, ob der öffentliche Auftraggeber bei der Festlegung eines Entsorgungskonzeptes die Vorschriften des KrWG hinreichend beachtet hat.[1215] Da anhand dieses Konzepts Angebote im Vergabeverfahren von dem öffentlichen Auftraggeber bewertet wurden, war die Ausgestaltung nach dem Kreislaufwirtschaftsgesetz insoweit entscheidend für die Auswahl des Vertragspartners und damit entscheidungsrelevant im Sinne einer zwingenden Vorfrage. Es fehlte aber an einer unmittelbaren Inbezugnahme von Bestimmungen über das Vergabeverfahren. Die Voraussetzungen für die Vorfragenprüfung wurden demnach nicht hinreichend beachtet. Das OLG München hat im Wesentlichen darüber entschieden, ob der öffentliche Auftraggeber seinen Ermessens- bzw. Beurteilungsspielraum bei der Festlegung der Art des ausgeschriebenen Konzepts ordnungsgemäß ausgeübt hat.[1216] Es hat indes die Frage, welche Anforderungen diesbezüglich aus dem KrWG folgen, nicht konkret dem Prüfungsprogramm einer vergaberechtlichen Bestimmung zugeordnet. Das Gericht hat Bezug zur Bestimmungsfreiheit des öffentlichen Auftraggebers genommen, indessen auf eine Prüfung einer vergaberechtlichen Vorschrift nebst zwingender Vorfrage verzichtet. Im Ergebnis hat das Gericht den Maßstab zur Vorfragenprüfung nicht berücksichtigt und davon losgelöst eine Entscheidung getroffen.

1213 OLG Düsseldorf, Beschl. v. 01.08.2012, Verg 105/11, VergabeR 2013, 71-77 juris Rn. 32, 41.

1214 OLG München, Beschl. v. 09.03.2018, Verg 10/17, NZBau 2018, 427-432 Rn. 34ff.

1215 OLG München, Beschl. v. 09.03.2018, Verg 10/17, NZBau 2018, 427-432 Rn. 34.

1216 OLG München, Beschl. v. 09.03.2018, Verg 10/17, NZBau 2018, 427-432 Rn. 32, 38.

c) Verfehlte Vorfragenprüfung

Das OLG Düsseldorf hat in einer Entscheidung 2015, in der es inzident über das Vorliegen einer Patentverletzung im Vergabeverfahren entschieden hat, versucht den unmittelbaren Bezug zu vergaberechtlichen Vorschriften herzustellen.[1217] Es ging um die Überprüfung der Leistungsfähigkeit eines Bieters. Das Gericht ist der Frage nachgegangen, ob ein Bieter im Vergabeverfahren nicht leistungsfähig ist, weil er mit seinem Angebot über die Lieferung einer patentgeschützten Sache Gefahr laufe, vom Patentinhaber auf Unterlassung in Anspruch genommen zu werden.[1218] In der Entscheidung des Gerichts wurde nicht deutlich, wie diese Überprüfung die Auswahl des Vertragspartners eines öffentlichen Auftraggebers beeinflusst hat. Etwaige Unterlassungsansprüche, die ein Patentinhaber aufgrund einer patentrechtlichen Zuwiderhandlung gegenüber dem Auftragnehmer eines öffentlichen Auftraggebers geltend machen kann, berühren weder das Verhältnis zum öffentlichen Auftraggeber noch unmittelbar die Auswahl des Vertragspartners des öffentlichen Auftraggebers. Vielmehr geht es um zivilrechtliche Ansprüche zwischen zwei Unternehmen. Ohne Beeinflussung der Auswahl des Vertragspartners war diese Prüfung nicht zwingend, sodass die Voraussetzungen für eine Vorfragenprüfung nicht vorlagen. Gleichwohl hat das Gericht versucht, Auswirkungen auf das Vergabeverfahren aufzuzeigen. So hat es wörtlich „nur am Rande" erwähnt, dass eine zuverlässige Klärung der patentrechtlichen Fragen aufgrund drohender Unterlassungs- oder Schadensersatzansprüche im eigenen Interesse des Antragsgegners lag.[1219] Der öffentliche Auftraggeber bezieht in diesem Fall eine Leistung, die ein Patent verletzt, was entsprechende Ansprüche und mitunter eine strafrechtliche Verfolgung auslösen kann.[1220] Anhand dieser Feststellungen hätte das Gericht prüfen können, ob Bestimmungen über das Vergabeverfahren berührt werden und ob die Auswahl des Vertragspartners beeinflusst wird. Denkbar ist insofern, dass der öffentliche Auftraggeber fakultative Ausschlussgründe prüft, den Zuschlag nicht erteilt oder das Vergabeverfahren nach § 63 Abs. 1 VgV aufhebt. Richtigerweise hätte das Gericht diesen Aspekt nicht „nur am Rande" erwähnen sollen, sondern zum Anlass nehmen sollen, die Voraussetzungen einer Vorfragenprüfung zu kontrollieren.

d) Vollständiger Verzicht auf den Maßstab für inzidente Prüfungen

Schließlich wird in der vergaberechtlichen Rechtsprechung zum Teil vollständig auf die Einordnung eines außervergaberechtlichen Prüfprogramms als zwingende Vorfrage oder Anknüpfungsnorm verzichtet. So hat die VK Südbayern unter dem Punkt „Vorfrage der Eignung" überprüft, ob ein Angebot gegen das Rechtsdienstleistungsgesetz verstößt.[1221] In dem Fall hatte der öffentliche Auftraggeber Leistungen zur Unterstützung eines energierechtlichen Planfeststellungverfahrens ausgeschrieben. Im Vergabeverfahren gab unter anderem ein Ingenieurbüro ein Angebot ab und wurde als Zuschlagsdestinatär ausgewählt. Dagegen wendete sich ein Bieter, da die ausgeschriebenen Leistungen zu einem wesentlichen Teil Rechtsdienstleistung seien, die von einem Ingenieurbüro nicht erbracht werden

1217 OLG Düsseldorf, Beschl. v. 01.12.2015, VII-Verg 20/15 juris Rn. 23; Beschl. v. 21.02.2005, VII-Verg 91/04, NJOZ 2005, 2672-2689, 2678.

1218 OLG Düsseldorf, Beschl. v. 21.02.2005, VII-Verg 91/04, NJOZ 2005, 2672-2689, 2677.

1219 OLG Düsseldorf, Beschl. v. 21.02.2005, VII-Verg 91/04, NJOZ 2005, 2672-2689, 2680.

1220 OLG Düsseldorf, Beschl. v. 21.02.2005, VII-Verg 91/04, NJOZ 2005, 2672-2689, 2680.

1221 VK Südbayern, Urt. v. 22.12.2015, Z3-3-3194-1-48-09/15.

können. Der Bieter leitete u.a. deswegen ein Vergabenachprüfungsverfahren ein. Der Auffassung des Bieters gab die Vergabekammer Recht. Das Ingenieurbüro könne den Zuschlag auf das Angebot nicht erhalten, da es bei der Auftragsausführung gegen § 3 RDG (Befugnis zur Erbringung außergerichtlicher Rechtsdienstleistungen) verstoßen würde.[1222] Nach der Vergabekammer ist die Frage, ob eine Bezuschlagung eines Angebots gegen das Rechtsdienstleistungsgesetz verstößt, als „Vorfrage der Eignung" eines Bieters im Rahmen des Vergabenachprüfungsverfahrens zu prüfen.[1223] Der Rechtsschutz des Antragstellers, der im hiesigen Fall uneingeschränkt Rechtsdienstleistungen erbringen durfte, beschränke sich nicht darauf, im Falle einer Bezuschlagung eines Angebots wettbewerbsrechtliche Abwehransprüche aus § 8 Abs. 1 S. 1, Abs. 3 UWG i.V.m. § 3 UWG vor den ordentlichen Gerichten geltend zu machen. Diese Abwehransprüche wären darauf gerichtet, nicht einen Vertrag mit dem öffentlichen Auftraggeber abzuschließen. Der Antragsteller könne stattdessen schon den Zuschlag auf das Angebot eines ungeeigneten Bieters im vergaberechtlichen Nachprüfungsverfahren verhindern. Insofern dürfe einem Bieter, der im Falle der Ausführung des streitgegenständlichen Auftrags gegen ein gesetzliches Verbot verstößt, nicht der Zuschlag erteilt werden.[1224] Vor diesem Hintergrund hat die Vergabekammer entschieden, dass der Antragsteller in seinen Rechten aus § 97 Abs. 6 GWB verletzt ist.[1225] In dieser Entscheidung hat die Vergabekammer zwar ihrer Formulierung nach eine „Vorfrage" geprüft, im Grunde genommen aber eine Eignungsprüfung im Hinblick auf § 3 RDG vorgenommen. Auf die Darstellung des Prüfungsmaßstabes für diese außervergaberechtliche Rechtsfrage mit Bezug zur Eignungsprüfung hat die Vergabekammer verzichtet. Sie hat weder eine Eignungsprüfung anhand der Kriterien aus § 122 Abs. 2 GWB vorgenommen noch hat sie Voraussetzungen für eine inzidente Rechtskontrolle beachtet. Im Ergebnis hat sich die Vergabekammer weder mit der Frage, welche Bestimmungen über das Vergabeverfahren i.S. von § 97 Abs. 6 GWB verletzt worden sind noch mit der Frage, wie außervergaberechtliche Vorschriften im Vergabenachprüfungsverfahren kontrolliert werden, befasst.

4. Zwischenergebnis

Rechtsverstöße gegen Bestimmungen außerhalb des Vergaberechts werden in das Vergabenachprüfungsverfahren integriert. Die Nachprüfungsinstanzen haben zwingende Vorfragen außerhalb des Vergaberechts zu prüfen. Dieser Prüfungsmaßstab ergibt sich aus der Verfassung selbst, im Speziellen aus den Anforderungen an effektiven Rechtsschutz nach Art. 19 Abs. 4 GG. Die Nachprüfungsinstanzen haben eine umfassende rechtliche Prüfung unter Einbezug aller in Deutschland geltenden Rechtsnormen vorzunehmen. Entscheidend ist, dass es dabei um Ansprüche im Vergabeverfahren geht. Alternativ kann die Prüfungskompetenz aus prozessualen Vorgaben, aus der Sonderzuweisung nach § 156 Abs. 2 GWB hergeleitet werden. Zwingende Vorfragen dürfen nicht die Frage der Hauptsache sein und müssen selbst als subjektives Recht qualifiziert werden. Sie müssen einen unmittelbaren

1222 VK Südbayern, Urt. v. 22.12.2015, Z3-3-3194-1-48-09/15 juris Rn. 227.
1223 VK Südbayern, Urt. v. 22.12.2015, Z3-3-3194-1-48-09/15 juris Rn. 231.
1224 VK Südbayern, Urt. v. 22.12.2015, Z3-3-3194-1-48-09/15 juris Rn. 231.
1225 Die Vergabekammer hat § 97 Abs. 7 GWB herangezogen, der § 97 Abs. 6 GWB in der aktuellen Fassung des GWB entspricht, VK Südbayern, Urt. v. 22.12.2015, Z3-3-3194-1-48-09/15 juris Rn. 231.

Bezug zu vergaberechtlichen Vorschriften i.S. von § 97 Abs. 6 GWB aufweisen sowie die Durchführung des Verfahrens zur Auswahl des Vertragspartners eines öffentlichen Auftraggebers beeinflussen. Die vollständige Rechtskontrolle durch die Nachprüfungsinstanzen endet erst dann, wenn eine der vier Voraussetzungen zur Prüfung von zwingenden Vorfragen nicht vorliegt.

C. Zwischenfazit zum vierten Kapitel

Dogmatisch bestehen zwei Ansatzpunkte, um Bestimmungen außerhalb des Vergaberechts in den Prüfungs- und Entscheidungsmaßstab der Nachprüfungsinstanzen zu integrieren. Die Anwendung von vergaberechtlichen Anknüpfungsnormen sowie die Prüfung zwingender Vorfragen. Beide Ansatzpunkte gehen von dem entscheidenden Kriterium der Konnexität aus, wonach ein innerer Zusammenhang zwischen Bestimmungen über das Vergabeverfahren sowie Rechtsfragen außerhalb des Kartellvergaberechts bestehen muss. Beide Ansatzpunkte wurzeln im Verfassungsrecht.

Anknüpfungsnormen können nicht als Gewohnheitsrecht qualifiziert werden, da es an einem feststehenden Rechtsgeltungswillen bzw. an der erforderlichen Rechtsüberzeugung fehlt und die Vergabekammern kein Ersatzgesetzgeber sind.

Anknüpfungsnormen können auch nicht analog § 97 Abs. 6 GWB angewendet werden, da mit § 97 Abs. 6 GWB keine planwidrige Regelungslücke vorliegt.

Die Pflicht zur Prüfung von Anknüpfungsnormen wird aus dem Verfassungsrecht hergeleitet. Zu einer umfassenden, lückenlosen Rechtskontrolle i.S. von Art. 19 Abs. 4 GG gehört die Entscheidung über alle aufgeworfenen Rechtsfragen, also auch eine Entscheidung über alle sich aufdrängenden rechtswegfremden Vorfragen. Aus der Funktion der Grundrechte als zum einen Abwehrrechte und zum anderen subjektive Rechte erwächst Rechtssuchenden ein durchsetzbarer Anspruch darauf, dass ein nicht gerechtfertigter Eingriff unterbleibt, mithin rechtmäßige Maßnahmen ergriffen werden.

Mit den dargestellten Voraussetzungen für die Prüfung von Anknüpfungsnormen ist ein vergaberechtliches Prüfprogramm gegeben. Anknüpfungsnormen bilden die Grundlage für einen subjektiven Anspruch im Vergabenachprüfungsverfahren, der unter Berücksichtigung der höherrangigen Anforderungen aus Art. 19 Abs. 4 GG eine vollständige Rechtskontrolle der im Einzelfall für das Rechtsschutzgesuch maßgebenden Rechtsverletzungen verlangt.

Anknüpfungsnormen setzen das Vorliegen einer Rechtsnorm aus dem Kartellvergaberecht oder das Vorliegen eines allgemeinen Rechtsgrundsatzes voraus, die außervergaberechtliche Tatbestände in die vergaberechtliche Nachprüfung integrieren. Sie müssen als subjektives Recht qualifiziert sein. Liegen diese Voraussetzungen vor, werden selbstständig im Vergabeverfahren zu prüfende Anknüpfungsnormen begründet, wie etwa aus den Vergabegrundsätzen oder allgemeinen Rechtsgrundsätzen.

Aus der verfassungsrechtlich gebotenen vollständigen Rechtmäßigkeitskontrolle nach Art. 19 Abs. 4 GG folgt ohne ausdrückliche einfachgesetzliche Normierung die Pflicht, über zwingende außervergaberechtliche Vorfragen im Rahmen der Hauptsacheentscheidung zu befinden. Losgelöst von Anknüpfungsnormen folgt aus Art. 19 Abs. 4 GG auch ein ungeschriebener Grundsatz, nach dem die Nachprüfungsinstanzen die damit verbundenen inzidenten Fragestellungen prüfen müssen.

Ergänzend folgt aus § 156 Abs. 2 GWB die Pflicht der Nachprüfungsinstanzen, sonstige Ansprüche gegen Auftraggeber in einem Vergabeverfahren zu prüfen.

Die unionsrechtlichen Anforderungen an wirksamen Rechtsschutz stehen der Überprüfung zwingender Vorfragen außerhalb des Vergaberechts nicht entgegen. Das Unionsrecht setzt diese Prüfung nicht konkret voraus. Es entsteht jedoch kein Widerspruch zum Unionsrecht, wenn die Nachprüfungsinstanzen die Gründe einer Ausgangsentscheidung eines öffentlichen Auftraggebers überprüfen und es dabei um Vorschriften außerhalb des Vergaberechts geht.

Die Prüfung einer zwingenden Vorfrage setzt voraus, dass die Vorfrage sachlich nicht die Hauptfrage des Rechtsschutzgesuchs ist, dass sie für sich genommen selbst als subjektives Recht zu qualifizieren ist, einen unmittelbaren Bezug zu einer vergaberechtlichen Vorschrift aufweist sowie die Durchführung des Verfahrens zur Auswahl des Vertragspartners eines öffentlichen Auftraggebers beeinflusst. Dadurch wird sichergestellt, dass die Nachprüfungsinstanzen im Sinne ihrer Zuständigkeit ein Rechtsschutzgesuch vollumfänglich prüfen sowie die Prüfung der Vorfrage tatsächlich zwingend geboten ist. Zwingende Vorfragen stehen insbesondere im Zusammenhang mit der Beteiligung einzelner Unternehmen am Vergabeverfahren oder ihrer Stellung im Vergabeverfahren, dem vom öffentlichen Auftraggeber gewählten Ablauf des Vergabeverfahrens oder seiner abschließenden Entscheidung

Fazit

Der Prüfungs- und Entscheidungsmaßstab im Vergabenachprüfungsverfahren ist anhand der Anforderungen an effektiven Rechtsschutz aus Art. 19 Abs. 4 GG sowie unter Berücksichtigung der unionsrechtlichen Anforderungen an wirksamen Rechtsschutz aus Art. 47 Abs. 1 GRCh, der Effektivitäts- und Äquivalenzgrundsätze und nicht zuletzt unter konsequenter Berücksichtigung der Vergaberichtlinien dargestellt worden.

Die Grundsätze zur Gewähr effektiven Rechtsschutzes nach Art. 19 Abs. 4 GG sowie Art. 47 Abs. 1 GRCh gelten im Vergabenachprüfungsverfahren. Die Nachprüfungsinstanzen haben eine vollständige Rechtskontrolle durchzuführen.

Die höherrangigen Anforderungen an effektiven Rechtsschutz verlangen von den Nachprüfungsinstanzen die Prüfung der Begründetheit einer Ausgangsentscheidung nebst Vorfragen. Die Prüfung findet ihre Grenzen erst in normativ begründeten Ermessens- und Beurteilungsspielräumen.

Das Vergabenachprüfungsverfahren steht unter dem Grundsatz der Beschleunigung. Der Grundsatz der Beschleunigung schließt keine vollumfängliche Rechtskontrolle aus. Das vergaberechtliche Sonderverfahrensrecht schränkt weder die Rechtskontrolle durch die Vergabekammern noch durch die Oberlandesgerichte ein.

Der Prüfungs- und Entscheidungsmaßstab ist nicht lose anhand des offenen Wortlauts der § 168 Abs. 1 S. 1 Hs. 1 und § 178 S. 1 GWB zu bewerten. Aus der Auslegung der § 168 Abs. 1 S. 1 Hs. 1 und § 178 S. 1 GWB folgt, dass die Nachprüfungsinstanzen die Verletzung subjektiver Rechte im Rahmen des Verfahrens zur Auswahl des Vertragspartners eines öffentlichen Auftraggebers für einen konkreten öffentlichen Auftrag i.S. von § 97 Abs. 6 GWB prüfen.

Nach den Grundprinzipien der juristischen Auslegung werden subjektive Rechte maßgeblich anhand der Bestimmungen über Art, Ablauf und Aufhebung des Vergabeverfahrens sowie zur Auswahl und Unterrichtung beteiligter Unternehmen von den Nachprüfungsinstanzen geprüft. Nicht zu den Bestimmungen über das Vergabeverfahren gehören Vorschriften, die keine eigene vergaberechtliche Pflicht zur Auswahl des Vertragspartners eines öffentlichen Auftraggebers begründen.

Die Nachprüfungsinstanzen haben zu jeder Zeit des Vergabenachprüfungsverfahrens die Grundrechte der im Verfahren Beteiligten zu berücksichtigen sowie die Einhaltung einschlägiger Bestimmungen des Unionsrechts sicherzustellen. Es ist ihre Aufgabe, diese Rechte im Vergabenachprüfungsverfahren durchzusetzen.

Nach dem aufgezeigten Prüfungs- und Entscheidungsmaßstab kann Vergaberechtsschutz von den Nachprüfungsinstanzen erst dann wirksam und lückenlos gewährt werden, wenn Inzidentkontrollen durchgeführt werden.

Der Prüfungs- und Entscheidungsmaßstab im Vergabenachprüfungsverfahren ist über die gesetzliche Ausgestaltung in § 168 Abs. 1 S. 1 Hs. 1, § 178 S. 1 und 3, § 97 Abs. 6 GWB hinaus richtlinien- sowie verfassungskonform durch die inzidente Anwendung von vergaberechtlichen Anknüpfungsnormen oder durch die inzidente Prüfung und Entscheidung über zwingende Vorfragen erweitert.

Vergaberechtliche Inzidentkontrollen sind geprägt von der Prüfung subjektiver Rechte, unabhängig davon, welchen Rechtsmaterien diese Rechte dem Grunde nach zuzuordnen sind. Sie resultieren aus der Pflicht der Nachprüfungsinstanzen, losgelöst von der einfachgesetzlichen Auslegung sich aufdrängende rechtswegfremde Vorfragen unter Berücksichtigung von Art. 19 Abs. 4 GG sowie der Grundrechte zu prüfen.

Verstöße gegen Fachrecht, zu dem beispielsweise das Wettbewerbsrecht, Kartellrecht, Steuerrecht, Datenschutzrecht, Patentrecht, Kommunalwirtschaftsrecht, Abfallwirtschaftsrecht, Beilhilferecht, Postrecht, Personenbeförderungsrecht, Straßenverkehrsrecht, Wasserrecht oder das Berufsrecht gehört, werden nicht unmittelbar über § 97 Abs. 6 GWB von den Nachprüfungsinstanzen kontrolliert. Eine Entscheidung über Verstöße gegen Fachrecht, also außervergaberechtliche Fragestellungen, findet aber über Inzidentkontrollen statt.

Inzidentkontrollen im Vergabenachprüfungsverfahren umfassen nur dann keine Prüfung außervergaberechtlicher Vorschriften, wenn kein subjektives Recht betroffen ist oder kein innerer Zusammenhang zwischen Bestimmungen über das Vergabeverfahren sowie Rechtsfragen außerhalb des Kartellvergaberechts besteht. Der innere Zusammenhang folgt zum einen aus vergaberechtlichen Anknüpfungsnormen. Zum anderen folgt der innere Zusammenhang aus den für die vergaberechtliche Prüfung der in der Hauptsache entscheidungsrelevanten Vorfragen, die sich erst unmittelbar aufgrund der Durchführung eines Vergabeverfahrens stellen und Auswirkungen auf das Vergabeverfahren haben

Die Herausarbeitung des Prüfungs- und Entscheidungsmaßstabes kann willkürliche Entscheidungen der Nachprüfungsinstanzen verhindern und schafft Klarheit. Die Voraussetzungen für die Prüfung von Anknüpfungsnormen sowie die Voraussetzungen für die außervergaberechtliche Vorfragenprüfung sind bei Vorliegen außervergaberechtlicher Rechtsverstöße von den Nachprüfungsinstanzen einer Prüfung zu unterziehen. Es liegt an den zuständigen Nachprüfungsinstanzen, diese Anforderungen umzusetzen.

Die vergaberechtliche Erkenntnis ist, dass zu dem Prüfungsprogramm der Nachprüfungsinstanzen die inzidente Entscheidung über rechtswegfremde Vorfragen gehört, soweit diese subjektive Rechte begründen.

Literaturverzeichnis

Ahlers, Moritz: Die Zulässigkeit der „konsentierten Videoverhandlung" vor Vergabekammern, NZBau 2020, S. 628-632.

Alber, Siegbert: Art. 47, in: Stern/Sachs (Hrsg.), Europäische Grundrechte-Charta. GRCh. Kommentar, Köln 2016.

Anger, Thorsten: § 178 GWB, in: Müller-Wrede (Hrsg.), GWB-Kommentar. Vergaberecht, 2. Auflage, Berlin 2023.

Antweiler, Clemens: § 168 GWB, in: Burgi/Dreher/Opitz (Hrsg.), Beck'scher Vergaberechtskommentar, Band 1, Gesetz gegen Wettbewerbsbeschränkungen – GWB – 4. Teil –, 4. Auflage, München, Mainz und Frankfurt 2022 [zitiert als: *Antweiler*, in: Burgi/Dreher/Opitz, Beck'scher Vergaberechtskommentar, Bd. 1].

Bacher, Klaus: § 256 ZPO, in: Vorwerk/Wolf (Hrsg.), BeckOK ZPO, Stand: 51. Edition (01.12.2023/ 01.01.2024), München 2022.

Barczak, Tristan: Rechtsgrundsätze. Baupläne für die normative Einheits- und Systembildung, JuS 2021, S. 1-7.

Baumann, Marion/Mutschler-Siebert, Annette: § 128 GWB, in: Heiermann/Zeiss/Summa (Hrsg.), jurisPK-Vergaberecht. GWB, VgV, SektVO, KonzVgV, VSVgV, VOB/A, VOL/A, UVgO, 6. Auflage, Saarbrücken 2022.

Bechtold, Rainer (Hrsg.)/Bosch, Wolfgang (Hrsg.): § 75 GWB, in: Bechtold (Hrsg.)/Bosch (Hrsg.), Gesetz gegen Wettbewerbsbeschränkungen. Kommentar, 10. Auflage, Frankfurt 2021 [zitiert als: Bechtold/Bosch, in: Bechtold/Bosch, GWB].

von Bechtolsheim, Caroline: § 127 GWB, in: Gabriel/Mertens/Prieß/Stein (Hrsg.), BeckOK Vergaberecht mit Kommentierungen zum GWB Teil 4 und zu VgV, UVgO, KonzVgV, SektVO, VSVgV, VOB/A und VOB/A EU, Stand: 30. Edition, (01.11.2023), München 2022.

Becker, Florian: Öffentliches und Privates Recht, NVwZ 2019, 1385-1392.

Bender, Bernd: Untersuchungsgrundsatz und anwaltliche Vertretung im Verwaltungsprozeß, NVwZ 1982, S. 25f.

Berger, Ariane: § 133 GWB, in: Burgi/Dreher/Opitz (Hrsg.), Beck'scher Vergaberechtskommentar, Band 1, Gesetz gegen Wettbewerbsbeschränkungen – GWB – 4. Teil –, 4. Auflage, München, Mainz und Frankfurt 2022 [zitiert als: *Berger*, in: Burgi/Dreher/Opitz, Beck'scher Vergaberechtskommentar, Bd. 1].

Boesen, Arnold: § 97 GWB, in: Boesen, Vergaberecht. Kommentar zum 4. Teil des GWB, Köln 2000.

Bork-Galle, Annette: § 156 GWB, in: Heuvels/Höß/Kuß/Wagner (Hrsg.), Vergaberecht. Gesamtkommentar zum Recht der öffentlichen Auftragsvergabe (GWB – 4. Teil –, VgV, SektVO, VSVgV, KonzVgV, VO (EG) 1370/2007, VOB/A, UVgO, 2. Auflage, Oberursel i. Ts./München/Berlin/ Stuttgart 2020.

Bormann, Guido: § 156 GWB, in: Byok/Jäger, (Hrsg.), Vergaberecht. Vergaberechtliche Vorschriften des GWB, 4. Aufl., Frankfurt am Main 2018.

Braun, Christian: §§ 133, 134, 135 GWB, in: Ziekow/Völlink (Hrsg.), Vergaberecht. GWB, VgV, SektVO, VSVgV, KonzVgV, VOB/A, UVgO, VOL/A, VO (EG) 1370/2007. Kommentar, 5. Auflage, München/Speyer 2024.

Brockhoff, Sven: § 63 VgV, in: Heuvels/Höß/Kuß/Wagner (Hrsg.), Vergaberecht. Gesamtkommentar zum Recht der öffentlichen Auftragsvergabe (GWB – 4. Teil –, VgV, SektVO, VSVgV, KonzVgV, VO (EG) 1370/2007, VOB/A, UVgO, 2. Auflage, Oberursel i. Ts./München/Berlin/Stuttgart 2020.

Brüning, Christoph: Art. 19, in: Stern/Becker (Hrsg.), Grundrechte-Kommentar. Die Grundrechte des Grundgesetzes mit ihren europäischen Bezügen, 4. Auflage, Kiel 2024 [zitiert als: *Brüning*, in: Stern/Becker, GG, Art. 19].

Böttcher, Lars: § 242, in: Erman (Hrsg.), BGB Kommentar, 17. Auflage, Köln und Tübingen 2023.

Bungenberg, Marc: § 163 GWB, in: Pünder/Schellenberg (Hrsg.), Vergaberecht. GWB, VgV, VSVgV, SektVO, VOB/A, KonzVgV, UVgO, Haushaltsrecht, Öffentliches Preisrecht, Handkommentar, 3. Auflage, Hamburg 2019.

Burghart, Axel: Art. 19, in: Leibholz/Rinck, herausgegeben von Hesselberger, Grundgesetz, Stand: 91. Lieferung (10.2023), Berlin 2023 [zitiert als: *Burghart*, in: Leibholz/Rinck, GG].

Burgi, Martin: Vergaberecht. Systematische Erläuterung für Praxis und Ausbildung, 3. Aufl., München 2021.

–,: Ökologische und soziale Beschaffung im künftigen Vergaberecht: Kompetenzen, Inhalte, Verhältnismäßigkeit, NZBau 2015, S. 597-602.

–,: Die Bedeutung der allgemeinen Vergabegrundsätze Wettbewerb, Transparenz und Gleichbehandlung, NZBau 2008, S. 29-34.

Byok, Jan (Hrsg.): §§ 163, 168 GWB, in: Byok/Jäger, (Hrsg.), Vergaberecht. Vergaberechtliche Vorschriften des GWB, 4. Aufl., Frankfurt am Main 2018.

Classen, Claus Dieter: Art. 97 GG, in: Huber/Voßkuhle, Grundgesetz, Band 3, 8. Auflage, München/Freiburg 2024 [zitiert als: *Classen*, in: Huber/Voßkuhle, GG, Bd. 3].

Conrad, Gunnar: Der Mängelursachenstreit im Vergaberecht. Neue Bühne für bekanntes Stück?, NZBau 2019, S. 431-434.

Csaki, Alexander: §§ 103, 127 GWB, in: Byok/Jäger, (Hrsg.), Vergaberecht. Vergaberechtliche Vorschriften des GWB, 4. Aufl., Frankfurt am Main 2018.

Dabbagh, Sebastian: § 14 VgV, in: Gabriel/Mertens/Prieß/Stein (Hrsg.), BeckOK Vergaberecht mit Kommentierungen zum GWB Teil 4 und zu VgV, UVgO, KonzVgV, SektVO, VSVgV, VOB/A und VOB/A EU, Stand: 30. Edition (01.11.2023), München 2022.

Decker, Andreas (Hrsg.): § 114, in: Posser/Wolff/Decker (Hrsg.), BeckOK VwGO, Stand: 67. Edition (01.10.2023), Düsseldorf und Gilching/Leipzig 2023.

Dicks, Heinz-Peter/Schnabel, Martin: §§ 160, 163, GWB, in: Ziekow/Völlink (Hrsg.), Vergaberecht. GWB, VgV, SektVO, VSVgV, KonzVgV, VOB/A, UVgO, VOL/A, VO (EG) 1370/2007. Kommentar, 5. Auflage, München/Speyer 2024.

Dicks, Heinz-Peter/Willner, Petra: §§ 171, 172 GWB, in: Ziekow/Völlink (Hrsg.), Vergaberecht. GWB, VgV, SektVO, VSVgV, KonzVgV, VOB/A, UVgO, VOL/A, VO (EG) 1370/2007. Kommentar, 5. Auflage, München/Speyer 2024.

Dieck-Bongatzke, Britta: §§ 175, 178 GWB, in: Pünder/Schellenberg (Hrsg.), Vergaberecht. GWB, VgV, VSVgV, SektVO, VOB/A, KonzVgV, UVgO, Haushaltsrecht, Öffentliches Preisrecht, Handkommentar, 3. Auflage, Hamburg 2019.

Dieckmann, Martin (Hrsg.): §§ 14, 28 VgV, in: Dieckmann/Scharf/Wagner-Cardenal (Hrsg.), VgV – UVgO. Vergabeverordnung. Unterschwellenvergabeverordnung. Kommentar, 3. Auflage, Hamburg 2022.

Dietlein, Johannes/Fandrey, Alexander: Einleitung. Systematische Einführung, in: Byok/Jäger, (Hrsg.), Vergaberecht. Vergaberechtliche Vorschriften des GWB, 4. Aufl., Frankfurt am Main 2018 [zitiert als: Dietlein//Fandrey, in: Byok/Jäger, Vergaberecht, Einl.].

Dittmann, Kerstin: § 156 GWB, in: Ziekow/Völlink (Hrsg.), Vergaberecht. GWB, VgV, SektVO, VSVgV, KonzVgV, VOB/A, UVgO, VOL/A, VO (EG) 1370/2007. Kommentar, 5. Auflage, München/Speyer 2024.

Dörr, Oliver: Einleitung: Vergaberecht in Deutschland – Das Recht der öffentlichen Auftragsvergabe im Stufenbau der Rechtsordnung; Kommentierung d. § 97 Abs. 1 und Abs. 6 GWB, in: Burgi/Dreher/Opitz (Hrsg.), Beck'scher Vergaberechtskommentar, Band 1, Gesetz gegen Wettbewerbsbeschränkungen – GWB – 4. Teil –, 4. Auflage, München, Mainz und Frankfurt 2022 [zitiert als: *Dörr*, in: Burgi/Dreher/Opitz, Beck'scher Vergaberechtskommentar, Bd. 1, Einl.].

Dörr, Oliver/Lenz, Christopher: Europäischer Verwaltungsrechtsschutz, 2. Auflage, Osnabrück und Stuttgart 2019.

Dreher, Meinrad: Vor §§ 97 ff. GWB und Kommentierung d. § 163 GWB, in: Immenga/Mestmäcker, Wettbewerbsrecht, Band 4, Vergaberecht. Kommentar zum Europäischen und Deutschen Kartellrecht. Herausgegeben von Thorsten Körber, Heike Schweitzer, Daniel Zimmer, 6. Auflage, München 2021.

–,: Andere Rechtsgebiete als Vorfrage im Vergaberecht, NZBau 2013, S. 665-674.

–,: Doppelmandatierung und Doppelmandate im Kartellvergaberecht, NZBau 2000, S. 280-282.

Dreher, Meinrad (Hrsg.)/Hoffmann, Jens: §§ 134, 135 GWB, in: Burgi/Dreher/Opitz (Hrsg.), Beck'scher Vergaberechtskommentar, Band 1, Gesetz gegen Wettbewerbsbeschränkungen – GWB – 4. Teil –, 4. Auflage, München, Mainz und Frankfurt 2022 [zitiert als: *Dreher/Hoffmann*, in: Burgi/Dreher/Opitz, Beck'scher Vergaberechtskommentar, Bd. 1].

Dudenredaktion (Hrsg.): Duden – Das Herkunftswörterbuch, Etymologie der deutschen Sprache, Band 7, 6. Auflage, Berlin 2020.

Egger, Ulrich: § 75 GWB, in: Säcker/Meier-Beck (Hrsg.), Münchener Kommentar zum Wettbewerbsrecht, Band 2, 4. Auflage, Berlin und Karlsruhe 2022 [zitiert als *Egger*, in: Säcker/Meier-Beck, MüKo zum Wettbewerbsrecht, Bd. 2, GWB].

Erdl, Cornelia: Der neue Vergaberechtsschutz: das deutsche Recht im europäischen Kontext. Baurechtliche Schriften, Band 49, Düsseldorf 1999.

Ernst, Christian: Art. 19, in: Münch/Kunig (Hrsg.), Grundgesetz Kommentar, Band 1, 7. Auflage, Hamburg 2021 [zitiert als: *Ernst*, in: Münch/Kunig, GG].

Eser, Albin/Kubiciel, Michael: Art. 47, in: Meyer/Hölscheidt (Hrsg.), Charta der Grundrechte der Europäischen Union, 5. Auflage, Kirchzarten/Berlin 2019 [zitiert als: *Eser/Kubiciel*, in: Meyer/Hölscheidt, GRCh].

Fehling, Michael: § 97 GWB, in: Pünder/Schellenberg (Hrsg.), Vergaberecht. GWB, VgV, VSVgV, SektVO, VOB/A, KonzVgV, UVgO, Haushaltsrecht, Öffentliches Preisrecht, Handkommentar, 3. Auflage, Hamburg 2019.

Fett, Bernhard: §§ 156, 168 GWB, in: Gabriel/Mertens/Prieß/Stein (Hrsg.), BeckOK Vergaberecht mit Kommentierungen zum GWB Teil 4 und zu VgV, UVgO, KonzVgV, SektVO, VSVgV, VOB/A und VOB/A EU, Stand: 30. Edition (01.11.2023), München 2023.

–,:§§ 134, 135 GWB in: Säcker/Ganske/Knauff (Hrsg.), Münchener Kommentar zum Wettbewerbsrecht, Band 3, 4. Auflage, Berlin/Bonn/Jena 2022 [zitiert als *Fett*, in: Säcker/Ganske/Knauff, MüKo Europäisches und Deutsches Wettbewerbsrecht, Bd. 3, GWB].

Franzius, Ingo: § 28 VgV, in: Pünder/Schellenberg (Hrsg.), Vergaberecht. GWB, VgV, VSVgV, SektVO, VOB/A, KonzVgV, UVgO, Haushaltsrecht, Öffentliches Preisrecht, Handkommentar, 3. Auflage, Hamburg 2019.

Frister, Anne-Christin: § 175 GWB, in: Ziekow/Völlink (Hrsg.), Vergaberecht. GWB, VgV, SektVO, VSVgV, KonzVgV, VOB/A, UVgO, VOL/A, VO (EG) 1370/2007. Kommentar, 5. Auflage, München/Speyer 2024.

Friton, Pascal: §§ 107, 124 GWB, in: Gabriel/Mertens/Prieß/Stein (Hrsg.), BeckOK Vergaberecht mit Kommentierungen zum GWB Teil 4 und zu VgV, UVgO, KonzVgV, SektVO, VSVgV, VOB/A und VOB/A EU, Stand: 30. Edition (01.11.2023), München 2023.

Funke, Andreas: Art. 19, in: Dreier (Hrsg.), Grundgesetz Kommentar, Band 1, 4. Auflage, Berlin/Potsdam 2023 [zitiert als: *Funke*, in: Dreier, GG, Bd. 1].

von zur Gathen, Lajana: § 114 GWB, Säcker/Ganske/Knauff (Hrsg.), Münchener Kommentar zum Wettbewerbsrecht, Band 3, 4. Auflage, Berlin/Bonn/Jena 2022 [zitiert als von *zur Gathen*, in: Säcker/Ganske/Knauff, MüKo zum Wettbewerbsrecht, Bd. 3, GWB].

Gärditz, Ferdinand: Europäisches Verwaltungsprozessrecht, JuS 2009, S. 385-393.

Goldbrunner, Loni: § 51 VgV, in: Ziekow/Völlink (Hrsg.), Vergaberecht. GWB, VgV, SektVO, VSVgV, KonzVgV, VOB/A, UVgO, VOL/A, VO (EG) 1370/2007. Kommentar, 5. Auflage, München/Speyer 2024.

Grabenwarter, Christoph (Hrsg.)/Papel, Katharina (Hrsg.): Europäische Menschenrechtskonvention. Ein Studienbuch, 7. Auflage, Wien 2021 [zitiert als: *Grabenwarter/Papel*, in: Grabenwarter/Papel, EMRK, § 24 Verfahrens- und Justizgarantien].

Greb, Klaus: § 114 GWB, in: Ziekow/Völlink (Hrsg.), Vergaberecht. GWB, VgV, SektVO, VSVgV, KonzVgV, VOB/A, UVgO, VOL/A, VO (EG) 1370/2007. Kommentar, 5. Auflage, München/Speyer 2024.

Gröning, Jochem: § 167 GWB, in: Burgi/Dreher/Opitz (Hrsg.), Beck'scher Vergaberechtskommentar, Band 1, Gesetz gegen Wettbewerbsbeschränkungen – GWB – 4. Teil –, 4. Auflage, München, Mainz und Frankfurt 2022 [zitiert als: *Gröning*, in: Burgi/Dreher/Opitz, Beck'scher Vergaberechtskommentar, Bd. 1].

–,:§§ 172, § 178 GWB in: Säcker/Ganske/Knauff (Hrsg.), Münchener Kommentar zum Wettbewerbsrecht, Band 3, 4. Auflage, Berlin/Bonn/Jena 2022 [zitiert als *Gröning*, in: Säcker/Ganske/Knauff, MüKo zum Wettbewerbsrecht, Bd. 3, GWB].

Gurlit, Elke: § 107 Abs. 1 GWB, in: Burgi/Dreher/Opitz (Hrsg.), Beck'scher Vergaberechtskommentar, Band 1, Gesetz gegen Wettbewerbsbeschränkungen – GWB – 4. Teil –, 4. Auflage, München, Mainz und Frankfurt 2022 [zitiert als: *Gurlit*, in: Burgi/Dreher/Opitz, Beck'scher Vergaberechtskommentar, Bd. 1].

Herrmann, Alexander: § 63 VgV, in: Ziekow/Völlink (Hrsg.), Vergaberecht. GWB, VgV, SektVO, VSVgV, KonzVgV, VOB/A, UVgO, VOL/A, VO (EG) 1370/2007. Kommentar, 5. Auflage, München/Speyer 2024.

Hertwig, Stefan: Praxis der öffentlichen Auftragsvergabe. Systematik, Verfahren, Rechtsschutz. 6. Auflage, Köln 2016.

Heun, Werner/Thiele, Alexander: Art. 114, in: Dreier (Hrsg.), Grundgesetz Kommentar, Band 3, 3. Auflage, Tübingen 2018 [zitiert als: *Heun/Thiele*, in: Dreier, GG, Bd. 3].

Heuvels, Klaus (Hrsg.): §§ 103, 132 GWB, in: Heuvels/Höß/Kuß/Wagner (Hrsg.), Vergaberecht. Gesamtkommentar zum Recht der öffentlichen Auftragsvergabe (GWB – 4. Teil –, VgV, SektVO, VSVgV, KonzVgV, VO (EG) 1370/2007, VOB/A, UVgO, 2. Auflage, Oberursel i. Ts./München/Berlin/Stuttgart 2020.

Höfling, Wolfram: Art. 1, in: Sachs (Hrsg.), Grundgesetz Kommentar, 9. Aufl., Köln 2021 [zitiert als: *Höfling*, in: Sachs, GG, Art. 1].

Hofmann, Hans (Hrsg): Art. 19, in: Schmidt-Bleibtreu/Klein. Herausgegeben von Hofmann/Henneke, GG Kommentar zum Grundgesetz, 15. Auflage, Berlin 2022 [zitiert als: *Hofmann*, in: Schmidt-Bleibtreu/Klein, GG].

Hofmann, Heiko: § 63 VgV, in: Heiermann/Zeiss/Summa (Hrsg.), jurisPK-Vergaberecht. GWB, VgV, SektVO, KonzVgV, VSVgV, VOB/A, VOL/A, UVgO, 6, Auflage, Saarbrücken 2022.

Hölzl, Franz Josef, §§ 122, 127 GWB, in: Säcker/Ganske/Knauff (Hrsg.), Münchener Kommentar zum Wettbewerbsrecht, Band 3, 4. Auflage, Berlin/Bonn/Jena 2022 [zitiert als *Hölzl*, in: Säcker/Ganske/Knauff, MüKo zum Wettbewerbsrecht, Bd. 3, GWB].

Horn, Lutz/Hofmann, Heiko: § 163 GWB, in: Burgi/Dreher/Opitz (Hrsg.), Beck'scher Vergaberechtskommentar, Band 1, Gesetz gegen Wettbewerbsbeschränkungen – GWB – 4. Teil –, 4. Auflage, München, Mainz und Frankfurt 2022 [zitiert als: *Horn/Hofmann*, in: Burgi/Dreher/Opitz, Beck'scher Vergaberechtskommentar, Bd. 1].

Höß, Stefan (Hrsg.): § 107 GWB, in: Heuvels/Höß/Kuß/Wagner (Hrsg.), Vergaberecht. Gesamtkommentar zum Recht der öffentlichen Auftragsvergabe (GWB – 4. Teil –, VgV, SektVO, VSVgV, KonzVgV, VO (EG) 1370/2007, VOB/A, UVgO, 2. Auflage, Oberursel i. Ts./München/Berlin/Stuttgart 2020.

Hövelberndt, Andreas, § 127 GWB, in: Reidt/Stickler/Glahs (Hrsg.), Vergaberecht, 4. Auflage, Berlin, Leipzig, Bonn 2018.

Huber, Peter Michael (Hrsg.): Art. 19 Abs. 4, in Huber/Voßkuhle (Hrsg.), Grundgesetz, Band 1, 8. Auflage, München/Freiburg 2024 [zitiert als: Huber, in: Huber/Voßkuhle, GG, Bd. 1].

–, in: Streinz (Hrsg.), Beck'sche Kurz-Kommentare, Band 57, EUV/AEUV. Vertrag über die Europäische Union. Vertrag über die Arbeitsweise der Europäischen Union. Charta der Grundrechte der Europäischen Union, 3. Auflage, München 2018 [zitiert als: *Huber*, in: Streinz, EUV/AEUV].

Huber, Peter Michael (Hrsg.)/Guttner, Michael: § 127 Zur verfassungsrechtlichen Prägung des Verwaltungsrechtsschutzes im europäischen Rechtsraum, in: von Bogdandy/Huber/Marcusson (Hrsg.), Ius Public Europaeum, Band VIII, Verwaltungsgerichtsbarkeit in Europa: Institutionen und Verfahren, Heidelberg, München und Uppsala 2019.

Huerkamp, Florian/Kühling, Jürgen: Primärrechtsschutz für Unterschwellenvergaben aus Luxemburg? Zu den Folgen aus den Äquivalenz- und Effektivitätsforderungen des EuGH, NVwZ 2011, S. 1409-1414.

Huster, Stefan/Rux, Johannes: Art. 20, in: Epping/Hillgruber (Hrsg.), BeckOK Grundgesetz, Stand: 56. Edition (15.08.2023), München 2023 [zitiert als: *Huster/Rux*, in: Epping/Hillgruber, BeckOK GG].

Hüttinger, Stefan: § 132 GWB, in: Burgi/Dreher/Opitz (Hrsg.), Beck'scher Vergaberechtskommentar, Band 1, Gesetz gegen Wettbewerbsbeschränkungen – GWB – 4. Teil –, 4. Auflage, München, Mainz und Frankfurt 2022 [zitiert als: *Hüttinger*, in: Burgi/Dreher/Opitz, Beck'scher Vergaberechtskommentar, Bd. 1].

Jachmann-Michel, Monika: Art. 95, in: Dürig/Herzog/Scholz. Herausgegeben von Herzog/Scholz/Herdegen/Klein, Grundgesetz Kommentar, Stand: 102. Ergänzungslieferung (08/2023), Bonn und Pfinztal 2023 [zitiert als: *Jachmann-Michel*, in: Dürig/Herzog/Scholz, GG].

Jacob, Thomas/Lau, Marcus: Beurteilungsspielraum und Einschätzungs-prärogative. Zulässigkeit und Grenzen administrativer Letztent-scheidungsmacht am Beispiel des Naturschutz- und Wasserrechts, NVwZ 2015, S. 241-248.

Jäger, Wolfgang: Einleitung zum Vergaberecht. Europarechtliche Grundlagen. Sekundärvergaberecht und Kommentierung d. §§ 132, 133, 163 GWB in: Säcker/Ganske/Knauff (Hrsg.), Münchener Kommentar zum Wettbewerbsrecht, Band 3, 4. Auflage, Berlin/Bonn/Jena 2022 [zitiert als *Jäger*, in: Säcker/Ganske/Knauff, MüKo zum Wettbewerbsrecht, Einl. Vergaberecht GWB].

–,(Hrsg.): §§ 175, 178 GWB, in: Byok/Jäger, (Hrsg.), Vergaberecht. Vergaberechtliche Vorschriften des GWB, 4. Aufl., Frankfurt am Main 2018.

Jarass, Hans D. (Hrsg.): Vorbemerkung vor Art. 1 und d. Art. 19, Art. 114, in: Jarass/Pieroth (Hrsg.), GG: Grundgesetz für die Bundesrepublik Deutschland. Kommentar, 18. Auflage, München 2024.

–,: Charta der Grundrechte der Europäischen Union unter Einbezug der sonstigen Grundrechtsregelungen des Primärrechts und der EMRK. Kommentar, 4. Auflage, München 2021 [zitiert als: *Jarass*, in: Jarass, GRCh].

Jauch, Oliver: § 11 VgV, in: Dieckmann/Scharf/Wagner-Cardenal (Hrsg.), VgV – UVgO. Vergabeverordnung. Unterschwellenvergabeverordnung. Kommentar, 3. Auflage, Hamburg 2022.

Jebens, Philipp: Schadensersatzansprüche bei Vergabeverstößen. Rechtslage nach Inkrafttreten des Vergaberechtsänderungsgesetzes, DB 1999, S. 1741-1746.

Kadenbach, Wiltrud: § 155 GWB, in: Säcker/Ganske/Knauff (Hrsg.), Münchener Kommentar zum Wettbewerbsrecht, Band 3, 4. Auflage, Berlin/Bonn/Jena 2022 [zitiert als *Schmidt*, in: Säcker/Ganske/Knauff, MüKo zum Wettbewerbsrecht, Bd. 3, GWB].

Kau, Marcel: § 97 GWB, in: Byok/Jäger, (Hrsg.), Vergaberecht. Vergaberechtliche Vorschriften des GWB, 4. Aufl., Frankfurt am Main 2018.

Kaufmann, Marcel: Untersuchungsgrundsatz und Verwaltungsgerichts-barkeit, Tübingen 2002.

–,:§§ 123, 124 GWB, in: Pünder/Schellenberg (Hrsg.), Vergaberecht. GWB, VgV, VSVgV, SektVO, VOB/A, KonzVgV, UVgO, Haushaltsrecht, Öffentliches Preisrecht, Handkommentar, 3. Auflage, Hamburg 2019.

Kirchhof, Paul: Art. 83, in: Dürig/Herzog/Scholz. Herausgegeben von Herzog/Scholz/Herdegen/Klein, Grundgesetz Kommentar, Stand: 102. Ergänzungslieferung (08/2023), Bonn und Pfinztal 2023 [zitiert als: *Kirchhof*, in: Dürig/Herzog/Scholz, GG].

Kling, Michael: §§ 122, 123, 127, 128, 132, 133 GWB, in: Immenga/Mestmäcker, Wettbewerbsrecht, Band 4, Vergaberecht. Kommentar zum Europäischen und Deutschen Kartellrecht. Herausgegeben von Thorsten Körber, Heike Schweitzer, Daniel Zimmer, 6. Auflage, München 2021 [zitiert als: *Kling*, Immenga/Mestmäcker, Wettbewerbsrecht, GWB].

Kment, Martin/Vorwalter, Sebastian, Beurteilungsspielraum und Ermessen, JuS 2015, S. 193-201.

Knauff, Matthias (Hrsg.): § 97 GWB, in: Säcker/Ganske/Knauff (Hrsg.), Münchener Kommentar zum Wettbewerbsrecht, Band 3, 4. Auflage, Berlin/Bonn/Jena 2022 [zitiert als *Knauff*, in: Säcker/Ganske/Knauff, MüKo zum Wettbewerbsrecht, Bd. 3, GWB].

Koch, Frauke: § 97 Abs. 5 GWB, in: Burgi/Dreher/Opitz (Hrsg.), Beck'scher Vergaberechtskommentar, Band 1, Gesetz gegen Wettbewerbsbeschränkungen – GWB – 4. Teil –, 4. Auflage, München, Mainz und Frankfurt 2022 [zitiert als: *Koch*, in: Burgi/Dreher/Opitz, Beck'scher Vergaberechtskommentar, Bd. 1].

König, Hartmut: § 175 GWB, in: Heuvels/Höß/Kuß/Wagner (Hrsg.), Vergaberecht. Gesamtkommentar zum Recht der öffentlichen Auftragsvergabe (GWB – 4. Teil –, VgV, SektVO, VSVgV, KonzVgV, VO (EG) 1370/2007, VOB/A, UVgO, 2. Auflage, Oberursel i. Ts./München/Berlin/Stuttgart 2020.

Koenig, Christian/Haratsch, Andreas: Grundzüge des deutschen und des europäischen Vergaberechts, NJW 2003, S. 2637-2642.

Krebs, Peter/Becker, Maximilian: Entstehung und Abänderbarkeit von Gewohnheitsrecht, JuS 2013, S. 97-103.

Krohn, Wolfram: § 37 VgV, in: Burgi/Dreher/Opitz (Hrsg.), Beck'scher Vergaberechtskommentar, Band 1, Gesetz gegen Wettbewerbsbeschränkungen – GWB – 4. Teil –, 4. Auflage, München, Mainz und Frankfurt 2022 [zitiert als: *Krohn*, in: Burgi/Dreher/Opitz, Beck'scher Vergaberechtskommentar, Bd. 1].

Kube, Hanno: Art. 114, in: Dürig/Herzog/Scholz. Herausgegeben von Herzog/Scholz/Herdegen/Klein, Grundgesetz Kommentar, Stand: 102. Ergänzungslieferung (08/2023), Bonn und Pfinztal 2023 [zitiert als: *Kube*, in: Dürig/Herzog/Scholz, GG].

Kühnast, Simone: § 97 GWB, in: Säcker/Ganske/Knauff (Hrsg.), Münchener Kommentar zum Wettbewerbsrecht, Band 3, 4. Auflage, Berlin/Bonn/Jena 2022 [zitiert als *Kühnast*, in: Säcker/Ganske/Knauff, MüKo zum Wettbewerbsrecht, Bd. 3. GWB].

Kühnen, Jürgen: § 70 GWB, in: Loewenheim/Meessen/Riesenkampff/Kersting/Meyer-Lindemann (Hrsg.), Kartellrecht. Kommentar zum Deutschen und Europäischen Recht, 4. Auflage, München 2020.

Kulms, Katrin: Der Effektivitätsgrundsatz. Eine Untersuchung zur Rechtsprechung des Europäischen Gerichtshofs, Freiburg 2013.

Lampert, Stephen: § 121 GWB, in: Burgi/Dreher/Opitz (Hrsg.), Beck'scher Vergaberechtskommentar, Band 1, Gesetz gegen Wettbewerbsbeschränkungen – GWB – 4. Teil –, 4. Auflage, München, Mainz und Frankfurt 2022 [zitiert als: *Lampert*, in: Burgi/Dreher/Opitz, Beck'scher Vergaberechtskommentar, Bd. 1].

Landsberg, Gerrit: § 155 GWB, in: Pünder/Schellenberg (Hrsg.), Vergaberecht. GWB, VgV, VSVgV, SektVO, VOB/A, KonzVgV, UVgO, Haushaltsrecht, Öffentliches Preisrecht, Handkommentar, 3. Auflage, Hamburg 2019.

Laumann, Daniel Thomas: § 63 VgV, in: Dieckmann/Scharf/Wagner-Cardenal (Hrsg.), VgV – UVgO. Vergabeverordnung. Unterschwellenvergabeverordnung. Kommentar, 3. Auflage, Hamburg 2022.

Losch, Alexandra: § 181 GWB, in: Ziekow/Völlink (Hrsg.), Vergaberecht. GWB, VgV, SektVO, VSVgV, KonzVgV, VOB/A, UVgO, VOL/A, VO (EG) 1370/2007. Kommentar, 5. Auflage, München/Speyer 2024.

Mader, Oliver: Entwicklungslinien in der neueren EuGH-Rechtsprechung zum materiellen Recht im öffentlichen Auftragswesen, EuZW 1999, S. 331-340.

Mager, Stefan: § 51 VgV, in: Burgi/Dreher/Opitz (Hrsg.), Beck'scher Vergaberechtskommentar, Band 1, Gesetz gegen Wettbewerbsbeschränkungen – GWB – 4. Teil –, 4. Auflage, München, Mainz und Frankfurt 2022 [zitiert als: *Mager*, in: Burgi/Dreher/Opitz, Beck'scher Vergaberechtskommentar, Bd. 1].

Maier, Clemens: Die prozessualen Grundsätze des Nachprüfungsverfahrens, NZBau 2004, S. 667-669.

Mansel, Heinz-Peter: § 242, in: Jauernig. Herausgegeben von Stürner, Rolf, Bürgerliches Gesetzbuch, 19. Auflage 2023 Freiburg, Heidelberg, Köln, Konstanz, Leipzig, Marburg, München [zitiert als: *Mansel*, in: Jauernig, BGB].

Markpert, Thomas: § 14 VgV in: Heuvels/Höß/Kuß/Wagner (Hrsg.), Vergaberecht. Gesamtkommentar zum Recht der öffentlichen Auftragsvergabe (GWB – 4. Teil –, VgV, SektVO, VSVgV, KonzVgV, VO (EG) 1370/2007, VOB/A, UVgO, 2. Auflage, Oberursel i. Ts./München/Berlin/Stuttgart 2020.

Masing, Tobias: § 97 GWB, in: Reidt/Stickler/Glahs (Hrsg.), Vergaberecht, 4. Auflage, Berlin, Leipzig, Bonn 2018.

Maus, Carolin: Die Analogiefähigkeit im Falle einer bewussten Regelungslücke, ZfPW 2023, S. 25-33.

Mazur, Szymon: Restitution der Folgen nicht gerechtfertigter Eingriffe in Grundrechte – Der Folgenbeseitigungsanspruch, Zeitschrift für das Juristische Studium, ZJS 4-5/2011 [zitiert als: *Mazur*, ZJS 4-5/2011].

Mentzinis, Pablo: § 134 GWB, in: Pünder/Schellenberg (Hrsg.), Vergaberecht. GWB, VgV, VSVgV, SektVO, VOB/A, KonzVgV, UVgO, Haushaltsrecht, Öffentliches Preisrecht, Handkommentar, 3. Auflage, Hamburg 2019.

Mertens, Susanne (Hrsg.)/Götze, Stephan: § 132 GWB, in: Gabriel/Mertens/Prieß/Stein (Hrsg.), BeckOK Vergaberecht mit Kommentierungen zum GWB Teil 4 und zu VgV, UVgO, KonzVgV, SektVO, VSVgV, VOB/A und VOB/A EU, Stand: 30. Edition (01.11.2023), München 2023.

Meyer-Ladewig, Jens (Hrsg.)/König, Stefan: Art. 6, in: Meyer-Ladewig/Nettesheim/von Raumer (Hrsg.), EMRK. Europäische Menschenrechtskonvention. Handkommentar, 5. Auflage, Tübingen/Berlin 2023.

Michaelis, Lars Oliver: Der Grundsatz der Verhältnismäßigkeit – Gebrauchsanweisung für die Waage der Justitia, JA 2021, S. 573-579.

Müller-Wrede, Malte: Kausalität des Vergaberechtsverstoßes als Voraussetzung für den Rechtsschutz, NZBau 2011, S. 650-654.

–,*(Hrsg.)*: §§ 14, 28, 37, 41, 51, 63 VgV, in: Müller-Wrede (Hrsg.), VgV / UVgO-Kommentar einschließlich VergStatVO, 5. Auflage, Berlin 2017.

Musielak, Hans-Joachim (Hrsg.): Einleitung, in: Musielak/Voit (Hrsg.), Zivilprozessordnung mit Gerichtsverfassungsgesetz. Kommentar, 21. Auflage, Marburg 2024.

Nehl, Hanns Peter: Art. 47, in: Pechstein/Nowak/Häde (Hrsg.), Frankfurter Kommentar zu EUV, GRC und AEUV, Band 1, 2. Auflage, Frankfurt (Oder) 2023 [zitiert als: Nehl, in: Pechstein/Nowak/Häde, EUV, GRC und AEUV, Bd. 1].

Neun, Andreas (Hrsg.): § 40 Zuständigkeit; § 41 Rechtswegkonzentration, Antragsbefugnis und Rügeobliegenheit; § 43 Sofortige Beschwerde, in: Gabriel/Krohn/Neun (Hrsg.), Handbuch Vergaberecht. GWB. VgV. SektVO. VSVgV. KonzVgV. VOB/A. UVgO. VO(EG) 1370/2007. SGB V. AEUV, 4. Auflage, Berlin 2024.

von Nicolai, Helmut: § 40, in: Redeker/von Oertzen, (Begr.), Verwaltungsgerichtsordnung, 17. Auflage, Stuttgart 2022 [zitiert als: von Nicolai, in: Redeker/von Oertzen, VwGO].

Noch, Rainer: § 155 GWB, in: Byok/Jäger, (Hrsg.), Vergaberecht. Vergaberechtliche Vorschriften des GWB, 4. Aufl., Frankfurt am Main 2018.

Nowak, Carsten (Hrsg.): Abschnitt 12: Justizielle Grundrechte und Verfahrensgarantien, in: Heselhaus/Nowak (Hrsg.), Handbuch der Europäischen Grundrechte, 2. Auflage, München 2020.

–,:§§ 160, 168 GWB, in: Pünder/Schellenberg (Hrsg.), Vergaberecht. GWB, VgV, VSVgV, SektVO, VOB/A, KonzVgV, UVgO, Haushaltsrecht, Öffentliches Preisrecht, Handkommentar, 3. Auflage, Hamburg 2019.

Ogorek, Markus: Anwendungsbereich der EU-Grundrechte-Charta – Inhalt des Grundsatzes „ne bis in idem", JA 2013, S. 956-959.

Opitz, Marc (Hrsg.): §§ 122, 124, 128 GWB, in: Burgi/Dreher/Opitz (Hrsg.), Beck'scher Vergaberechtskommentar, Band 1, Gesetz gegen Wettbewerbsbeschränkungen – GWB – 4. Teil –, 4. Auflage, München, Mainz und Frankfurt 2022 [zitiert als: *Opitz*, in: Burgi/Dreher/Opitz, Beck'scher Vergaberechtskommentar, Bd. 1].

–,: Der Wirtschaftlichkeitsbegriff des Kartellvergaberechts, NZBau 2001, S. 12-16.

Ortner, Roderic: § 14 VgV, in: Heiermann/Zeiss/Summa (Hrsg.), jurisPK-Vergaberecht. GWB, VgV, SektVO, KonzVgV, VSVgV, VOB/A, VOL/A, UVgO, 6. Auflage Saarbrücken 2022.

Payandeh, Mehrdad: Das unionsverfassungsrechtliche Rechtsstaatsprinzip, JuS 2021, S. 481-489.

Pietzcker, Jost: Sekundärrecht Ziff. B 18. Rechtsmittelrichtlinie (RL 89/665/EG) und Änderung der Richtlinie (RL 2007/66/EG vom 11. 12. 2007), in: Grabitz/Hilf, Das Recht der Europäischen Union, Band 1, EUV/EGV. Herausgegeben von Martin Nettesheim, 40. Auflage 2009, Tübingen/München 2009 [zitiert als: *Pietzcker*, in: Grabitz/Hilf, Das Recht der EU, Ziff. B 18].

Plauth, Melanie: Die Rechtspflicht zur Transparenz im europäischen Vergaberecht, Berlin 2017.

Pollmann, Tobias: Der verfassungsrechtliche Gleichbehandlungsgrundsatz im öffentlichen Vergaberecht, Schriften zum öffentlichen Recht, Band 1136, Berlin 2009.

Prell, Monika: § 168 GWB, in: Gabriel/Mertens/Prieß/Stein (Hrsg.), BeckOK Vergaberecht mit Kommentierungen zum GWB Teil 4 und zu VgV, UVgO, KonzVgV, SektVO, VSVgV, VOB/A und VOB/A EU, 23. Edition, Berlin 2022.

Pünder, Hermann (Hrsg.): Einführung: Vergaberecht im Überblick, in: Pünder/Schellenberg (Hrsg.), Vergaberecht. GWB, VgV, VSVgV, SektVO, VOB/A, KonzVgV, UVgO, Haushaltsrecht, Öffentliches Preisrecht, Handkommentar, 3. Auflage, Hamburg 2019.

Queisner, Georg: § 163 GWB, in: Gabriel/Mertens/Prieß/Stein (Hrsg.), BeckOK Vergaberecht mit Kommentierungen zum GWB Teil 4 und zu VgV, UVgO, KonzVgV, SektVO, VSVgV, VOB/A und VOB/A EU, 23. Edition, Berlin 2022.

Rademacher, Timo: Rechtsschutzgarantien des Unionsrechts, JuS 2018, S. 337-342.

Rauscher, Thomas (Hrsg.): Einleitung. Zivilprozessmaximen, in: Rauscher/Krüger (Hrsg.), Münchener Kommentar zur Zivilprozessordnung, Band 1, 6. Auflage, München 2020 [zitiert als: *Rauscher*, in: Rauscher/Krüger, MüKo ZPO].

Reidt, Olaf (Hrsg.): §§ 163, 168 GWB, in: Reidt/Stickler/Glahs (Hrsg.), Vergaberecht, 4. Auflage, Berlin, Leipzig, Bonn 2018.

Reimer, Ekkehart, § 40, in: Posser/Wolff/Decker (Hrsg.), BeckOK VwGO, Stand: 67. Edition (01.10.2023), Düsseldorf und Gilching/Leipzig 2023.

Remmert, Barbara: Art. 19 Abs. 2, in: Dürig/Herzog/Scholz. Herausgegeben von Herzog/Scholz/Herdegen/Klein, Grundgesetz Kommentar, Stand: 102. Ergänzungslieferung (08/2023), Bonn und Pfinztal 2023 [zitiert als: *Remmert*, in: Dürig/Herzog/Scholz, GG].

Renner, Wolfgang G.: § 127 GWB, in: Pünder/Schellenberg (Hrsg.), Vergaberecht. GWB, VgV, VSVgV, SektVO, VOB/A, KonzVgV, UVgO, Haushaltsrecht, Öffentliches Preisrecht, Handkommentar, 3. Auflage, Hamburg 2019.

Ritzenhoff, Lukas: § 132 GWB, in: Pünder/Schellenberg (Hrsg.), Vergaberecht. GWB, VgV, VSVgV, SektVO, VOB/A, KonzVgV, UVgO, Haushaltsrecht, Öffentliches Preisrecht, Handkommentar, 3. Auflage, Hamburg 2019.

Rombach, Patricia: § 75 und § 76 GWB, in: Bacher/Hempel/Wagner-von Papp (Hrsg.), BeckOK Kartellrecht, Stand: 10. Edition (01.10.2023), Karlsruhe 2022.

Ruthig, Josef: § 114, in: Kopp/Schenke (Hrsg.), Verwaltungsgerichtsordnung. Kommentar, 30. Auflage, Mannheim, Mainz und Würzburg 2024 [zitiert als: *Ruthig*, in: Kopp/Schenke, VwGO].

Sachs, Michael (Hrsg.): Art. 19, in: Grundgesetz Kommentar, 9. Auflage, Köln 2021 [zitiert als: *Sachs*, in: Sachs, GG].

–,:§ 40, in: Stelkens/Bonk/Sachs, Verwaltungsverfahrensgesetz. Kommentar. Begründet von Paul Stelkens, Joachim Bonk und Klaus Leonhardt. Herausgegeben von Michael Sachs, Heribert Schmitz, 10. Auflage, Köln/Berlin 2023 [zitiert als: *Sachs*, in: Stelkens/Bonk/Sachs, VwVfG].

Säcker, Franz Jürgen (Hrsg.): § 11 VgV, in: Säcker/Ganske/Knauff (Hrsg.), Münchener Kommentar zum Wettbewerbsrecht, Band 3, 4. Auflage, Berlin/Bonn/Jena 2022 [zitiert als Säcker, in: Säcker/Ganske/Knauff, MüKo Europäisches und Deutsches Wettbewerbsrecht, Bd. 3, VgV].

Schäfers, Dominik: Einführung in die Methodik der Gesetzesauslegung, JuS 2015, S. 875-880.

Scharf, Jan Peter (Hrsg.): § 41 VgV, in: Dieckmann/Scharf/Wagner-Cardenal (Hrsg.), VgV – UVgO. Vergabeverordnung. Unterschwellenvergabeverordnung. Kommentar, 3. Auflage, Hamburg 2022.

Schenke, Wolf-Rüdiger: Art. 19, in: Kahl/Waldhoff/Walter (Hrsg.), Bonner Kommentar zum Grundgesetz, Heidelberg, München, Stand: 223. Lieferung (2/2024), Heidelberg 2024 [zitiert als: *Schenke*, in: Kahl/Waldhoff/Walter, GG].

Scherer, Christian: § 124 GWB, in: Heuvels/Höß/Kuß/Wagner (Hrsg.), Vergaberecht. Gesamtkommentar zum Recht der öffentlichen Auftragsvergabe (GWB – 4. Teil –, VgV, SektVO, VSVgV, KonzVgV, VO (EG) 1370/2007, VOB/A, UVgO, 2. Auflage, Oberursel i. Ts./München/Berlin/Stuttgart 2020.

Siekmann, Helmut: Art. 114, in: Sachs (Hrsg.), Grundgesetz Kommentar, 9. Aufl., Köln 2021 [zitiert als: *Siekmann,* in: Sachs, GG].

Schill, Stephan/Krenn, Christoph: Art. 4, in: Grabitz/Hilf/Nettesheim (Hrsg.), Das Recht der Europäischen Union, Band 1, EUV/AEUV, Stand: 80. Ergänzungslieferung (08/2023), Tübingen/München 2023 [zitiert als: *Schill/Krenn*, in: Grabitz/Hilf/Nettesheim, Das Recht der EU, Bd. 1].

Schmidt, Karsten: § 70 GWB, in: Immenga/Mestmäcker, Wettbewerbsrecht, Band 2, Kommentar zum Deutschen Kartellrecht. Herausgegeben von Thorsten Körber, Heike Schweitzer, Daniel Zimmer, 6. Auflage, München 2021 [zitiert als: *Schmidt*, in: Immenga/Mestmäcker, Wettbewerbsrecht, GWB].

Schmidt, Stefan: § 41 VgV, in: Säcker/Ganske/Knauff (Hrsg.), Münchener Kommentar zum Wettbewerbsrecht, Band 3, 4. Auflage, Berlin/Bonn/Jena 2022 [zitiert als Schmidt, in Säcker/Ganske/Knauff, MüKo zum Wettbewerbsrecht, Bd. 3].

Schmidt, Thorsten Ingo: Abschied vom Verwaltungsgewohnheitsrecht, NVwZ 2004, 930-934.

Schmidt-Aßmann, Eberhard: Art. 19 Abs. 4, in: Dürig/Herzog/Scholz. Herausgegeben von Herzog/Scholz/Herdegen/Klein, Grundgesetz Kommentar, Stand: 102. Ergänzungslieferung (08/2023), Bonn und Pfinztal 2021 [zitiert als: *Schmidt-Aßmann*, in: Dürig/Herzog/Scholz, GG].

–,: Zum Standort der Rechtsvergleichung im Verwaltungsrecht, ZaöRV 2018, S. 807-862.

Schmitz, Heribert (Hrsg.): § 9, in: Stelkens/Bonk/Sachs, Verwaltungsverfahrensgesetz. Kommentar. Begründet von Paul Stelkens, Joachim Bonk und Klaus Leonhardt. Herausgegeben von Michael Sachs, Heribert Schmitz, 10. Auflage, Köln/Berlin 2023 [zitiert als: *Schmitz*, in: Stelkens/Bonk/Sachs, VwVfG].

Schneevogl, Kai-Uwe: § 97 GWB, in: Heiermann/Zeiss/Summa (Hrsg.), jurisPK-Vergaberecht. GWB, VgV, SektVO, KonzVgV, VSVgV, VOB/A, VOL/A, UVgO, 6. Auflage, Saarbrücken 2022.

Schubert, Claudia: § 242, in: Säcker/Rixecker/Oetker/Limperg (Hrsg.), Münchener Kommentar zum Bürgerlichen Gesetzbuch, Band 2, 9. Auflage, München 2022 [zitiert als: *Schubert*, in: Säcker/Rixecker/Oetker/Limperg, MüKo BGB, Bd. 2].

Schulze-Fielitz, Helmuth: Art. 19, in: Dreier (Hrsg.), Grundgesetz Kommentar, Band 1, 3. Auflage, Würzburg 2013 [zitiert als: *Schulze-Fielitz*, in: Dreier, GG, Bd. 1].

Schwarze, Jürgen/Wunderlich, Nina: Art. 19 EUV, in: Schwarze, EU-Kommentar. Herausgegeben von Ulrich Becker, Armin Hatje, Johann Schoo, Jürgen Schwarze, 4. Auflage, Freiburg, München, Hamburg, Luxemburg 2019 [zitiert als: *Schwarze/Wunderlich*, in: Schwarze, EU-Kommentar, Art. 19 EUV].

Schwerdtfeger, Angela: Art 52, in: Meyer/Hölscheidt (Hrsg.), Charta der Grundrechte der Europäischen Union, 5. Auflage, Kirchzarten/Berlin 2019 [zitiert als: *Schwerdtfeger*, in: Meyer/Hölscheidt, GRCh].

Seebo, Christoph: § 31 VgV, in: Säcker/Ganske/Knauff (Hrsg.), Münchener Kommentar zum Wettbewerbsrecht, Band 3, 4. Auflage, Berlin/Bonn/Jena 2022 [zitiert als *Seebo*, in: Säcker/Ganske/Knauff, MüKo zum Wettbewerbsrecht, Bd. 3].

Seidel, Ingelore/Probst, Michael: H. IV. Öffentliches Auftragswesen, in: Dauses/Ludwigs (Hrsg.), Handbuch des EU-Wirtschaftsrechts, Band 1, Stand: 59. Ergänzungslieferung (10/2023), Würzburg 2023.

Siegel, Thorsten: Elektronisierung des Vergabeverfahrens, LKV 2017, S. 385-392.

Stancke, Fabian: § 12 Vergaberecht, in: Bunte/Stancke (Hrsg.), Kartellrecht mit Vergaberecht und Beihilfenrecht. Lehrbuch für Studium und Praxis, 4. Auflage, Hamburg 2022.

Steck, Matthias: § 178 GWB, § 58 VgV, in: Ziekow/Völlink (Hrsg.), Vergaberecht. GWB, VgV, SektVO, VSVgV, KonzVgV, VOB/A, UVgO, VOL/A, VO (EG) 1370/2007. Kommentar, 5. Auflage, München/Speyer 2024.

Steiff, Jakob: §§ 132, 133, 160, 163 GWB, in: Heu-vels/Höß/Kuß/Wagner (Hrsg.), Vergaberecht. Gesamtkommentar zum Recht der öffentlichen Auftragsvergabe (GWB – 4. Teil –, VgV, SektVO, VSVgV, KonzVgV, VO (EG) 1370/2007, VOB/A, UVgO, 2. Auflage, Oberursel i. Ts./München/Berlin/Stuttgart, 2020.

Stein, Roland (Hrsg.)/Wolf, Florian: § 121 GWB, in: Gabriel/Mertens/Prieß/Stein (Hrsg.), BeckOK Vergaberecht mit Kommentierungen zum GWB Teil 4 und zu VgV, UVgO, KonzVgV, SektVO, VSVgV, VOB/A und VOB/A EU, Stand: 30. Edition (01.11.2023), München 2023.

Stickler, Thomas (Hrsg.): § 172 GWB, in: Reidt/Stickler/Glahs (Hrsg.), Vergaberecht, 4. Auflage, Berlin, Leipzig, Bonn 2018.

Stockmann, Kurt: § 155, 156, 171, 175, 178, 181 GWB, in: Immenga/Mestmäcker, Wettbewerbsrecht, Band 4, Vergaberecht. Kommentar zum Europäischen und Deutschen Kartellrecht. Herausgegeben von Thorsten Körber, Heike Schweitzer, Daniel Zimmer, 6. Auflage, München 2021 [zitiert als: *Stockmann*, Immenga/Mestmäcker, Wettbewerbsrecht, GWB].

Stolz, Bernhard: §§ 123, 126 GWB, in: Ziekow/Völlink (Hrsg.), Vergaberecht. GWB, VgV, SektVO, VSVgV, KonzVgV, VOB/A, UVgO, VOL/A, VO (EG) 1370/2007. Kommentar, 5. Auflage, München/Speyer 2024.

Strauß, Katharina: § 42 VgV, in: Heiermann/Zeiss/Summa (Hrsg.), jurisPK-Vergaberecht. GWB, VgV, SektVO, KonzVgV, VSVgV, VOB/A, VOL/A, UVgO, 6. Auflage Saarbrücken 2022.

Streinz, Rudolf (Hrsg.): Beck'sche Kurz-Kommentare, Band 57, EUV/AEUV. Vertrag über die Europäische Union. Vertrag über die Arbeitsweise der Europäischen Union. Charta der Grundrechte der Europäischen Union, 3. Auflage, München 2018 [zitiert als: *Streinz*, in: Streinz].

Summa, Hermann (Hrsg.): §§ 97, 155, 156, 157, 163, 175, 178 GWB, in: Heiermann/Zeiss/Summa (Hrsg.), jurisPK-Vergaberecht. GWB, VgV, SektVO, KonzVgV, VSVgV, VOB/A, VOL/A, UVgO, 6. Auflage Saarbrücken 2022.

Summann, Katharina: Vergabegrundsätze und Vergabeverfahren im Rechtsvergleich Deutschland - U.S.A. Baden-Baden 2007.

Sutschet, Holger: § 242, in: Hau/Poseck (Hrsg.), Beck'sche Online-Kommentare. Bürgerliches Gesetzbuch, Stand: 68. Edition (01.11.2023), München 2023 [zitiert als: *Sutschet*, in: Hau/Poseck, BeckOK BGB].

Terhechte, Jörg Philipp: Der Vertrag von Lissabon: Grundlegende Verfassungsurkunde der europäischen Rechtsgemeinschaft oder technischer Änderungsvertrag?. EuR 2008, Heft 2, S. 143-190.

Trutzel, Brigitta/Meeßen, Iris: §§ 28, 31 VgV, in: Ziekow/Völlink (Hrsg.), Vergaberecht. GWB, VgV, SektVO, VSVgV, KonzVgV, VOB/A, UVgO, VOL/A, VO (EG) 1370/2007. Kommentar, 5. Auflage, München/Speyer 2024.

Vavra, Maria: § 175 GWB, in: Burgi/Dreher/Opitz (Hrsg.), Beck'scher Vergaberechtskommentar, Band 1, Gesetz gegen Wettbewerbsbeschränkungen – GWB – 4. Teil –, 4. Auflage, München, Mainz und Frankfurt 2022 [zitiert als: *Vavra*, in: Burgi/Dreher, Beck'scher Vergaberechtskommentar, Bd. 1].

Vavra, Maria/Willner, Petra: §§ 171, 178 GWB, in: Burgi/Dreher/Opitz (Hrsg.), Beck'scher Vergaberechtskommentar, Band 1, Gesetz gegen Wettbewerbsbeschränkungen – GWB – 4. Teil –, 4. Auflage, München, Mainz und Frankfurt 2022 [zitiert als: *Vavra/Willner*, in: Burgi/Dreher/Opitz, Beck'scher Vergaberechtskommentar, Bd. 1].

Völlink, Uwe-Carsten (Hrsg.): Kommentierung d. § 37 VgV, in: Ziekow/Völlink (Hrsg.), Vergaberecht. GWB, VgV, SektVO, VSVgV, KonzVgV, VOB/A, UVgO, VOL/A, VO (EG) 1370/2007. Kommentar, 5. Auflage, München/Speyer 2024.

Voppel, Reinhard (Hrsg.): § 28 VgV, in: Voppel/Osenbrück/Bubert (Hrsg.), VgV. Verordnung über die Vergabe öffentlicher Aufträge – Vergabe von Architekten- und Ingenieurleistungen – Kommentar, 4. Auflage, Köln 2018.

Voßkuhle, Andreas/Kaiser, Anna-Bettina: Grundwissen – Öffentliches Recht: Der allgemeine Justizgewährungsanspruch, JuS 2014, S. 312-314.

Wagner, Volkmar (Hrsg.): § 97 GWB, § 28 VgV, in: Heuvels/Höß/Kuß/Wagner (Hrsg.), Vergaberecht. Gesamtkommentar zum Recht der öffentlichen Auftragsvergabe (GWB – 4. Teil –, VgV, SektVO, VSVgV, KonzVgV, VO (EG) 1370/2007, VOB/A, UVgO, 2. Auflage, Oberursel i. Ts./München/Berlin/Stuttgart 2020.

Wagner-Cardenal, Kersten (Hrsg.): § 31 VgV, in: Dieckmann/Scharf/Wagner-Cardenal (Hrsg.), VgV – UVgO. Vergabeverordnung. Unterschwellenvergabeverordnung. Kommentar, 3. Auflage, Hamburg 2022.

Weiner, Katharina: § 1 Grundsätze des Vergaberechts, in: Gabriel/Krohn/Neun (Hrsg.), Handbuch Vergaberecht. GWB. VgV. SektVO. VSVgV. KonzVgV. VOB/A. UVgO. VO(EG) 1370/2007. SGB V. AEUV, 4. Auflage, Berlin 2024.

Werder von, Victoria: § 175 GWB, in: Säcker/Ganske/Knauff (Hrsg.), Münchener Kommentar zum Wettbewerbsrecht, Band 3, 4. Auflage, Berlin/Bonn/Jena 2022 [zitiert als *Werder*, in: Säcker/Ganske/Knauff, MüKo zum Wettbewerbsrecht, Bd. 3, GWB].

Wiedemann, Jörg: § 132 GWB, in: Byok/Jäger, (Hrsg.), Vergaberecht. Vergaberechtliche Vorschriften des GWB, 4. Aufl., Frankfurt am Main 2018.

Wirner, Helmut: § 179 GWB, in: Gabriel/Mertens/Prieß/Stein (Hrsg.), BeckOK Vergaberecht mit Kommentierungen zum GWB Teil 4 und zu VgV, UVgO, KonzVgV, SektVO, VSVgV, VOB/A und VOB/A EU, Stand: 30. Edition (01.11.2023), München 2023.

Ziegler, Andreas: Wettbewerb ohne Wettbewerb? – Zur Beschaffung in „defekten" Märkten, ZfBR 2018, S. 37-42.

Ziekow, Jan (Hrsg.): Einleitung und §§ 97, 99, 127, 128 GWB, in: Ziekow/Völlink (Hrsg.), Vergaberecht. GWB, VgV, SektVO, VSVgV, KonzVgV, VOB/A, UVgO, VOL/A, VO (EG) 1370/2007. Kommentar, 5. Auflage, München/Speyer 2024.

Ziekow, Jan/Siegel, Thorsten: Das Vergabeverfahren als Verwaltungsverfahren, ZfBR 2004, S. 30-35.

Zimmermann, Felix: § 31 VgV, in: Heiermann/Zeiss/Summa (Hrsg.), jurisPK-Vergaberecht. GWB, VgV, SektVO, KonzVgV, VSVgV, VOB/A, VOL/A, UVgO, 6. Auflage Saarbrücken 2022.

Zimmermann, Walter: § 402, in: Rauscher/Krüger (Hrsg.), Münchener Kommentar zur Zivilprozessordnung, Band 2, 6. Auflage, München 2020 [zitiert als: *Zimmermann*, in: Rauscher/Krüger, MüKo ZPO].